AF379147

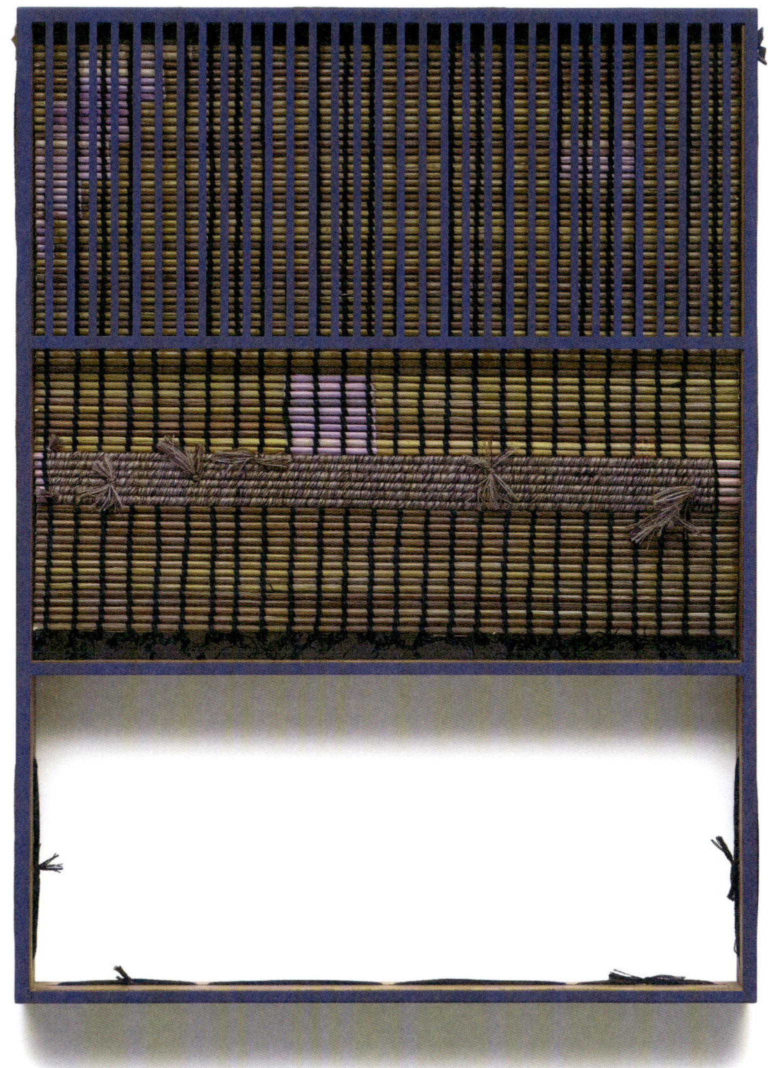

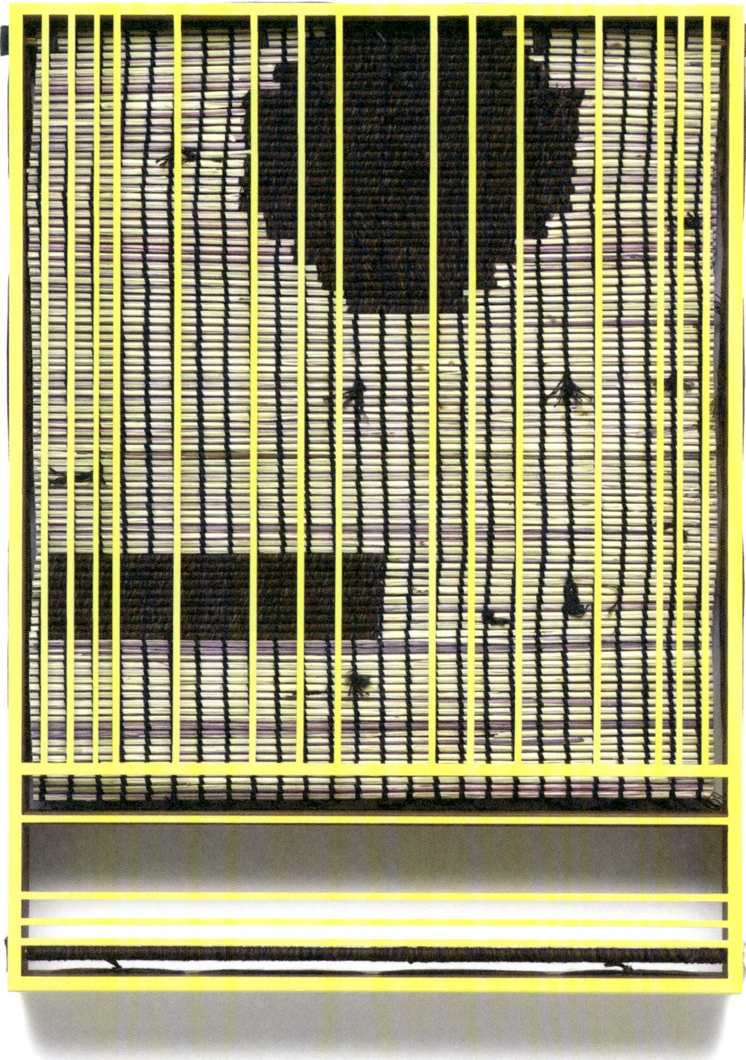

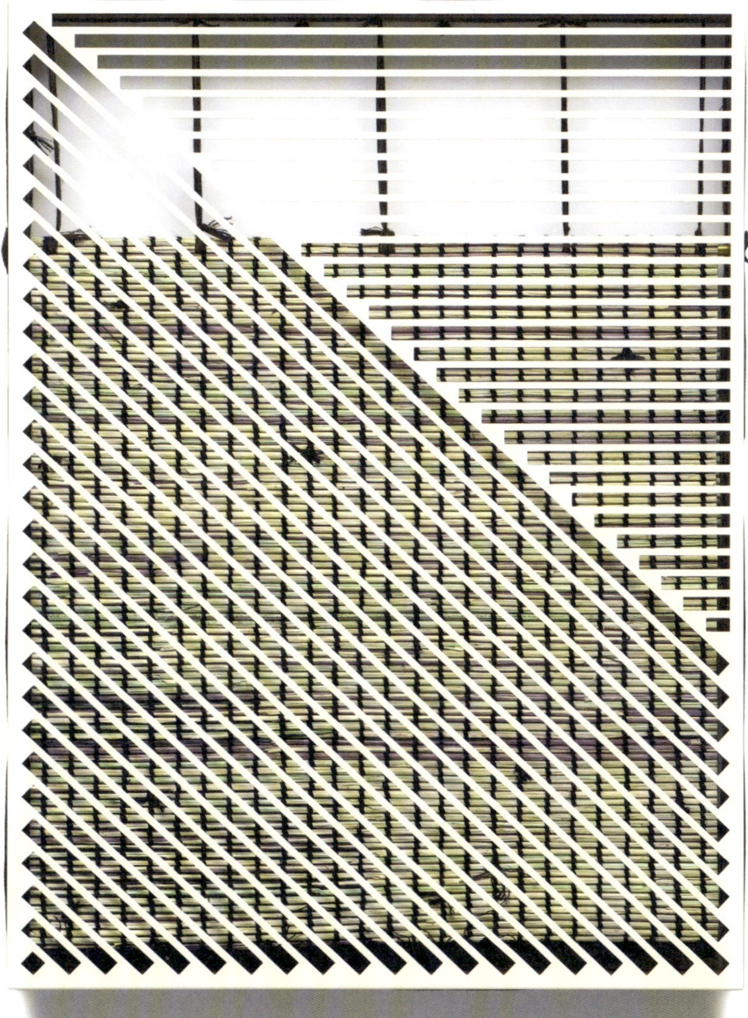

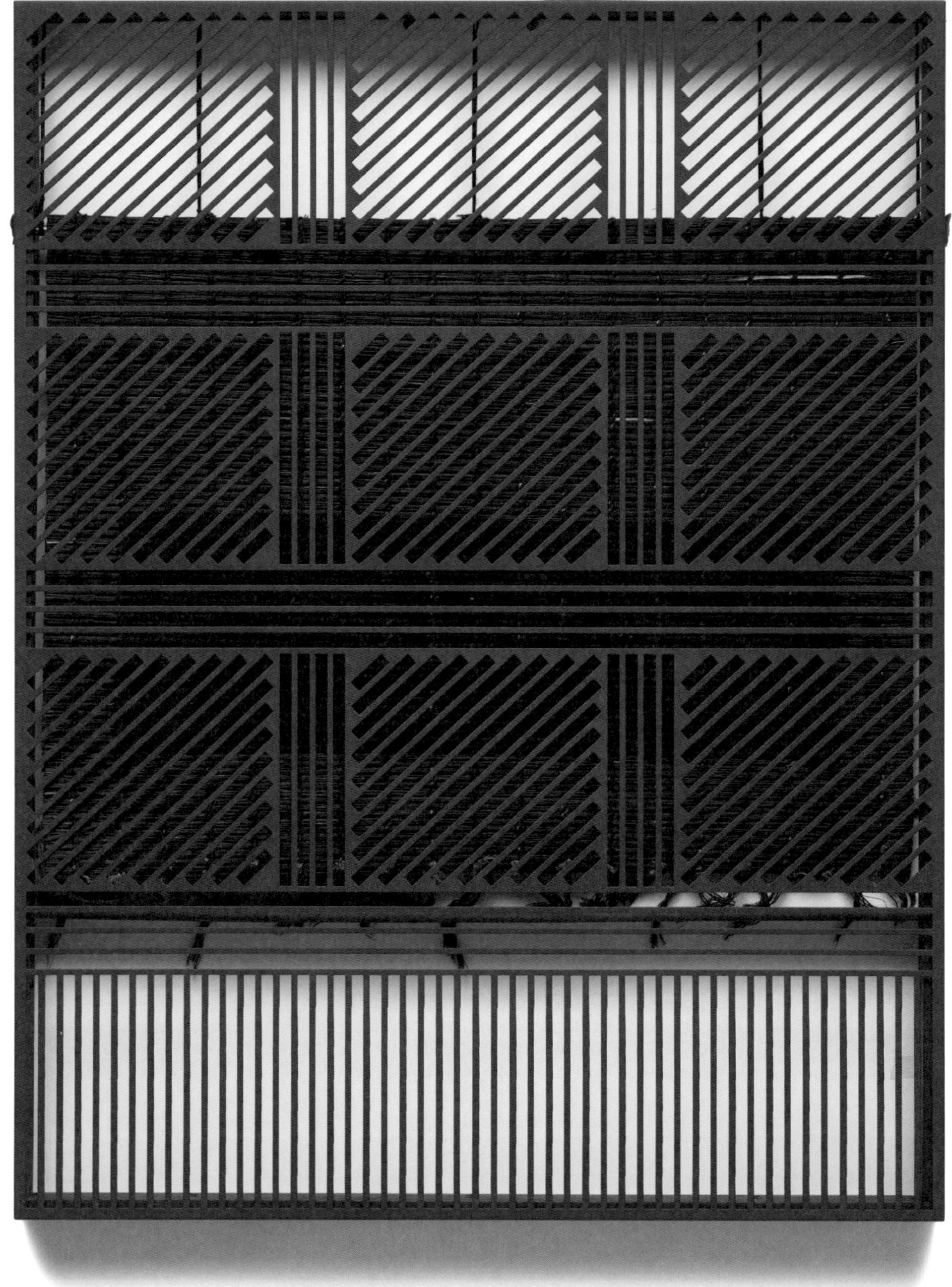

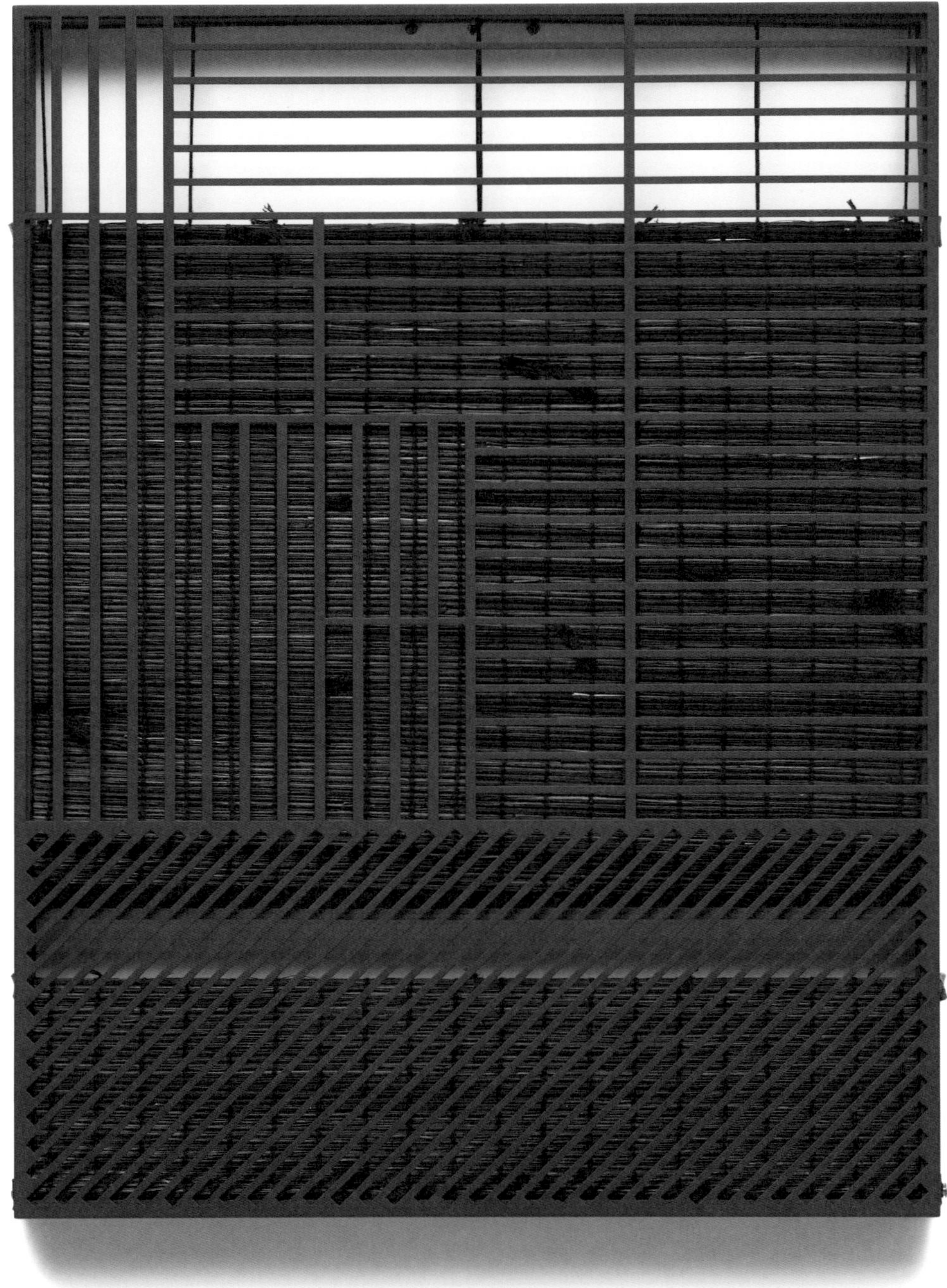

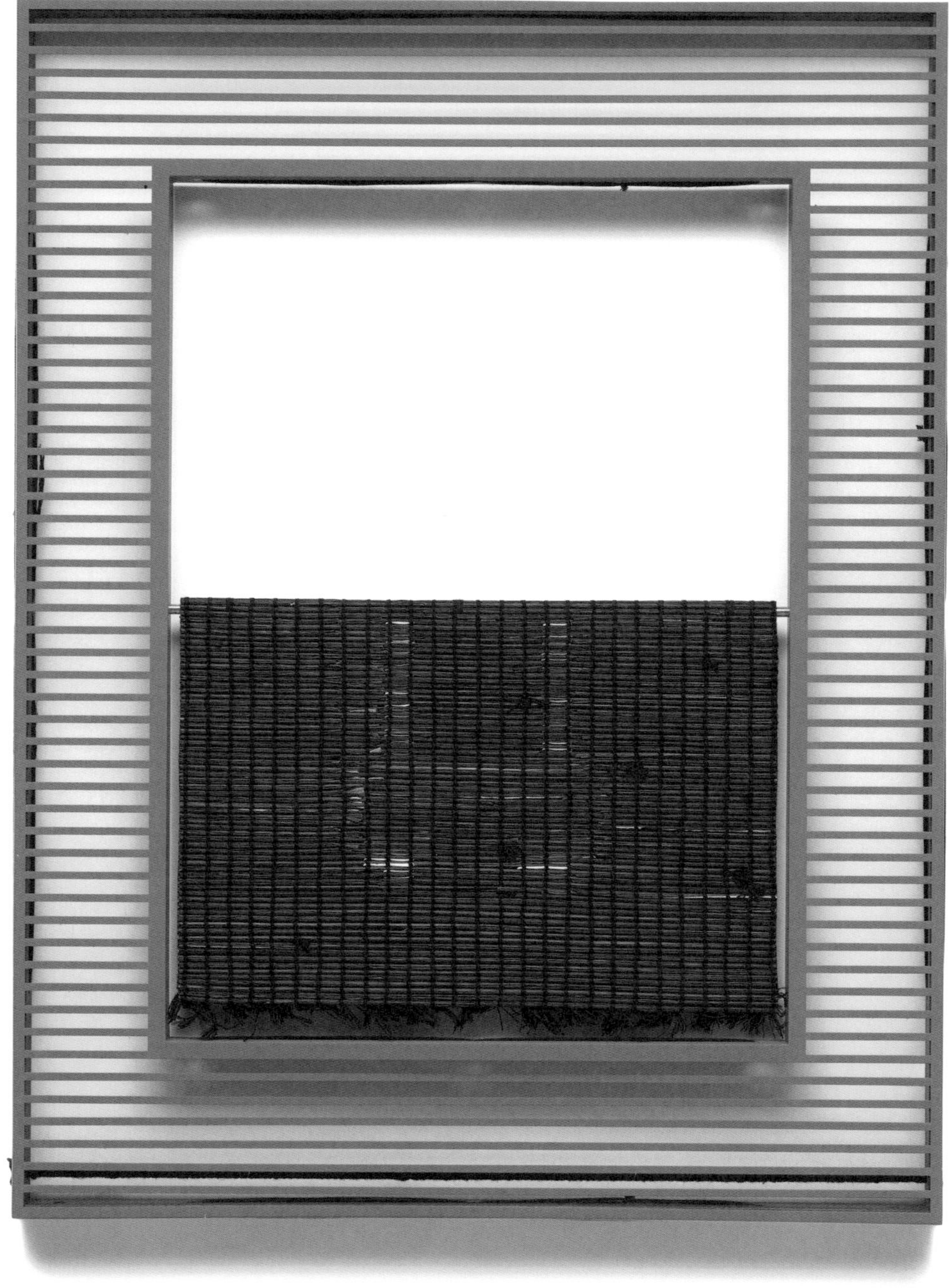

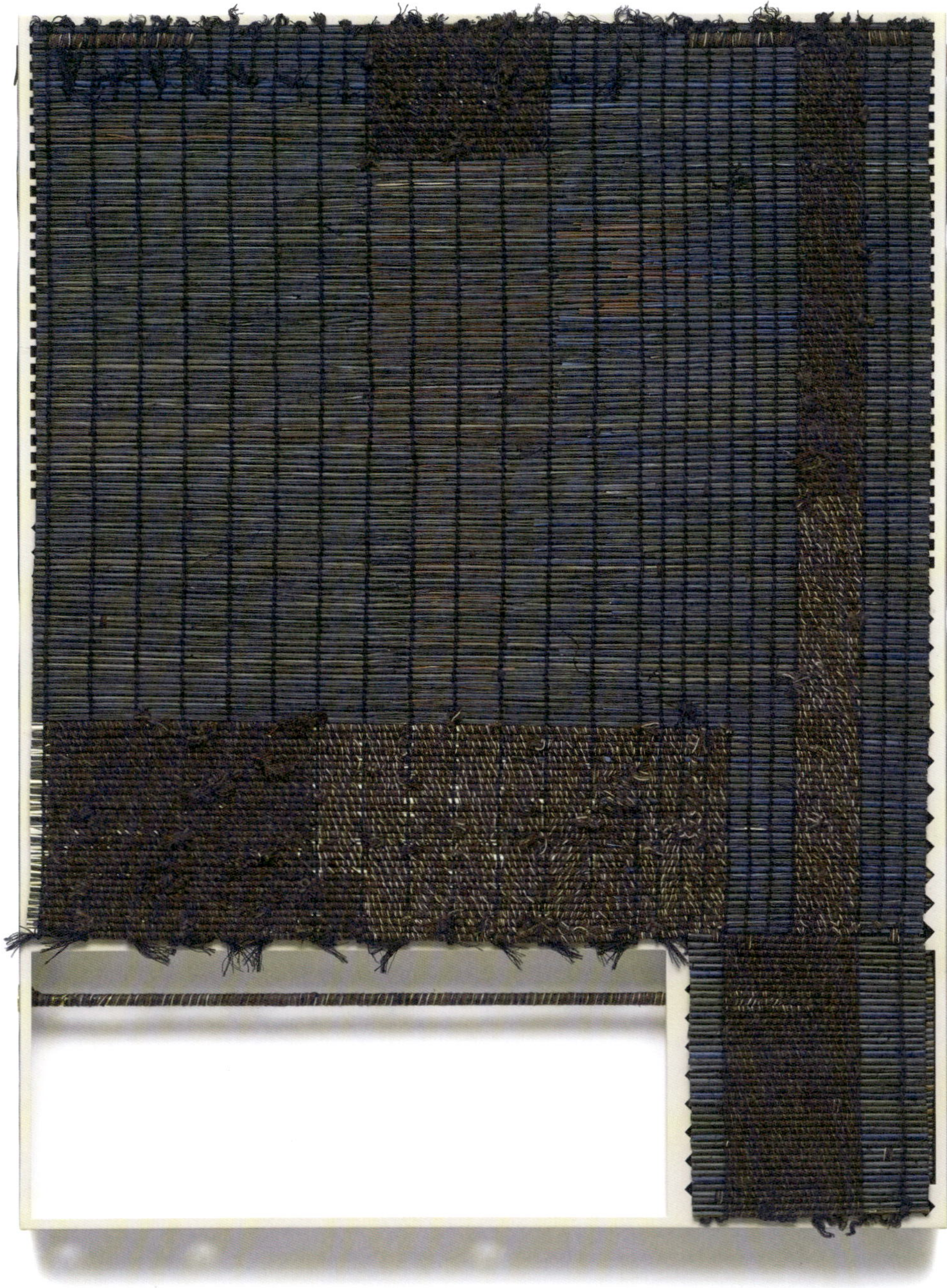

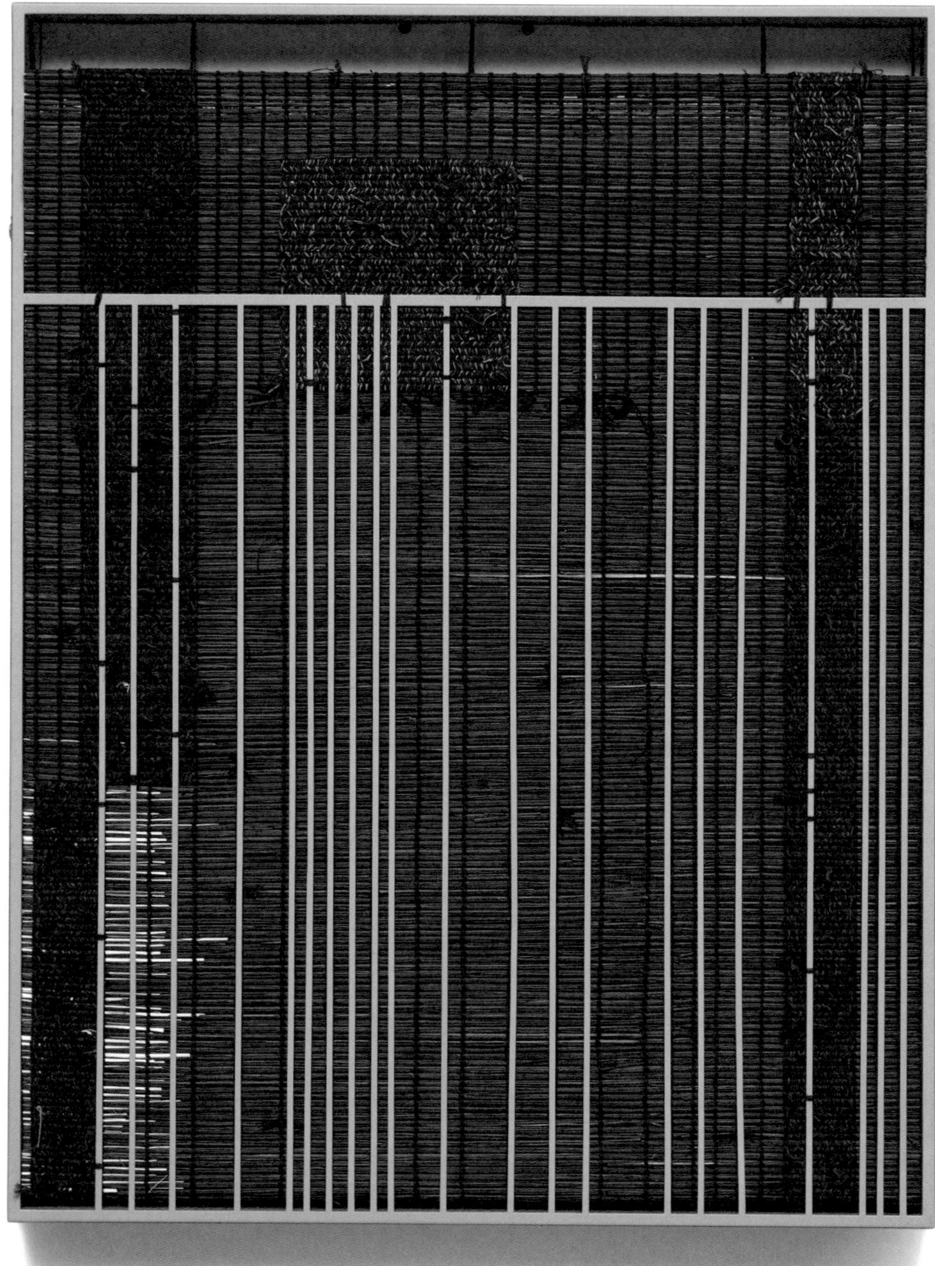

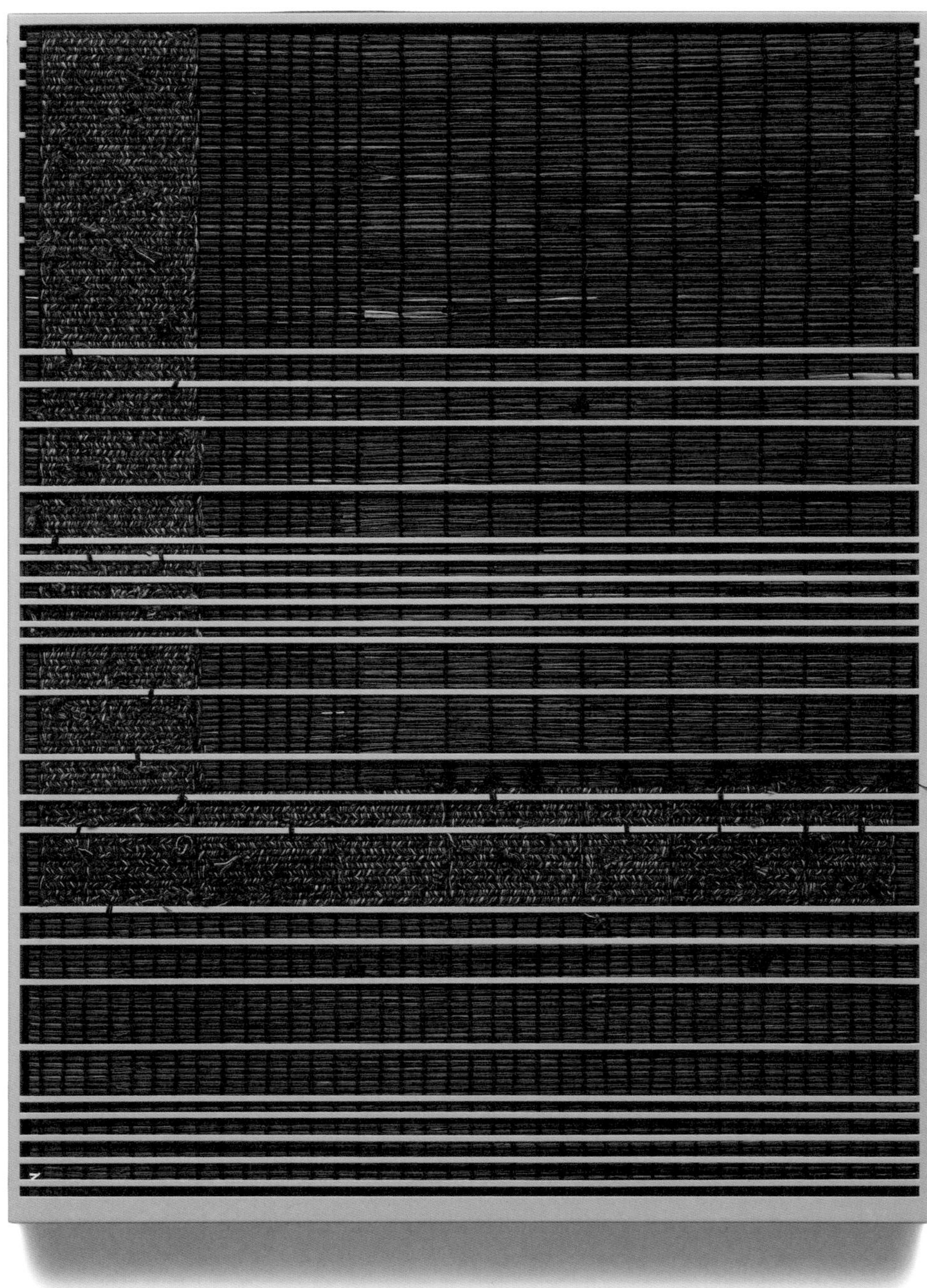

<자리 검은 자리 61×81 #18-03>, 2018년   *Mat Black Mat 61×81 #18-03, 2018*

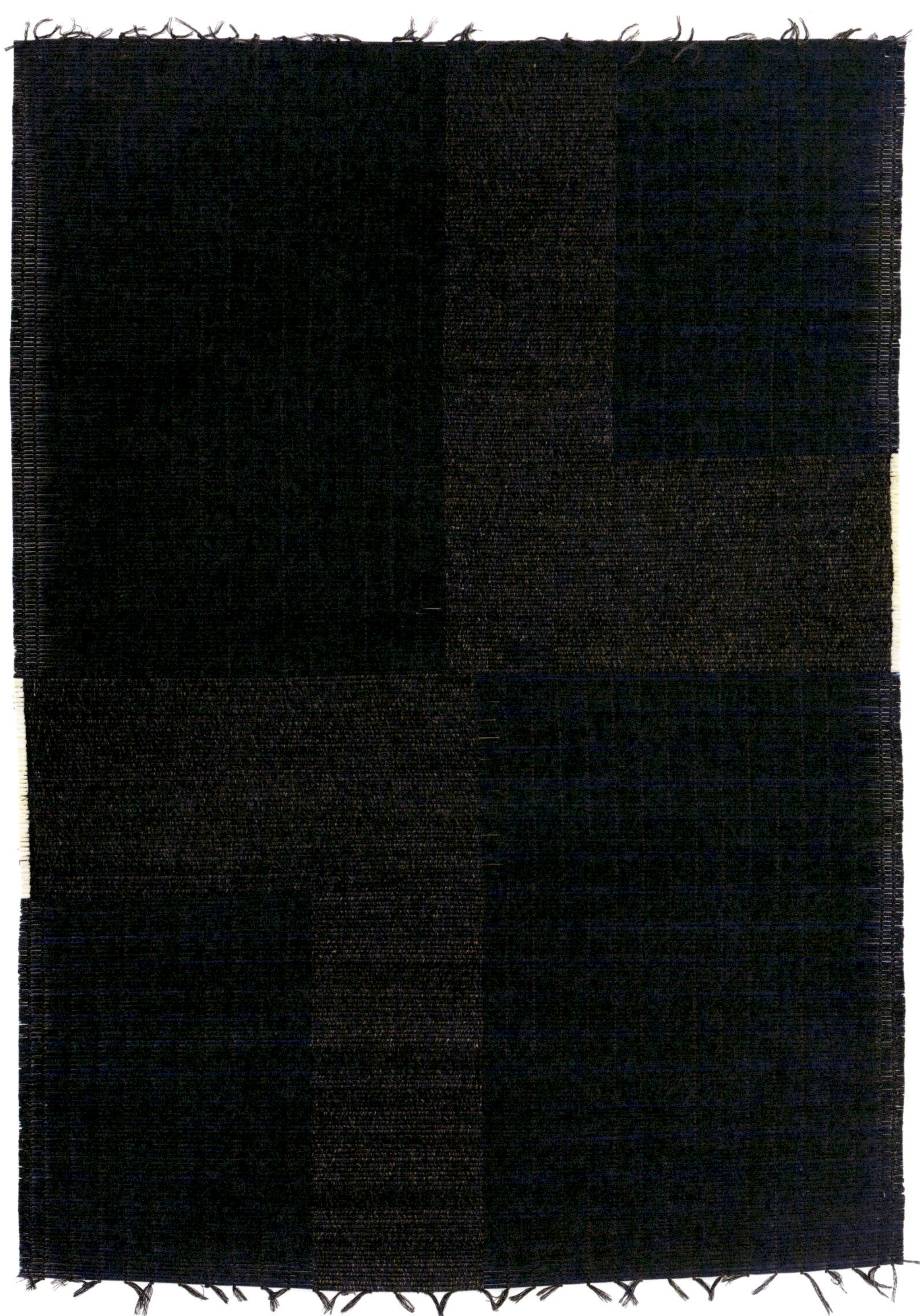

<‹자리 검은 자리 122×163 #18-06›,
2017–2018년

<Mat Black Mat 122×163 #18-06,
2017–2018>

<자리 검은 자리 122×93 #18-05>,
2017–2018년

Mat Black Mat 122×93 #18-05,
2017–2018

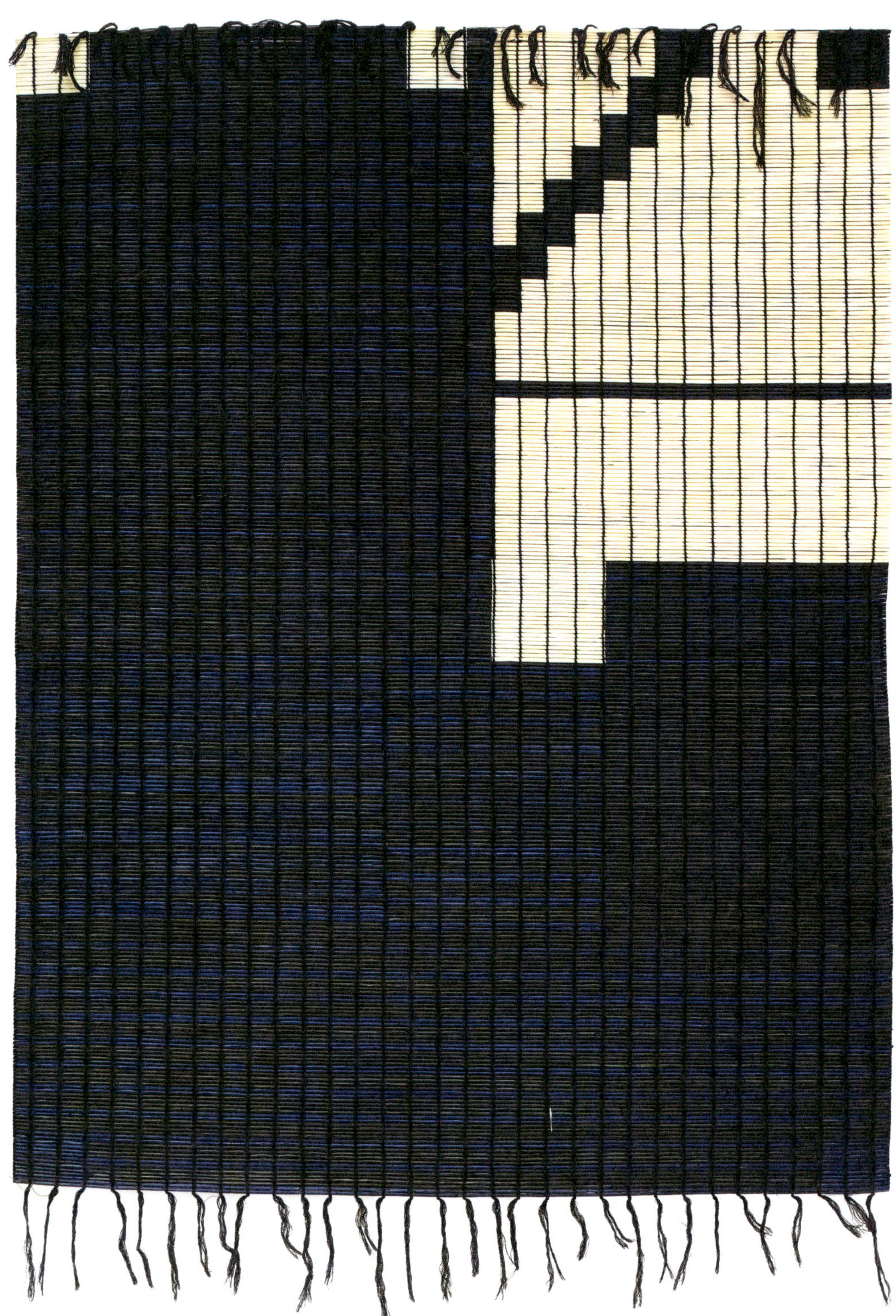

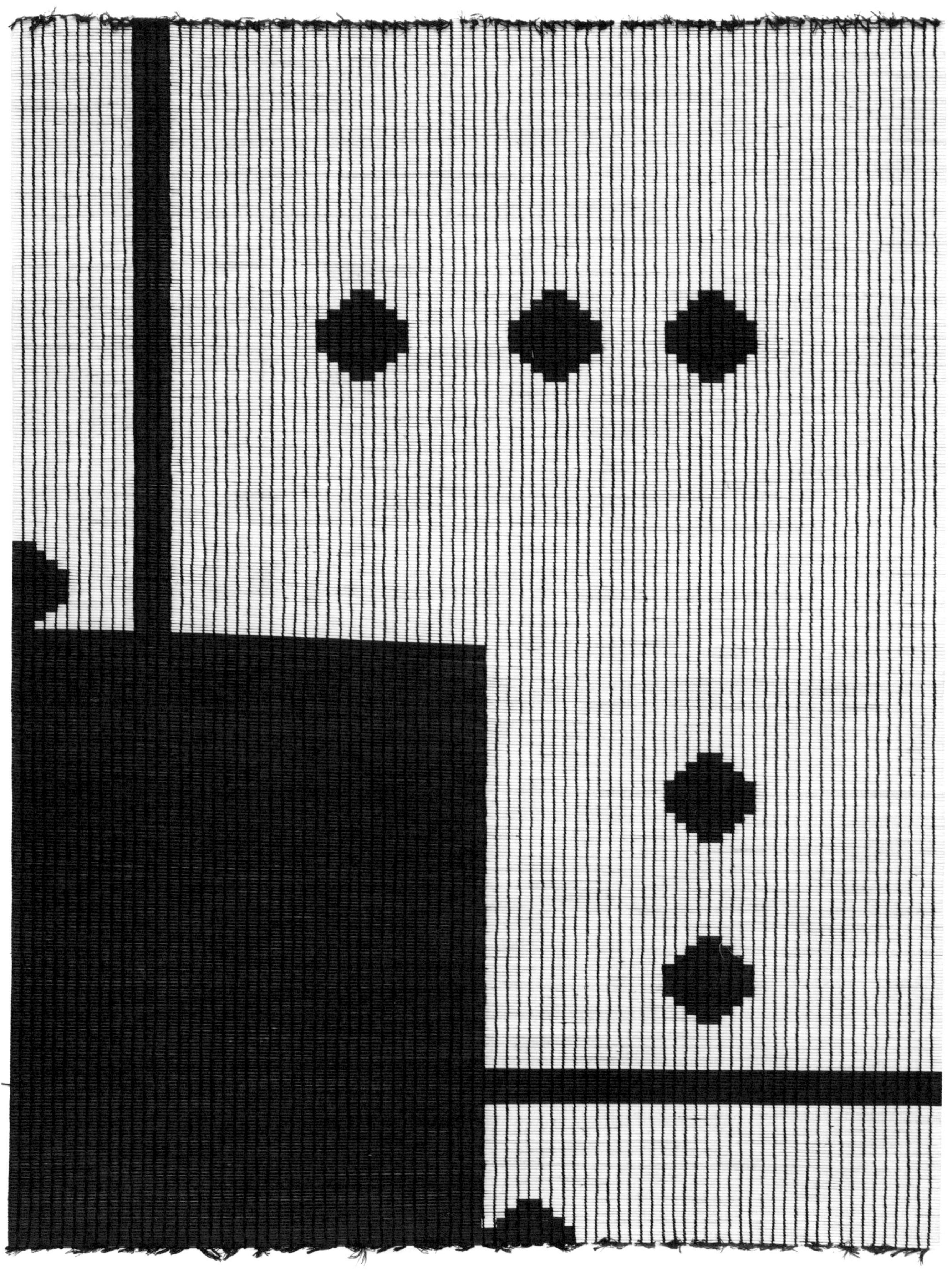

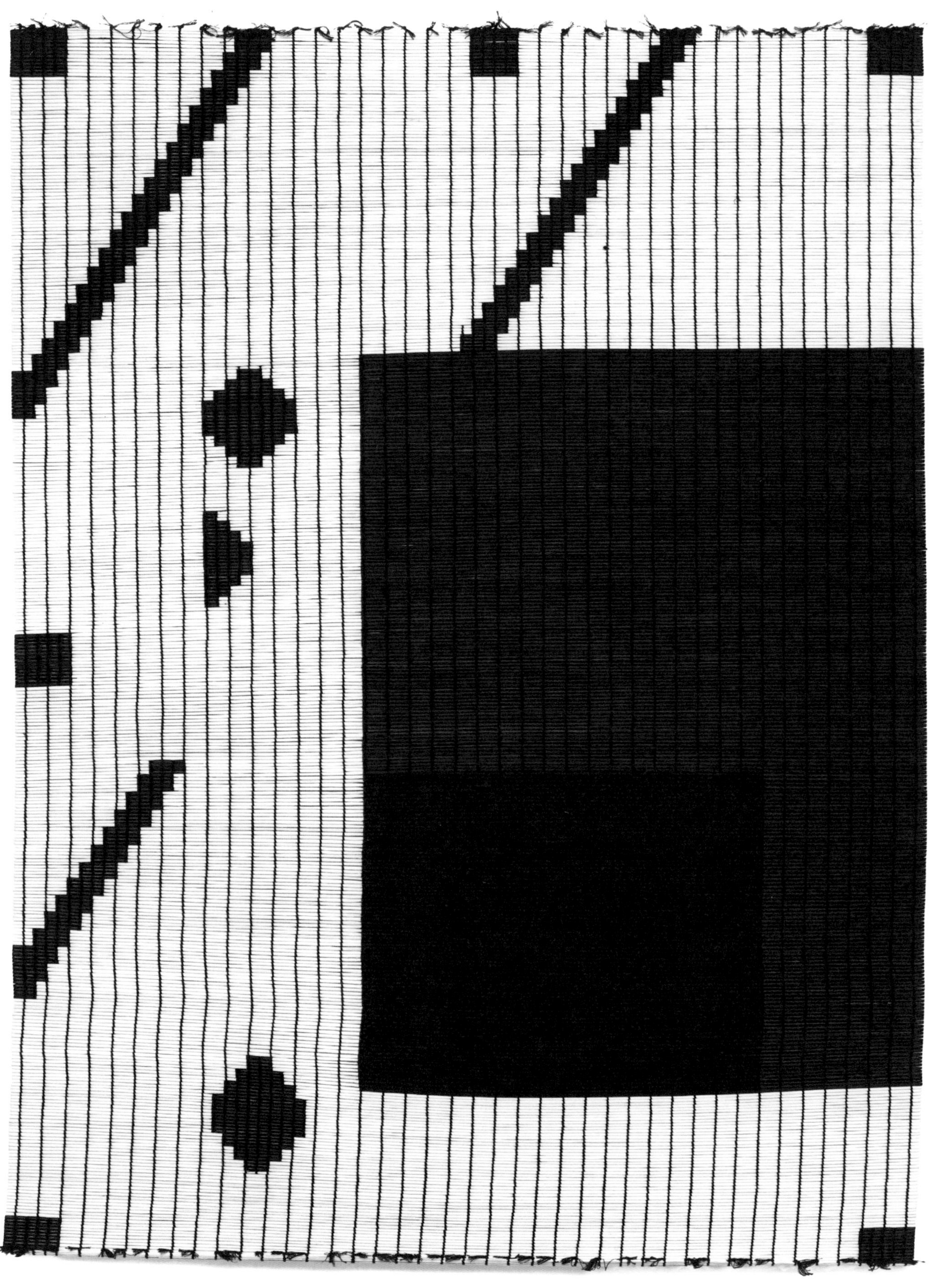

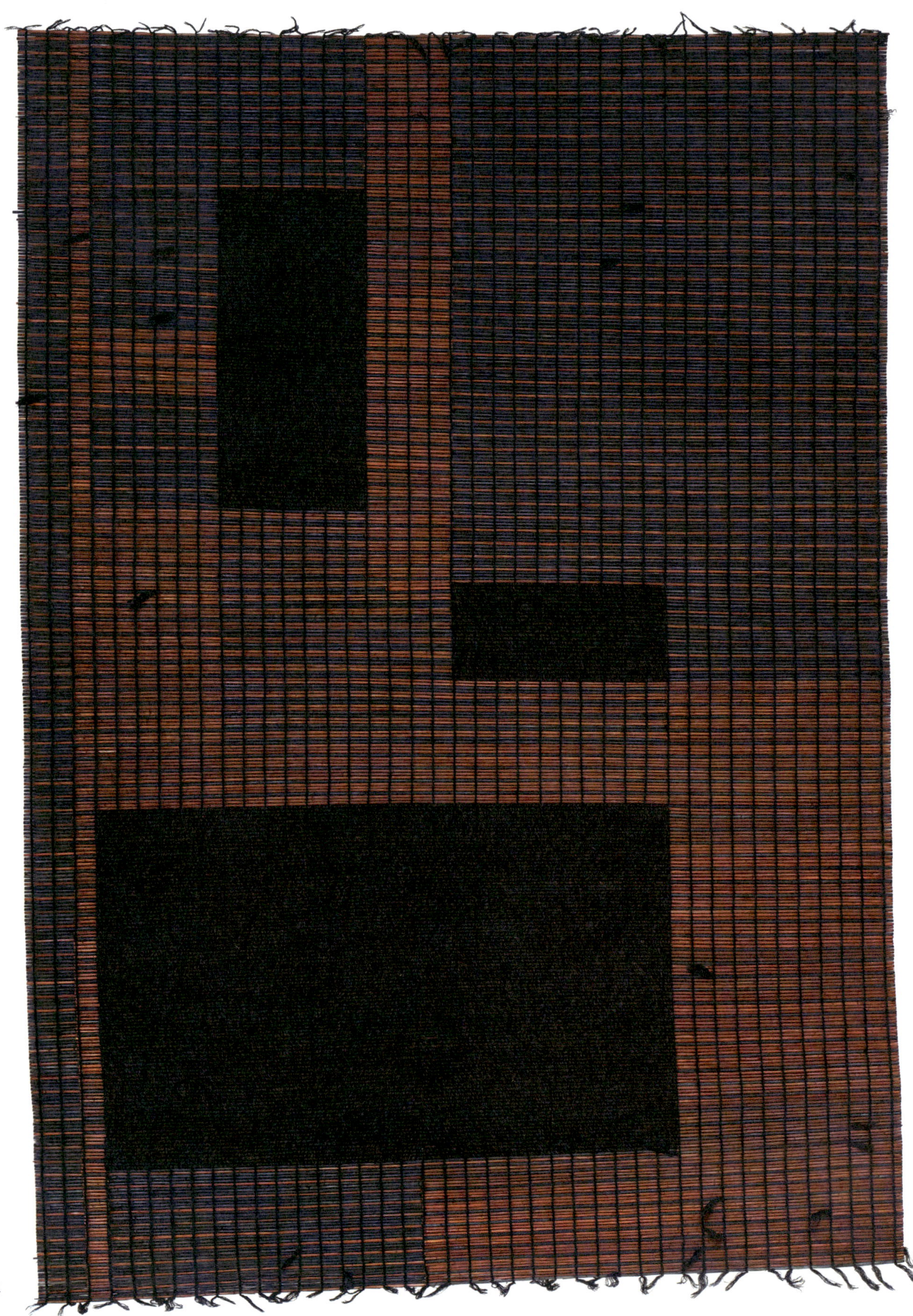

<‪자리 검은 자리 122×93 #18-08>,
2017–2018년

Mat Black Mat 122×93 #18-08,
2017–2018

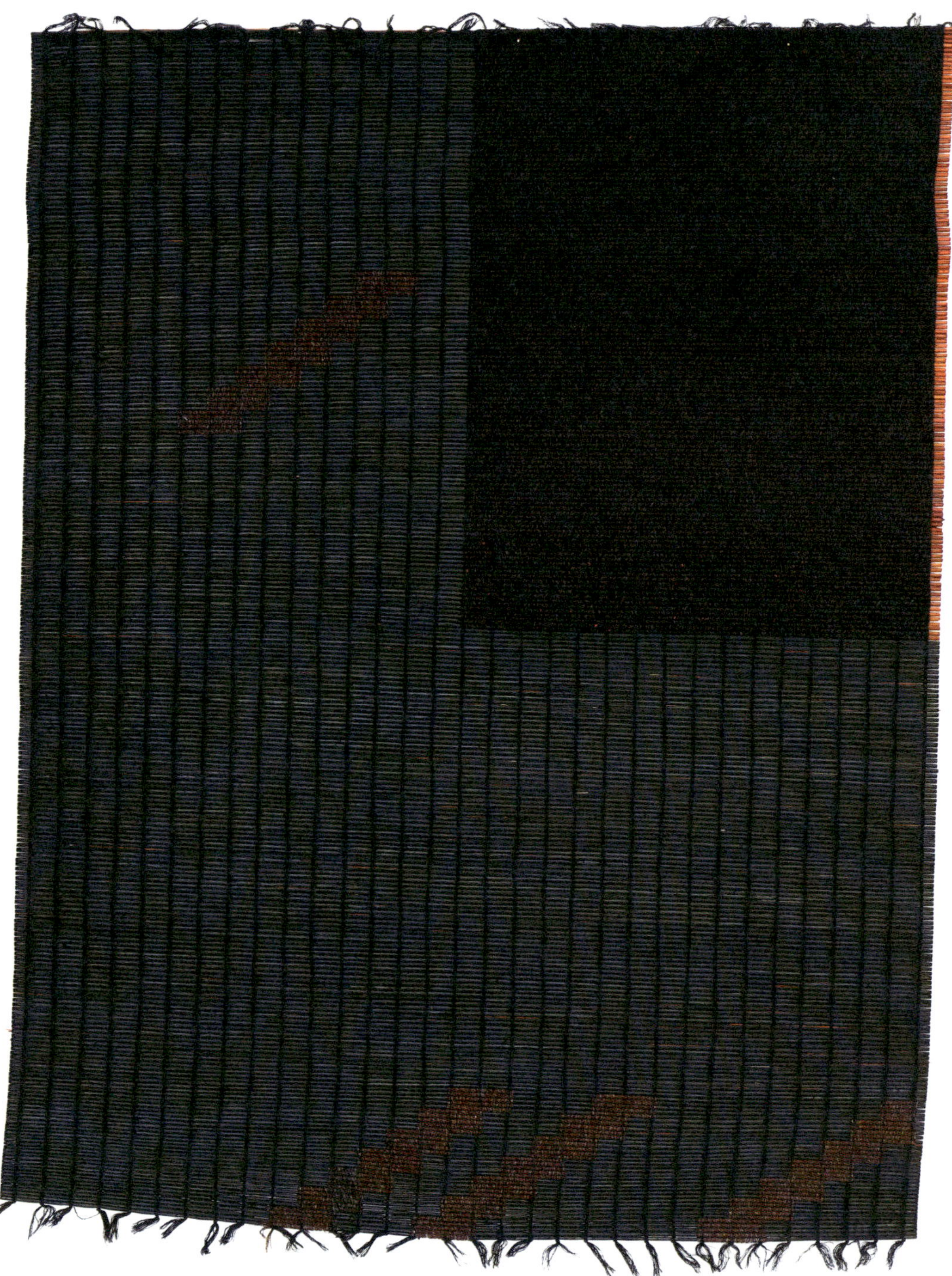

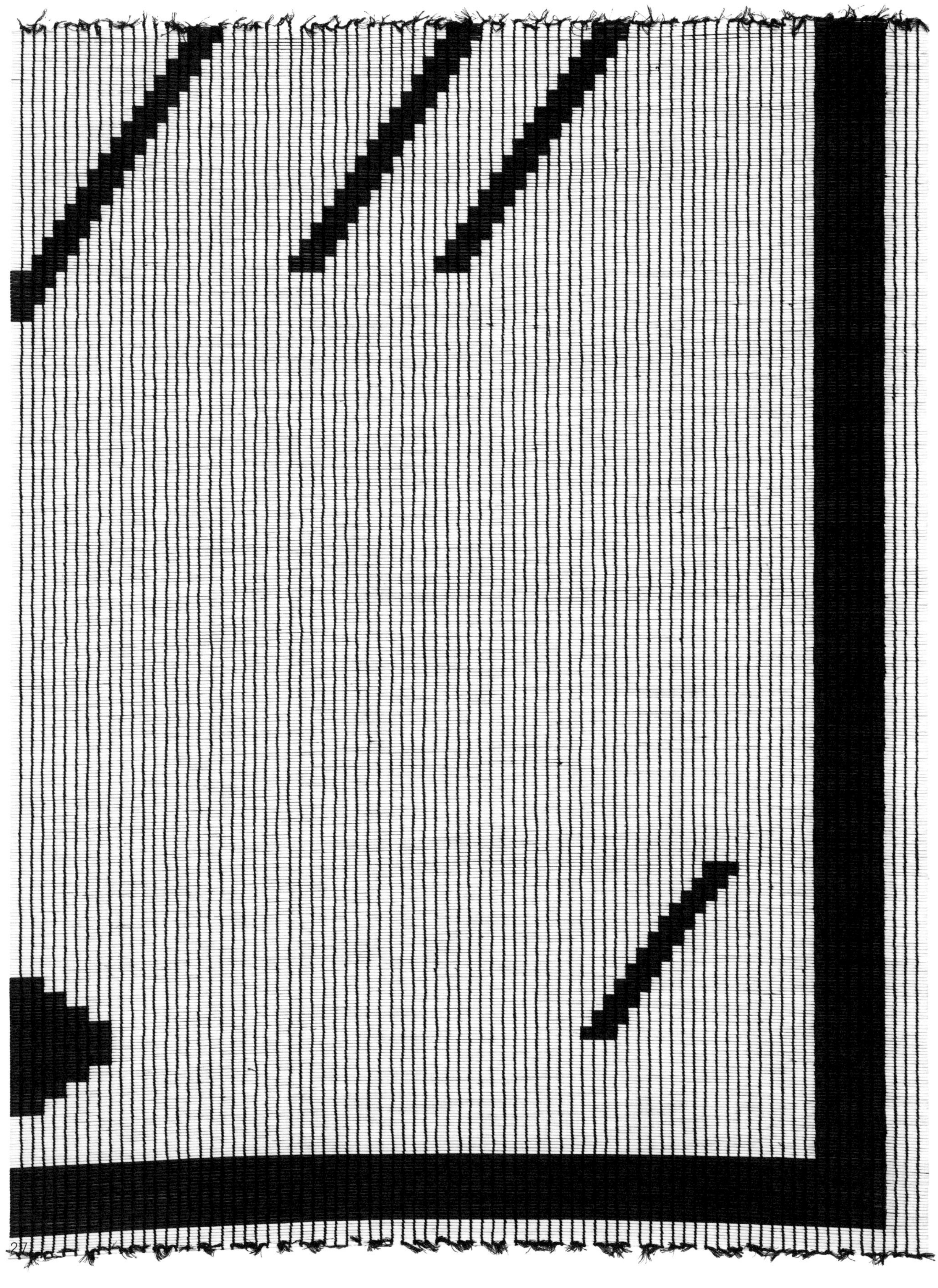

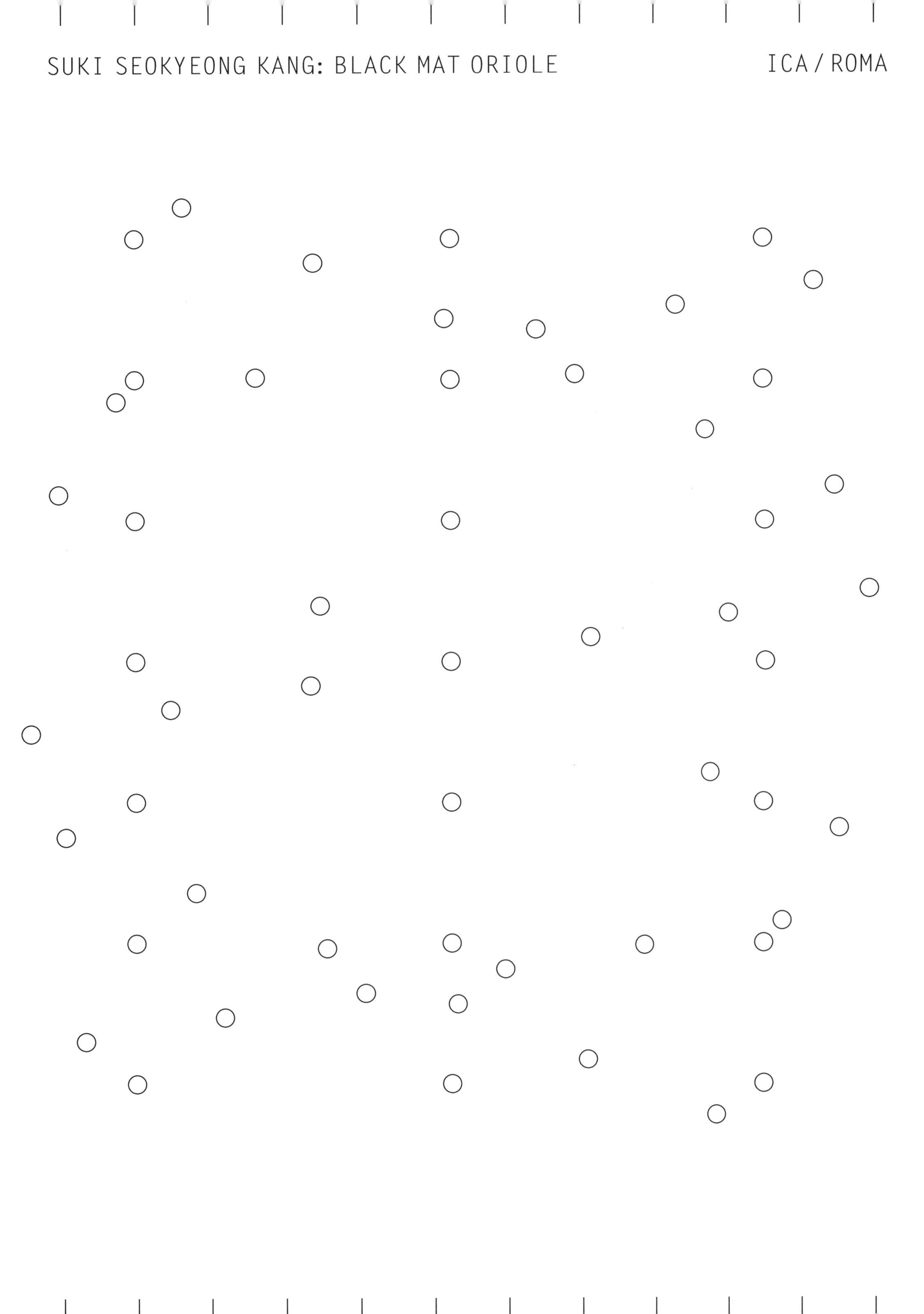

차례

CONTENTS

머리말

<강서경: 검은자리 꾀꼬리> 전시는 강서경의 대담하고 다층적인 작업을 미국에서는 처음으로 경험할 수 있는 기회를 안겨 주었다. 강서경 작업의 바탕이 되는 한국 전통 회화, 공예, 안무의 풍요로운 역사와 그의 작업이 가진 변화무쌍함, 그리고 추상적인 아름다움은 ICA를 찾은 여러 관객의 상상을 사로잡았다.

프로젝트가 진행되는 동안 강서경과 함께 시간을 보낸 것은 즐거운 일이었다. ICA에 강서경의 작업과 에너지를 불러올 수 있었던 것에 깊은 감사를 표한다. 이번 전시를 기획하기 위해 함께 일한 도로시 & 스티븐 R. 웨버 (CHE' 60) 큐레이터 앨릭스 클라인, 라포르트 부큐레이터 케이트 크랫선에게도 강서경과 마찬가지로 감사를 표한다. 작가와 두 큐레이터가 여러 번에 걸쳐 나눈 대화와 토론은 상상조차 하지 못한 방식으로 이 프로젝트를 풍성하게 해 주었다.

두 큐레이터가 쓴 글과 함께 수록한 연구자 이용우의 글은 한국의 동시대적 맥락과 역사적 맥락을 통해 강서경의 작업을 살펴보고 그것의 예술적 반향과 정치적 의의에 대한 통찰을 보여 준다. 이 같은 여러 글은 작가가 직접 스웨덴 텐스타 콘스탈의 디렉터 마리아 린드와 나눈 대화를 통해 스스로의 목소리로 의미를 더한다. 이번 전시에 앞서 2016년 광주비엔날레에서 강서경과 함께 진행한 마리아 린드의 전시는 특히 많은 영감을 주었다. 마리아 린드의 비평적 통찰과 더불어, ICA와 강서경을 이어 준 아낌없는 도움에 감사를 표한다.

안무가 조형준과 장홍석은 강서경과 긴밀히 협업하여 전시 기간 내내 전시장에서 벌어진 매혹적인 '움직임'을 개발해 냈다. 다행히도 전시가 시작된 주의 주말에 두 안무가의 움직임을 보여 줄 수 있었고, 그 기록을 이번 도록에 실을 수 있게 되었다. 전시 기간 중 펼쳐진 움직임을 위한 복잡한 실무적 사항들은 슈피겔-윌크스 큐레토리얼 펠로우인 타우시프 누어가 맡아 훌륭히 조율했고, 방문객 서비스 코디네이터인 제시카 존슨은 그 과정의 전반을 관리했다. 베카 칼릴, 젠슨 타이터스 러밸리, 아말리아 비아트르 루이스, 클로이 뉴턴은 실무를 맡아 일했다.

작품 운송 책임인 폴 스웬벡, 마크 J. 레더 디렉터 오브 큐레토리얼 어페어스를 맡고 있는 로버트 채니, 레지스트라 케이트 애버크롬비는 <검은자리 꾀꼬리> 전시 작품들의 설치 과정을 기민하게 살피며 감독했다. ICA의 뛰어난 작품 운송 스태프들은 전시가 실제로 구현되는 동안 강서경의 스튜디오 어시스턴트 이은지, 박소현과 함께 일하며 큰 기쁨을 누렸다.

ICA의 모든 스태프는 전시가 열릴 때마다 그 과정에 기여하며, 이처럼 헌신적이고 배려심 깊은 직원들과 함께 일하게 되어 영광스러울 따름이다. <검은자리 꾀꼬리> 전시와 관련한 출장 일정은 개성 넘치는 큐레토리얼 어시스턴트인 로런 다우닝 덕분에 흠 없이 완벽하게 진행되었다. 어시스턴트 큐레이터 멕 온리는 도록 제작 초기 단계에서부터 진행 상황을 이끌었고, 다니엘 앤드 브렛 순드하임 치프 큐레이터인 앤서니 엘름스는 큐레토리얼 부서가 막힘없이 일하도록 지켜주었다. 매디슨 그라이너, 탈리아 하이만, 아말리아 비아트르 루이스, 케이틀린 비탈로는 큐레토리얼 인턴으로 이번 전시를 위해 일했다. 브린모어 컬리지에서 온 브루닐데 시스몬도 리지웨이 큐레토리얼 펠로우인 로럴 맥래플린은 도록 제작의 마지막 단계에서 이미지 사용권을 조율했고, 이에 대해 특별히 감사를 표하고자 한다.

디자이너 슬기와 민은 이번 책을 만드는데 있어 빼어난 협업자였으며, 콘스턴스 멘시, 제러미 하이크, 정희승,

The exhibition *Suki Seokyeong Kang: Black Mat Oriole* is the first occasion in the United States to experience this ambitious and multilayered body of work. The rich histories of Korean painting, craft, and choreography that ground Kang's practice and the transformative, abstract beauty of her work captured the imagination of ICA's many audiences.

It has been my pleasure to spend time with Suki Seokyeong Kang over the course of the project's development. For bringing her work and energy to ICA, I offer my deepest gratitude. In a similar vein, I must acknowledge Alex Klein, Dorothy & Stephen R. Weber (CHE '60) Curator and Kate Kraczon, Laporte Associate Curator, who worked collaboratively to curate the exhibition. The multipart conversations and triangulated discussions fed the project in unimaginable ways.

In addition to the essays by the curators in this publication, we are fortunate to include an insightful essay by scholar Yongwoo Lee that situates the artistic resonances and political valences of Kang's work within both a contemporary and historical Korean context. These texts are amplified by the artist's own voice through a conversation with Maria Lind, Director of the Tensta Konsthall, Sweden. Lind's previous work with Kang in the 2016 Gwangju Biennale was particularly inspirational, and we are thankful for her critical insights and her generosity in first connecting us with the artist.

Choreographers Hyeongjun Cho and Hongseok Jang worked closely with Suki to develop the mesmerizing *Activations* that occurred in the gallery throughout the run of the exhibition. We are fortunate that they were able to perform during the opening weekend of the exhibition and that we are able to include the documentation in this catalogue. The complicated logistics of the *Activations* that took place throughout the run of the show were expertly coordinated by Tausif Noor, our Spiegel-Wilks Curatorial Fellow; generously supervised by Jessica Johnson, Visitor Services Coordinator; and performed by Becca Khalil, Jenson Titus Lavallee, Amalia Wiatr Lewis, and Chloe Newton.

Paul Swenbeck, Chief Preparator; Robert Chaney, Marc J. Leder Director of Curatorial Affairs; and Kate Abercrombie, Registrar, deftly oversaw the installation of *Black Mat Oriole*, and ICA's stellar crew of preparators were thrilled to have Suki's studio assistants Eunji Lee and Sohyun Park join them in the galleries as the exhibition came together in physical form.

ICA's entire staff contributes to each and every exhibition, and I am honored to work with such a devoted and caring group of people. The travel surrounding *Black Mat Oriole* was flawless due to our maverick Curatorial Assistant Lauren Downing. Meg Onli, our Assistant Curator, shepherded this book in its early stages, and Anthony Elms, Daniel and Brett Sundheim Chief Curator, keeps the department flowing smoothly. Curatorial interns who worked on the exhibition include Madison Greiner, Talia Heiman, Amalia Wiatr Lewis, and Caitlin Vitalo. Special thanks are due to Laurel McLaughlin, Brunilde Sismondo Ridgway Curatorial Fellow from Bryn Mawr College, who

김경태, 김상태, 빅명래는 사진 촬영을 통해 ICA와 깅서경의
작품 아카이브에 크게 기여했다. 이번 책을 한국어와
영어로 출간하게 되어 기쁘게 생각하며, 영어를 한글로
번역해준 박재용과 번역에 대한 교정을 맡아 준 이한범, 영어
편집자를 맡은 크리스티 맥과이어에게 감사를 표한다. 로마
퍼블리케이션스와 이번 도록을 공동 출간하게 되어 무척
고무적이며, 이번 프로젝트를 지지하고 국제적으로 책을 유통할
수 있게 해준 로허르 빌럼스에게도 감사를 전한다.

ICA 전시가 구현되는 과정에서, 강서경은 티나 킴과 티나
킴 갤러리의 스태프들과 협력해 뉴욕에서 작업을 선보였다.
니콜 칼데론, 정지웅은 ICA에서 진행된 프로젝트의 실행에 있어
매우 귀중한 자원이 되어 주었으며, 티나 킴 갤러리의 멋진 팀과
함께 일하게 되어 감사했음을 밝히고자 한다. 이화여자대학교와
한국문화예술위원회, 국제갤러리, 으뜸프로세스 역시
프로젝트를 위해 아낌없는 지원을 제공했다.

마지막으로, ICA는 펜실베이니아 대학의 교무부 부총장
아니타 L. 앨런, 교무부 총장 웬델 프리쳇, 대학교 총장 에이미
거트만의 확고한 지원을 지속적으로 받고 있다는 점에 겸허히
감사를 표한다. ICA 감독 이사회 대표 스티븐 웨버와 모든
이사진에게 또한 전폭적인 지지에 대한 감사를 전한다.

에이미 사다오
다니엘 W. 디트리히 2세 디렉터

coordinated the image rights in the final stages
of catalogue production.

Designers Sulki and Min Choi have been won-
derful collaborators on this book, and the pho-
tography skills of Constance Mensh, Jeremy Haik,
Heeseung Chung, Kyoungtae Kim, Sangtae Kim, and
Myungrae Park are important contributions to
both ICA's and Suki's archives. We are pleased to
be able to produce a bilingual publication and
thank Jaeyong Park for translation from English
to Korean; Hanbum Lee for proofreading in Ko-
rean; and Kristi McGuire for copyediting in En-
glish. We are equally thrilled to be co-publishing
with Roma Publications and thank Roger Willems
for his support of the project and for assuring
a wider international distribution for this pub-
lication.

In the months leading up to the ICA exhibi-
tion, Suki connected with Tina Kim Gallery to
present her work in New York. We are especially
grateful to Tina Kim and her staff, specifically
Jiwoong Jeong, for their commitment to the proj-
ect at ICA. Additional support was generously
provided by Ewha Womans University, the Arts
Council Korea, Kukje Gallery, and Top Process.

And finally, I am humbled that ICA continues
to be given unwavering support from Vice Pro-
vost for Faculty Anita L. Allen, Provost Wendell
Pritchett, and President Amy Gutmann. ICA's Board
Chair Stephen R. Weber and the entire Board of
Overseers are equally generous in their ongoing
support of the institution.

Amy Sadao
Daniel W. Dietrich, II Director

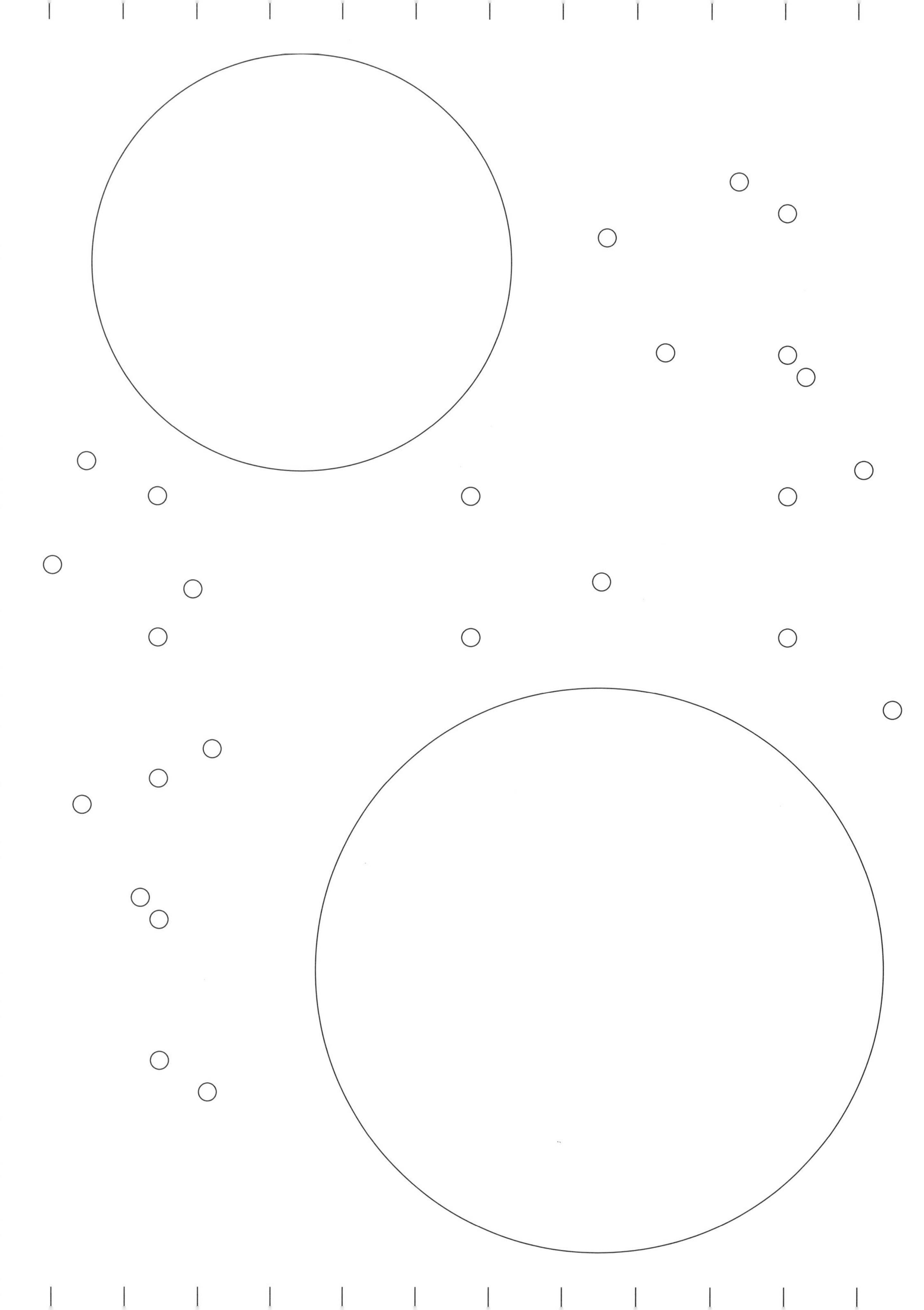

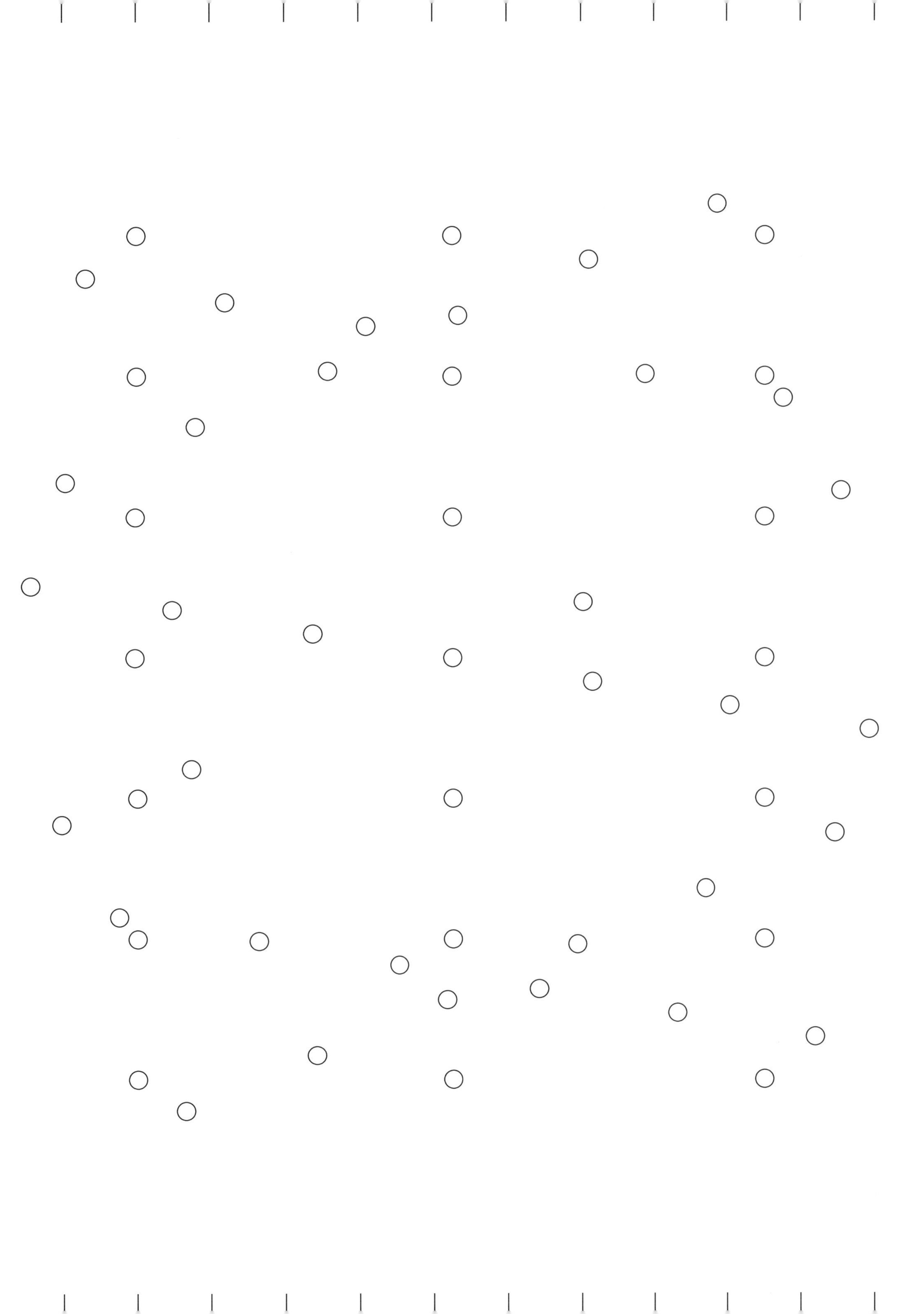

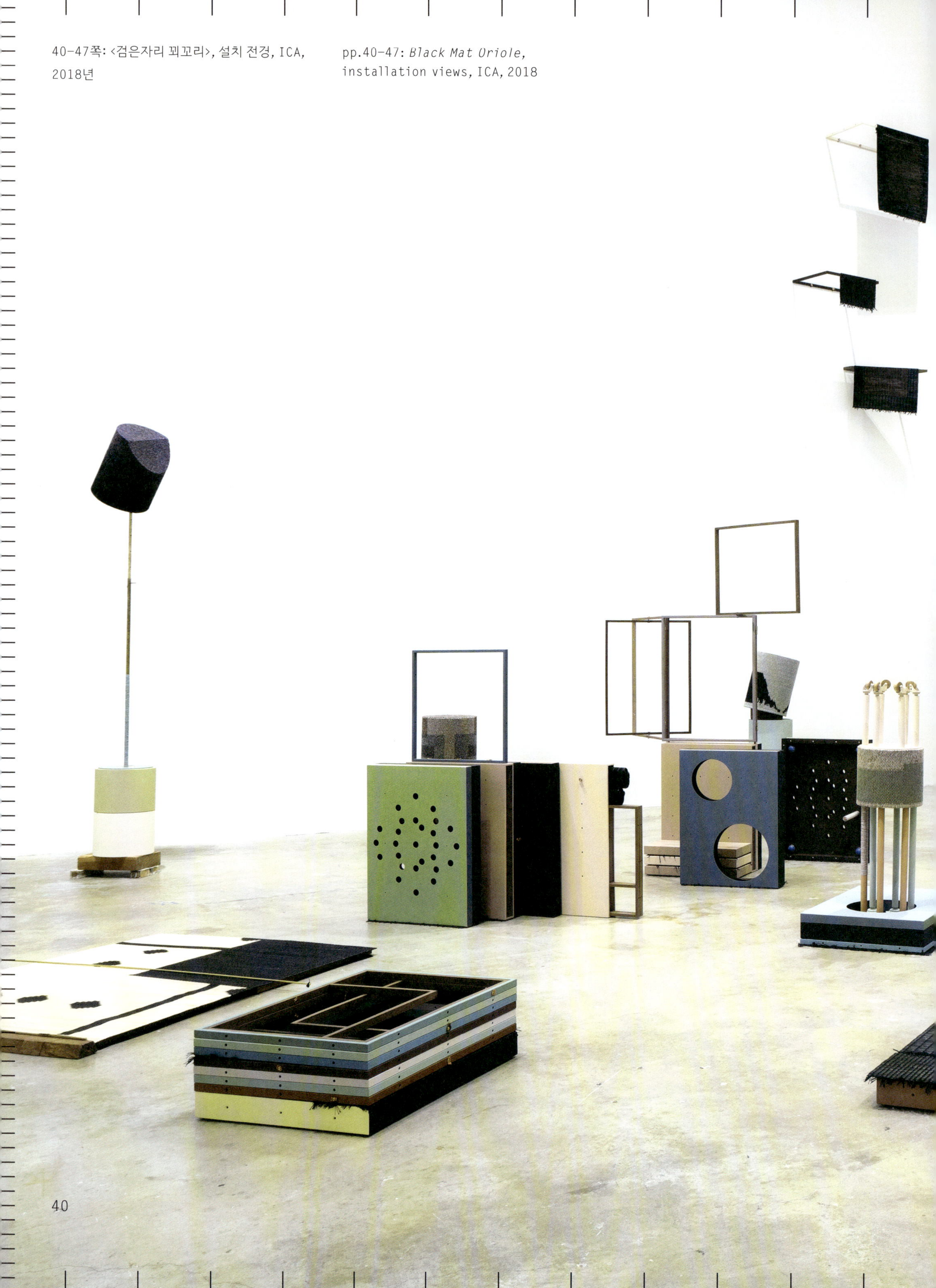

40-47쪽: <검은자리 꾀꼬리>, 설치 전경, ICA,
2018년

pp.40-47: Black Mat Oriole,
installation views, ICA, 2018

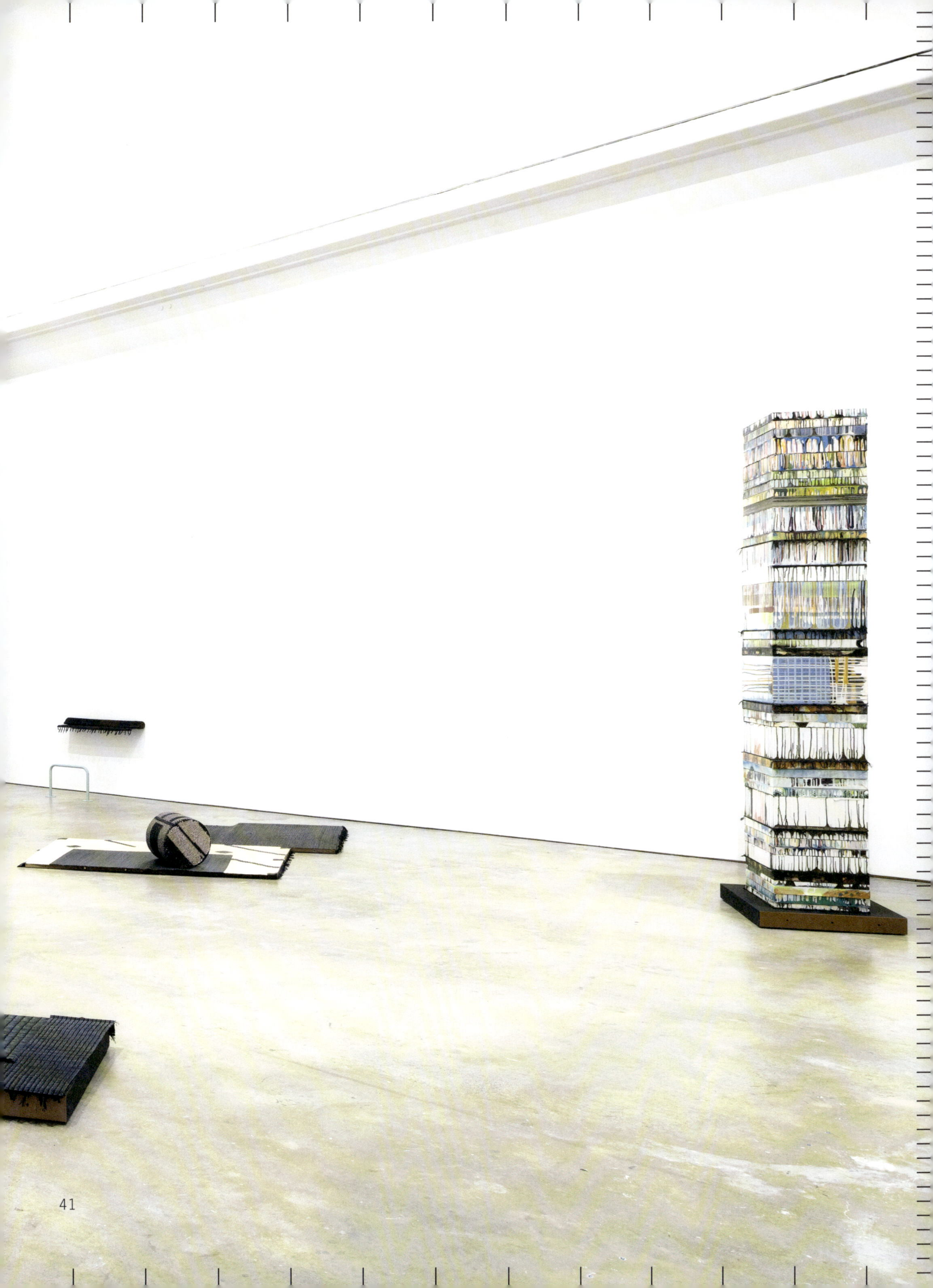

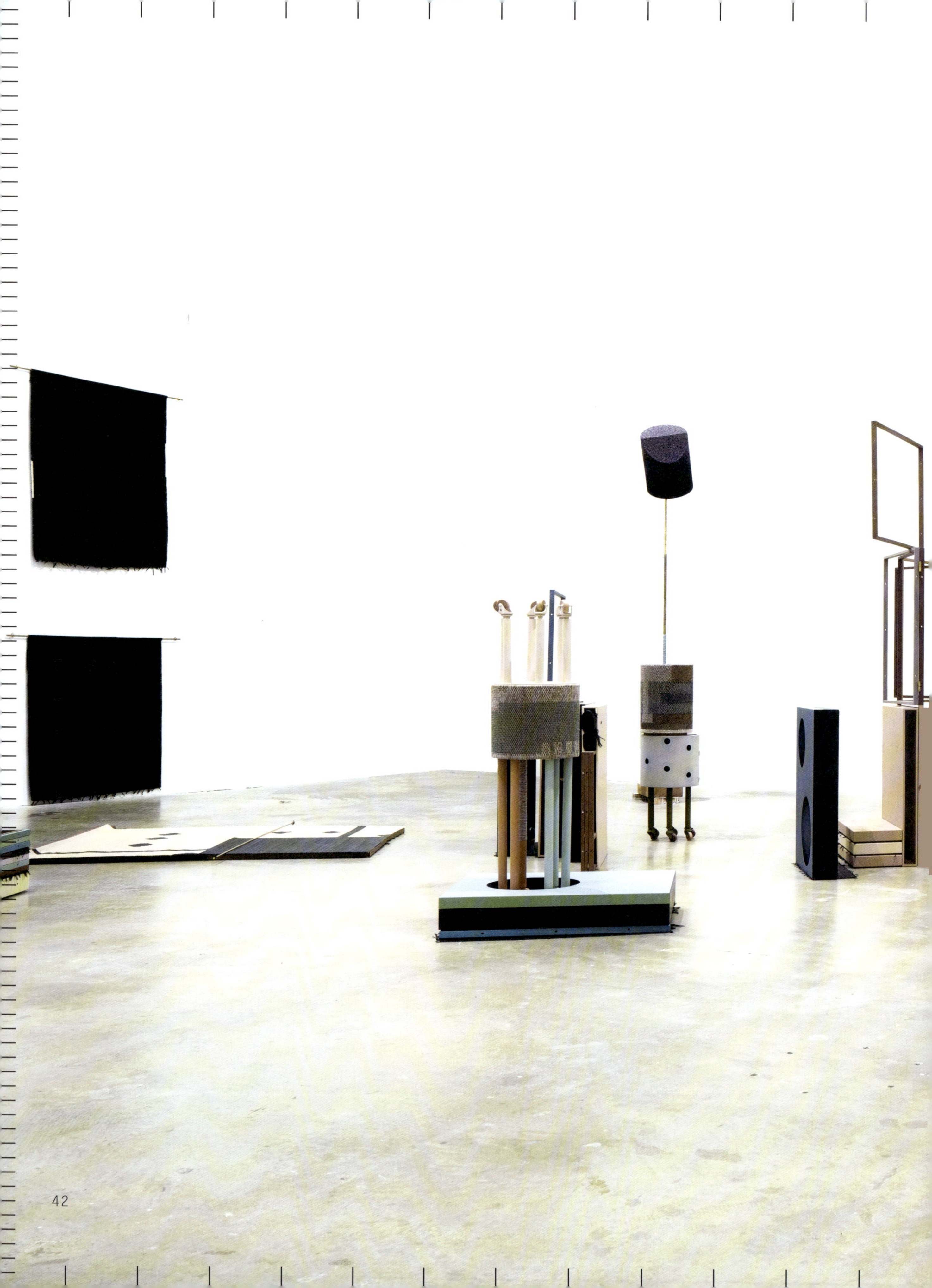

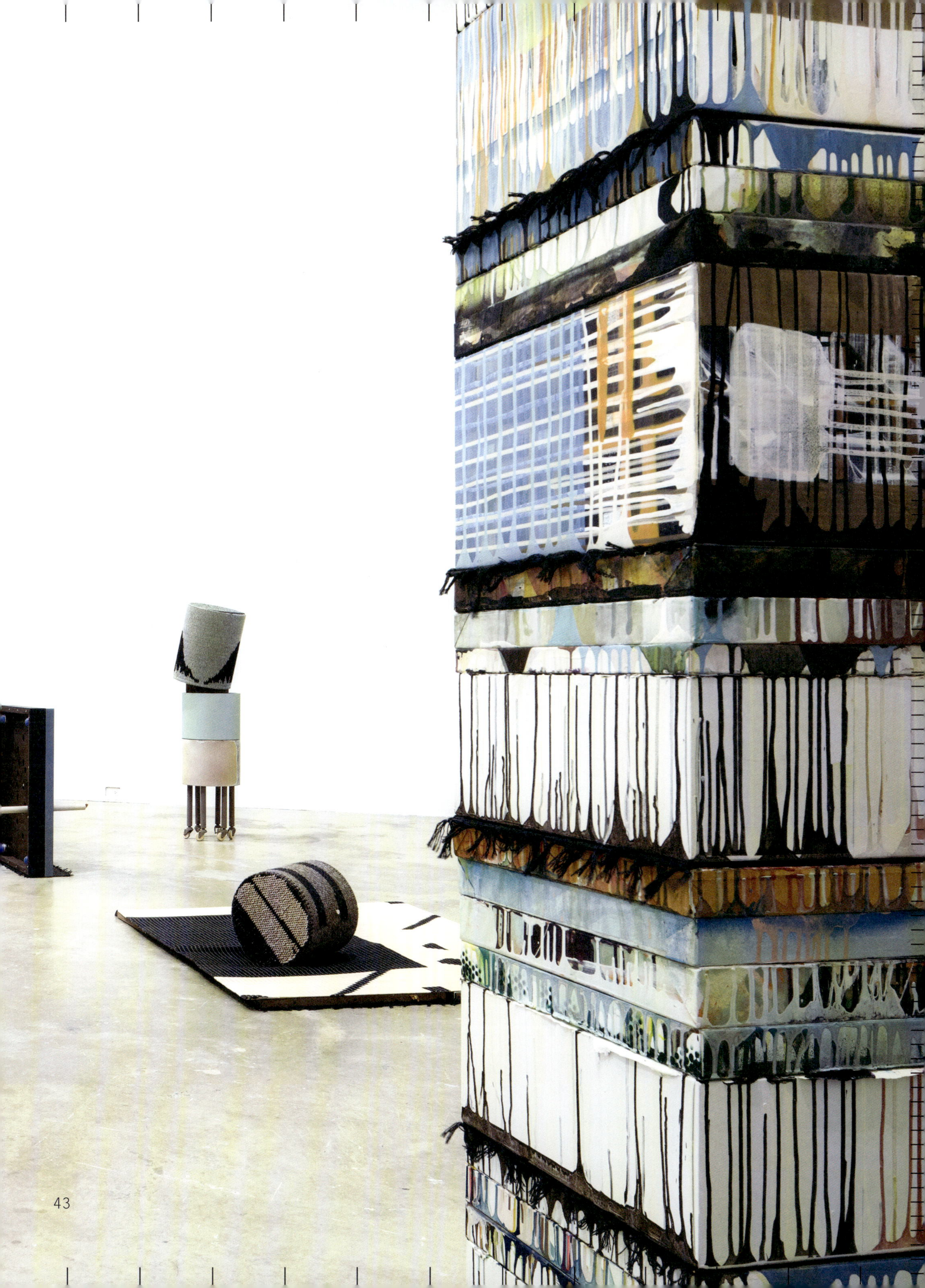

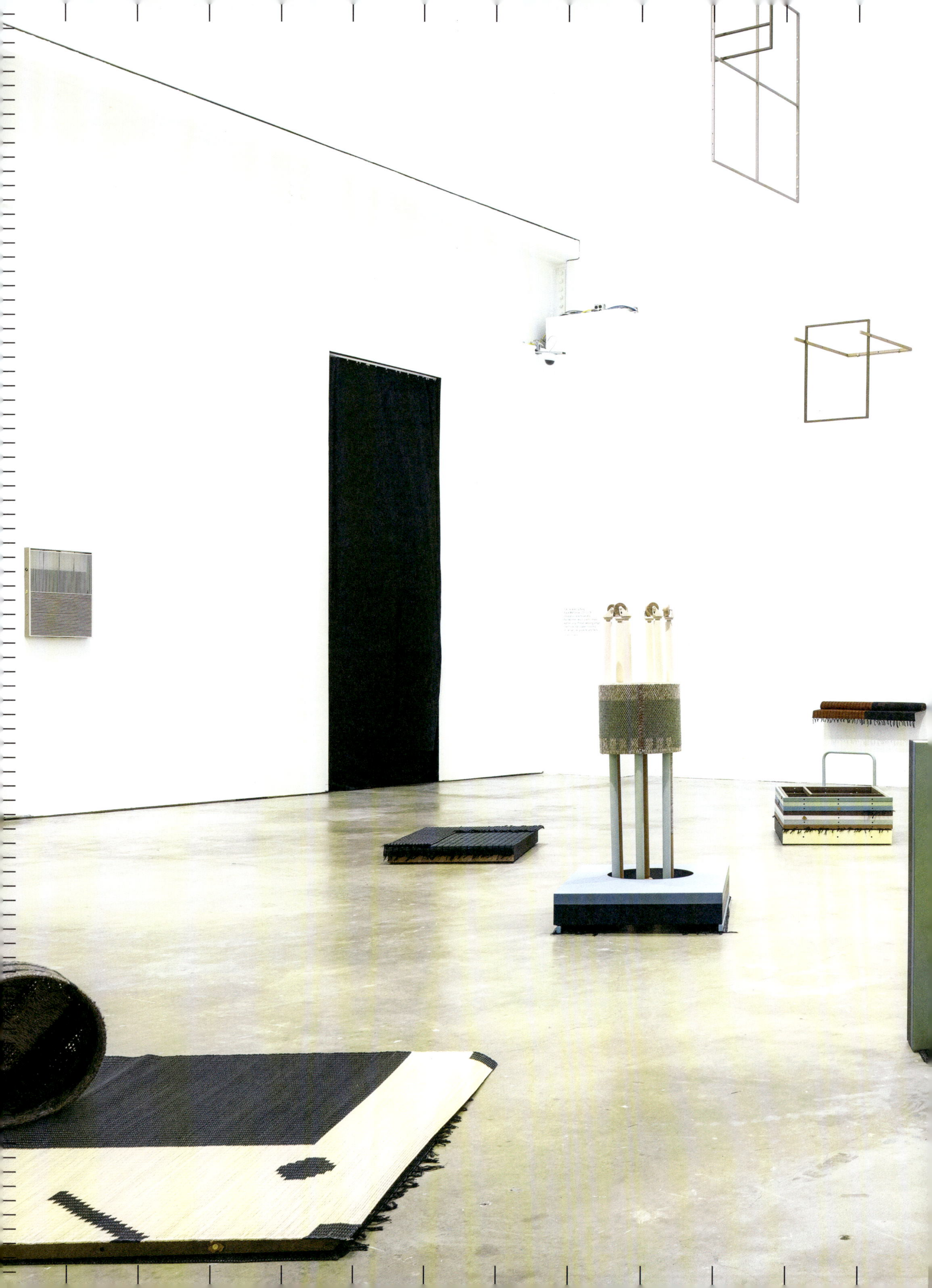

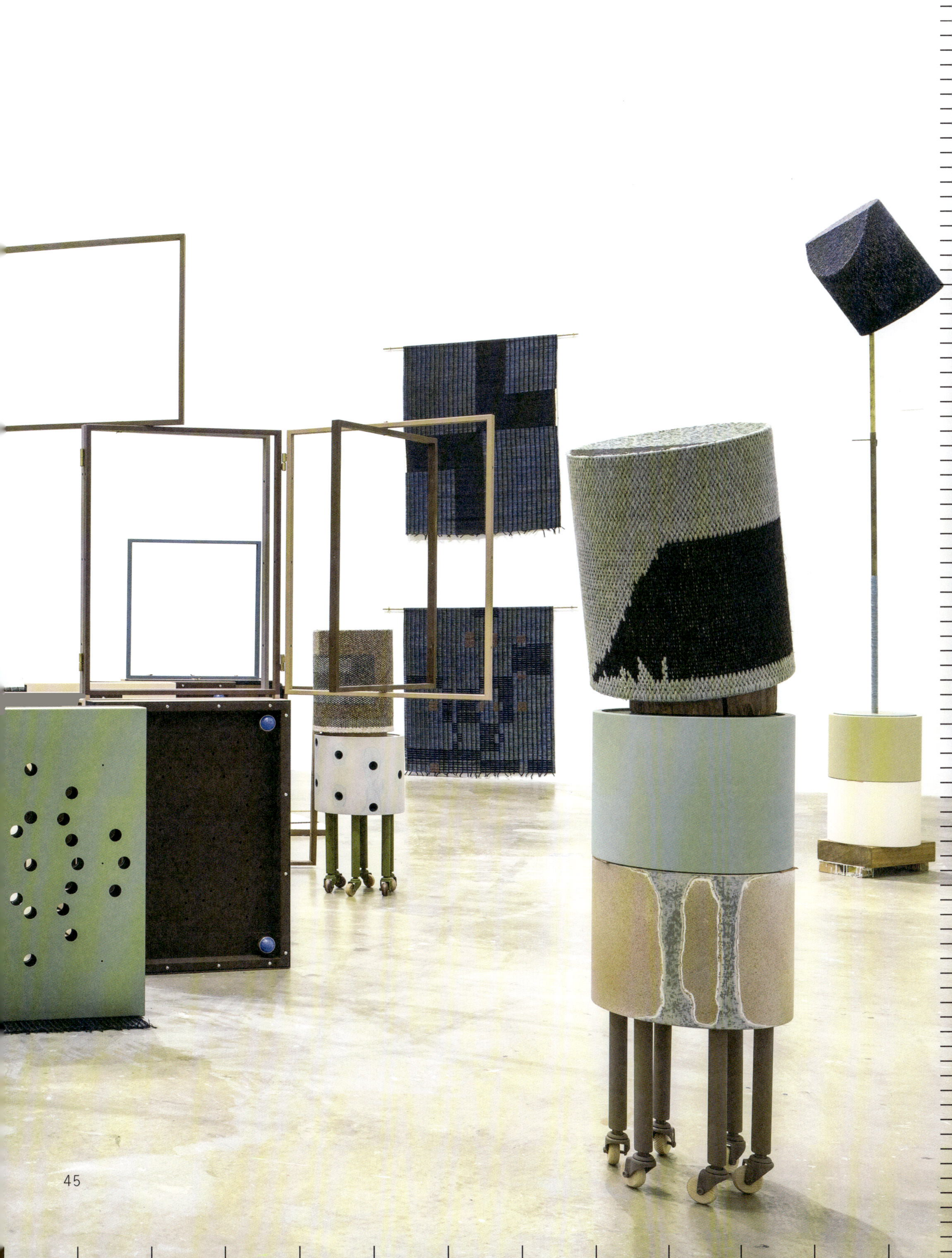

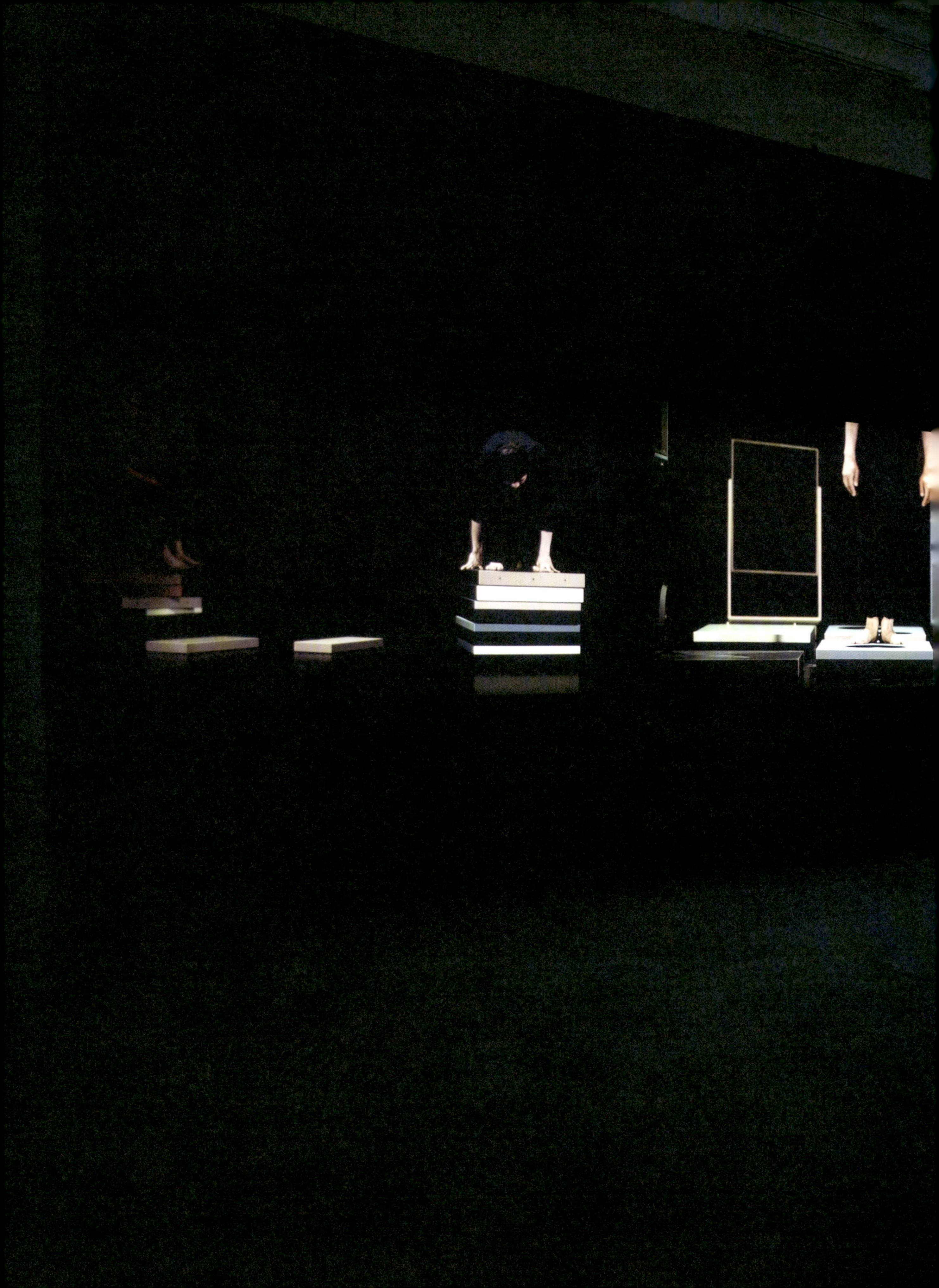

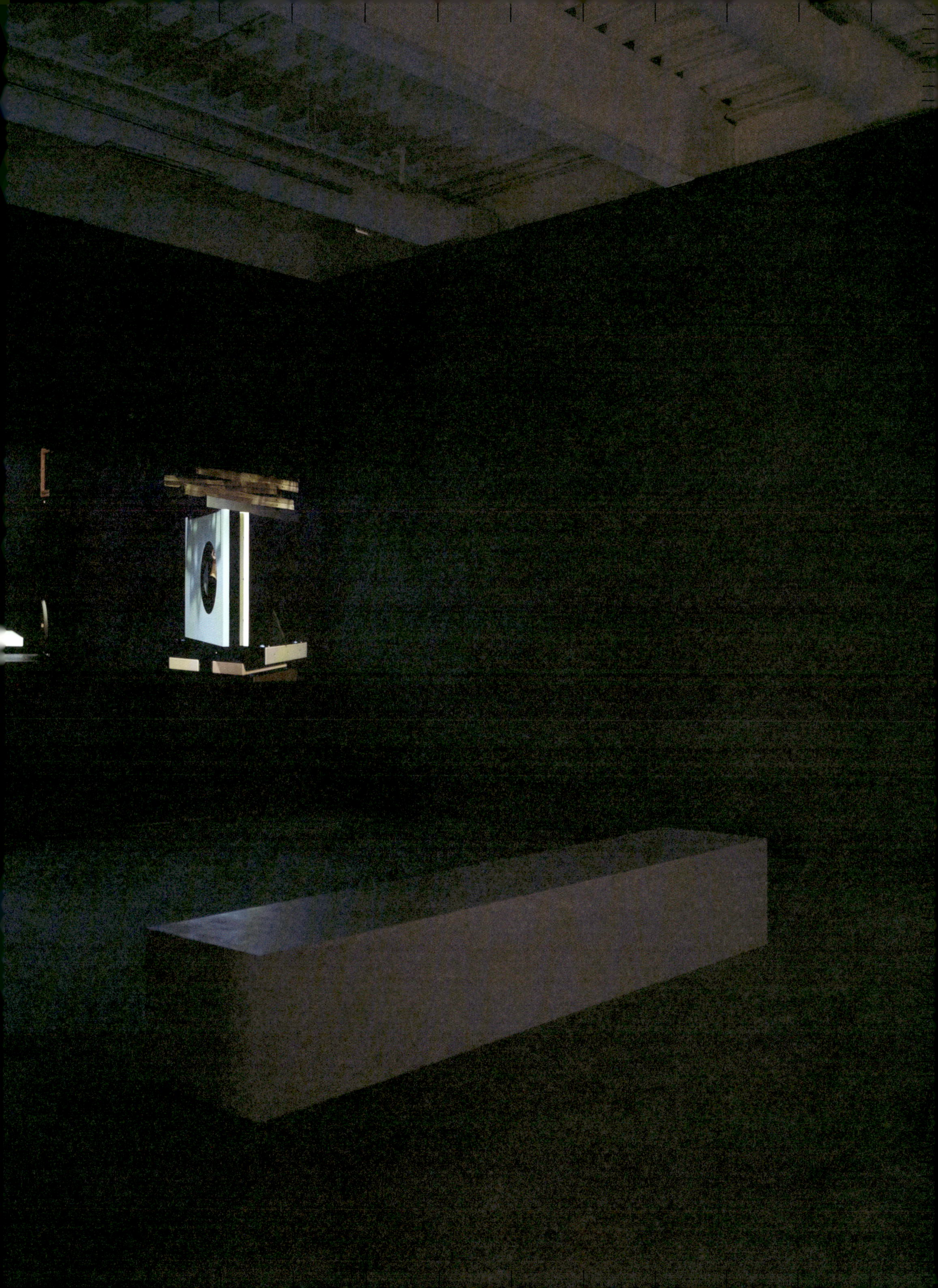

앨릭스 클라인

태도로서의 회화

1 2018년 4월 29일 진행한 작가와의
대화에서 발췌.

2 부아는 다음과 같이 질문을 잇는다.
"회화에 폭력을 행사하지 않고, 말하자면
회화의 특정성을 무시하지 않고, 또
회화의 불규칙함을 적절히 설명하기에는
너무 성긴 그물을 가진 응용 담론에
회화를 부속시키지 않고도 회화에서
이론이 설 자리를 지정할 수 있을까?"
Yve-Alain Bois, 『Painting as
Model』(Cambridge: MIT Press,
1990), 245.

3 2018년 4월 29일 진행한 작가와의
대화에서 발췌.

만드는 것이 생각하는 것이며, 생각하는 것이 곧 만드는
것입니다. 회화는 생각하는 것이고, 생각하는 것이 곧
회화를 뜻합니다. ㅡ강서경[1]

이브-알랭 부아는 비평적 연구서 『모델로서의 회화』(1993)
에서 회화, 특히 비구상 회화를 이론적 패러다임에 끼워
맞추거나 순수 형식주의적 읽기에 기대지 않고 해석할 수 있는
절충적 방법을 모색했다. 그는 앞의 두 방법 대신, 형식과 맥락이
또 다른 탐구 체계를 만들어내기 위해 합쳐진 인식론적 틀로
회화를 여길 것을 제안했다. 부아는 다음과 같은 질문을 던진다.
회화로 생각하는 것이 가능하다면, "컬러로 꿈을 꿀 수 있듯,
'회화로' 꿈을 꿀 수 있을까?"[2] 이 같은 수사적인 질문에 대해
강서경은 단호하게 "그렇다"고 대답한다. 강서경은 〈검은자리
꾀꼬리〉(2011-2018)라는 제목 아래 성좌를 이루는 야심 찬
작업을 통해, 그가 회화에 대한 "태도"라고 명명한 것을 만들어
낸다.[3] 이 태도는 통상 서로 다른 영역으로 여겨지는 회화, 설치,
조각, 공예, 비디오 아트 등을 아우르며 전개 중인 강서경의
작업의 핵심에 자리한다. 매체의 특정성을 통해서만 강서경의
프로젝트에 접근한다면 작업에 스며있는 보다 은유적인
제스처와 작업을 읽을 수 있도록 하는 체계적 구조를 놓칠 수
있다.

회화에 대한 강서경의 "태도"를 논하기 위해서는
그의 작업을 대면하는 현상학적 경험의 감각을 전하는 것이
중요하겠다. ICA에서 열린 강서경의 전시에 들어서는 관람객은
특별히 디자인된 검은 커튼을 통과하게 된다. 전시 제목인
〈검은자리 꾀꼬리〉를 한글과 영어로 수놓은 이 커튼은 텍스트와
접촉, 색을 가장 먼저 제시한다. 전시장 안에서는 삼면화처럼
영상을 구성한 〈검은자리 꾀꼬리〉(2018)를 마주하게 된다.
이 작업에 등장하는 조각 오브제들(이 가운데 일부에는 바퀴가
달려 방향을 틀 수 있다)은 미니멀한 스코어에 따라 움직인다.
배우들에 의해 움직이기도 하지만 동시에 오브제 각자의 원칙에

PAINTING AS ATTITUDE

> Making is the thinking, and thinking is the making; and the painting is the thinking, and the thinking is the painting.
> —Suki Seokyeong Kang[1]

In his critical study, *Painting as Model* (1993), art historian Yve-Alain Bois attempted to reconcile how painting – especially non-representational painting – could be interpreted without adapting it to fit theoretical paradigms or resorting to pure formalist readings. Instead, he proposed that a painting be approached as an epistemological frame in which form and context come together to create another system of inquiry. Is there a "mode of thought of which painting is the stake? Can one dream *in* painting as one can dream in color?"[2] For the artist Suki Seokyeong Kang, the answer to these rhetorical questions is an emphatic, "Yes." In her ambitious constellation of works, grouped together under the title *Black Mat Oriole* (2011–2018), Kang formulates what she has termed an "attitude" to painting.[3] This attitude is at the core of an evolving body of work that encompasses what might traditionally be read through the discrete domains of painting, installation, sculpture, craft, and video art. However, to approach Kang's project solely through its medium-specific properties is to potentially miss both the more allusive gestures that permeate her work and the systematic structure by which that work is made legible.

In order to address Kang's "attitude" toward painting, it is important to have a sense of the phenomenological experience of encountering her work. As viewers enter the exhibition at the Institute of Contemporary Art, University of

1 From a conversation with the artist on April 29, 2018.

2 Bois goes on to ask, "Can one designate the place of the theoretical in painting without doing violence to it, without, that is, disregarding painting's specificity, without annexing it to an applied discourse whose meshes are too slack to give suitable account of painting's irregularities?" *Painting as Model* (Cambridge: MIT Press, 1990), 245.

3 From a conversation with the artist on April 29, 2018.

<검은자리 꾀꼬리>(커튼), 2018년   *Black Mat Oriole (curtain), 2018*

따라 마술처럼 움직이는 듯 보인다. 세 화면 중 한 화면에서
어린 소녀가 조각 하나를 다른 조각에 난 구멍 안에 놓는 모습이
나올 때, 다른 화면에서는 평범한 흰 원통이 화면을 가로질러
굴러간다. 영상이 상영되는 공간을 빠져나와 또 다른 검은색
커튼을 통과하면, 관람객은 영상에 등장한 회화와 조각으로
구성된 설치 작업이 있고 조명이 환하게 밝혀진 공간으로
들어간다. 전시 공간의 오브제들은 정적인 상태로 있지만,
관람객은 앞서 본 영상을 통해 오브제의 잠재적인 움직임을
직감한다.

작가의 "태도"에서 단단한 바탕이 되는 형식과 개념의
상호 의존성에 관해 생각해보기 위한 한 방법으로, 설치를
구성하는 여러 개별 작업 가운데 <자리 55×40 #18-01>
(2017–2018)에 주목해 볼 필요가 있다. 전시장 벽에 걸린 이
오브제는 전통 회화를 관람하는 방식과 마찬가지로 전면에서
접근할 수 있다. 하지만 관람객은 캔버스 대신 금속으로 만든
밝은 회색의 사각형을 마주하게 된다. 오브제의 전면에는
일정한 간격으로 선의 형태를 한 구멍이 뚫려 있고, 전면
윗부분에는 수직으로, 아랫부분에는 수평으로 선 모양의
구멍이 배치되었다. 가까이서 살펴보면 금속으로 된 틀 안에는
검은색과 갈색으로 염색된, 손으로 짠 화문석이 있는데, 다양한
색상의 실이 안쪽에 붙어 그것을 매달아 둔다. 화문석에 달린
술은 당장이라도 비집고 나올 것 같다. 더 자세히 살펴보면 밑
부분에 뚫린 세 개의 구멍으로 실이 나와서 아래쪽을 둘러싸고
있다는 것을 알게 된다. 뒤로 물러서면 오브제의 옆면이 주의를
끄는데, 금속 나사로 프레임에 구멍을 뚫고 나사와 프레임
사이에 황갈색, 회색, 노란색 가죽을 끼워 놓았다. <자리 55×
40 #18-01>의 제작 이면에 있는 논리나 형식에 관한 전략을
전혀 모르는 상태에서, 우리는 강서경의 회화 작업에서 주요한
몇 가지 요소에 대한 독해를 시작할 수 있다. 여기서 회화란
여러 가지를 뜻한다. 그것은 창문이기도 하고 무엇인가를 담는
용기인 동시에 화면인 삼차원의 오브제다. 그리고 대량 생산된
공산품이자 수공품이고, 표준화된 것이자 불균형한 것이며,
가로막는 벽이자 지지 구조이다.

'회화의 죽음'이라는 반복적인 사건, 즉 서구
모더니즘이라는 기획에 계속해서 출몰하는 파괴적이고
해체적인 충동을 되돌아보며, 부아는 그가 정전(正典)의 사례로
든 마르셀 뒤샹, 알렉산드르 롯첸코, 피트 몬드리안 이후의 회화
작가들에게 자동적으로 주어지는 압박감에 동정을 표했다.
이러한 작가들의 예술적 기획이 남긴 반향은 동시대에도
여전히 유효한데, 21세기에 들어 추상이 짙어진 것, 추상과
관계된 것에는 복잡성이 새로이 더해졌다. 최근 추상 회화가

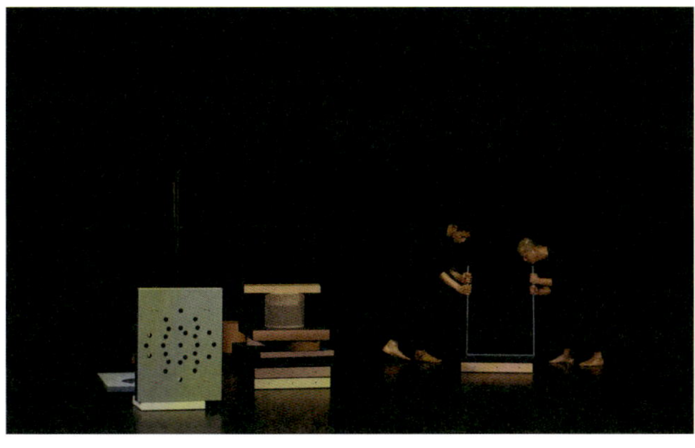

<검은자리 꾀꼬리>, 2016–2017년,
영상 스틸

Black Mat Oriole, 2016–2017,
video still

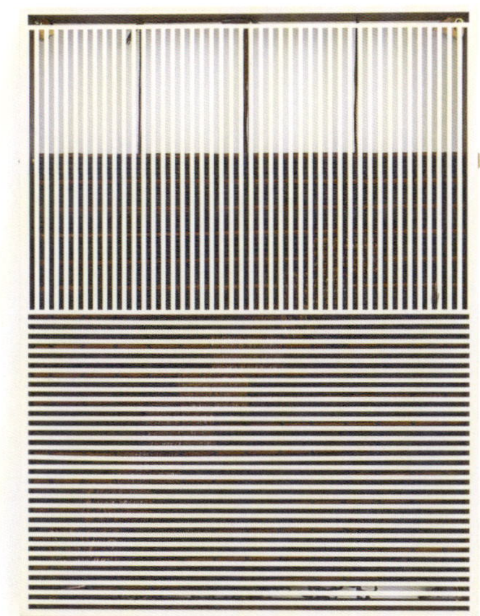

<자리 55×40 #18-01>, 2017–2018년

Mat 55×40 #18-01, 2017–2018

Pennsylvania (ICA) they pass through a specially-designed black curtain with the title of the exhibition, *Black Mat Oriole*, sewn in English and Korean, foregrounding text, touch, and color. Inside they encounter *Black Mat Oriole* (2018), a video triptych in which Kang's sculptural objects, some of which have wheels that roll and hinges that swivel, are both activated by actors and seem to move magically of their own accord, accompanied by a minimal score. In one frame a young girl places a sculpture inside the hole of another sculpture, while in another a plain white cylinder rolls across the screen. Exiting the room and passing through another black curtain, viewers enter a brightly lit gallery with an installation composed of paintings and sculptures from the video. Although the objects within the room remain static, the video has prepared the viewer to intuit their kinetic potential.

Among the numerous discrete artworks that make up the installation, it is worth attending to Kang's *Mat 55×40 #18-01* (2017–2018) as a way to consider the interdependency of form and concept that undergirds her "attitude." Hung on the wall of the gallery, the object can be approached frontally in the manner of a traditional painting. However, instead of a canvas, the viewer is confronted with a light gray rectangular steel form. The front is punctuated by evenly spaced, striated openings that run vertically on the top section and horizontally on the bottom. Upon close inspection, it is discovered that buried inside the steel frame is a handwoven mat, dyed black and brown, hanging suspended by multi-colored threads attached to the interior, its tassels threatening to poke out. Looking closer one observes that these threads also extend outside of the steel box through three holes in the base, wrapping around the bottom. Stepping back, one's attention is drawn to the sides of the object, which are punctuated by metal screws with bits of leather in shades of tan, gray, and yellow. Without knowing anything about the logic or formal strategy behind the making of *Mat 55×40 #18-01*, we can begin to decipher some of the key components of Kang's painting practice. Here, a painting is many things: it is a three-dimensional object that is simultaneously a window, a container, and a screen; it is both

애그니스 마틴, ‹플레이 II›, 1966년,
캔버스에 아크릴과 흑연, 183×183 cm.
필라델피아 미술관: 다니엘 W. 디트리히
2세 기증, 2016-3-22

Agnes Martin, *Play II*, 1966,
acrylic and graphite on canvas,
72×72 inches (183×183 cm).
Philadelphia Museum of Art:
Bequest of Daniel W. Dietrich
II, 2016-3-22

4 조앤 기는 다음과 같이 설명한다.
"이 모델의 목적은 예술의 후퇴 충동,
즉 이미 탐구된 질문으로 돌아감으로써
앞으로 나아가려는 경향을 더
체계적으로 바꾸어 말하는 것이다.
이는 특정한 시작점이나 사건, 인물,
작업에 논의를 끼워 맞추지 않으면서도
주제의 역사성을 강조하는 데도
유용하다. 잠재적 선례를 동시에
식별함으로써 주제와 연관된
영향 모델을 정면으로 거부하고 어떤
지점에서건 연구를 시작할 수 있으며,
주변에 맞서는 중심, 모더니티에
맞서는 전통, 내용에 맞서는 형식,
그리고 그 모든 것 중에서도 가장 많이
환기되는 글로벌에 맞서는 지역이라는
인위적인 구분에 일방적으로 의존하는
이분법적 서사 모델을 피할 수 있다."
Joan Kee, 『Contemporary
Korean Art: Tansaekhwa and
the Urgency of Method』
(Minneapolis: University of
Minnesota Press, 2013), 29–30.

5 2018년 9월 27일 주고 받은 작가와의
서신에서 발췌.

다시 부상한 것은 각기 다른 방식으로 설명되어왔다. 이미지의
산업화와 디지털화에 대한 대응, 전 지구적 금융 자본의 붕괴에
대한 징후, 순수한 상품 혹은 시장 친화적인 파스티슈라는
식으로 말이다. 나아가 추상 표현주의나 단색화를 둘러싸고
벌어졌던 논의가 세대적으로 동떨어진 것처럼 느껴진다면,
그것들 각각의 정치적 맥락인 냉전 시대의 국가주의와 한국
전쟁의 여파 역시 마찬가지다. 그 시기 동안 남한과 북한 사이의
균열과 식민지 트라우마, 독재 정권의 부상은 단지 당대적
사건이었을 뿐만 아니라 실제로 겪은 경험이었다. 따라서
회화적 추상에 관여하는 모든 동시대 미술가들이 처한 고충은
그리하여, 만약 그것과 씨름하는 것이 아니라면 자기 자신을
현재에 위치시키는 동시에 타가수분(他家受粉)된 역사와
유산을 어떻게 받아들일 것인가이다. 이러한 사회-정치적
맥락의 시급성이 역사화 되면서, 예술적 행위들은 소급되며
장르로 코드화된다. 그리고 의도하지 않은 동질성, 무의식적
동맹, 비밀스레 이뤄지는 협력을 만들어 내는 것이 가능하듯
직접적인 영향 관계의 도식을 만들어 낼 수 있는 형식적, 개념적
전략으로 내면화된다. 이러한 어려움에 답하고자, 조앤 기와
같은 학자는 그가 마주침의 순간이라고 정의한 점(points)과,
"주변에 맞서는 중심, 모더니티에 맞서는 전통, 내용에
맞서는 형식, 그리고 그 모든 것 중에서도 가장 많이 환기되는
글로벌에 맞서는 지역이라는 인위적인 구분"을 회피하려는
방법인 "생각의 선, 내재한 계보, 행동의 궤적을 나타내는"
선(lines)을 탐구하는 방법론적 접근을 제안했다.[4]

강서경이 이러한 미술의 역사에 가까이 있다는 것에는
분명 다면적인 의의가 있다. 작가는 서구 모더니즘에서 이뤄진
환원(reduction)이라는 기획을 인정하는 한편, 애그니스
마틴의 미니멀한 격자와 프란츠 에르하르트 발터의 수행적인
직물 등 다른 작가들의 프로젝트와 모종의 친연성을 찾아냈다.
한편 그가 추상과 맺는 관계는 분명 작가로서의 형성기에
한국 전통 회화를 훈련받은 것에 근간한다. 작가는 고등학교
시절 동양화를 배우기 시작했고, 이화여자대학교에서 학업을
지속하며 수묵화 기법을 익혔다. 고전적 기법을 배우며, "나
자신의 마음과 육체를 통해 다르게 보고 다르게 움직이는
방법"을 익혔다.[5] 이런 접근은 강서경이 자신의 동시대적 미술
실천에 대한 태도를 정의하는 데 핵심적이다. 이것은 또한
1970년대와 1980년대 한국의 추상주의 세대, 즉 (영어로는
'모노크롬 회화'로 번역되는) 단색화와 강서경을 구분하는데
중요한 열쇠이다. 단색화 화가들은 반복과 비구상 회화에
몰두했을 뿐만 아니라 그들이 다루는 재료와 신체를 관계한
것으로 높이 평가된다. 강서경은 교과서에서 김환기, 윤형근과

manufactured and handmade; it is regularized and unbalanced; it is a barrier and a support structure.

Reflecting on the recursive event of the "death of painting" – a destructive and deconstructive impulse that would seem to haunt, if not define, the Western modernist project – Bois sympathized with the pressures automatically placed upon painters working after his canonical examples of Marcel Duchamp, Aleksander Rodchenko, and Piet Mondrian. While the reverberations of these projects undoubtedly inform our contemporary moment, the stakes for and associations with abstraction have been complicated anew in the twenty-first century. The recent resurgence of abstract painting has been alternately characterized as a response to the industrialization of the image and its digitization; a symptom of the breakdown of global finance capital; and as pure commodity or market-friendly pastiche. Furthermore, if today the earlier debates surrounding Abstract Expressionism or Dansaekwha feel at a generational remove, so too are their respective political contexts of Cold War nationalism and the aftermath of the Korean War, during which the rift between North and South, colonial trauma, and the rise of dictatorial rule were not only recent events, but lived experiences. The predicament for any contemporary artist's engagement with painterly abstraction is thus how to consider, if not contend, with these cross-pollinated histories and legacies, while also situating oneself in the present. As the urgency of these socio-political contexts is historicized, artistic actions are retroactively codified as genres and become internalized as formal and conceptual strategies that can create direct lines of influence just as they can produce unintended affinities, unconscious alliances, and surreptitious synergies. In response to these challenges, scholars such as Joan Kee have proposed a methodological approach that navigates "points," which Kee defines as moments of encounter, and "lines," which "denote lines of thinking, embedded lineages, or trajectories of behavior" as a way to evade the "artificial distinctions pitting a center against a periphery, tradition against modernity, form against content, and perhaps the most commonly invoked of all, the local against the global."[4]

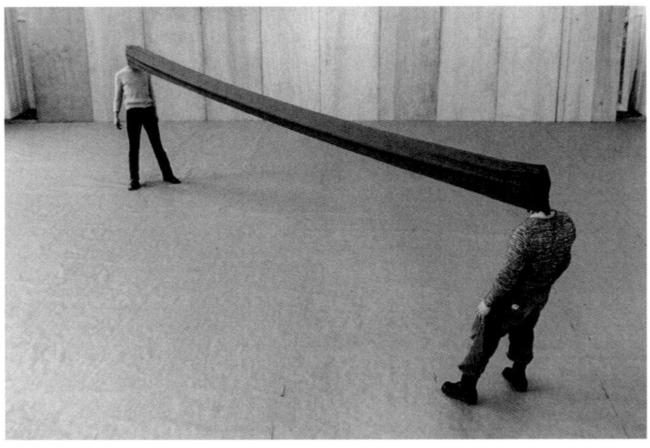

프란츠 에르하르트 발터, ‹1. 공장 세트› 중 46호 ‹시각 통로›, 1968년. 프란츠 에르하르트 발터 재단

Franz Erhard Walther, *Sehkanal, Nr. 46, 1 Werksatz*, 1968. The Franz Erhard Walther Foundation

4 Kee explains, "The aim of this model is to more systematically rephrase art's recessional impulse, that is, its tendency to move forward by doubling back on previously explored lines of inquiry. It is also useful in emphasizing the historicity of the subject without having to preemptively align the discussion to one particular starting point, event, person, or work. It allows inquiry to begin at any number of points that directly refuse models of influence of which subjects are identified by concurrent identification of possible precedents, as well as to avoid more dyadic narrative models that rely too unilaterally on artificial distinctions pitting a center against a periphery, tradition against modernity, form against content, and perhaps the most commonly invoked of all, the local against the global." Joan Kee, *Contemporary Korean Art: Tansaekhwa and the Urgency of Method* (Minneapolis: University of Minnesota Press, 2013), 29–30.

윤형근, ⟨Burnt Umber and Ultramarine Blue⟩, 1988–1991년, 리넨에 유채, 145×227 cm. M+, 홍콩

Yun Hyong-keun, *Burnt Umber and Ultramarine Blue*, 1988–1991, oil on linen, 57×89⅖ inches (145×227 cm). M+, Hong Kong

6 Kee, 『Contemporary Korean Art』, 149.

7 2018년 9월 27일 주고 받은 작가와의 서신에서 발췌.

같은 20세기 화가들에 관해 배웠던 것을 기억하지만(윤형근의 검은 회화는 강서경의 작업과 관련하여 더 깊이 생각해 볼 여지가 있다), 근과거의 참조점에 전적으로 기대기보다 오랜 수묵화의 역사에 대하여 더 깊이 숙고하기 시작했고, 현재에 이뤄지는 회화적 추상이라는 프로젝트에 그러한 탐구가 무엇을 의미할지 질문했다. 조앤 기는 수묵화가 "한국 동시대 미술의 억압된 타자"라고 언급한 바 있지만,⁶ 강서경은 공간, 색, 시간, 언어가 어떻게 작동할 수 있는지에 대한 자신만의 방법을 전통 수묵화의 맥락에서 전개하였다. 이우환은 수묵화와 관련된다는 이유를 특정하며 검은색을 사용하기를 거부한 것으로 알려졌지만, 강서경이 사용하는 색의 조합은 분명 먹의 검은색에 기반한다. 강서경에게 검은색 먹은 단순한 재료가 아니라 글로 쓰인 언어와 색상 스펙트럼 전체의 기반을 이루는 색조에 대한 참조점이다. 작가는 이렇게 설명한다. "제게 먹은 단지 색이 아닙니다. 가능성을 담은 재료죠. 물과 혼합할 수 있는 가능성. 제게 먹이란 땅이나 플랫폼에 가까운 것입니다."⁷

강서경에게 그림의 화면이 그 위로 딛고 일어설 수 있는 일종의 풍경의 대리물이라고 할 수 있다면, 그것은 또한 개인의 관점을 나타내는 것이기도 하다. 이런 개념은 '진경' 산수화에 대한 작가의 이해에서 일부 기인한다. 조선(1392–1910) 후기에 성행하였던 진경산수화를 그린 화가들은 중국의 영향에서 벗어나 한국의 풍경이 지닌 아름다움을 찬미하는 데 집중했다. 강서경은 묘사적인 진경산수 작품들에서 예술가와 환경 사이에서 이뤄지는 직접적 경험에 대한 영감을 얻었고, 이것은 작가가 보다 넓은 사회 전체에 대한 자신의 몸, 시선, 행동의 위치를 숙고하도록 이끌었다. 강서경은 긴 시간

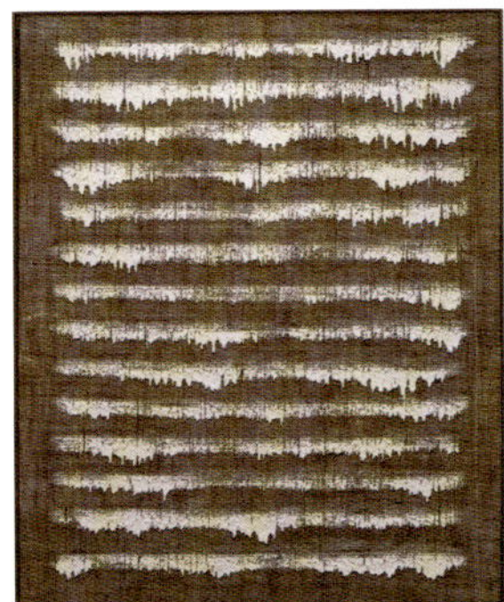

하종현, <Work 76>, 1976년, 삼베에 유채, 107×80cm. 리처드 헤드린 부부 소장

Ha Chong-Hyun, *Work 76*, 1976, oil on hemp cloth, 42×31 1/2 inches (107×80 cm). Collection of Mr. and Mrs. Richard Hedreen

5 From an email exchange with the artist on September 27, 2018.

박서보, <Ecriture(描法) No.10-72>, 1972년, 캔버스에 연필, 유채, 194×260cm. 서보미술문화재단 소장

Park Seo-bo, *Ecriture No. 10-72*, 1972, pencil and oil on canvas, 76½×102⅖ inches (194×260 cm). Collection of The Seo-Bo Arts and Cultural Foundation, Seoul, Korea

6 Kee, *Contemporary Korean Art*, 149.

7 From an email exchange with the artist on September 27, 2018.

Kang's proximity to these art histories is admittedly multivalent. While she acknowledges Western modernism's project of reduction and has found a kind of retroactive kinship with the projects of other artists such as the minimal grids of Agnes Martin and the performative textiles of Franz Erhard Walther, her relationship to abstraction is firmly grounded in her formative training in traditional Korean painting. She began her studies in high school and continued on at Ewha Womans University in Seoul, where she became skilled at ink painting. As Kang learned classical techniques, she internalized what she describes as, "a different way of seeing and of acting with her mind and body."[5] This approach is central to how she defines her attitude toward a contemporary art practice. It is also an important key in differentiating her work from an older generation of Korean abstractionists working in the 1970s and 1980s, associated with Dansaekwha (translated as "monochrome painting"), who were celebrated for their commitment to repetition and nonfigurative painting, as well as a bodily relationship to their materials. While Kang recalls learning about twentieth-century painters, such as Whanki Kim and Yun Hyong-keun (whose own black paintings merit further consideration in relation to Kang's work) in her textbooks, rather than explicitly draw upon these references from the near past, she instead embarked on a deeper consideration of the historical registers of ink painting, asking what such an investigation might mean for a project of painterly abstraction in the present. Kee has referred to ink painting as the "suppressed other of contemporary Korean art," yet in traditional ink painting, Kang developed her own approach to how space, color, time, and language could operate.[6] While artist Lee Ufan reportedly refused to use black specifically because of its association with ink painting, Kang's palette is decidedly grounded in the black of ink. For Kang, black ink is not just a material, but a physical reference to the written word and to the hue underlying the full spectrum of coloration. She explains, "The black ink for me, it's not only about the color. It's more about the material that contains possibility. The possibility to mix with water. For me, the black ink is more like the land, or a platform."[7]

수묵화에 천착함으로써 종이를 받아들였고, 그리하여 결국
캔버스를 수평적 장(場)으로 내면화했다. 레오 스타인버그는
회화가 자연을 재현하기 위한 수직적 지향으로부터 문화적인
것을 수용하기 위한 수평적 평면으로 이동했다고 주장하며
평판 회화의 화면(flatbed picture plane)에 대한 이론을
전개했는데, 이와 달리 강서경에게 수평성은 점유되어야
할 물리적 공간을 나타낸다. 회화를 공간적 문제로 접근한
덕분에 강서경은 작업 초기부터 영상, 애니메이션 등 시간을
기반으로 한 매체와 설치 등 틀에 박히지 않은 형식에 전통적
방법을 융합할 수 있었다. 이것은 또한 둥근 것 안에서 인식되는
평면적인 것에 대한 작가의 방법을 규정했다.

이는 그의 3채널 영상 작품과 ICA에서의 전시 <검은자리
꾀꼬리>를 구성한 조각의 배치에서 명백히 드러난다. 이
전시에서 스크린의 구성과 전시장 안에 놓인 오브제는 강서경의
그리드 체계를 따르는 정확한 수치에 맞춰 결정되었다.
미술사가 로절린드 크라우스는 1979년에 쓴 에세이 「그리드」
(Grids)에서 그리드를 언어에 반대되는 위치에 놓고, 그
자신을 향해 다시 접히고 자신만의 틀을 참조하며 세계의 외부
구조를 언급하고자 시도하는 모델로 제안했다. 큐레이터 헬렌
몰즈워스는 페미니즘 추상 회화에 관한 글에서 크라우스의
논의를 더욱 심도 있게 돌아보았다. "모든 구조와 마찬가지로,
그것은 역사적 형식의 자취를 담고 있다. 따라서, 그리드는
예술의 자율성이 지닌 무한한 공간을 나타내는 한편 상징주의적
창구를 나타내기도 한다." 크라우스에게 "상징주의적 창구"는
"억압되어야 하는 트라우마"에 비유되나, 몰즈워스가
살펴본 바에 따르면 이 둘은 서로 반대되어야 할 필요가 없다.
"그리드는 항상 두 양태를 모두 담아낸다."[8] 강서경이 우리에게
상기시키는 것처럼, 그리드는 외부를 가리키는 형식적 체계가
될 수 있다.

강서경의 그리드는 종이 한 면의 경계로부터 시작했고,
음의 길이와 높이를 정확히 소통할 수 있는 조선 시대의 악보
체계인 정간보(井間譜)에 대한 탐구로 이어진다. 정간보의
구조 안에서 각각의 음은 각자의 사각형, 즉 여러 그리드 중
하나를 갖게 되는데, 이것은 개별의 주체성에, 그리고 정치적
공간에 강서경이 몰두하는 것과 비유적인 관계를 맺는다.
강서경에게 종이를 공간화하는 것은 미술관의 건축으로
확장하며, 그 건축 자체가 작가의 회화적 그리드의 일부가
된다. 이런 체계 안에 개별적인 '정', 즉 강서경이 <검은자리>의
크기와 연관되어 만든 나무 뼈대로 이뤄진 조각 작업들이
존재한다. 경첩을 접으면 한데 포개어지도록 회전하고, 몸과
오브제를 위한 틀로 기능한다. ICA에서 선보인 설치에서는

8 몰즈워스는 다음과 같이 말한다.
"그럼에도, 모든 구조와 마찬가지로,
그것은 역사적 형식의 자취를 담고
있다. 따라서, 그리드는 예술의
자율성이 지닌 무한한 공간을 나타내는
한편 상징주의적 창구를 나타내기도
한다. 로절린드 크라우스는 '20세기의
모든 그리드 뒤에는 거짓말이 존재한다.
마치 억압되어야 하는 트라우마처럼.
그것은 상징주의적 창문이다'라고
말하기까지 했다. 이런 트라우마가
자신을 드러내는 방식의 일부가 바로
그리드라는 변증법적 움직임이다.
이것은 구심적인 동시에 원심적이다.
구심적인 그리드는 내부를 향해
소용돌이치며 틀이 곧 내용이 되도록
만들며 예술이 순전히 자율적인
의사-영적인 영역, 시각적 사색을 위한
공간(애그니스 마틴)을 구축한다.
원심적인 모델은 외부를 향해
소용돌이치며, 세계와 그 구조를 다룬다
(앤디 워홀). 그러나 그리드는 항상 두
양태를 모두 담아낸다. 애그니스
마틴의 회화는 지평선과 바다에 관한
것이기도 하며 워홀의 작업은 화면의
끊임없는 평평함을 다룬다."
Helen Molesworth, 「Painting
with Ambivalence」, 『WACK! Art
and the Feminist Revolution』
(Cambridge: MIT Press, 2007),
437–438.

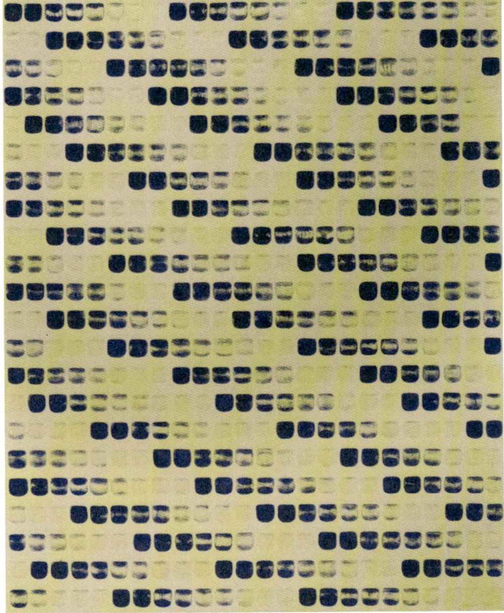

이우환, 〈선으로부터 (No. 786143)〉,
1978년, 캔버스에 유채, 100×80cm.
개인 소장

Lee Ufan, *From Point (No. 786143)*,
1978, oil on canvas,
39⅜×31½ inches (100×80 cm),
Private Collection

If, for Kang, the picture plane is representative of a kind of landscape upon which to stand, it is also indicative of the perspective of the individual. This concept was in part derived from her understanding of true-view landscape painting. Popular during the later part of the Joseon Dynasty (1392–1910), the true-view painters turned away from the cultural influences of China to focus instead on a celebration of the beauty of the Korean landscape. In these depictive works, Kang found inspiration in the direct experience between the artist and the environment which lead her to consider the position of her own body, her gaze, and her actions towards the greater whole of society. Through her long-term engagement with ink painting, Kang internalized the piece of paper and, in effect, the canvas as a horizontal field. Unlike art historian Leo Steinberg's theorizations of the flatbed picture plane – in which he argued that painting had moved from the vertical orientation of representing nature to a horizontal plane that receives culture – for Kang, this horizontality is representative of a physical space to be occupied. Approaching painting as a spatial problem gave her permission early on in her career to work in an expanded manner that fused traditional methods with unconventional formats such as time-based media, including film, animation, and installation. It has also informed an approach to flatness perceived in the round.

This is evident in both her video triptych and the sculptural arrangements that form the *Black Mat Oriole* exhibition at ICA, where the composition of the screens and the objects placed within the gallery are all determined in relation to the precise measurements of Kang's gridded system. In art historian Rosalind Krauss's 1979 essay, "Grids," she positioned the grid in opposition to language, proposing one model that folds back on itself, referring only to its own frame, and one that attempts to address the exterior structure of the world. Writing on the problem of feminist abstract painting, curator Helen Molesworth, further reflected on Krauss's polemic: "[L]ike all structures, it contains within it the traces of historical forms. So, on the one hand the grid signifies the infinite space of art's autonomy and on the other the symbolist window." For Krauss

한데 모여 조각적인 대형을 이뤘고, 다른 오브제 사이에
놓이거나 손으로 짠 자리를 위한 걸개로 매달렸다. 벽으로부터
솟아올라 창문이 되는 방식으로 설치되기도 했는데, 마치
전시 공간이 그리드로 구획된 도시라고 제안하는 것 같았다.
도시 이론가인 케빈 린치는 저서인 『도시의 이미지』(1960)
에서 보행자들이 환경을 통과하면서 갖는 시각적 기억을
"심상성"(imageability)이라고 부른다. 이 개념은 관람객이
감각적인 아름다움과 언캐니한 순간들로 채워진 강서경의
설치 작업들을 어떻게 헤쳐나갈지 생각해 보는 데 도움이 될지
모른다. 도시 보행자들이 특정한 시각적 경계 표지와 교차점,
경계를 기억한다는 케빈 린치의 관찰과 유사하게, 여기에서도
마찬가지로 물리적 경험을 통해 공간에 대한 "인지적 지도
그리기"(cognitive mapping)을 행함으로써 작가의 언어를
배우기 시작한다. 각각의 오브제 배열은 작가 자신의 몸과 전시
공간의 특정성과 관련한 회화와 자리의 논리로부터 시작하지만,
작가는 관람객이 일종의 참여자가 되기를 희망한다. 강서경의
오브제 사이를 움직이면서, 관람객은 자신만의 서사를
만들고, 어디로 어떻게 움직일지 결정을 내리면서 자신의 몸을
조율한다. 전시장은 관람객이 스코어를 수행하는 퍼포머가
되는, 또 다른 종류의 '정'이 된다.

　　강서경은 정의 한자 표기인 '井'이 그리드와 유사하기에
이끌렸다고 밝힌 바 있다. 언어학과 맺고 있는 연관성을
강조하며, 강서경은 다음과 같이 말했다. "제게 그리드란
텍스트(혹은 노트)와 같습니다. 두 가지가 항상 한 데 있는
것이죠."⁹ 이러한 이중성은 색상이 다채로운 강서경의 회화
작업에도 내재하는데, 작가는 이 작업을 〈모라〉로 칭한다.
정간보에 관한 작가의 관심과 궤를 같이하는 '모라'는 음성학
(소리를 다루는 언어학의 한 갈래)에서 사용되는 용어로,
음절의 무게와 타이밍을 측정하기 위해 쓰이는 개별 단위를
말한다. 강서경이 만든 추상적 구성 각각의 표면은 고유함을
지니고 있으나, 그것이 펼쳐진 화면은 오직 두 가지 크기로만
만들어진다(단지 두께만 예외적으로 다르다). 따라서 실제
모라와 같이, 마치 단어나 문장처럼 회화를 각기 다른 조합으로
구성할 수 있다.¹⁰ 이처럼 작품을 유연하게 보여 줄 수 있다는
것은 〈모라〉를 회화로 벽에 걸 뿐 아니라 조각 작업 위에 자리
잡은 오브제가 되거나 여럿이 쌓여 탑을 형성할 수 있게 해
준다. 회화 구조의 매개 변수는 철저하게 지키지만, 작업 각각이
만들어지는 과정은 매우 개인적이고 직관적이다. 강서경은
회화 작품 하나를 만들 때마다 캔버스를 평평하게 눕히고 그
위에 한지를 덮어 글로 쓰인 언어와 맺은 관계에 또 다른 연결을
더한다.¹¹ 그런 뒤 색을 쌓고, 겹치고, 붓질하고, 구아슈를

9　2018년 4월 29일 진행한 작가와의
대화에서 발췌.

10　ICA 전시에서 선보인 회화 작업들의
크기는 55×40 cm였다.

11　한지는 이르게는 3세기에 만들어진
것으로 여겨지며, 전통적인 필사본이나
회화, 책을 만드는 데 쓰이곤 한다.

8 Molesworth writes, "And yet, like all structures, it contains within it the traces of historical forms. So, on the one hand the grid signifies the infinite space of art's autonomy and on the other the symbolist window. [Krauss] went so far as to say that 'behind every twentieth-century grid there lies – like a trauma that must be repressed – a symbolist window.' Part of how this trauma manifests itself is the dialectical movement of the grid – both centripetal and centrifugal. The centripetal grid spirals inward, making the frame the content, establishing a quasi--spiritual realm in which art is utterly autonomous, a space for visual contemplation (Martin). The centrifugal model spirals outward, addressing the world and its structure (Warhol). And yet the grid always contains both modalities, such that Martin's paintings are also about the horizon and the sea and Warhol's are about the unremitting flatness of the picture plane." Helen Molesworth, "Painting with Ambivalence," *WACK! Art and the Feminist Revolution* (Cambridge: MIT Press, 2007), 437–438.

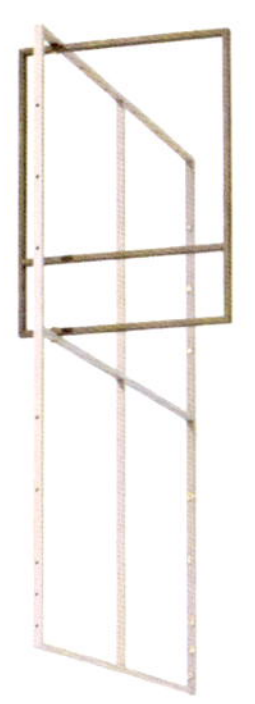

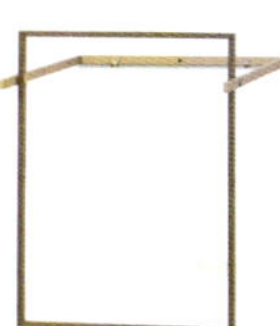

<정 +>, 2015–2016년, 설치 전경, ICA, 2018년

Jeong +, 2015–2016, installation view, ICA, 2018

the "symbolist window" is likened to a "trauma that must be repressed," yet as Molesworth observes, this need not be oppositional. "[T]he grid always contains both modalities."[8] As Kang likewise reminds us, the grid can be a formal system that also points outwards.

Kang's grids originated within the parameters of the page and continued with her investigation of the *jeongganbo*, a musical notation system developed during the Joseon Dynasty that is distinct in the way it is able to precisely communicate duration and pitch. Within this structure, each note has its own square, or section of the grid, which metaphorically relates to Kang's preoccupation with individual agency and in effect, political space. For Kang, the spatialization of the paper extends to the architecture of the gallery, which itself becomes a part of her painterly grid. Within this system are individual *jeong* – wooden skeletal sculptures that Kang produces in relation to the measurements of her *Black Mats*. Hinged together, they can swivel to fit the space, acting as frames for bodies and objects. Within the ICA installation they appear clustered together in sculptural formations, sandwiched in between other objects, and hung as racks for handwoven mats. They are also installed protruding out from the wall where they are transformed into windows, as if to suggest the gallery space as a stand-in for the grid of the city. In urban theorist Kevin Lynch's book *The Image of the City* (1960), he refers to the visual memory of pedestrians as they make their way through an environment as "imageability." This is perhaps helpful in thinking about how a viewer might navigate Kang's installations, which are filled with sensual beauty and uncanny moments. Similar to Lynch's observation that urban pedestrians remember certain visual landmarks, nodes, and boundaries, here too we begin to learn the artist's language through a "cognitive mapping" of the space through physical experience. Although for Kang each arrangement begins with the logic of her paintings and mats in relation to her own body and the specificity of the gallery, it is her hope that a viewer will become a kind of participant. By moving amongst Kang's objects, a viewer creates their own narrative and becomes attuned to their body as they make decisions

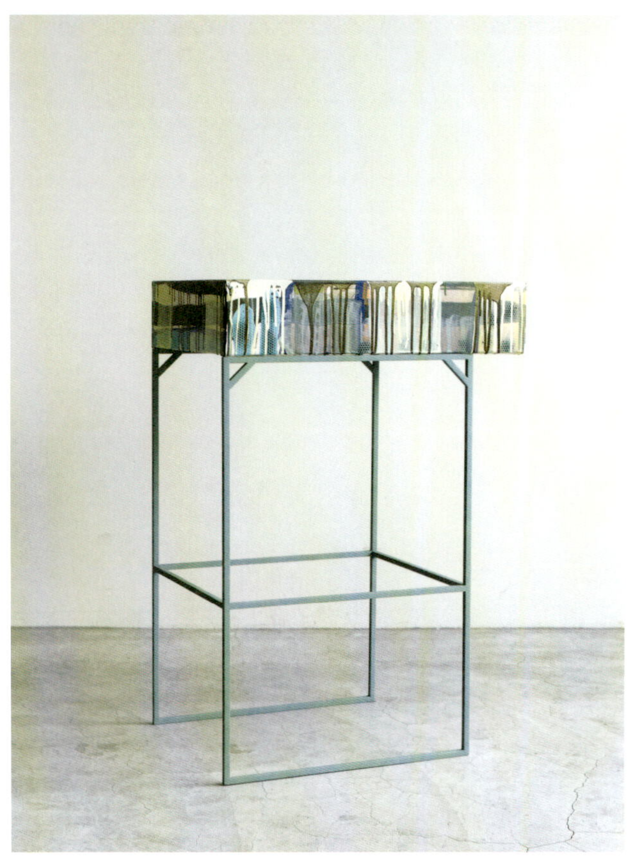

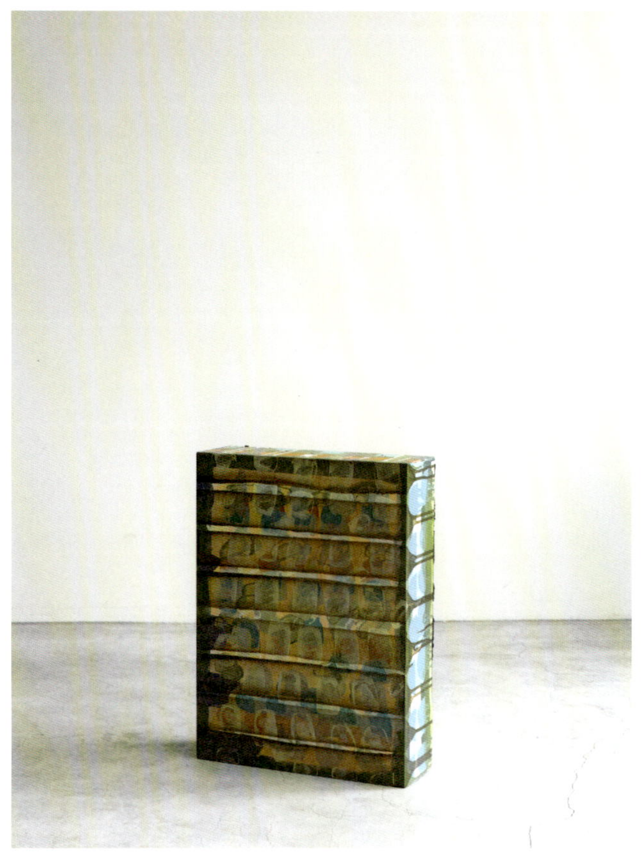

<두꺼운 모라 55×40 #02>, 2015년　　　　　*Mora 55×40-Bold #02*, 2015

펴 발라 재료가 완전히 스며들게 할 뿐 아니라 가장자리에도 염료가 흘러내리게 한다. 궁극적으로는 회화가 여러 방향에서 고려되기를 기대하기 때문이다. 사실, <모라>에서 볼 수 있는 뚜렷한 색상은 각기 다른 염료에 먹을 섞어 만든 것이며, 그렇게 함으로써 작가가 만든 모든 조각적 형태에 사용하는 정확한 색상 배열에 대한 참조점을 제공한다.

이런 기호론적 체계는 강서경이 학업 과정에서 배운 한자처럼 표의 문자에서 단어와 이미지가 얽혀 있는 것과 유사하다. 하지만 작가는 이 같은 관심이 순수 서예와 별다른 관련이 없으며 대신 시와 서예 형식을 통합한 한국의 문인화가 진행된 역사에서 영감을 얻는다고 밝힌 바 있다. 강서경은 고전 텍스트, 고전 무용 등 전통 예술의 체계를 밝혀내고 공부하는 데 열중하며, 이것들이 현재에 유익한 가치가 있음을 직감한다. 이런 사례들을 통해 강서경은 스스로의 역사와 맥락에 뿌리를 둔 한국 동시대 미술 실천을 위한 틀을 구축하고 있다고 느끼고 있다. 앞선 작업에서는 텍스트와 시를 실제로 포함시켜 문학적 관심을 명확히 했다. 그러한 참조점들은 여전히 작가의 사고에서 핵심적 부분이지만, 점차 작가의 결정에 대한 눈에 보이지 않는 기반으로서 배경으로 후퇴하고 있다.

사실, 강서경의 작업을 '읽을' 수 있는 요소는 다양하게 존재한다. 작가는 각기 다른 시간성을 가리키는 텍스트상의

9 From a conversation with the artist on April 29, 2018.

10 The paintings in the presentation at ICA measure 55×40 cm.

11 *Hanji* is thought to have developed as early as the third century and was often used in the production of traditional manuscripts, paintings, and books.

about how and where to move. The gallery is in effect another kind of *jeong* in which the viewer becomes a performer of the score.

Kang has stated that she was drawn to the Chinese character for *jeong* (井) because it resembles a section of a grid. Emphasizing this connection to linguistics, she reflected, "For me the grid is like a text (or note). It is always two things together."[9] This doubleness is also embedded in Kang's colorful paintings, which she refers to as *Mora*. Resonant with her interest in the *jeongganbo*, "*mora*" is a term employed in phonology (the branch of linguistics that relates to sound), which refers to an individual unit employed to measure syllable weight and timing. Each surface of Kang's abstract compositions is unique, but is stretched over bars that she only produces in two different sizes (the only exception being their thickness) so that, like an actual *mora*, the paintings can be assembled in different combinations, much like a word or a sentence.[10] This flexibility of display allows her to hang the *Mora* on a wall as paintings, but also enables her to treat them as objects that alternately sit perched atop sculptures and stacked on top of each other to form towers. While the parameters of the paintings' structures are rigorously adhered to, the process by which they are independently made is deeply personal and intuitive. To create each painting, Kang begins by placing a canvas flat and then covering it with *hanji* (a traditional handmade Korean paper) providing yet another connection to the written word.[11] She then proceeds to build up the colors, layering, brushing, and dripping her gouache until the material has been thoroughly soaked through and the pigment has dripped over the edges in anticipation that the painting will ultimately be regarded from many sides. Indeed, the distinct colors of the *Mora* are produced by mixing black ink into the different pigments and in turn provides the reference from which she determines the precise array of colors for all of her sculptural forms.

This semiotic system resonates with the entanglement of word and image in logographic languages, such as the classical Chinese that Kang learned during her studies. However, she has stated that this preoccupation has less to do

침조점뿐만 아니라 빌견한 재료로부터 오브제의 용법을 개발해 냈다. 그는 이따금 원래의 기능에서 분리되어 지금은 형태를 위해 쓰이는 실제 오브제를 일종의 닻으로 활용하기도 하고, 원래의 기능에서 추상화시켜 조작함으로써 형태를 다시 만들어 낼 때도 있다. 미술사가 마이어 샤피로는 마르크스주의적 관점에 입각하여 작가들이 산업화의 부상과 더불어 신체, 생산 수단으로부터 점차 소외되어 제스처와 손을 강조하게 되었다고 서술한 바 있다. 이러한 점은 강서경의 작품 전반을 통틀어 산업적인 것과 손으로 직접 만든 것, 정확함과 직관을 병치함으로써 명확하게 제시되고, 이러한 만들기의 여러 방식은 서로 의존하는 듯 보이게 된다. 대량 생산된 실용적 오브제를 발견하여 실을 두른 조각 작업들을 위한 골조로 사용한 〈따뜻한 무게〉 조각 연작에서 이것의 사례를 찾아볼 수 있다. 일정한 간격의 구멍으로 가득한 금속 오브제를 제작하고 난 뒤, 섬유 공장에서 남은 여러 색의 실로 오브제를 뒤덮는다. 각각의 오브제에 손수 실을 꿰는데 석 달이 걸리며, 〈모라〉를 제작하는 과정에서와 마찬가지로 미리 패턴을 정하지 않는다.

공장에서 만든 것과 손으로 만든 것, 계획과 우연 사이의 긴장은 강서경의 작업 전반에 걸쳐 페인트가 쓰이는 방식에서도 명백하다. 〈모라〉에서는 작가의 물리적 존재와 표현이 필수적인 반면, 금속으로 만든 조각 작업들은 작가의 정밀한 지시 사항과 고유한 색상표에 따라 전문가들이 색을 입힌다. 즉흥적 제스처는 기계적 생산의 수평성과 직접적으로 관련된다. 회화에 대한 이와 같은 이중적 접근은 〈둥근 무게〉에 구멍을 뚫지 않고 표면을 부드럽게 도장한 뒤 손으로 갈아낸 경우에서도 볼 수 있다. 이것은 회화에 대한 그의 확장적 접근에서 각기 다른 시간성이 작동하는 것을 부각시키며, 일련의 작업에서 가장 필수적인 단위라 할 수 있는 〈검은자리〉를 통해 가장 잘 살펴볼 수 있다.

〈검은자리〉 안에서 텍스트, 몸, 그리드는 연합을 이룬다. 지금까지 〈검은자리〉는 두 가지 방식으로 만들어졌다. 〈검은자리〉는 〈모라〉 회화 연작의 캔버스 크기나, 특정한 종류의 하얀 골풀로 짠 화문석의 크기를 본뜬 금속 오브제다. 화문석에 대한 강서경의 관심은 조선 시대인 1828년에 효명세자가 만든 춘앵무(“봄날의 꾀꼬리의 춤”이라는 뜻이다) 라는 전통 무용을 연구하면서 시작되었다. 왕실을 위해 공연이 이뤄졌고, 오로지 한 명의 무용수가 특별히 제작된 화문석의 제약된 공간 위에서 정확한 동작을 펼친다는 점에서 독특한 무용이었다. 강서경은 무용과 글로 쓰인 단어가 맺은 관계에 특별히 관심을 두었다. 안무의 각 움직임은 이를 묘사한 그림과 시구의 일부를 통해 기록되었다. 예를 들어, 화전태(花前態)

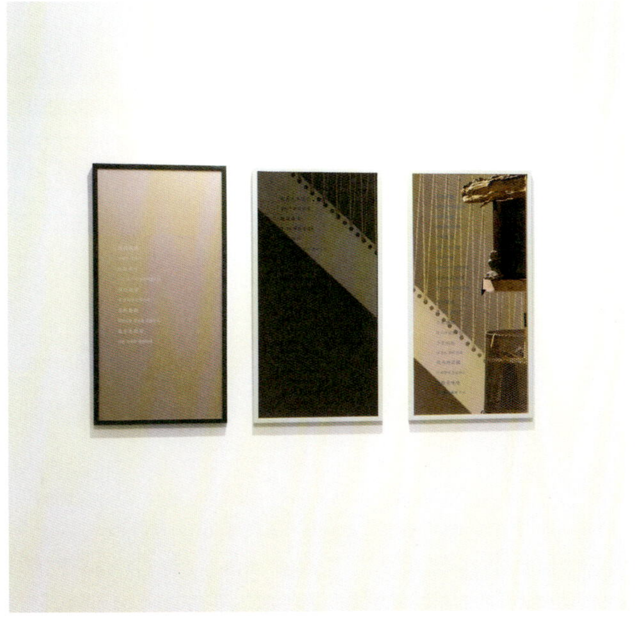

〈치효鴟鴞〉, 2012–2013년　　　　　*Polite owl*, 2012–2013

with pure calligraphy and instead draws inspiration from histories of Korean literary painting, which merges poetry and calligraphic form. Kang has devoted herself to unearthing and studying these classical texts, dances, and systems, intuiting that they have instructive value in the present. Within these examples, Kang feels she is constructing a framework for a contemporary Korean art practice that is rooted in its own history and context. In her earlier work Kang made her literary interests explicit through the actual inclusion of text and poems. However, these references, while still core to her thinking, have increasingly receded into the background as an invisible foundation for her artistic decisions.

Indeed, there are multiple registers by which to "read" Kang's work. In addition to the textual references that point to different temporalities, Kang has also developed her own lexicon of objects from found materials. Sometimes she uses the actual objects as a kind of anchor disconnected from their original function and now employed in the service of form, while at other times, she recreates their form through fabrication, abstracting them from their original functions. Writing from a Marxist perspective, art historian Meyer Schapiro observed that with the rise of industrialization and the increased alienation from our bodies and the means of production, artists began to reemphasize gesture and the hand. In Kang's oeuvre this is articulated through a juxtaposition between the industrial and the handmade, and between precision and intuition, in which these ways of making would seem to be interdependent. An example is found in her *Warm Round* sculptures that are derived from a found, mass-produced, utilitarian object and then reproduced in multiple as a skeletal base for her woven sculptures. Once fabricated these metal cylindrical objects, which are riddled with evenly spaced holes, are then covered in multi-colored thread sourced from factory surplus. Each one of these objects takes the artist three months to weave by hand and, like the process of the *Mora*, the pattern is not determined in advance.

This tension between the factory and the hand, and between schema and chance, is also evident in the manner in which actual paint is

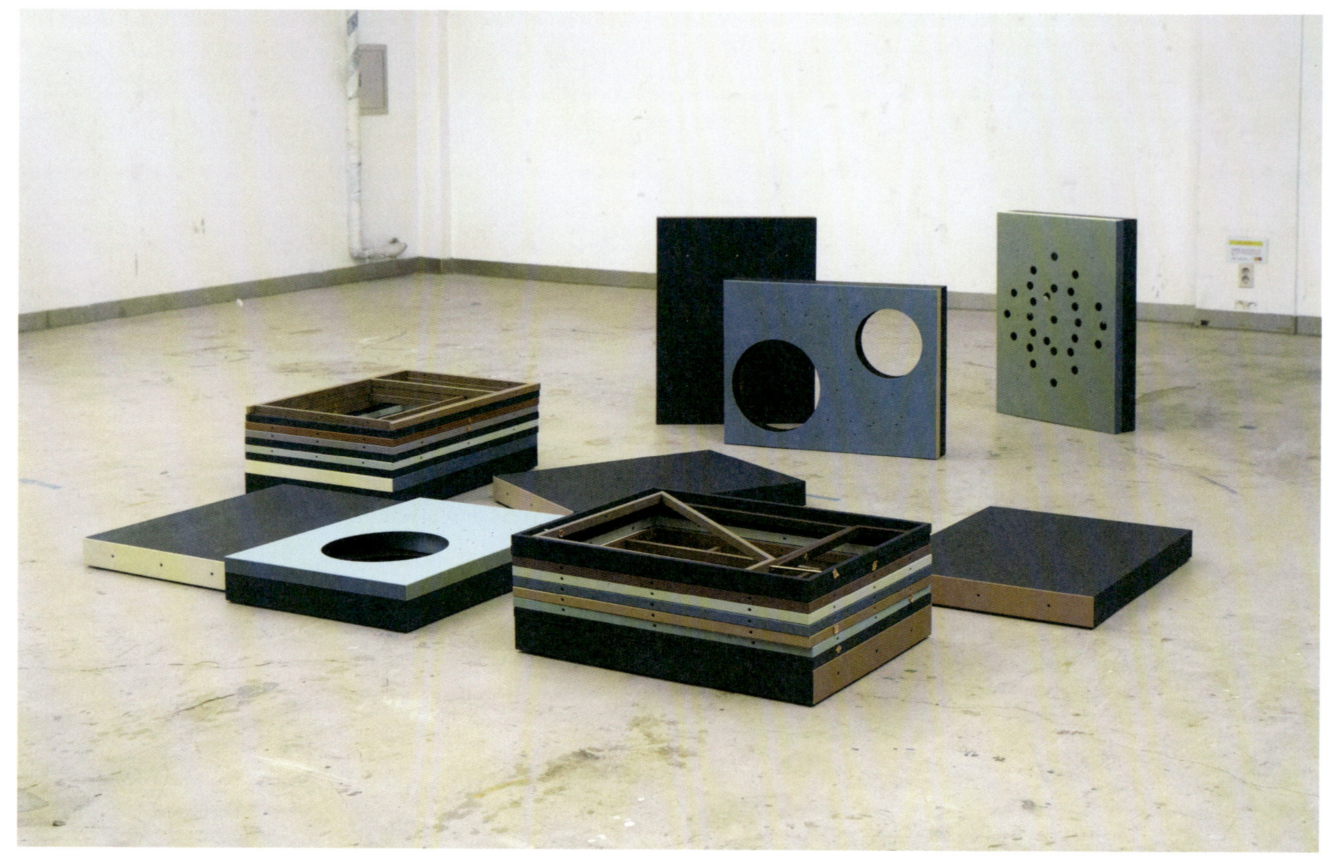

<검은자리>, 2016년   *Black Mat*, 2016

는 꽃 위에 앉은 새를 묘사한다. 이것은 움직임으로 번역되고,
그리하여 춘앵무의 진수에 이른다. 무용수가 허리 뒤쪽으로
박수를 치고 미소를 짓는 순간이 있는데, 무용수는 국왕 앞에서
입을 여는 것을 허락받지 못하기에 이것은 일종의 위반으로
보일 수 있는 행위다. 그러나 이것은 사적인 공간 안에 제약된
개인에 의해 행해진 것이고, 그것을 둘러싼 사회적 구조로 인해
가능하다는 점에서 허용된 위반이라 하겠다. 이 순간이 무용의
절정부이지만, 강서경의 작업 전반에 틈입한 수많은 섬세한
부분들과 마찬가지로 주의 깊게 살펴보지 않으면 놓치기 쉽다.

　　이런 점에서 강서경이 사용하는 화문석은 비유적인
동시에 실질적인 플랫폼이다. 금속으로 만든 '자리'는 조각
오브제로서 <모라> 연작을 둘러싸는 얇은 막의 역할을 하고
(회화적인 캔버스에 대하여 산업적으로 만들어진 대응물로
기입되는 것이다), 작가의 그리드 체계에서 주요한 요소로
기능한다. 하지만 이는 또한 손으로 짠 화문석을 가리키기도
하는데, 강서경은 남한의 북부에 있는 강화도에서 일하는 여성
장인들과 함께 화문석을 제작했다. 화문석은 한국의 가정에서
한때 흔한 사물이었지만, 지금은 거의 국외에서 저렴하게
생산되어 수입된다. 나아가 한국의 가정이 점차 서구화되면서
그 수요 또한 줄었다. 여전히 화문석을 제작하는 장인들의 수는
감소하고 있으며, 강서경은 장인들과 관계를 맺는 것이 이러한

deployed throughout Kang's work. The artist's
physical presence and expressivity is necessary
for the *Mora*, whereas the steel sculptures are
professionally coated following the artist's
precise instructions and personal color chart,
placing improvisatory gesture in direct correla-
tion with the flatness of mechanical operations.
This two-fold approach to painting is also seen
in the *Heavy Round*, when the form of the *Warm
Round* is produced without holes and instead its
smooth cylindrical surface is coated in paint and
ground down by hand. This also underscores the
different temporalities at play in her expanded
approach to painting and is perhaps best exempli-
fied by Kang's most essential unit in this body of
work — the "black mat."

Within the *Black Mats*, text, body, and grid
coalesce. To date, the black mats have been con-
ceived in two ways: they are steel objects that
mimic the specific sizes of the *Mora* paintings as
well as *hwamunseok*, a kind of traditional Korean
mat woven with a specific white rush. Kang's in-
terest in the mat began with her study of a tra-
ditional dance called the *Chunaengmu* (translated
as *Dance of the Spring Oriole*), developed by
Prince Hyomyung in 1828 during the Joseon Dy-
nasty. The dance would have been performed for
the royal court and is distinctive in that it
only features one dancer who enacts a series of
precise movements within the confines of a spe-
cial *hwamunseok*. Of particular interest to Kang
is the relationship of the dance to the written
word. Each movement within the choreography is
documented by both a drawing and a fragment of
poetic text. For example, in one instance, the
phrase *hwajeontae* describes a bird perched on
a flower. This is translated through movement to
become the highlight of the dance. In that moment
the dancer clasps her hands behind her back and
smiles, an action that would have been seen as
a kind of transgression as it was not permitted
for dancers to open their mouths in front of the
king. Yet it is a condoned form of transgression
that is both enacted by the individual within the
confines of her individual space and made possi-
ble by the societal structure around it. Although
this moment is the culmination of the dance,
it is easy to miss unless one is paying close

<자리 검은 자리 122×93 #18-08>,
2017–2018년

Mat Black Mat 122×93 #18-08,
2017–2018

12 직물 기반 작업들의 정치적 함의에
관한 논의는 다음 자료를 참고하라.
Julia Bryan-Wilson, 『Fray: Art
and Textile Politics』(Chicago:
University of Chicago Press,
2017).

13 「불투명할 권리: 강서경, 더그
애쉬포드, 미쉘 웡, 아말리아 피카」,
마리아 린드·최빛나·마르가리다 멘데스·
미쉘 웡·아자르 마흐무디안 엮음,
『제8기후대: 예술은 무엇을 하는가?
2016 광주비엔날레』(광주: 광주
비엔날레, 2016), 168.

14 이는 미술관 안에서 몸이 어떻게
관리되는가 하는 문제로도 이어지는데,
강서경은 설치 작업에 청록색 기둥을
세워 이 점을 익살맞게 지적한다. 연약한
예술 작품에 관람객이 너무 가까이
다가오지 못하도록 설치되는 장애물을
연상케 한다.

재료의 전통이 살아 있도록 하는 하나의 방법이라고 여긴다.
강서경은 '자리' 하나하나를 직접 디자인하고, 제작에는 한
달가량 시간이 걸린다. 강서경의 요청에 따라 골풀이 염색되고
직조가 되면, 서울에 있는 작업실로 가져와 실을 활용해 작가
고유의 그래픽 패턴을 더한다. 요컨대 직물은 그리드에 대한
유기적인 접근이며, 텍스트성과 언어학적으로 연결되어
있기도 하다.[12] <모라>와 마찬가지로 화문석은 유연한 방식으로
선보인다. 관람객은 종종 화문석이 벽에 장식처럼 걸려 있거나
선반에 걸쳐 말려 있거나 바닥에 깔린 모습을 보게 된다. 혹은
<모라> 연작을 분리하는 역할로 작업 사이에 놓이거나 조각
오브제 사이에 숨겨져 강서경의 오브제들이 전반적으로 내부성
(interiority)을 띠고 있음을 암시하기도 한다. 화문석은
이런 점에서 매우 중요하다. 강서경 작업의 다른 모든 요소와
마찬가지로 화문석은 인간 주체와 직접 연관되어 있고, 작가가
개인을 이해하는 방식과 밀접한 관계를 맺고 있으며 몸에 의한,
몸을 위한 추상을 전개하고자 하는 욕구와 관련된다. 작가는
이렇게 말한다. "나에게 주체성과 행위 주체성은 추상 속에서
천천히 확장되는 것이다. 주체성과 행위 주체성은 우리 주변에
산재하는 불균형한 대비와 불안에서 발생하고, 그 이후 추상의
형태들로 구체화(혹은 시각화되거나 가시적이게) 된다."[13]

춘앵무와 마찬가지로, 강서경의 화문석 혹은 <검은자리>는
작가가 <움직임>(Activation)이라 명명한 것을 위한
무대로도 기능한다. 춘앵무에서 시를 안무로 해석한 것처럼,
강서경은 일련의 새로운 동작을 위한 드로잉을 만들었다.
작가가 (퍼포먼스나 무용이 아니라) 움직임이라는 단어를
선택한 것은 이 몸들이 직접적인 효과를 일으키는, 그가 구축한
환경을 강조한다. 검은 옷을 입은 두 안무가(조형준, 장홍석)는
춘앵무에서 단서를 얻어 <검은자리>에 서 있는 동안 아홉 개의
미니멀한 동작을 수행한다. 이렇게 이뤄지는 움직임은 신체성이
<둥근 절벽 − 긴 목 #18-01> 등 설치에 놓인 다른 조각 작업들로
뻗어 나간다는 것을 부각한다. 조각 작업의 크기는 작가 자신의
몸에 대하여 결정되며, 개별 요소들의 무게는 작가가 손으로
들 수 있는 한계 안에서 정해진다. 나이가 들어 갈수록 작가가
직접 들 수 있는 무게와 크기는 분명 변할 것이며, 이것은 작가의
육체성에 대한 물리적 자취로 남는 동시에 무게, 균형, 자전적
기록 사이에 존재하는 긴장을 둘러싸고 만들어진 <그랜드마더
타워>와 같은 옛 작업과 연결된다. 강서경은 <검은자리>가
"사회 속 각 개인에게 주어진 공간으로, 개인이 딛고 서서 제
무게를 버틸 공간"이라고 설명하며 작업 속 그리드가 단지
형식적 장치일 뿐 아니라 사회 구조와 정치적 공간에 대한
은유로 이해할 수 있음을 시사했다.[14]

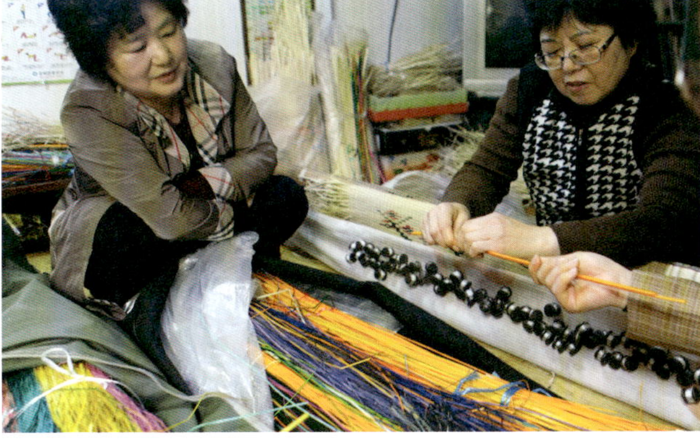

화문석을 엮는 여성 장인들　　　Women weaving a *hwamunseok*

12 For a consideration of the political implications of textile-based works see Julia Bryan-Wilson's *Fray: Art and Textile Politics* (Chicago: University of Chicago Press, 2017).

13 "Right to Opacity: Amalia Pica, Doug Ashford, Michele Wong, and Suki Seokyeong Kang," in *The Eighth Climate: What Does Art Do? Gwangju Biennale 2016*, eds. Maria Lind, Binna Choi, Azar Mahmoudian, Margarida Mendes, and Michelle Wong (Gwangju: Gwangju Biennale Foundation, 2016), 164–165.

attention, not unlike the many details that are embedded throughout Kang's artworks.

In this sense Kang's mats are both metaphoric and actual platforms. As sculptural objects the steel mats act as a foil for the *Moras* – registering as the industrially produced counterparts to the painterly canvases – and as key components in the artist's gridded system. But they also refer to the woven mats, which Kang produces working with women artisans based on Ganghwa Island in the northern part of South Korea. These kinds of mats would have once been common objects in Korean households, but are now predominantly produced cheaply overseas and imported. Furthermore, with the increasing Westernization of the Korean household there is also less demand. The number of craftswomen who still produce the *hwamunseok* are dwindling and Kang sees her engagement with them as one way of keeping a material tradition alive. Each mat is produced following a design by Kang and takes approximately one month to complete. After the rush has been dyed and woven to Kang's specifications, she brings the mats back to her studio in Seoul where she adds her own threaded graphic patterns. Textiles are in effect an organic approach to the grid, and are also connected linguistically in English to textuality.[12] Similar to the *Mora*, there is a flexibility to how the *hwamunseok* are displayed. At times a viewer might encounter them as decorative hangings on the wall, rolled up on a ledge or displayed on the floor. In other instances they are sandwiched in between *Mora* as dividers or hidden within sculptural objects, suggesting that Kang's objects are imbued with interiority. The *hwamunseok* are crucial in this regard. As with all of the elements in Kang's work, they have a direct correlation to the human subject, and relate to her desire to develop an abstraction of and for the body that is bound up with her understanding of the individual. She states, "For me, subjectivity and agency are slowly suspended in abstraction. Subjectivity and agency arise from unbalanced contrast and uneasiness scattered in our surroundings. Then they concretize (or become visualized and visible) into visible shapes of abstraction."[13]

Like the *Dance of the Spring Oriole*, Kang's *hwamunseok*, or *Black Mats*, also function as

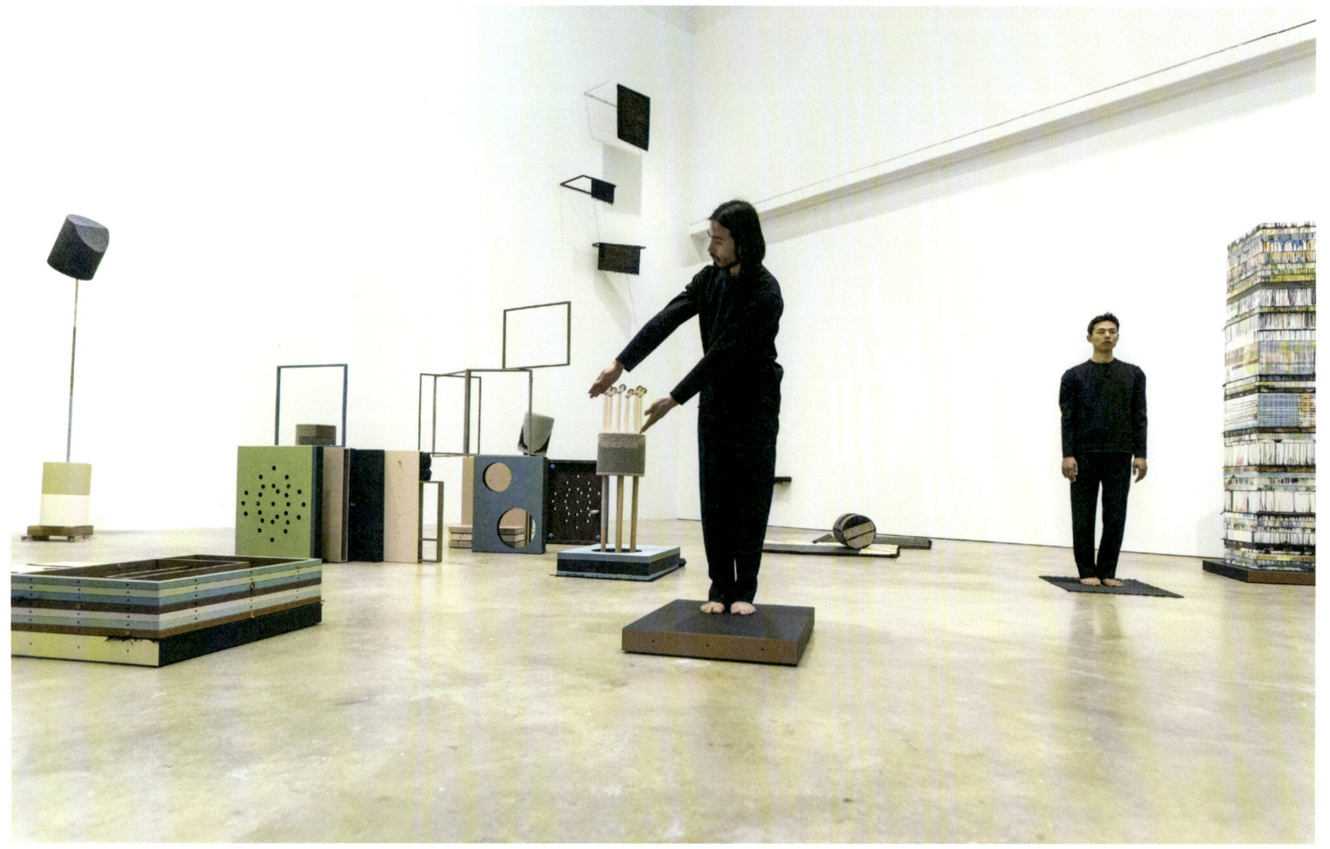

<검은자리 꾀꼬리-움직임>, 2018년,
ICA. 퍼포머: 조형준, 장홍석

Black Mat Oriole-Activation,
2018, performed at ICA by
Hyeongjun Cho and Hongseok
Jang

15 Lee Sohl, 『Being Political
Popular: South Korean Art at
the Intersection of Popular
Culture and Democracy, 1980–
2010』(서울: 현실문화, 2013), 5.
한글 번역본은 『마지막 혁명은 없다:
1980년 이후 그 정치적 상상력의 예술』
(서울: 현실문화, 2012)을 참고하라.

강서경은 확고한 예술적 관점이 사회의 개별 구성단위를
결합하는 힘을 지닐 수 있다는 믿음에 대해 이야기하며, 페루
리마에서 진행된 퍼포먼스이자 영상 작업인 프란시스 알리스의
<믿음이 산을 움직일 때>를 언급했다. 알리스의 영상 작업은
오백 명의 지원자들이 하루 동안 모래 언덕 하나를 삽으로 떠서
몇 인치가량 옮기는 행위를 기록해 보여 준다. 알리스는 페루의
후지모리 정권이 세력을 잃어가던 시기 벌어진 억압을 목격한
뒤 작업에 대한 영감을 받았다고 밝혔다. 이 작업은 기념비적인
집단 행위를 위해 모인 개인들의 집합을 상징했고, 그곳에
모인 사람들이 일을 마친 이후의 결과는 알아보기 힘든 미묘한
변화였다. 강서경은 이 작업에 크게 공감했고, 이를 거대한
회화의 한 예로 인식했다. 또한 집단성과 관련해 개인의 행위를
이해하는 방식과 연결해서 생각했다. 이런 점에서, 우리는
강서경의 개별 단위(회화와 조각 작업, 설치 사이를 돌아다니는
관람객들)가 보다 큰 성좌 구성, 혹은 회화를 형성하기 위해
하나로 모인 것이라고 여길 수 있다. 이는 "가장 최근 남한의
미술 작품"은 "'나'와 '우리'가 나란히 있는 새로운 공간"을
길러 낸다는 미술사학자 이솔의 주장과 궤를 같이하는 듯
보인다.[15] 사실, 강서경의 조각 작업을 이루는 각각의 요소들은
<좁은 초원-꾀꼬리 #18-01>(2011–2018)처럼 각자의 이름과
정체성이 존재한다. 이 작업은 <따뜻한 무게 300 #15-02>,

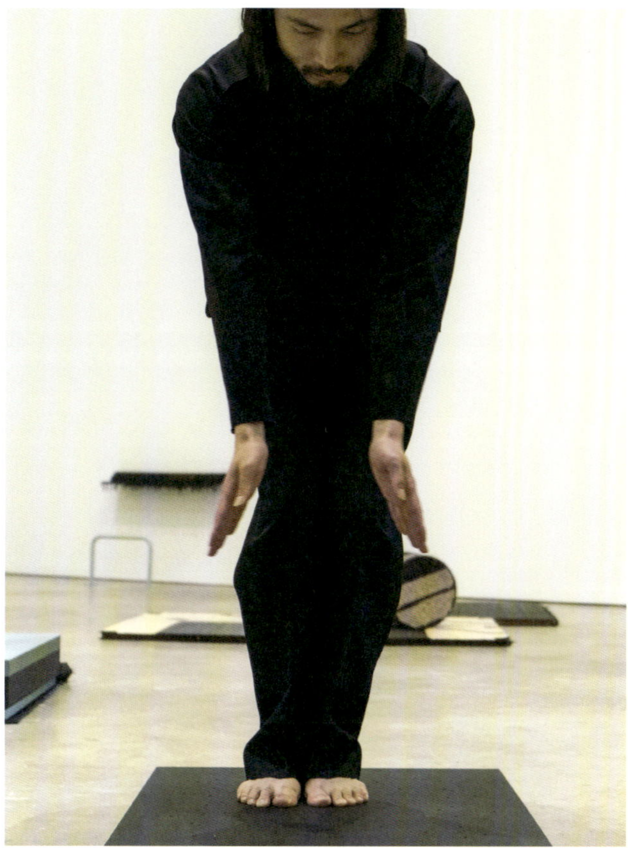

<검은자리 꾀꼬리−움직임>, 2018년,
ICA. 퍼포머: 조형준, 장홍석

Black Mat Oriole−Activation,
2018, performed at ICA by
Hyeongjun Cho and Hongseok
Jang

14 This also extends to the
regulation of bodies within the
art museum, which Kang humor-
ously points to with her tur-
quoise stanchions placed
elsewhere in the installation,
and meant to evoke the kind of
barriers placed in front of
fragile artworks as a deter-
rent to coming too close.

a stage for what the artist has termed *Activa-tions*. Similar to the way that poetry was inter-preted as choreography in the original *Dance of the Spring Oriole*, Kang produced a set of draw-ings that provided the inspiration for a series of new movements. Kang's choice of the word *Ac-tivation* (as opposed to performance or dance) underscores that it is her environments that benefit directly from these bodies. Taking cues from the original dance, two choreographers (Hy-eongjun Cho and Hongseok Jang) who are clad all in black, go through nine minimal gestures while standing on a woven *Black Mat*. The *Activation* underscores that a bodilyness extends to the other assembled sculptures in the installation, such as *Round Cliff−Long Neck #18-01* (2015−2018). The dimensions of Kang's sculptures are deter-mined in relation to her own body and the weight of each individual component is always within the limits of what she can heft. It is understood that this will undoubtedly change over time as the artist ages, acting as a kind of physical trace of the artist's corporeality and connecting with previous bodies of work such as her *Grandmother Tower* sculptures, which revolve around a tension between weight, balance, and autobiography. Kang has described the black mat as, "the minimal space each individual in this society is provided with, upon which to stand and sustain one's weight," suggesting that her grids are more than just for-mal devices, but can be understood as metaphors for societal structures and political space.[14]

Kang has discussed her belief that a strong individual artistic perspective can have a social valence and has pointed to Francis Alÿs's *When Faith Moves Mountain* (2002), a video and perfor-mance that took place in Lima, Peru. The film doc-uments the actions of five hundred volunteers over the course of a day as they dig up and move a sand dune a few inches from its original loca-tion. Alÿs has stated that he was inspired to cre-ate this artwork after observing the oppression faced in the waning days of the Fujimori dictator-ship in Peru. It symbolizes a group of individuals coming together for a monumental collective ac-tion, the result of which is imperceptible after the bodies have done their work. This particular piece struck a chord with Kang, who both inter-preted it as a grandiose example of painting, and

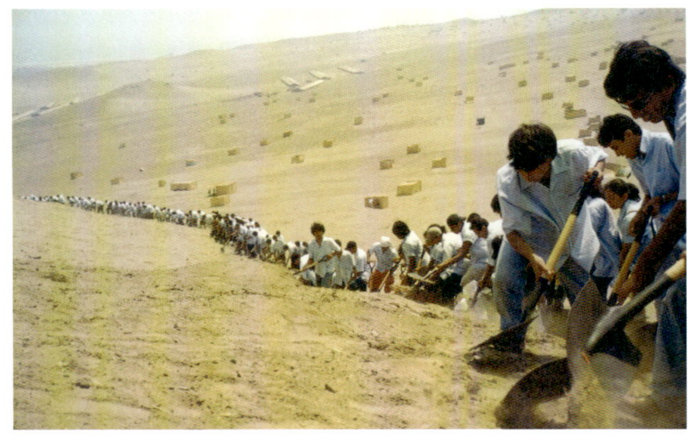

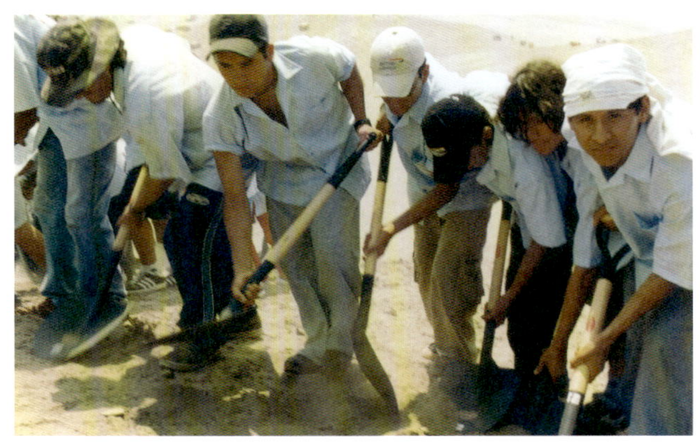

프란시스 알리스, ‹믿음이 산을 움직일 때, 리마›, 2002년, 비디오 (36분), 기록 사진, 제작 과정 비디오 (15분), 가변 크기, 협력: 콰우테모크메디나, 라파엘오르테카. 작가·데이비드 즈위너 제공

Francis Alÿs, in collaboration with Cuauhtémoc Medina and Rafael Ortega, *When Faith Moves Mountains (Cuando la fe mueve montañas)*, Lima, 2002, video (36 minutes) and photographic documentation of an action, "making of" video (15 minutes). Courtesy the artist and David Zwirner

16 옥스퍼드 영어 사전에 따르면, '태도' (attitude)라는 단어는 미술에서 인물의 배치나 자세를 가리키는 17세기 말의 용법에서 유래한다.

‹둥근 무게 340 #16-01›, ‹짧은 여섯 개의 발 #17-03›, ‹둥근 무게 250 #18-01›이라는 또 다른 네 개의 개별 조각 작업으로 구성된다. 각각의 자리는 정확히 계산된 위치에 구멍이 뚫리고, 그리하여 각자의 자율성을 가지면서도 더 큰 전체를 만들어 내기 위해 서로 맞아떨어질 수 있게 된다. 일단 연결되고 난 뒤에는 새로운 조각 작업이 되거나 ‹검은자리 꾀꼬리›와 같은 더 큰 프로젝트 안에서 행위자가 된다. 아니면, 산을 움직이기 위해 하나로 조립될 수도 있다.

강서경이 "회화는 생각하는 것이고, 생각하는 것이 곧 회화를 뜻합니다"라고 말했을 때, 나는 작가의 말을 단어 그대로 받아들였다. 이브-알랭 부아는 회화 그 자체 안에서 사고하는 것을 방해할지도 모르는 이론에 발목을 잡힐 수 있다고 경고했지만, 강서경의 기획에서 구조적 범위를 파악하는 것은 그의 작업에서 시를 포착하려는 시도이기도 하다. 이것은 회화로 그려진 사고가 (혹은 꿈이) 어떻게 페이지에서 실제로 읽힐 수 있는지를 전달하고자 하는 시도이다. 큐레이터 하랄트 제만의 획기적인 전시 ‹태도가 형식이 될 때›(1969) 역시 이런 점을 잘 이해했다. 이 전시는 개념주의에서 포스트미니멀리즘에 이르는 사조에서 가져온 규칙에 바탕을 둔 작업으로 가득했다. 하지만 전시는 작업의 과정과 무심함에 초점을 맞추었고, 그러한 "태도"를 기록 문서나 비평을 통해 적절히 포착하는 것은 불가능했다. 따라서 제만에게 "태도"란 한 시대의 에너지와 성향을 말해 주는 것이었다. 그러나 강서경의 작업은 "태도"가 또한 신체를 물리적으로 어떻게 두는 것인지 관한 것임을, 즉 내면적 심리나 감정적 상태를 나타낼 수도 있음을 우리에게 환기시킨다.[16] 생각하는 것과 회화에 관한 강서경의 대구(對句)를 다시 떠올려 보면, 강서경의 작업은 그것이 뜻하는 바를 암시하는지도 모른다. 하랄트 제만의 표현을 빌자면—이것은 곧 '형식'이 '태도'가 되기 위한 것이다. ▩

15 Lee Sohl, *Being Political Popular: South Korean Art at the Intersection of Popular Culture and Democracy, 1980–2010* (Seoul: Hyunsil Publishing, 2013), 5.

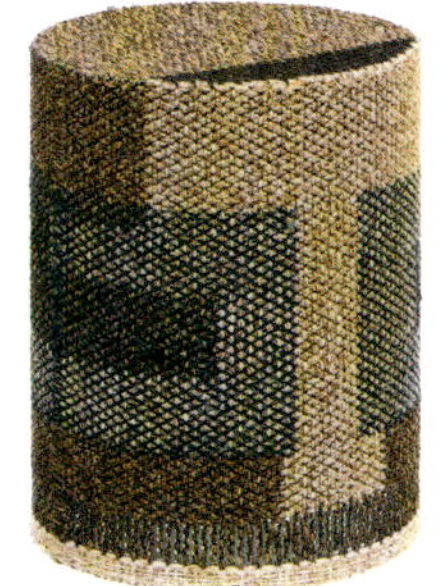

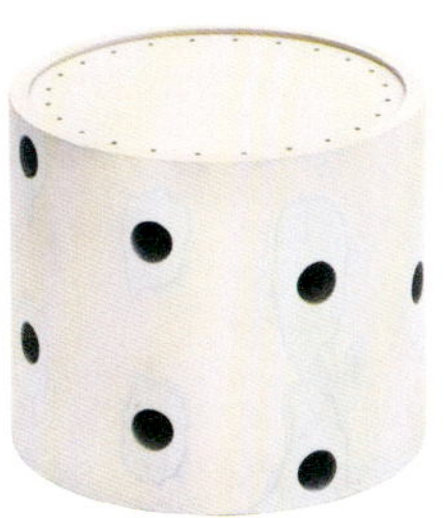

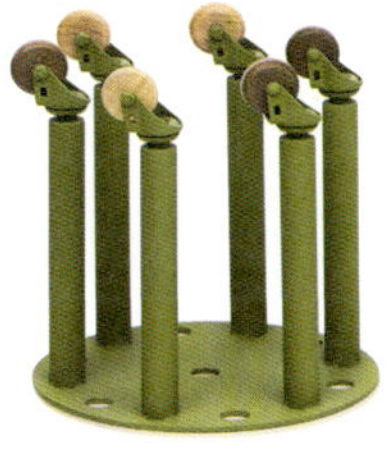

<따뜻한 무게 300 #15-02>, 2015–2016년. <둥근 무게 340 #16-01>, 2016년. <짧은 여섯 개의 발 #17-03>, 2011–2017년

Warm Round 300 #15-02, 2015–2016; *Heavy Round 340 #16-01*, 2016; and *Six Legs – Short #17-03*, 2011–2017

16 According to the OED, the word "attitude" derives from a late seventeenth-century usage denoting the placement or posture of a figure in art.

also as a connection to the way that she understands individual action in relation to collectivity. In this regard, we might also begin to think of Kang's individual units (her paintings, her sculptures, and the viewers who navigate her installations) as coming together to form a larger constellation, composition, or indeed, painting. It would also seem to resonate with art historian Sohl Lee's claim that, "The most recent South Korean artwork" fosters "a new space where 'I' and 'we' are in tandem."[15] Indeed, each element of Kang's sculptures has its own individual title and identity such as *Narrow Meadow #18-02* (2011–2018) which is itself composed of four discrete sculptures: *Warm Round 300 #15-02*, *Heavy Round 340 #16-01*, *Six Legs – Short #17-03*, and *Heavy Round 250 #18-01*. In turn, each mat has been drilled with precisely measured holes so that they can have their autonomy, but can also be fitted together to create a larger whole. Once joined they can form a new sculpture, or become an agent within a larger project such as *Black Mat Oriole*, or perhaps assemble to move a mountain.

When Kang states that "thinking is the painting and painting is the thinking," I take her at her word. And while Bois cautioned against getting bogged down in theories that might preclude one from thinking within painting itself, to map the structural parameters of Kang's project is also to attempt to capture the poetry in her work. It is an attempt to convey how a painted thought (or dream) might actually read on the page. Curator Harald Szeemann's landmark exhibition *When Attitudes Become Form* (1969), understood this well. The show was replete with examples of rule-based art from Conceptualism to Post-Minimalism, but with its focus on process and insouciance, its "attitude" was impossible to adequately capture in archival documents or criticism. For Szeemann an "attitude" thus spoke to the energy of an era and to a disposition. But Kang's work reminds us that an "attitude" is also a physical positioning of the body, one that can indicate an internal psychic or emotional state.[16] To recall the chiasmus of Kang's remarks regarding thinking and painting, her work thus suggests what it might mean – *qua* Szeemann – for *form* to become an *attitude*. ▧

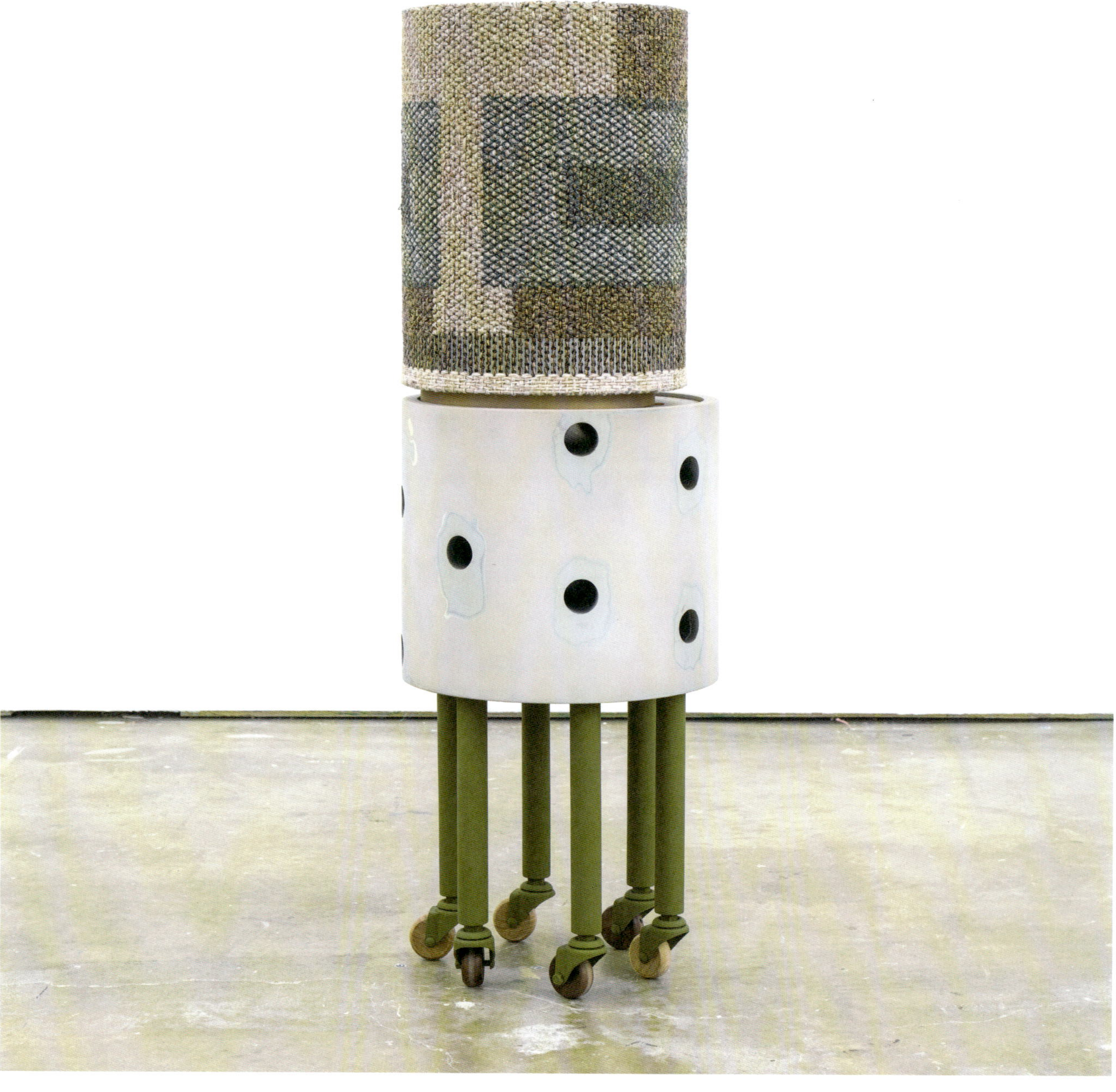

‹좁은 초원 #18-02›, 2011-2018년   *Narrow Meadow #18-02*, 2011-2018

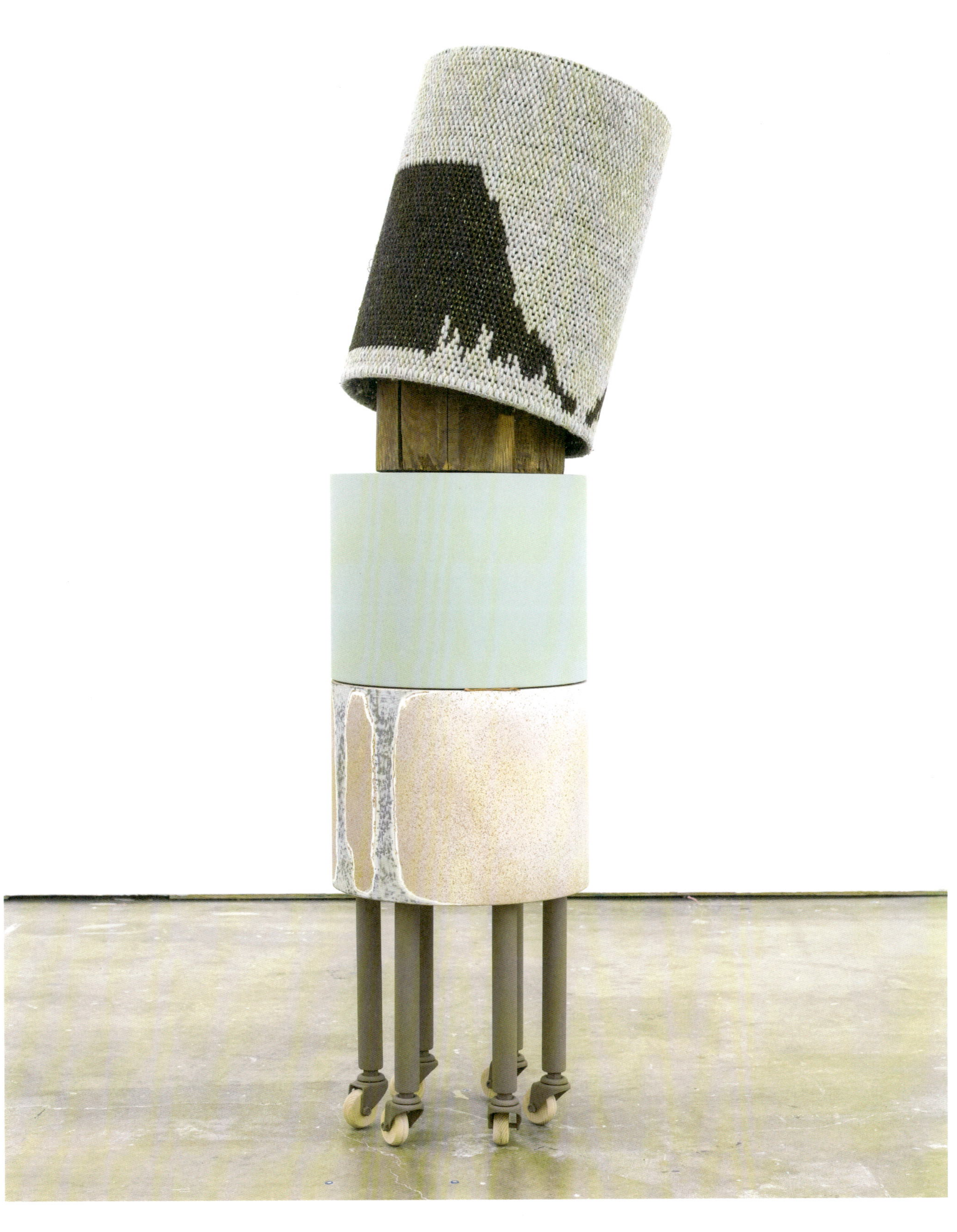

⟨좁은 초원－꾀꼬리 #18-01⟩, 2011－2018년

Narrow Meadow－Oriole #18-01,
2011－2018

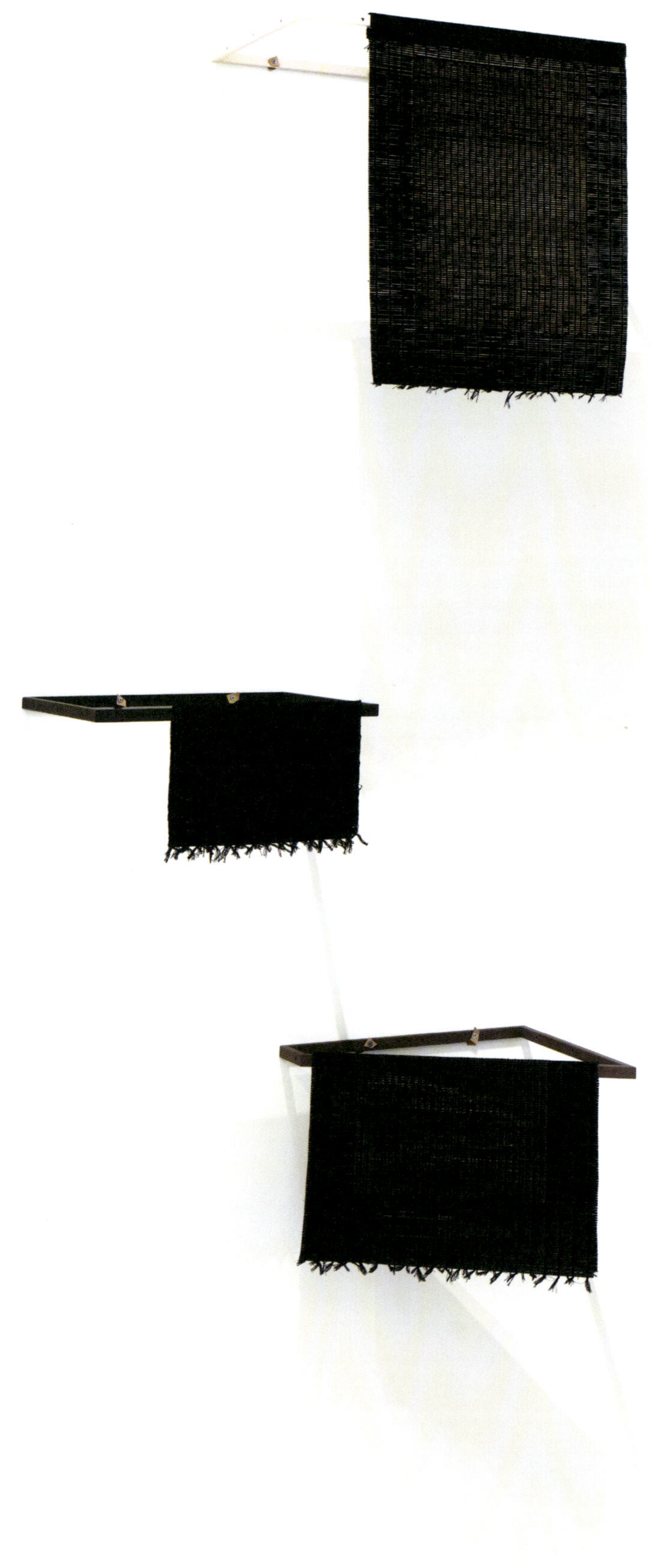

<자리 검은 자리 #18-01>, 2016–2018년   *Mat Black Mat #18-01, 2016–2018*

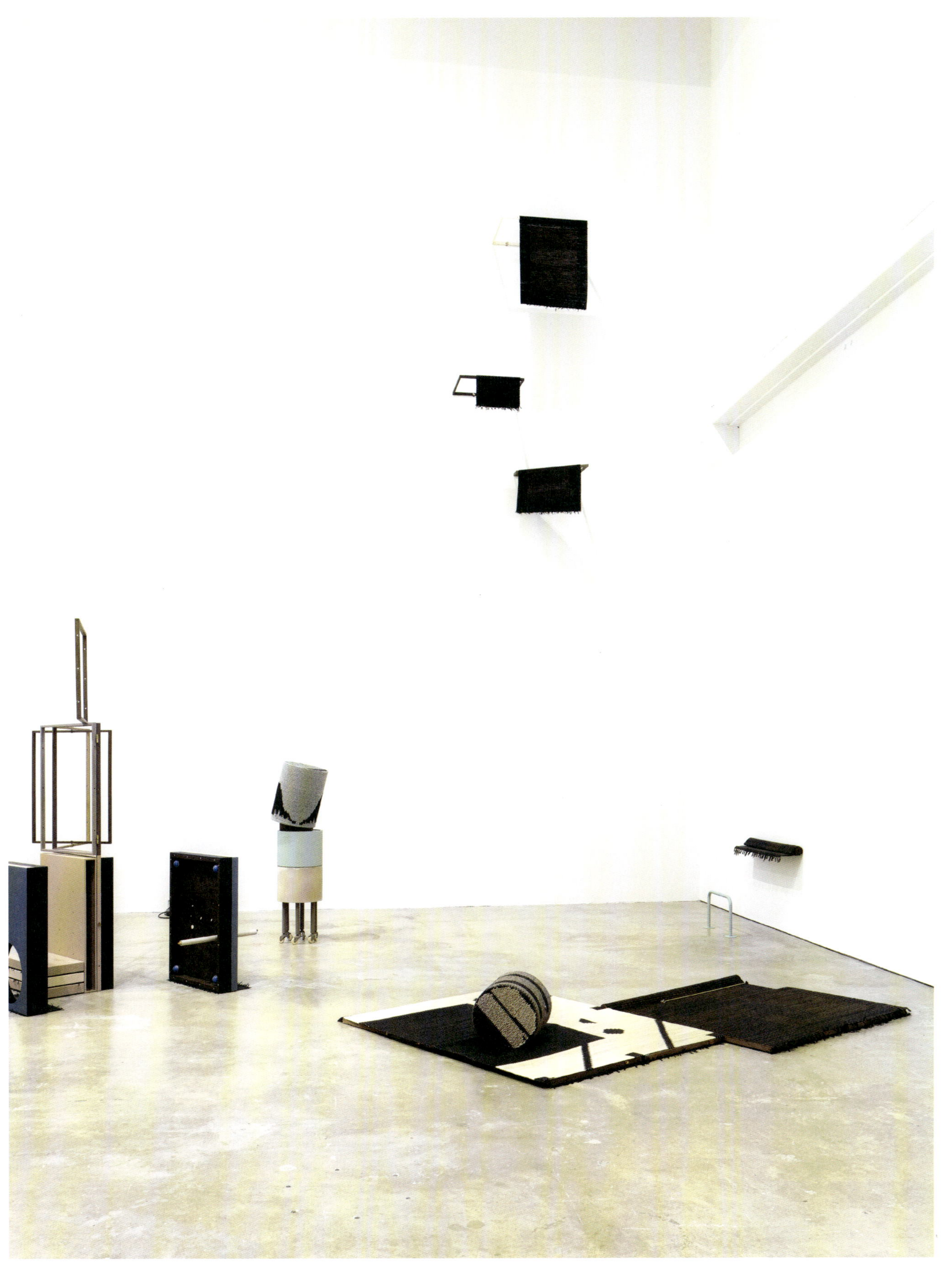

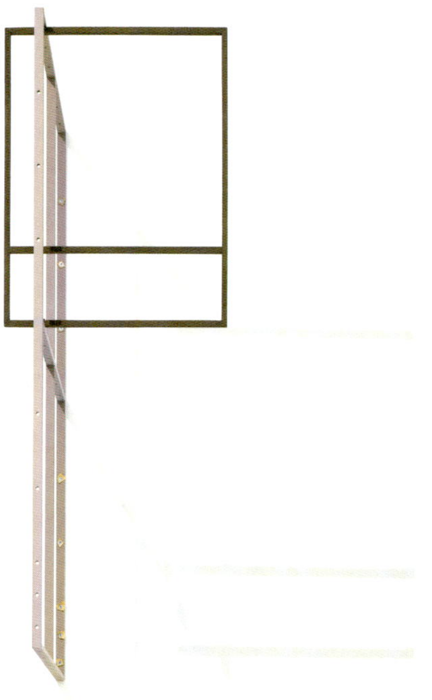

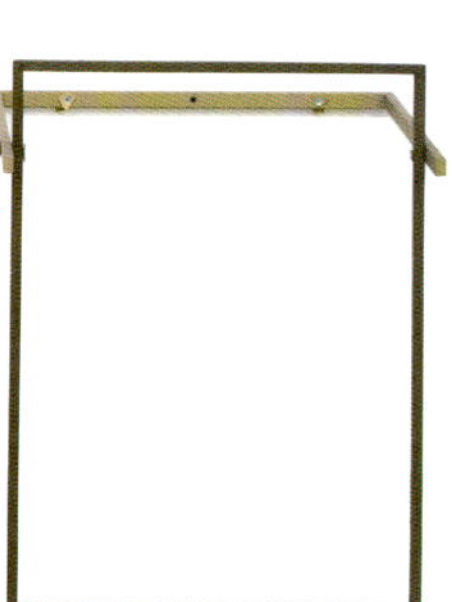

<정 +>, 2015–2016년   *Jeong +*, 2015–2016

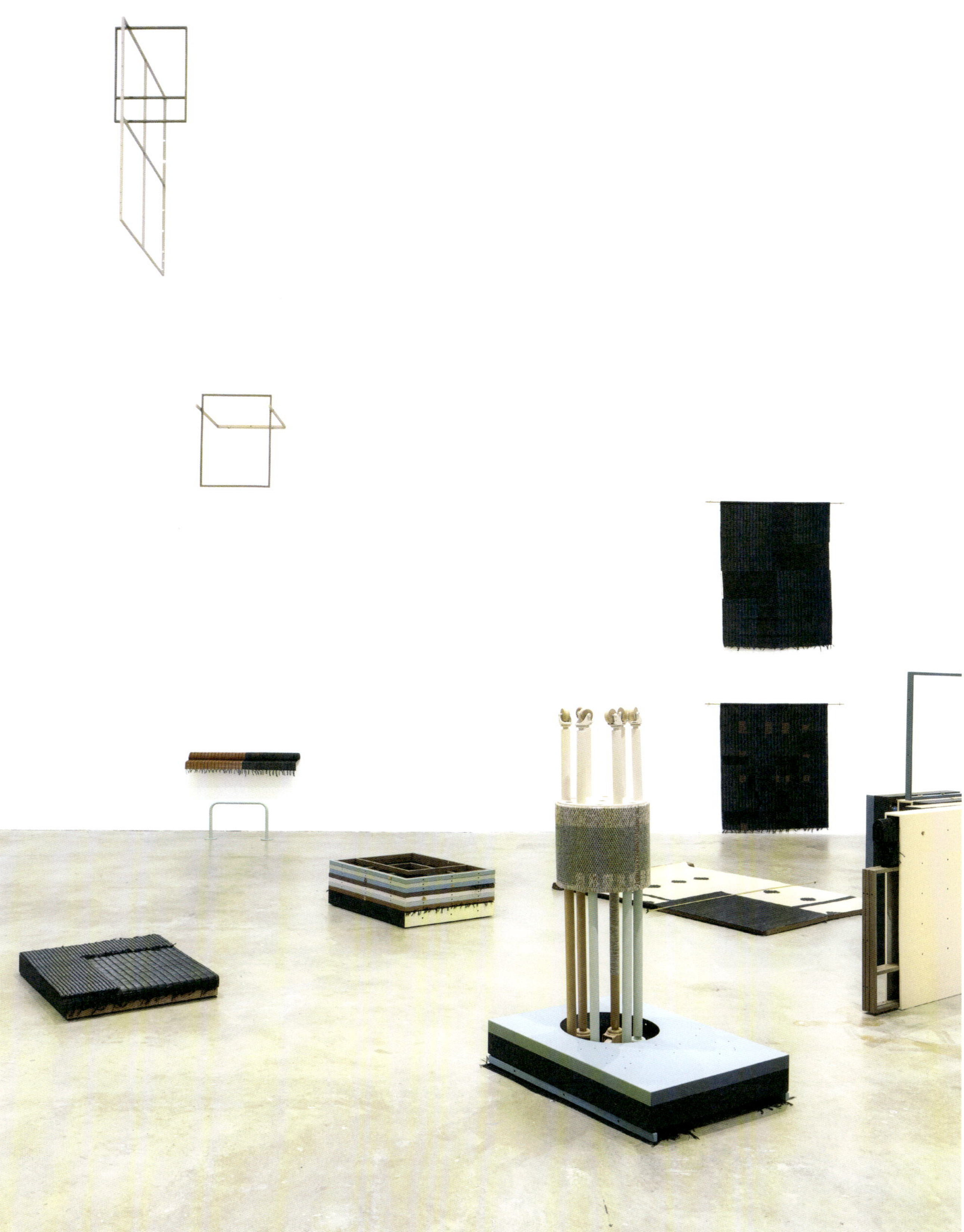

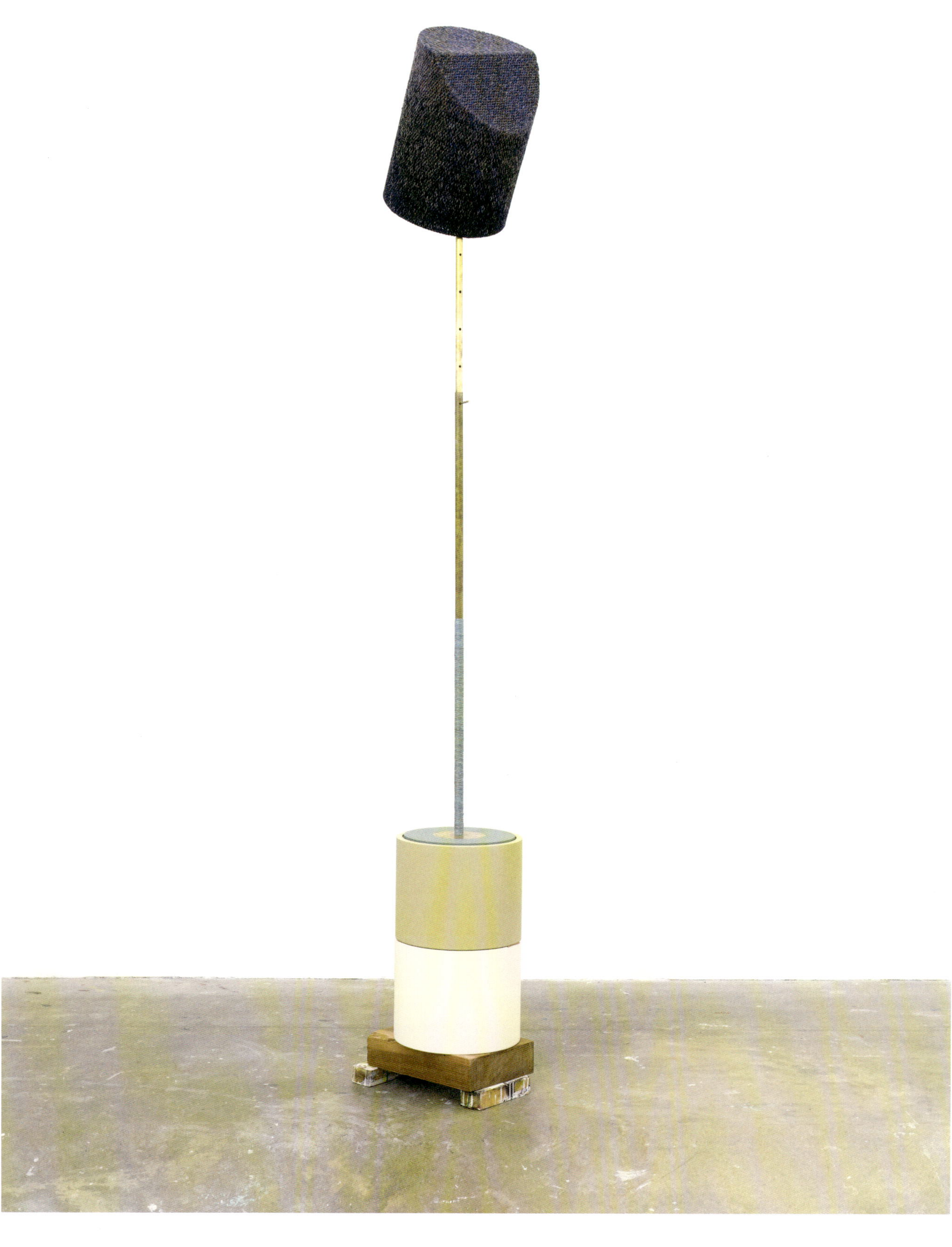

〈둥근 절벽−긴 목 #18-01〉, 2015−2018년   *Round Cliff−long neck #18-01,*
2015−2018

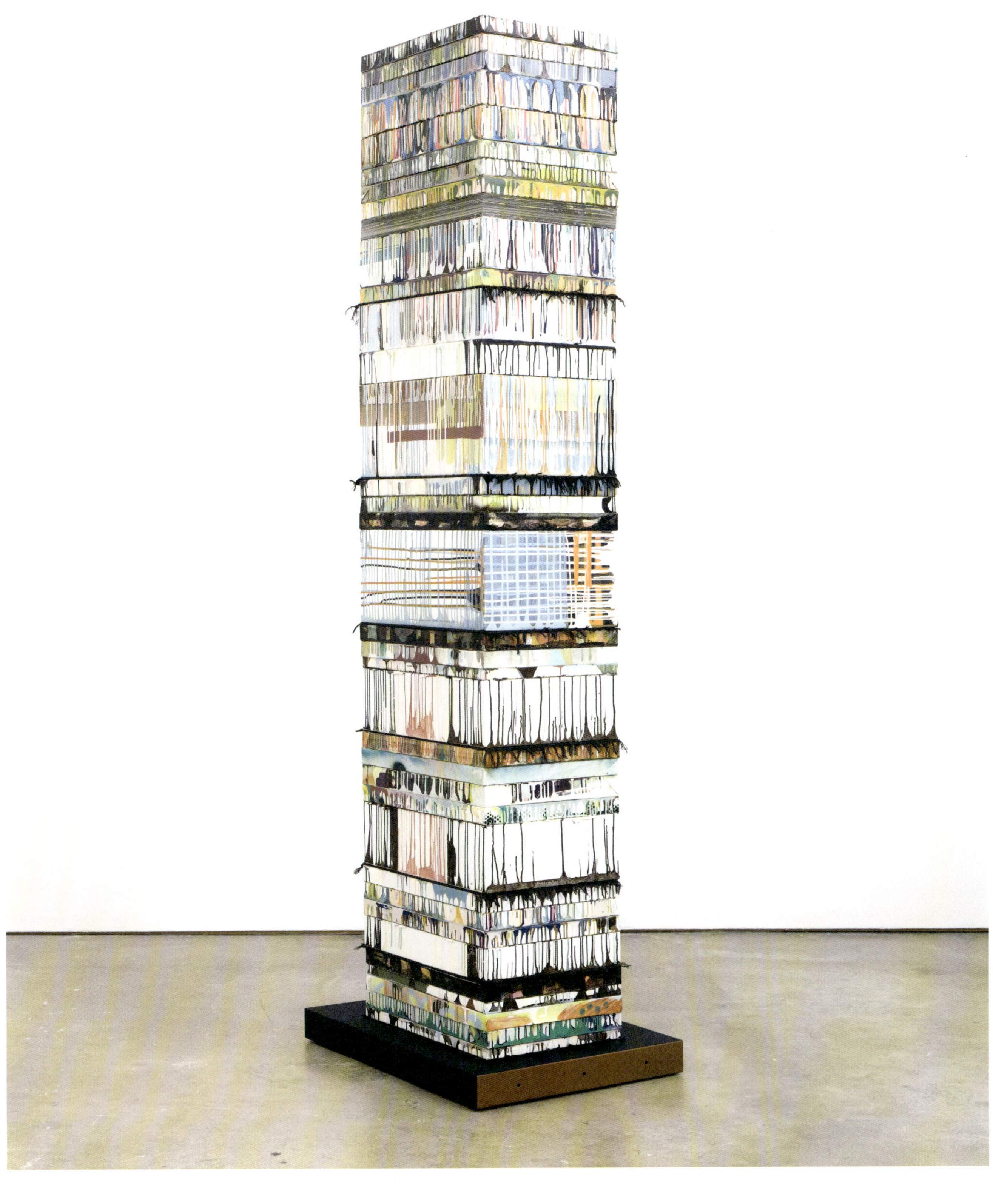

〈모라와 검은자리〉, 2014-2018년   *Moras on the Black Mat*, 2014-2018

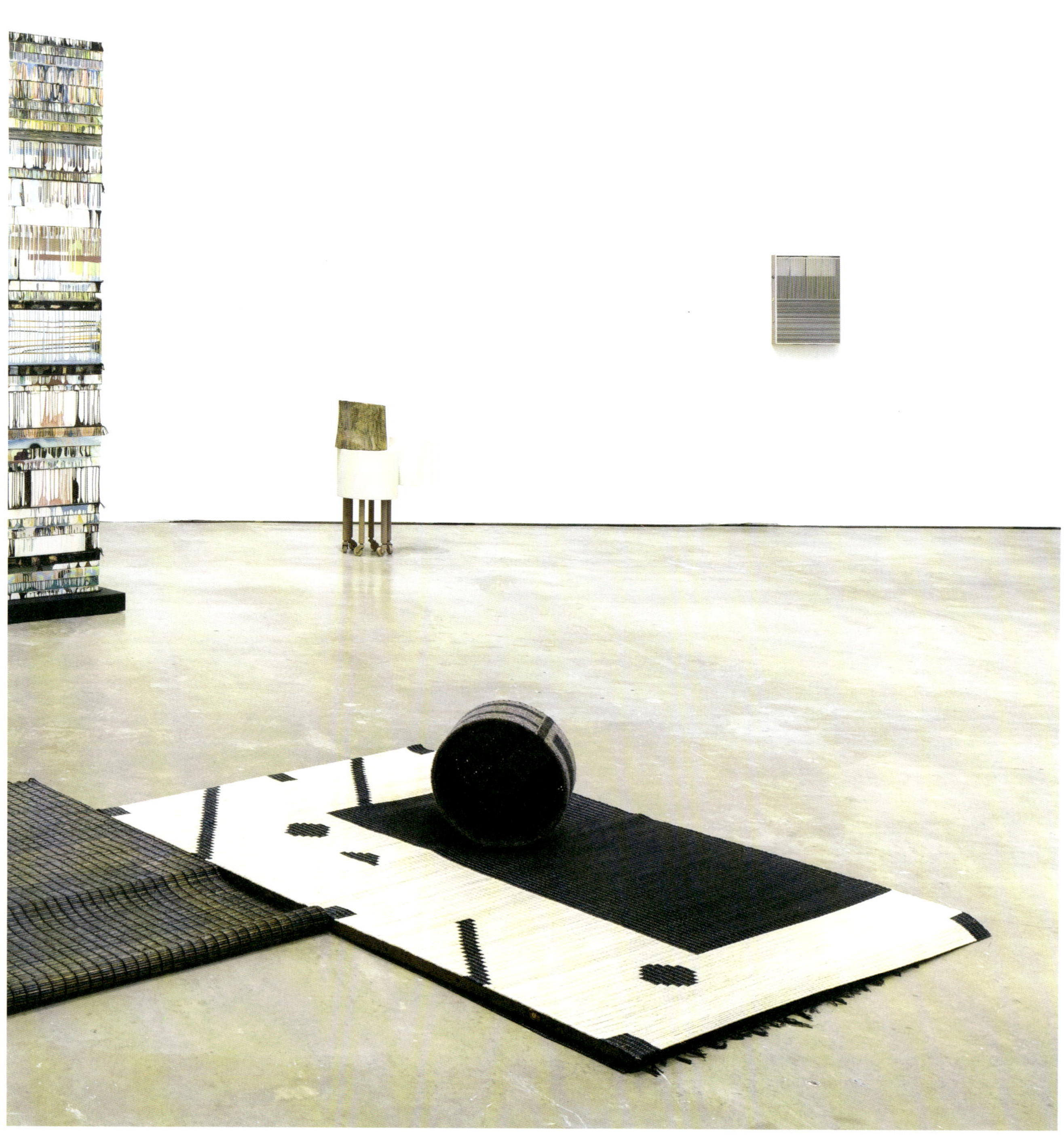

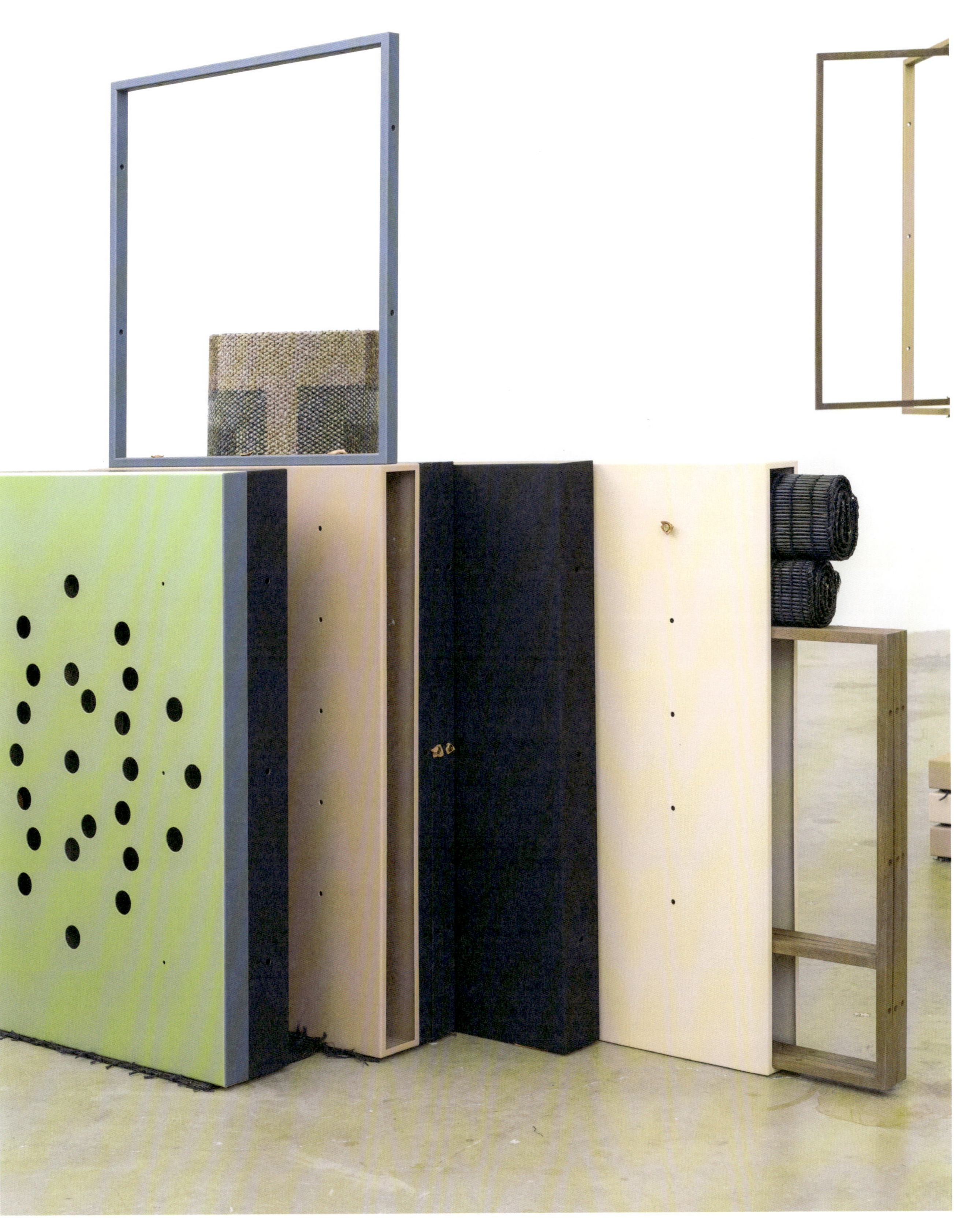

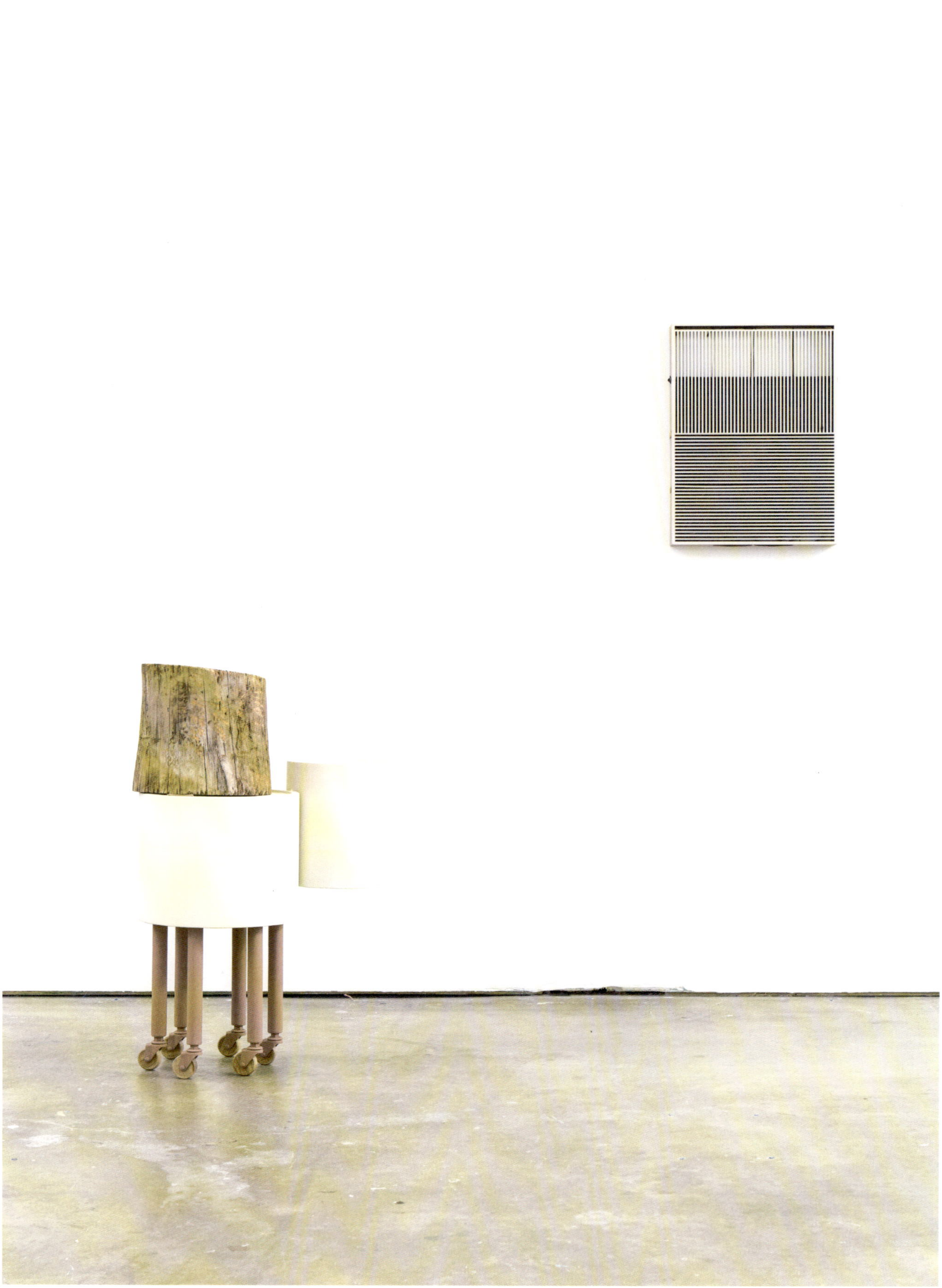

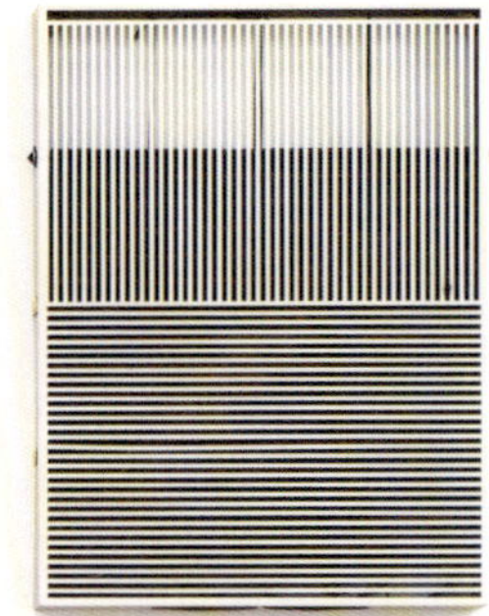

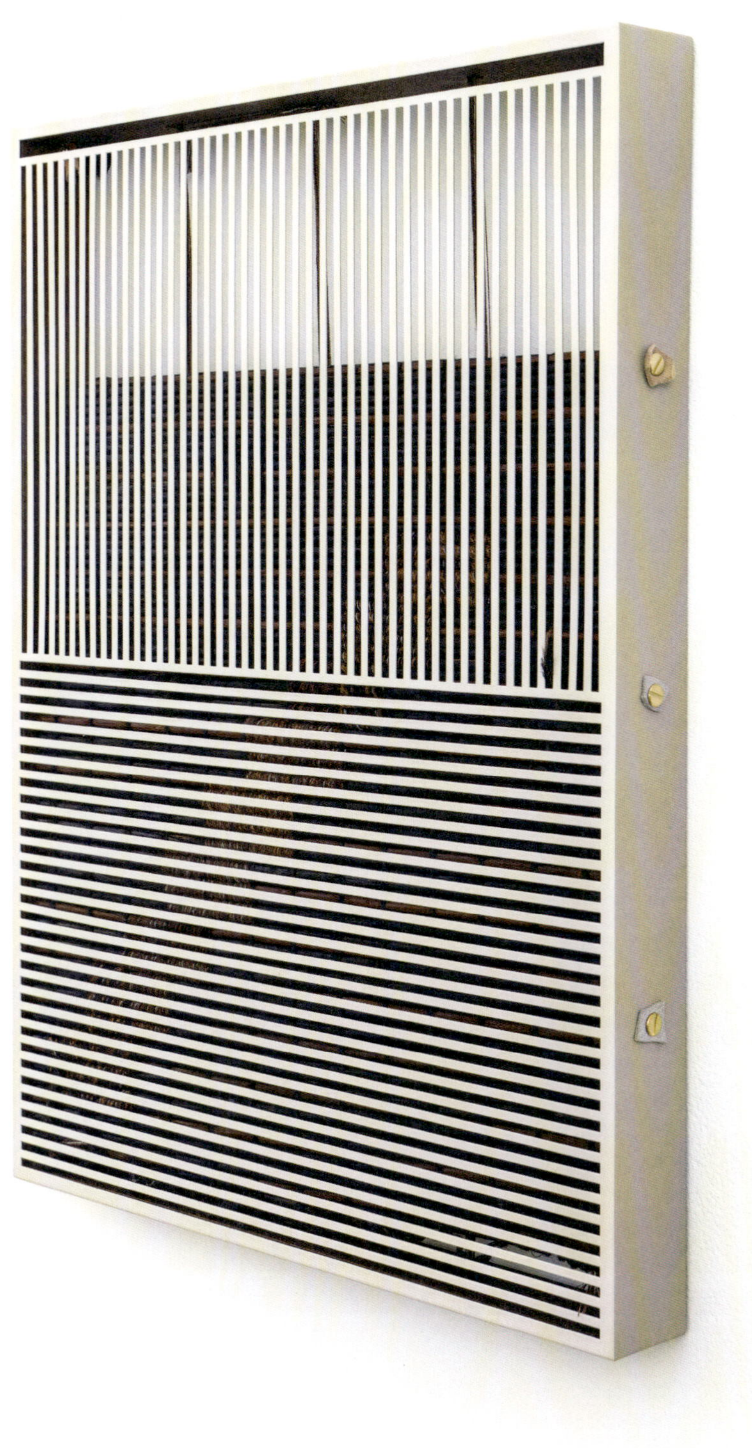

 〈자리 55×40 #18-01〉, 2017–2018년   *Mat 55×40 #18-01*, 2017–2018

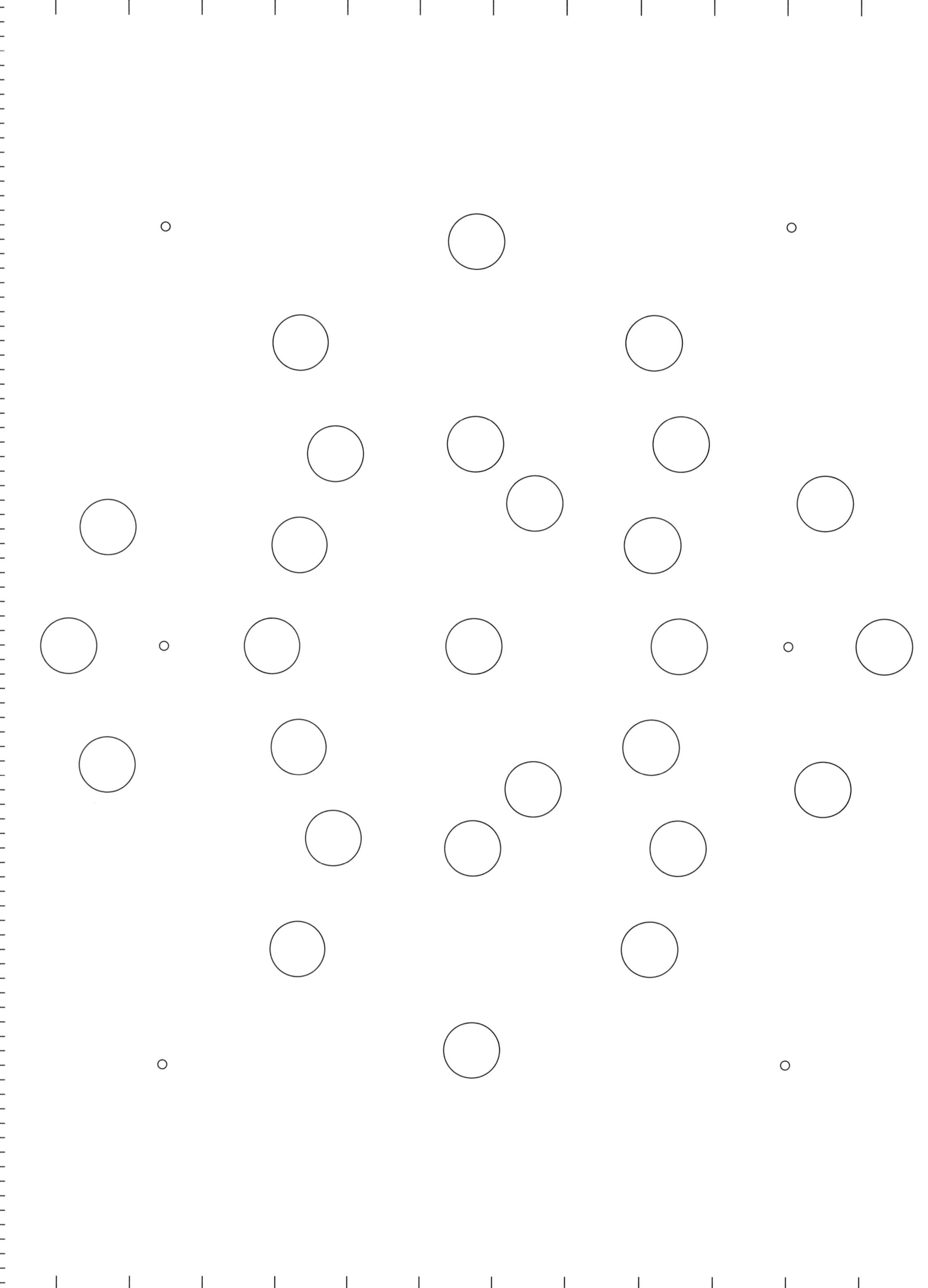

<고종임인진연도 8폭병풍>(高宗壬寅進宴圖八幅屏風), 1902년, 비단에 채색, 전체 177.5×410.5 cm, 화면 149×406 cm. 아모레퍼시픽미술관 제공

Royal Banquet in the Imjin Year, 1902, color on silk, frame: 69⅞×161⅝ inches (177.5×410.5 cm); image: 58⅝×159⅞ inches (149×406 cm). Courtesy the Amorepacific Museum of Art

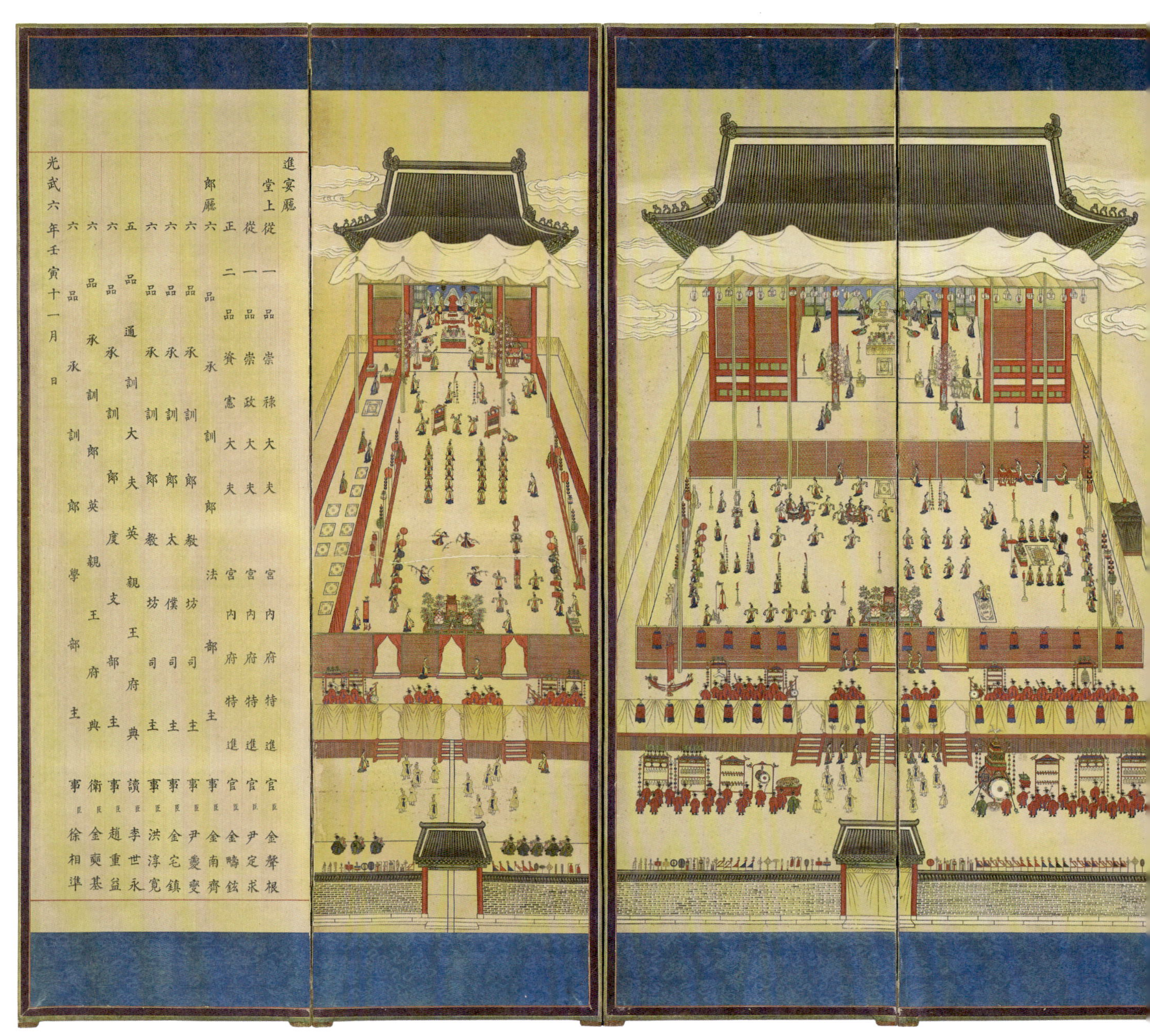

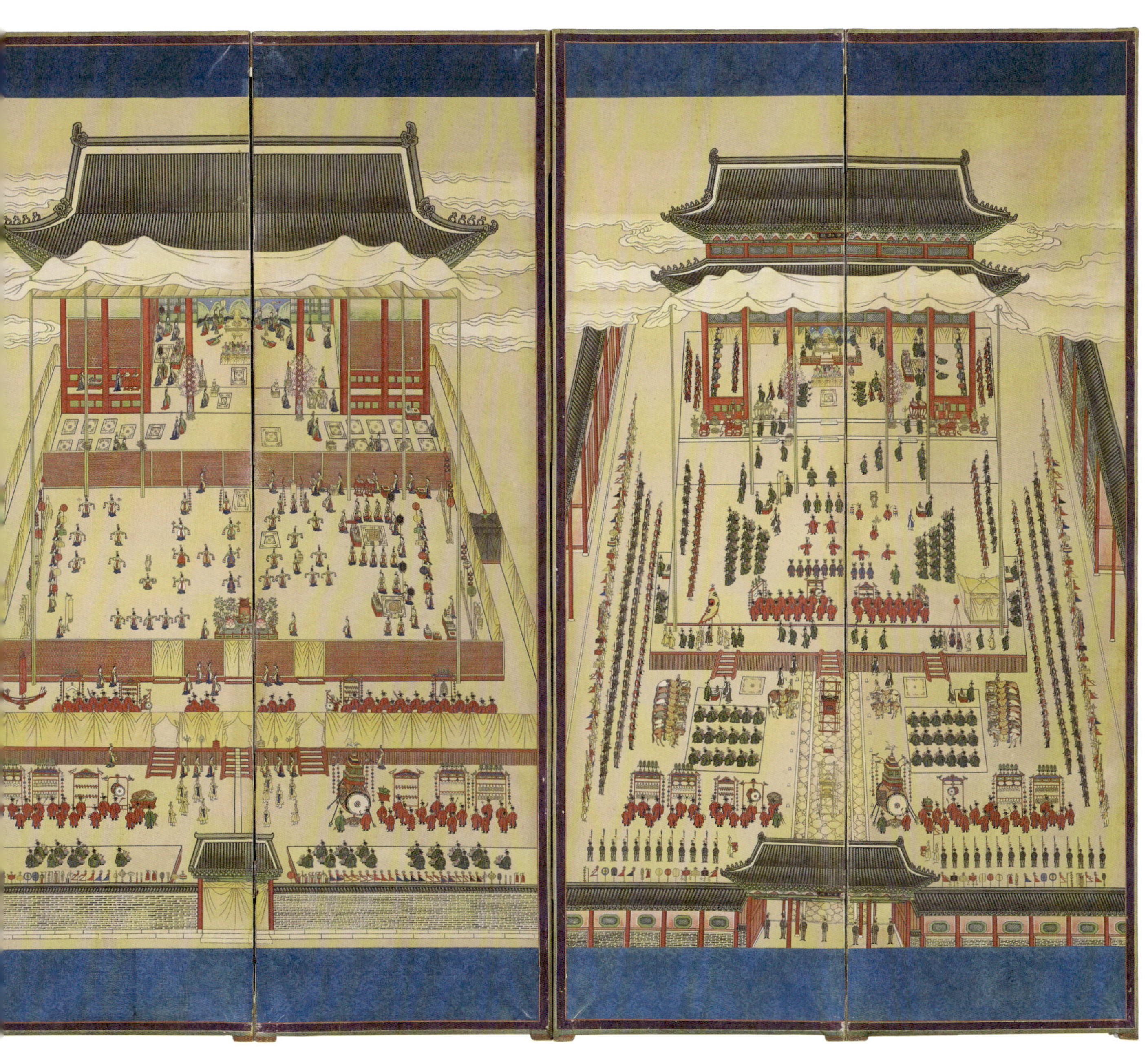

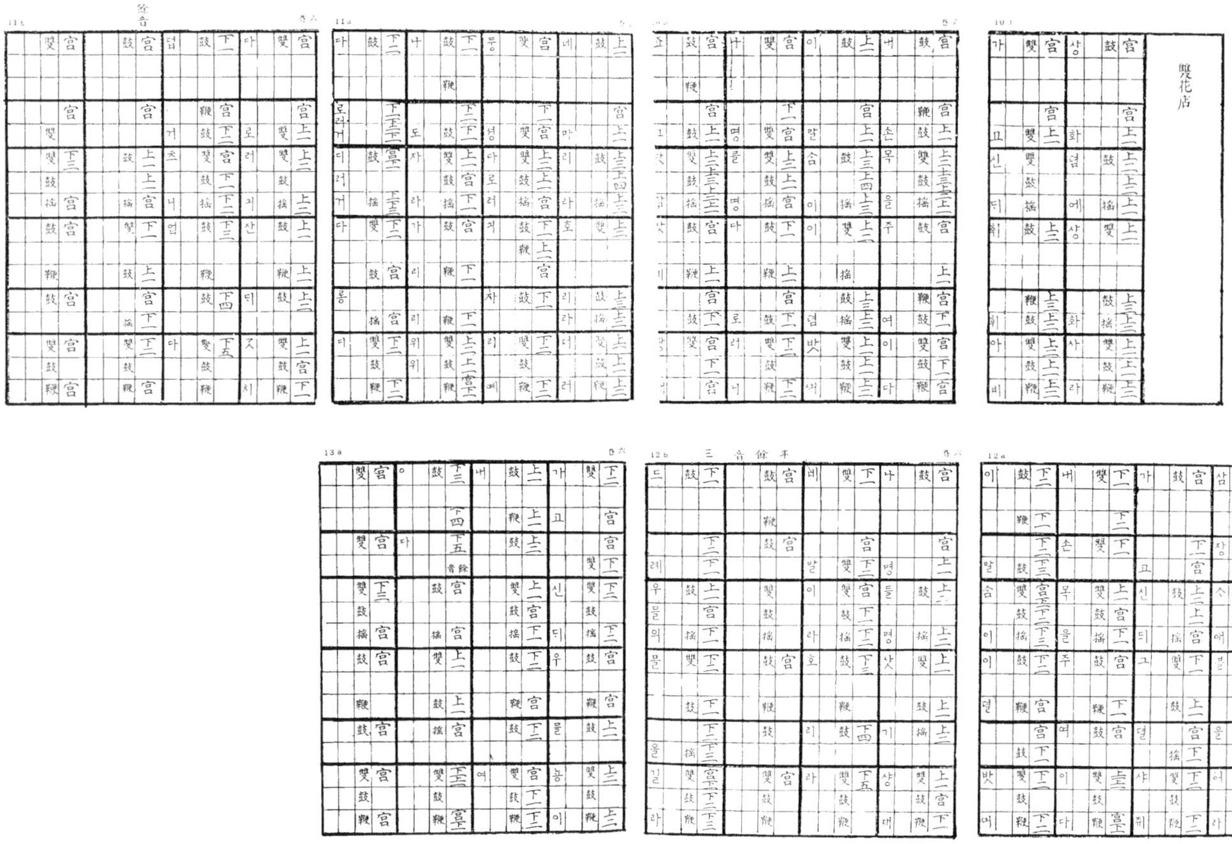

정간보 대악후보(大樂後譜), 〈쌍화점〉
(雙花店), 조선 시대. 이화여자대학교,
한국콘텐츠진흥원 컬처링 제공.
www.culturing.kr

강서경의 대담한 프로젝트 〈검은자리 꾀꼬리〉는 2016년 광주
비엔날레부터 필라델피아, 리버풀, 스톡홀름을 거쳐 가장
최근 상하이에 이르기까지 마치 유목민처럼 여러 대륙에 걸쳐
소개되었고, 그 과정에서 작가가 제 작업에 관하여 사용한
용어는 작업이 지속적으로 구체화할 수 있도록 뒷받침했다.
작가는 면밀하고 단호한 언어를 통해 〈검은자리 꾀꼬리〉를
"사회 속 각 개인에게 주어진 공간으로, 개인이 딛고 서서 제
무게를 버틸 공간"으로 제시한다. 유연하게 여러 장소에서
이뤄지는 이 설치 작업에서, 작가는 능숙하게 안무를 활용하여
영상과 회화, 조각을 만들어내 우리가 이미 지배 체계 안에
기입되어 있다는 가정에 형태를 부여한다.

강서경은 한국의 전통 회화, 음악, 무용에 관한 연구와
더불어 서양 미술사에 대한 기초적인 지식에 바탕을 두고 작업을
진행한다. 그는 서양 미술사에서 드러나는 데카르트적 그리드의
매혹을 포착하고, 한국 전통예술의 논리에 뿌리를 둔 영상과
설치 작업을 만든다. 작가는 애그니스 마틴, 솔 르윗 등 그리드와
연관되는 작가들을 인지하고 있다. 〈검은자리 꾀꼬리〉에
등장하는 그리드는 서양 미술에 가까이 있지만, 작업의
원천이라기보다 멀리 떨어진 미학적 참조점으로 기능한다.
작업에 등장하는 그리드는 정간보(井間譜)를 이론적 기원으로
삼으며, 작가는 이것이 "살아 있고, 숨 쉬는" 공간이라고

As Suki Seokyeong Kang's ambitious *Black Mat Oriole* project evolves nomadically across continents – from the Gwangju Biennale, where it debuted in 2016, to Philadelphia, Liverpool, Stockholm, and, most recently, Shanghai – she has begun to reify her terminology. Kang's precise and unwavering language posits *Black Mat Oriole* as "the minimal space each individual in this society is provided with, upon which to stand and sustain one's weight." In this malleable, multi-sited installation she deftly utilizes the choreographic to produce video, painting, and sculpture that give form to the premise that we are always already inscribed within systems of domination.

Drawing upon research into traditional Korean painting, music, and dance, along with her nascent knowledge of Western art history, Kang harnesses the latter's fascination with the Cartesian grid to create videos and installations rooted by the logic of Korean historical references. Though Kang is aware of artists associated with the form, such as Agnes Martin and Sol LeWitt, the grids in *Black Mat Oriole* function adjacently to Western art, as distant aesthetic allusions but not sources. The theoretical origin of Kang's grid is the *jeongganbo*, which Kang views as a "living, breathing" spatial construction. This fifteenth-century Korean system of musical and choreographic notation was created concurrently with Korea's alphabet, which is based on the gridded movement of the tongue within the mouth. It is this movement of flesh within a geometric space – speaking tongues, grasping hands, and choreographed figures – that drives Kang's work.

The *jeongganbo* grid is composed of square *jeong* – which translates to the noun "well," but here functions as a musical note – within which duration, pitch, lyrics, and choreography can all be transcribed. Kang was attracted to the multidisciplinary nature of this form of measurement as it evolved through the historic texts she encountered in her research. The earliest known appearance of the *jeongganbo* is in the *Annals of King Sejong the Great* (1447), who revolutionized Korean culture through a series of advancements that distanced Chinese influence. Previous forms of musical notation – borrowed from China – did not account for duration of notes. Alongside the

생각한다. 15세기 한국의 음악과 안무 기보법인 정간보는
입안에서 이뤄지는 혀의 움직임을 그리드로 나눈 것을 바탕으로
창제된 한글과 함께 만들어졌다. 강서경의 작업을 이끄는 것은
바로 하나의 기하학적 공간 안에서 이뤄지는 몸(flesh)의
움직임, 즉 말하는 혀, 움켜쥐는 손, 안무 된 형상들이다.

정간보의 그리드는 사각형인 정(井)으로 이뤄졌다. 이
단어는 '우물'을 뜻하는 명사로 해석될 수 있지만, 정간보에서는
악보의 기호로 기능한다. 정의 그리드 안에는 음의 길이와
높이, 가사, 안무를 기입할 수 있다. 강서경은 작업을 위한
연구 중 접한 역사적 문헌들을 통해 이러한 측정 형식이 다양한
분야를 아우른다는 점에 이끌리게 되었다. 정간보가 처음
등장한 것으로 알려진 것은 『세종대왕 실록』(1447)이다.
세종은 중국의 영향에서 벗어난 진보를 통해 한국의 문화를
혁신적으로 바꾸었다. 정간보에 앞서 중국의 형식을 차용한
조선의 옛 기보법은 음의 길이를 설명하지 않았다. 한국의 궁중
음악은 세종 치하에서 새로운 한국식 악기와 음색이 만들어짐에
따라 중국식 체계가 수용할 수 있는 것보다 더 오래 연주되는
음을 갖게 되었고, 그리하여 새로운 형태의 기보법이 필요하게
되었다. 강서경은 정간보가 지닌 유연한 성격에 영감을 받아
측정의 단위를 넓혀 더 개념적인 틀로 확장했다. 이러한 틀은
작가의 몸을 주요한 단위로 삼는다.

<검은자리 꾀꼬리>의 구성요소가 되는 오브제는 61×
81 cm 크기로, 색을 칠한 사각형 금속 조각이다. (<검은자리>
연작에서와 같은) 닫힌 육면체 형태와 (<정 井> 연작에서와
같은) 프레임이 있고, 이것이 어떻게 다양하게 여러 차원으로
점진적으로 확장될지는 작가의 몸에 의해 대략 결정된다.
작업의 크기와 중량 또한 작가의 완력에 따라 달라진다. 작가가
며칠에 걸쳐 직접 조각을 움직이고 배치하는 설치 방식 때문에,
작업 각각의 무게는 작가의 몸을 기준으로 삼게 된다. 사각형의
단위(unit), 즉 강서경의 주된 '정(井)'이자 고유한 '음표'는
색을 입힌 수십 개의 금속 오브제로 형태가 다양하다. 이 작업은
최초의 작업으로부터 두 배, 절반, 4분의 1, 3분의 1 크기가
된다. 색을 칠한 화선지와 캔버스(<모라> 연작), 금속 회화
(<자리> 연작)의 형태를 취하며, 그것의 크기 단위에 비례하여
발견한 오브제 또는 만들어낸 오브제를 보여 준다.

금속 원기둥에는 색을 칠하거나, 구멍을 뚫고 실로 감싼다.
모양과 크기는 작가가 발견한 오브제를 다시 만들어 낸 것을
기본으로 한다(<따뜻한 무게>). ICA 전시에 있던 잘린 통나무는
원기둥 형태로 이뤄진 두 번째 연작(<둥근 무게>)의 크기를
결정한다. 둥근 형태는 <검은자리>와 <정 井>에 구멍을 뚫고,
작가가 채워 내거나 비워 두는 빈 공간을 제공한다. 강서경은

<검은자리 꾀꼬리>, 설치 전경, ICA,
2018년

Black Mat Oriole, installation
view, ICA, 2018

creation of new Korean instruments and tones under Sejong's purview, Korean court music evolved to include notes held for a longer period than the Chinese system allowed, requiring a new form of transcription. The flexibility of the *Jeong* inspired Kang to expand it beyond a unit of measurement towards a more conceptual framework, one that positions the artist's body as the primary metric.

The elemental objects in *Black Mat Oriole* are 24-inch by 32-inch rectangular painted steel sculptures – enclosed rectangular cuboids (the *Black Mat* series) and frames (the *Jeong* series) whose varied and gradually expanding dimensions have been loosely determined by the body of the artist. The size and heft of these works are also limited by Kang's own strength: her installation method of moving and arranging the sculptures herself over many days requires that the artist's body sets the parameters of how heavy each work can be produced. This rectangular unit – Kang's principal *jeong*, her original "note" – assumes various configurations. These works double, half, quarter, and third her originary dimensions, taking the form of painted mulberry paper and canvas (the *Mora* series) and steel paintings (the *Mat* series), along with objects found or produced along similarly fixed units of measurement.

Steel cylinders are painted or perforated and woven with thread, their shape and size based on a found object that Kang has refabricated (*Warm Rounds*). A cut wooden log included in the ICA exhibition provides the dimensions for a second series of cylindrical forms (*Heavy Rounds*). These circular shapes puncture the *Black Mats* and *Jeongs*, providing hollow spaces that are either filled or left empty by the artist. Kang has also created a series of stackable supports for the various *Rounds* – steel legs with wooden wheels made of walnut or cherry (*Six Legs*) and spool-shaped steel (*One Foots* and *Two Feets*). Each of Kang's singular objects stands as both a discrete artwork and also as a unit that can be combined and recombined in myriad variations to create larger sculptural works. Installed collectively, they create unlimited iterations of *Black Mat Oriole* based on the specificity of each exhibition space.

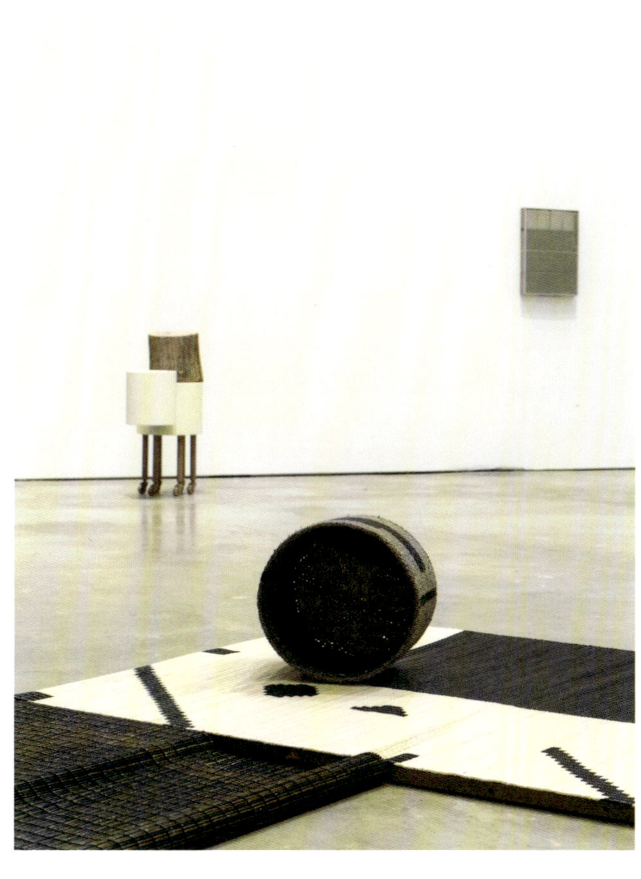

〈검은자리 꾀꼬리〉, 설치 전경, ICA, 2018

Black Mat Oriole, installation view, ICA, 2018

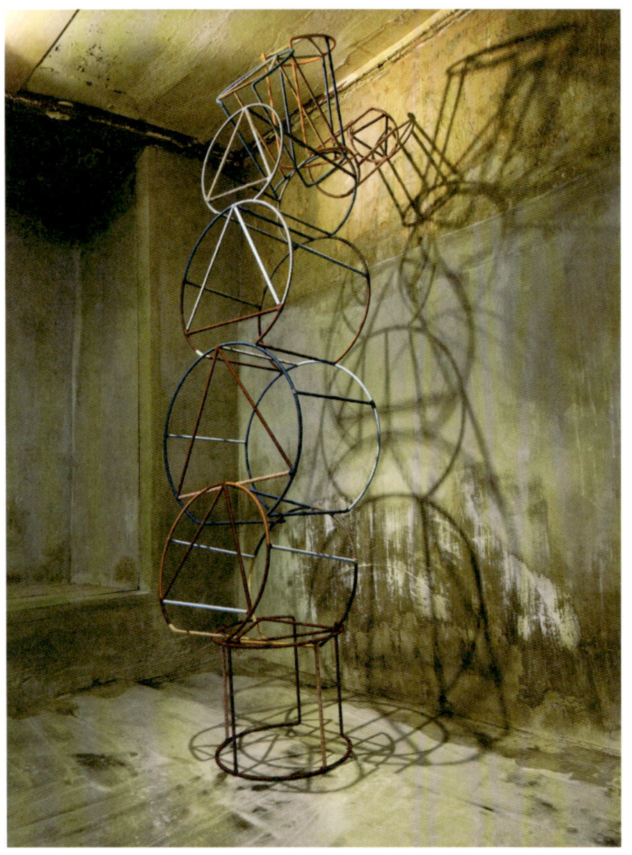

<그랜드마더타워 #01>, 2011-2013년

Grandmother Tower #01, 2011–2013

다양한 '무게들'을 위해 쌓을 수 있는 형태의 받침대도 만들어 냈다. 금속 다리에 호두나무나 단풍나무로 만든 바퀴를 달고 (<여섯 개의 다리>) 금속으로 실감개 모양을 만든 것이다 (<발>과 <두 발>). 각각의 오브제와 받침대는 개별 작업이자 더 큰 조각 작업을 만들기 위해 수없이 다양하게 조합, 재조합할 수 있는 단위이다. <검은자리 꾀꼬리>는 함께 설치됨으로써 전시 공간의 특정성에 기반하여 제약 없이 다양한 형태로 되풀이될 수 있다.

이렇게 만들어진 조각 작업들 가운데 다수는 전략적으로 계산된 위치에 구멍을 여럿 뚫어 황동으로 만든 나사와 볼트를 활용해 다양한 높이와 각도로 연결할 수 있도록 했다. 이러한 조합을 통해 바닥을 감싸 안거나 위를 향해 균형을 잡는 구조를 만들어 낸다. 또한 바닥으로부터 밖으로 확장된 그리드를 따라 수직 혹은 수평으로 쌓아 전시의 풍경을 프레이밍하고, <정 井>을 벽에 높이 매달아 전시 공간을 가로지르는 비스듬한 그림자를 드리운다. 강서경은 이렇게 다양한 부분들을 통해 사적이고 역사적이며 철학적인 참조점으로 층위를 이룬 삼차원 공간을 구축한다.

<검은자리 꾀꼬리> 프로젝트는 전체적으로 강서경이 초기 작업에서 보였던 육체성과 그리드에 관한 관심에서 기인한다. <검은자리 꾀꼬리>는 광주 비엔날레에서 처음 선보였고, 60대의 배우인 김선미와 명계남이 등장하는 영상 작업 <검은아래 색달>(2015)이 함께 상영되었다. 나이 들어 가는 배우들이 전하는 우아함은 작가가 자신의 할머니에 대해 지속적으로 언급하는 것과 연결된다. 이것은 미술사가 데이비드 조슬릿이 주장한 것처럼 "일상의 세계 그리고 격렬하고 명백한 육체의 존재감에 대한 비유"로 격자를 채우는 작가들의 대열에 강서경을 굳건히 세운다.[1]

연작을 시작하게 한 최초의 작업인 <그랜드마더타워>는 작가 자신의 할머니가 보여 준 우아함과 유한성에 대한 일종의 헌사로 기능한다. 할머니는 육신이 노쇠하면서 점차 보행기에 몸을 기댔고, 일어서는 데 큰 어려움을 겪었다. 보행기의 굽은 금속 구조와 바퀴는 수년에 걸쳐 강서경의 작업의 오브제로 바뀌어 나갔다. 이 요소들은 <둥근 계단들>과 <발>에서 반복하여 등장했고, 가장 최근에는 <그랜드마더타워–토우> (2018)를 통해 다시 살펴보았다. 2018년에 만들어진 이 연작은 첫 번째 작업에 영감을 안겨 주었던 불안정한 균형을 더욱 심도 있게 구현한다. <배>, <둥근 계단들>이라는 제목의 조각 작업들은 <그랜드마더타워–토우>의 일부로, ICA 전시에서 벽에 매단 작업들 앞에 배치한 청색의 미니어처 가드레일에 바탕을 둔다. 작가는 이것을 통해 유머러스한

1 David Joselit, 「Mary Heilmann's Embodied Grids」, 『Talking Painting: Dialogues with Twelve Contemporary Abstract Painters』(New York: Routledge, 2002), 107.

1 David Joselit, "Mary Heilmann's Embodied Grids," in *Talking Painting: Dialogues with Twelve Contemporary Abstract Painters* (New York: Routledge, 2002), 107.

Many of these individual sculptures are drilled with multiple holes at strategic points, which allow them to be joined by brass screws and bolts in a variety of heights and angles. These couplings create structures that hug the floor or balance their way upward, stacked vertically and horizontally. Grids extend outwards from the floor, framing views of the exhibition, or are affixed high on the wall, casting angled shadows across the gallery. Through this multitude of parts, Kang builds three-dimensional spaces stratified with personal, historical, and philosophical references.

The entire *Black Mat Oriole* project stems from Kang's early consideration of corporality and the grid. The first iteration of *Black Mat Oriole* debuted at the Gwangju Biennale and included the video *Black under Colored Moon* (2015), which features performers Sunmee Kim and Kaynam Myung, both in their 60s. The grace that Kang affords the aging actors in this video, coupled with ongoing references to her grandmother, firmly fix Kang within a lineage of artists who, as art historian David Joselit has posited, fill their grids with "allusions to the domestic everyday world and to an intense and palpable presence of the body."[1]

The initial work that prompted her series, *Grandmother Tower*, functions as a kind of homage to both the dignity and mortality of Kang's grandmother as her body – increasingly folded forward over a walker and struggling to stand erect – aged. The curved metal structure of the walker and its wheels have been transmuted through Kang's objects over the years, reappearing in *Circled Stairs* and *Legs*, and most recently revisited in *GRANDMOTHER TOWER—tow* (2018), a series that further embodies the precarious balance that inspired the initial work. Sculptures titled *Belly* or *Circled Stairs*, based on guard rails that Kang has miniaturized and painted teal blue, are placed in front of hanging artworks in the ICA exhibition. Intended by the artist as humorous moments, they simultaneously read as the "grab bars" installed in bathrooms to aid those with mobility problems, often the elderly. Kang's tenderness for the aging body manifests more fully through the revelation that her initial

순간을 안겨 주는 동시에 몸을 잘 움직이지 못하는 이들,
혹은 노인들을 돕기 위해 화장실에 설치하는 '안전 손잡이'로
읽히기를 의도했다. 작가가 자신의 할머니에 대한 사적인
기억에서 얻은 영감을 바탕으로 팔레트 위에 색을 만들었다는
사실은 늙어 가는 할머니의 몸에 대한 그의 애정에 대해서 더
명확히 알려 준다.

초기 <그랜드마더타워>와 관련 작업을 제작할 때,
금속 표면에 효과적으로 색을 입힐 수 없었던 강서경은 실
염색 공장에서 쓰이지 않고 버려진 실을 구매한 재료와
함께 활용하기로 했다. 처음에는 필요에 의해 어쩔 수 없이
이루어졌던, 작품을 실로 감는 느린 과정은 이제 개념적 선택이
되었다. 작업에 실을 입히기 위해 수십 시간 애쓰며, <정 井>의
프레임, <발>과 <다리>라는 단위(unit)를 실로 감싸며 구멍이
숭숭 난 <따뜻한 무게>들에 천천히 실을 뀀다. 손을 사용해서
만든 부드럽고 덩어리진 표면의 촉감은 산업적으로 생산된
금속과 맞붙어 있기에 더 강렬해지며, 금속 보행기에 의지해
세상을 통과해 걸어가는 할머니가 입은 옷을 손으로 쓸어 만져
보는 것을 상상할 수 있다.

<검은자리 꾀꼬리>는 작품 고유의 색상 조합을 특징으로
한다. 파스텔 색상에 끼어드는 잔잔하고 탁한 색상 말이다.
작가가 사용하는 섬유 또한 유사한 색조를 띤다. 한국 전통
회화를 배운 작가 자신의 경험과 전통 회화에 쓰이는 먹의
사용을 바탕으로, 강서경은 짙은 먹색 염료를 파란색, 분홍색,
녹색, 노란색, 무엇보다 신체와 같은 색조를 만들어 내는
복숭아색과 갈색에 혼합한다. 살이 지닌 무게와 질감, 마찰과
연약함은 강서경 작업의 핵심적 주제다. 살은 인간의 몸을
지키는 방패이자 약점으로, 중력과 시간의 효과를 드러내며
나이가 들어 가고 늘어지는 신체 기관이다. 강서경은 오브제를
고정시키기 위해 가죽을 잘라 쓴다. 황동 볼트로 꽉 조이거나
열을 지어 섬세하게 균형을 잡으며 서로를 누르거나 맞물려 있는
조각 작업들의 채색된 표면을 보호하며, 차가운 금속 사이에
건조한 동물의 피부가 들어가 완충하는 역할을 한다.

작가가 몸에 대한 인식을 확장시키는 것은 전시의
시작점이다. 관람객은 리넨, 벨벳, 검은색 합성 섬유로 이뤄진
패널이 상영실의 암막 역할을 하는 공간을 통과해 전시장에
들어선다. 작가는 이처럼 질감과 색을 조합하여 관람객이 직접
손을 뻗어 작업을 만지도록 이끌며, 이것은 전시 초입에 한글과
영어로 "검은자리 꾀꼬리"라는 글자를 손으로 수놓은 길고
거대한 벨벳 커튼을 달아 둔 것으로부터 시작한다. 전시장 안에
있는 오브제는 관람객이 만질 수 없지만, 강서경의 촉각적인
것에 대한 의도가 전시 전반에 걸쳐 있다.

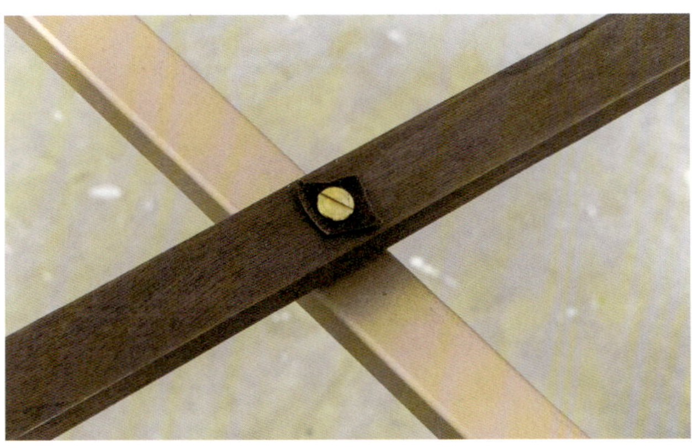

<검은자리 꾀꼬리>, 설치 세부, ICA,
2018년

Black Mat Oriole, installation
detail, ICA, 2018

palette was loosely inspired by a private memory of her grandmother.

Unable to effectively paint the metal surfaces of early *Grandmother Towers* and related works, Kang turned to the cast-off threads of the Korean textile industry, augmented with purchased material, to color her pieces. The slow process of wrapping these works — initially a necessity — is now a conceptual choice. Kang labors for dozens of hours to clothe each piece, swathing the armatures of the *Jeongs* and the legs of the *Six Legs* and *Two Feets* series, slowly weaving the porous *Warm Rounds*. The soft, nubby tactility of these hand-made surfaces is heightened by their proximity to industrially produced metal, and one can imagine the sweep of her grandmothers clothing across a metal walker as she moved through the world.

Black Mat Oriole is defined by a distinctive paint palette — muted, muddied colors that veer into the pastel range. The fiber she uses is similarly hued. Drawing on her training in traditional Korean painting and its use of black ink, Kang develops her colors by mixing deep-black pigment into blues, pinks, greens, yellows, and, most significantly, the peaches and browns that produce her flesh-toned shades. Flesh in its weight and texture, in its grip and vulnerability, is one of Kang's central concerns. Flesh acts as both shield and weakness for the human body, an aging, sagging organ that reveals the effects of gravity and time. To fasten her objects, Kang employs scraps of leather to protect the painted surface of the sculptures as they press and scrape against one another, bound tightly by brass bolts or delicately balanced in columns, pieces of dried and cured animal skin that cushion within folds of cold steel.

Kang's amplification of one's corporeal awareness is the initial prompt of the exhibition; viewers enter the galleries through panels of linen, velvet, and synthetic black fabric that act as light blocks to the video room. Through this coupling of texture and color she forces the viewer to reach out and explicitly touch the work, beginning with the large velvet drapery that opens the exhibition and has been hand-embroidered with the words, "Black Mat Oriole," in both Korean and English. Though the remaining

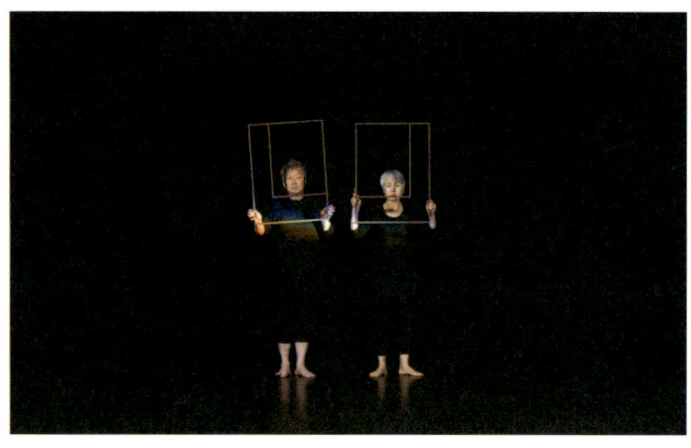

<검은아래 색달>, 2015년, 영상 스틸

Black Under Colored Moon, 2015, video still

<정 井 1/4 시리즈>, 2011-2016년. 국립현대미술관 소장, 움직임 메뉴얼 중

Image from Moving Manual Book for Jeong # 1/4 Series, 2011-2016, National Museum of Modern and Contemporary Art Collection

일상의 소새는 강서경이 화문석이라는 자리를 가지고 온다는 점에서 더욱 긴밀하게 조응한다. 이처럼 견고한 오브제들이 <정 井>을 가로질러 널려 있다. <검은자리> 안에 말려 있고, 쌓여 있고, 접혀 들어가 있다. <자리 검은 자리>의 구멍 뚫린 금속 안에 감춰져 있고, 전시장 바닥을 가로질러 펼쳐져 있다. 골풀을 직조하여 만든 화문석 자리는 궁궐의 바닥과 수 세기에 걸쳐 그것을 만들어 온 장인들의 집을 차지한 바닥재다. 최근 몇십 년 사이 외국에서 만든 저렴한 자리가 시장을 휩쓸었고, 전통적인 고르기, 건조, 염색, 직조 기술은 천천히 쇠퇴했다. 강서경은 화문석 위에서 펼쳐진 17세기의 궁중 무용 춘앵무에 영감을 받아 북한과 접경하고 있는 강화도의 직조 장인들과 협업했고, 특별한 염색으로 색을 입힌 여러 가지 자리를 만들었다. 유난히 하얀 강화 지역의 갈대는 대용품으로 구할 수 있는 골풀보다 염료를 더 잘 흡수한다.

화문석은 예로부터 여성이 만들었는데, 이것은 한국의 현대 섬유 산업에서 젠더화된 노동의 형태를 반영하는 한편 노동 운동을 이끌어 온 섬유 산업 여성 노동자들의 긴 역사와 맥을 같이한다. 화문석은 직조 과정에서 날실과 씨실로 인해 이미 그리드가 새겨졌지만, 작가는 수수께끼 같은 기하학적 패턴을

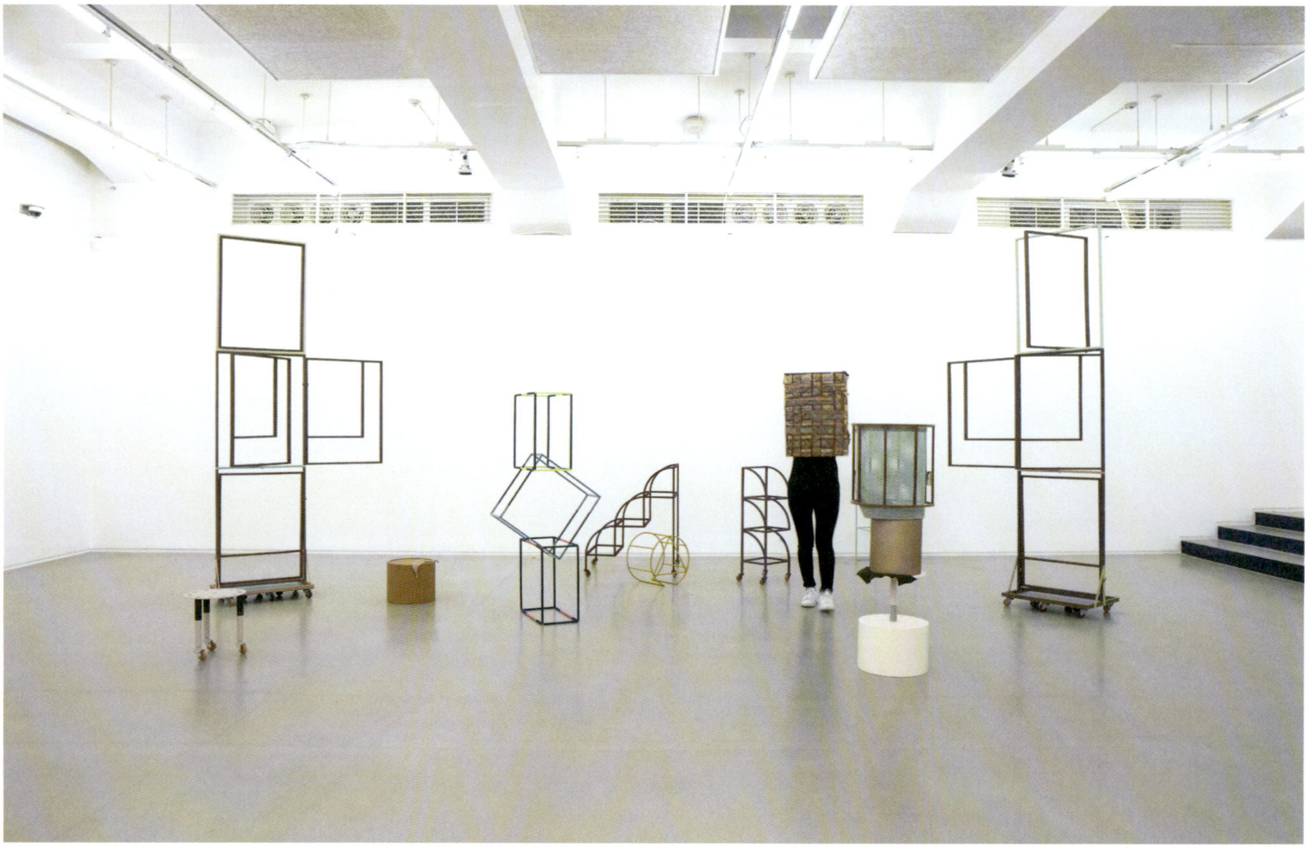

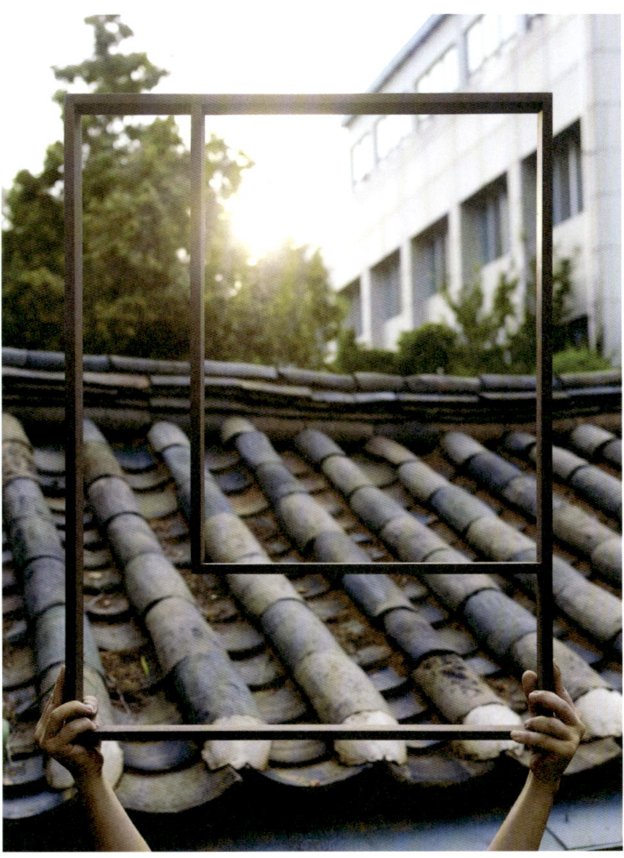

<정 # 58×78>, 2015년   *Jeong 58×78*, 2015

exhibition objects cannot be handled by visitors, Kang's haptic intent lingers throughout the gallery.

The domestic everyday finds further resonance in Kang's incorporation of mats called *hwamunseok*. These deceptively sturdy objects are draped across *Jeongs*; rolled, stacked and folded into *Black Mats*; concealed through the perforated steel of the *Mat Black Mats*; and spread across the floor of the gallery. Woven from rush, *hwamunseok* mats are the floor coverings that have occupied both palaces and the homes of the Korean artisans who produced them for centuries. In recent decades cheaper versions manufactured outside of Korea have dominated the market, and traditional culling, drying, dyeing, and weaving skills have gradually eroded. Inspired by the *Chunaengmu* court dance of the seventeenth century, which is performed on a *hwamunseok*, Kang collaborated with weavers on Ganghwa Island, near the border of North and South Korea to produce a series of specially dyed mats. Made from regional grasses that are exceptionally white, this specific material allows for the dye to take better than alternately sourced rush.

Hwamunseok continue to be made by women, a form of gendered labor that echoes within Korea's contemporary textile industry and the long history of women textile workers leading the country's labor movement. Already gridded through the warp and weft of the weaving process, Kang has further structured these mats by personally handweaving cryptic geometric patterns in thread. Layering the labor of her own hand over the labor of the rush-weavers is a rhetorical gesture, a generational and geographical collapse between the traditional rural crafts that the government is attempting to preserve – named and numbered "Cultural Treasures" – and the rapid urbanization the country underwent in the twentieth century. The *hwamunseok* are produced on an island within sight of North Korea, which furthers this precarious balance between past and present.

The breakdown between medium and mass in the *Black Mat Oriole* installations – that the work can be read as a whole (the installation), as smaller parts (the stackable, malleable large sculptures), or as the smallest parts (such as a

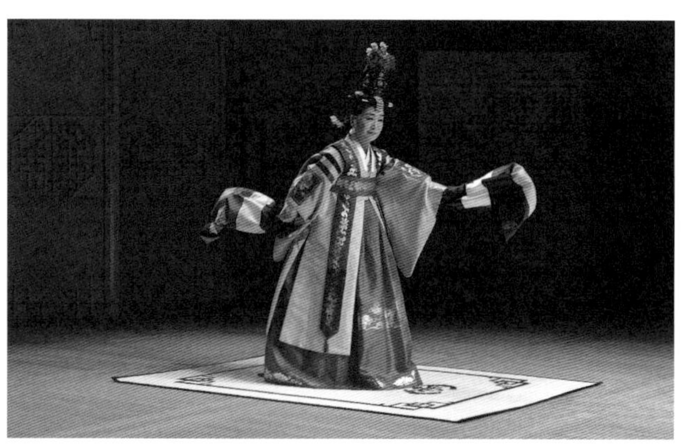

김영숙의 <춘앵무>. 사진 제공: 김영숙
국가무형문화재 제1호 종묘제례악 일무
전수교육조교, 정재연구회 예술감독 /
아악일무보존회 이사장

Chunaengmu by YoungSuk Kim.
courtesy YoungSuk Kim,
Artistic Director of the Soci-
ety for Research of Jeoungjae
(Korean Court Dance)

실에 직접 넣어 자리에 구조를 더한다. 작가는 화문석 상인의
노동에 자신의 손을 통한 노동을 덧붙인다. 이것은 정부가
'문화재'라는 이름을 붙이고 번호를 매겨 보존하려는 전통적
농촌 공예와 한국이 20세기 들어 겪은 급속한 도시화 사이에서
벌어졌던 세대적, 지리적 붕괴에 대한 수사적 제스처이다.
화문석은 북한이 보이는 섬에서 만들어지는데, 이는 과거와
현재가 맺고 있는 불안정한 균형을 심화시킨다.

<검은자리 꾀꼬리>의 설치에서 매체와 물질 사이의 구분이
무너졌다는 것, 즉 이 작업을 하나의 전체(설치 작업) 혹은 보다
작은 부분들(쌓을 수 있고 유연한 큰 조각 작업들) 혹은 가장
작은 부분들(정과 같은)로 독해할 수 있다는 점은 영상을 통해
구현된다. 영상은 오브제가 지닌 잠재적인 역동성에 움직임을
부여한다. 서로 관계가 없는 듯한 원칙을 끊김 없이, 심지어
부드럽게 전체로 연결하는 것은 바로 움직이는 몸이다. 이것은
프로젝트가 앞으로 나아갈 수 있게 추진하는 안무적 토대이다.
앞서 진행한 여러 프로젝트에서 작가는 작업이 움직이고 있거나
손에 잡힌 상태로 작품을 사진으로 기록했다. 검은 옷을 입은
몸은 작품을 움직이며 재빠르게 화면을 가로지르고 주인을 알
수 없는 손은 <정>을 잡는다. 이런 이미지들은 강서경이 작업에
퍼포먼스를 포함하려는 의도를 품기 전에 만들어진 것이지만,
그런 충동이 명백히 드러난다. 강서경은 이미 안무적인 것을
향해 나아가고 있었으며, 17세기 궁중 무용을 접하게 된
것은 이러한 방향으로 작업을 전환할 우의(寓意)적 플랫폼을
제공했다.

강서경이 '봄날 꾀꼬리의 춤'이라고 번역하는—흔히
서구에서 '나이팅게일의 춤(Nightingale Dance)'이라고
불리는—춘앵무는 엄격한 양식을 따르는 궁중에서 상연되었다.
강서경은 춘앵무를 추는 가운데 드물게 발생하는 정치적 위반의
순간에 이끌렸다. 무용을 펼치는 도중에 여성 무용수가 화문석
위로 올라가 왕을 향해 이를 드러내며 미소 짓고, 두 손을 허리춤
뒤에 놓으며 목 뒤를 드러내 보이는 순간이 있다. 이 제스처는
용인되는 위반의 한 형태인 동시에 취약함을 드러내는 것으로
강서경을 매혹시켰으며 동시대 정치 주체성에 대한 비유로
작동한다. 강서경의 프로젝트는 공간을 가로질러 움직이는
몸에서 보이는 파괴적 잠재성 안에서, 즉 안무적인 것 안에서
이런 비유를 찾았다.

영상 속 퍼포머들은 정해진 지시문을 따른다. <검은자리
꾀꼬리>에는 남성, 여성, 그리고 한 아이가 등장하고 그들의
중심으로서 작업의 전면에 나오는 것은 나이 든 남성이다. 검은
옷을 입은 몸들은 강서경이 만든 갖가지 조각 작업을 조작하고
조종하며 3채널로 상영되는 깊이를 알 수 없는 공간을 가로질러

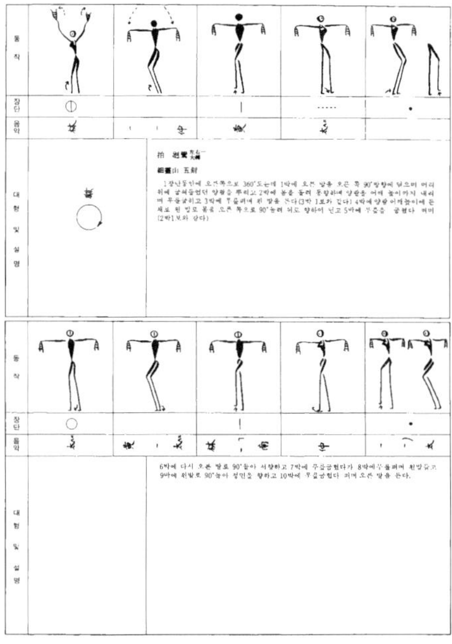

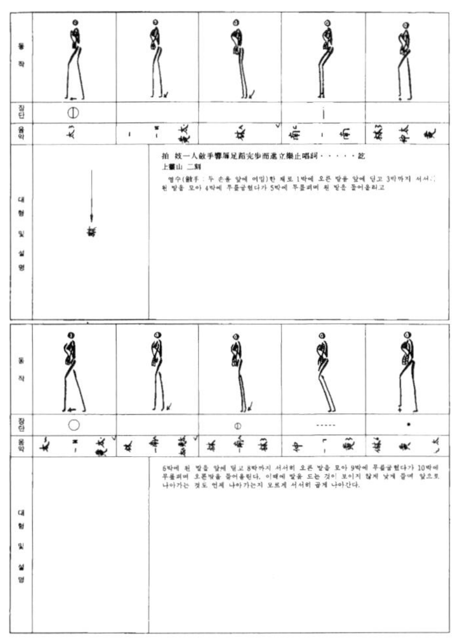

〈춘앵무〉 무보. 무보 드로잉: 이흥구.
국립국악원 제공 (http://www.gugak.
go.kr)

Chunaengmu choreography,
drawing by Heungku Lee.
National Gugak Center Archive
(http://www.gugak.go.kr)

Jeong) – is augmented by video, which brings the latent dynamic energy of her objects into motion. What connects her disparate disciplines into a seamless, if malleable, whole is the moving body, the choreographic foundation that propels the project forward. In earlier projects, Kang often photographed her work in motion or being held. Black-clad bodies move quickly across the frame carrying artworks, anonymous hands grasp at the *Jeongs*. These images pre-date any intent on Kang's part to include performance in her work, and yet the urge is apparent. Kang is already moving towards the choreographic, and her encounter with a seventeenth-century royal dance provided an allegorical platform that shifted the work further in this direction.

The *Chunaengmu*, translated by Kang as the *Dance of the Spring Oriole* of her title (commonly referred to as the *Nightingale Dance*), was performed for a court that adhered to strict modes of etiquette. Kang was drawn to the *Chunaengmu* for its rare moment of political breach: a singular occurrence during the dance where the female performer moves to the top of the *hwamunseok* and bares her teeth at the king in a smile while holding her hands behind her back, exposing her neck. A form of condoned transgression that simultaneously signals vulnerability, this gesture fascinates Kang and acts as an allegory for contemporary political subjecthood: her project finds this metaphor in the choreographic, in the disruptive potential of moving bodies through space.

The performers in her videos are scripted. In *Black Mat Oriole* she forgoes senior actors and pivots instead to a younger cast. Their black clothed bodies move through the depthless space of a three-channel projection, maneuvering and manipulating a collection of Kang's sculptures. She intended this to be the first room that visitors encounter as they enter her ICA exhibition, a black box that tempers one's sense of time, its meditative pace set through minimal sound design by Jiyoen Kim. The eight-minute video installation begins and ends with a "bak" clapper, a traditional wooden instrument made of six wooden slats used by the conductor of Korean orchestras to begin (one clap) and end (three claps) a piece. Kang utilizes this object as one would a

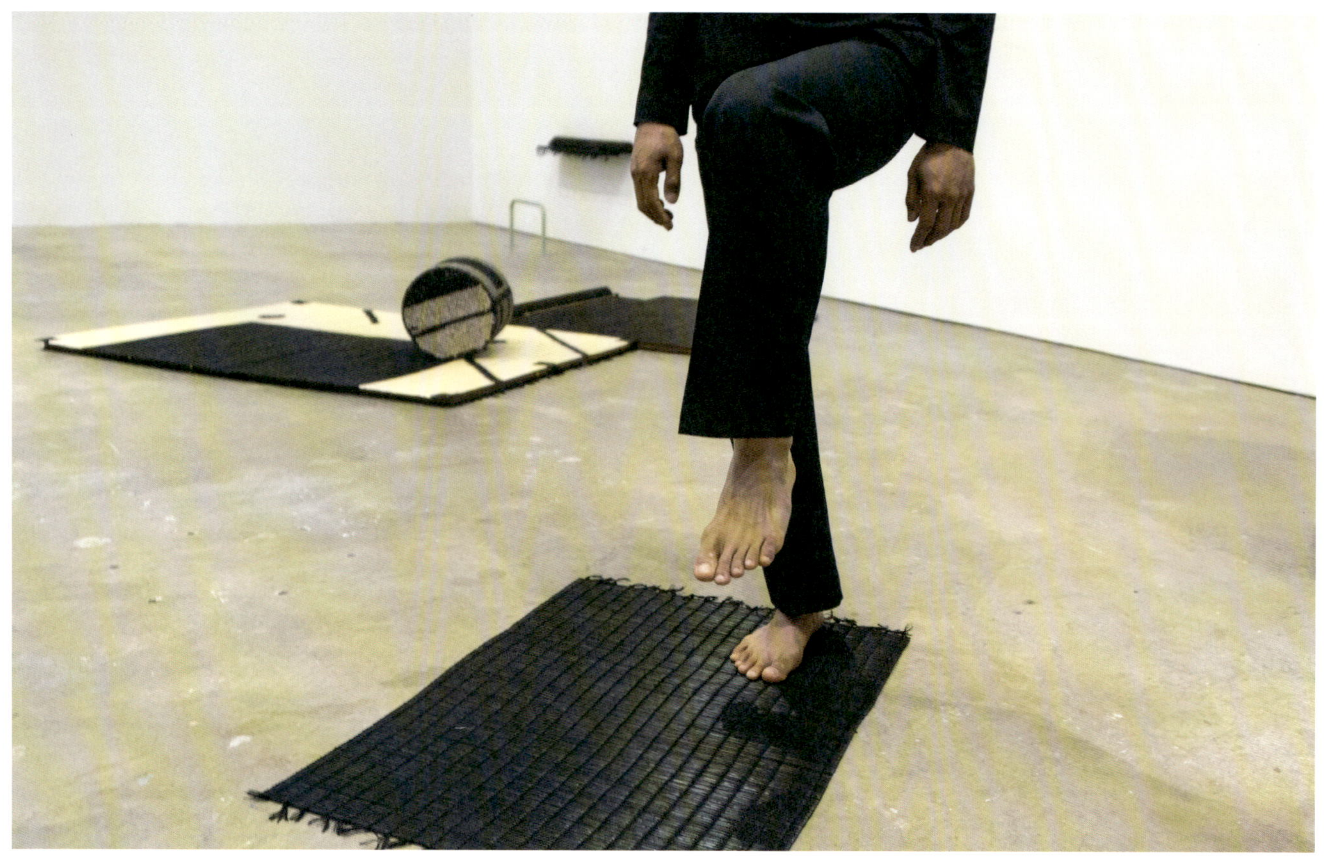

움직인다. 작가는 이 작업이 상영되는 방이 관람객이 ICA 전시에 들어서자마자 마주하는 첫 번째 공간이기를 의도했다. 이 공간은 김지연의 미니멀한 사운드 디자인을 통해 만들어진, 명상과도 같은 속도로 시간 감각을 조작하는 블랙박스이다. 8분 길이의 영상 설치 작업은 '박' 소리로 시작하고 끝이 난다. 박은 여섯 매의 나무판으로 이뤄져 국악단의 지휘자가 연주를 시작할 때 한 번, 끝낼 때 세 번 치는 전통 악기이다. 강서경은 박을 영화감독의 클래퍼보드처럼 활용하며, 이 오브제는 화면에 등장하는 유일한 악기이기도 하다. 매체와 장르를 넘나드는 <검은자리 꾀꼬리> 프로젝트의 정신은 영화와 지휘 행위가 의도적으로 합쳐지면서 잠깐 동안의 시각적 순간을 획득한다.

작업 속 사운드를 조율하는 강서경의 행위는 <정>을 핵심적 장치로 강조한다. 정간보는 음의 높이와 길이를 하나로 통합해 보여 주었을 뿐 아니라 아시아에서는 처음으로 여러 악기를 기보할 수 있는 악보법이었다. <검은자리 꾀꼬리>에서, 피아노로 연주한 음은 현의 단조 음이 성기게 겹쳐진 위로 이어진다. 퍼포머들의 행위는 소리와 움직임의 교차를 통해 증폭된다. 예컨대 어린 소녀가 원기둥 형태의 <무게>를 <검은자리>에 난 딱 맞는 구멍에 배치할 때, 이것은 세 번의 박 소리와 함께 크레딧 롤이 시작되기에 앞서 영상이 끝났음을 알린다. 이는 영상의 시작에서도 마찬가지인데, 동일한

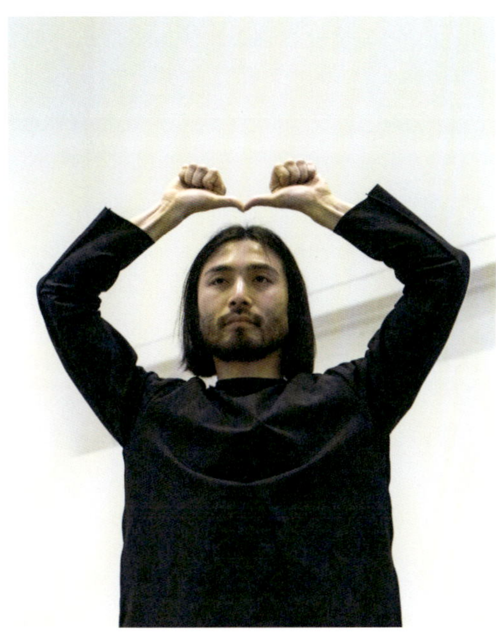

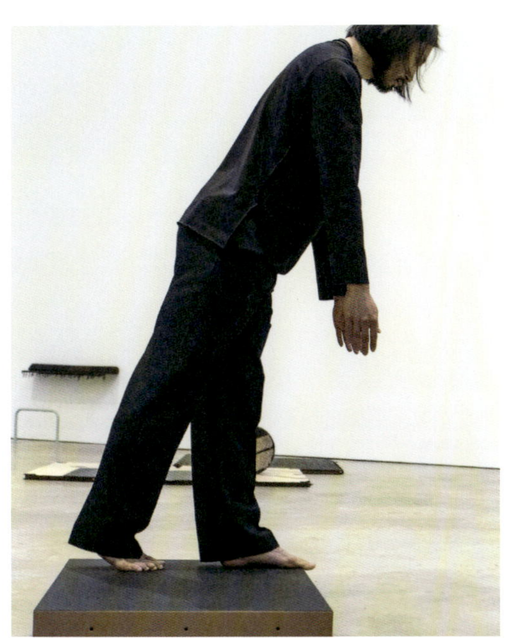

<검은자리 꾀꼬리-움직임>, 2018년,
ICA. 퍼포머: 조형준, 장홍석

Black Mat Oriole-Activation,
2018, performed at ICA by
Hyeongjun Cho and Hongseok
Jang

director's clapboard in film, and it is the only instrument shown onscreen. The interdisciplinary spirit of the project finds a brief visual moment as film and conducting are intentionally conflated.

Kang's nod towards the orchestration of sound in her work emphasizes the *Jeong* as a centering device. In addition to its revelatory synthesis of pitch and duration, the *jeongganbo* was the first Asian notation system to allow for multi-instrumental scores. In *Black Mat Oriole*, single piano notes are sustained over sparsely layered strings in minor key. The actions of the performers are amplified by intersections of sound and movement, such as when a young girl places a cylindrical *Round* into the matching hole of a *Black Mat*, which signals the end of the video cycle before the credits roll accompanied by three bak claps. This echoes the opening of the video, which features the same performer removing the *Round*, which soon appears to roll of its own volition through a set of objects. Across three screens, Kang focuses her camera on bodies as they interact with her objects, stacking *Black Mats* and *Jeongs* on their bolted intersections. The imagery is often somatic: disembodied hands embrace from behind, feet curl around sharp corners of steel. There is a somnambulistic quality to the performers, a tinge of alienated labor to their movements, even futility. They remain expressionless, disassociated from the actions they endlessly execute. Though the video is looped, there is narrative time, a beginning, middle, and end that Kang further signals with opening and closing credits.

The gridded architecture of *Black Mat Oriole* is softened during scheduled *Activations*, live performances that take place throughout the run of the exhibition. Kang deliberately avoids using the terms "dance," "dancers," and "choreography." The word "scripted" is deemed more accurate, and *Activation* is how she titles the performances she stages within her exhibitions. These gentle, slowly scripted movements produce a heightened understanding of the body within Kang's space as performers use their arms and legs to frame, point, and obscure the sightlines that she has so carefully developed within the installation. Working with contemporary choreographers

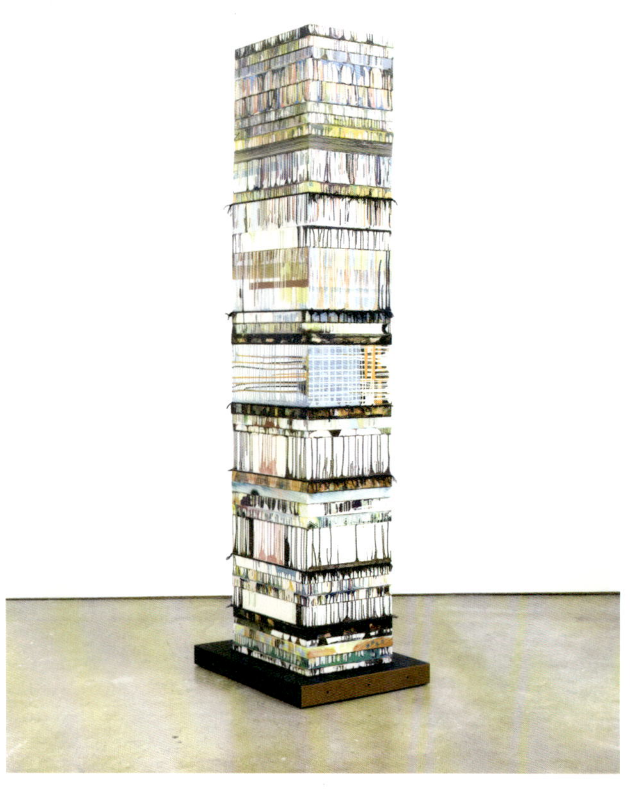

<모라와 검은자리>, 2014-2018년

Moras on the Black Mat,
2014-2018

퍼포머가 <무게>를 제거하면, 그 오브제는 곧 다시 나타나
제힘으로 여러 오브제를 가로질러 구른다. 강서경은 세 개의
스크린을 통해 오브제와 상호 작용하는 몸에 집중한다. 이
몸들은 볼트로 고정된 교차 지점에 <검은자리>와 <정 井>을
쌓는다. 상상은 몸으로 드러나기도 한다. 육체를 이탈한
손이 뒤쪽에서 오브제를 꺼안는가 하면, 발이 금속의 뾰족한
모서리를 감기도 한다. 퍼포머들은 몽유병에 걸린 듯한 모습을
보이는데, 스스로의 움직임으로부터 소외된 노동의 기미를
풍기고, 심지어 헛된 노력이라는 일말의 암시를 남긴다. 그들은
계속해서 무표정한 상태로 있으며, 끝없이 수행하는 행위로부터
분리되어 있다. 영상은 반복 재생되지만, 서사적 시간이
존재하여 시작과 중간, 끝이 있으며, 강서경은 오프닝과 클로징
크레딧으로 이를 알린다.

    <검은자리 꾀꼬리> 전시의 그리드적 구조는 전시 기간
전반에 걸쳐 일정을 정해두고 벌어지는 라이브 퍼포먼스,
즉 <움직임>(Activation)이 진행되는 중에는 그 견고함이
누그러진다. 강서경은 의도적으로 '춤', '무용수', '안무'라는
용어 사용을 피한다. "대본을 따르는(scripted)"이라는
단어가 더 정확해 보이며, 전시 안에서 이뤄지는 퍼포먼스에는
<움직임>이라는 제목을 붙인다. 스코어를 따르면서 부드럽고
느린 이 움직임은 강서경의 공간 안에서의 몸에 대한 이해를
돕는다. 퍼포머들은 제 팔과 다리를 활용해 작가가 설치 안에서
아주 조심스럽게 만들어둔 시선을 틀 짓고, 가리키고, 흐리게
한다. 강서경은 현대 무용 안무가 조형준, 장홍석과 함께
작업하며 춘앵무를 재해석했다. 작가가 ICA 전시를 위해 만든,
2인무(pas de deux)에 잔존하는 제스처인 <움직임>을 통해,
통해 역사적인 무용의 일면을 힐끗 살펴볼 수 있다.

    <검은자리 꾀꼬리> 전시에서 보인 시간성에 대한 관심은
작품이 움직일 때 최대한으로 드러난다. 지근거리에 불쑥
서 있는 조각 <모라>에서 보이는 선형적 시간과 퍼포머들의
실시간이 대비될 때 더욱 그러하다. 이 쌓여 있는 회화들,
각각의 단위 또한 <모라>라는 제목으로 불리는 이 회화
작품은 여러 언어에서 발견되는, 음절 한 마디보다 짧은
언어적 단위의 개념을 나타낸다. 강서경은 이러한 일군의
작업이 시간의 단위를 나타낸다고 본다. 작가는 한국 회화와
서양 회화를 포괄하는 예술 교육을 받았기에, 회화를 일상의
명상으로 지속한다. 이것은 작가가 캔버스의 빈 표면, 그리고
역사적 무게와 교차하는 지점들과 연결되는 순간이라 하겠다.
<모라>는 순간으로서, 작가의 예술 실천을 특정한 매체에 묶어
두는 시간의 척도로 기능한다. 이 작품은 원래 전시장 벽면에
설치했으나, ICA에서 열린 전시에서는 표면을 알아볼 수 없게

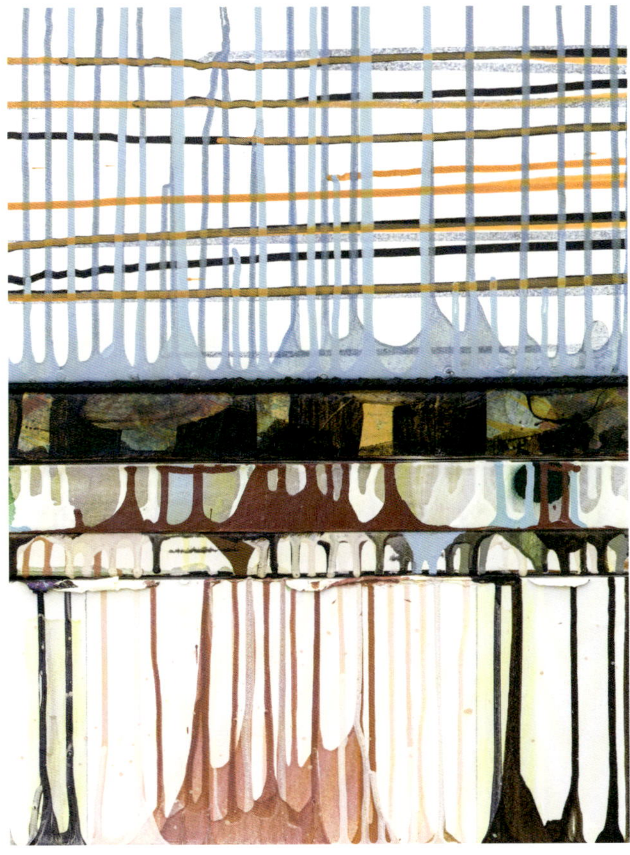

<모라와 검은자리>, 2014–2018년, 세부

Moras on the Black Mat,
2014–2018, detail

Hyeongjun Cho and Hongseok Jang, Kang reimagined the *Chunaengmu*; glimpses of this historic dance can be gleaned in the *Activations* she developed for ICA, residual gestures within the *pas de deux*.

Set to minimally scored sound, two performers wearing black pants and shirts move through a set of prescribed expressions while staying within the confines of 24-inch by 32-inch *Black Mats*, one black steel and one a black *hwamunseok*. Kang has also produced an *Activation Manual* for viewers based on the original choreographic transcription of the *Chunaengmu*. This printed booklet illuminates the forward and reverse linearity of her *Activations*: the second performer repeats the manual backwards. As *Black Mat Oriole* has progressed since 2013, the *Activations* have evolved from peripheral to emblematic as Kang increasingly focuses on this aspect of the project, her installations progressively shaped as stage sets that frame the performances.

Kang's concern with temporality in *Black Mat Oriole* finds its fullest expression during *Activations*, when the lived time of the performers is contrasted with the linear time of the towering *Mora* sculpture that looms adjacent. This stack of paintings, each also titled *Mora*, refers to a linguistic unit found in several languages that is shorter than a syllable and temporally based. Kang views this body of work as representing units of time. As her artistic education included training in both Korean and Western painting, she continues painting as a daily meditation, a moment to interface with the blank surface of the canvas and its intersections of historical weights. The *Mora* function as moments, as measures of time that ground her practice in a specific medium. Originally installed on gallery walls, for the ICA exhibition Kang has stacked them to a height that renders their surfaces illegible, intentionally obscured from sight. The *Mora* stand ominously behind the performers, marking what Kang refers to as "vertical time." They are a record of her practice, a spatialization of time.

Kang's initial *Activations* were performed by choreographers Hyeongjun Cho and Hongseok Jang, who worked with her for several months developing the movements and offering an ideal form for the *Activation* before it evolved in a more

하는 높이까지 쌓아 의도적으로 시야에서 가려지도록 했다.
<모라>는 퍼포머들 뒤에 어렴풋이 서 있으며, 강서경이 "수직적
시간"이라고 언급하는 것을 나타낸다. 이 작업들은 작가의 예술
실천을, 시간의 공간화를 담은 기록이다.

　　　강서경이 작품으로 시도한 첫 번째 "움직임"은 안무가
조형준과 장홍석을 통해 이뤄졌다. 두 안무가는 강서경과
몇 달간 함께 작업하며 움직임을 만들었고 이상적인 형태를
제시했으며, 이후 움직임은 더 평등한 방향으로 전개되었다.
이어서 ICA에서 진행된 퍼포먼스는 강서경의 스코어와 안내
영상을 활용해 적절한 안무를 익힌 전문 무용수들을 통해
완성되었다. 리버풀 비엔날레(2018)에서는 참여를 원하는
이들에게 지원을 받아 퍼포먼스를 진행했고, 2018년 가을
스톡홀름의 텐스타 콘스탈과 함께 진행한 프로젝트에서는
무용 경험이 없는 주민들이 각자의 '자리', 즉 요가 매트나
작은 깔개, 타월 등을 가지고 와서 움직임을 따라 할 수 있도록
하여 민주적인 성격을 더했다. 강서경은 통합성이라는 민주적
제스처를 통해 <검은자리 꾀꼬리>를 확장하고 있지만, 작품의
움직임을 '자리' 위에서 수행해야 한다는 점, 작가가 제공한
스코어를 자유롭게 해석하되 각자의 '자리'를 공간적 제약으로
둘 것을 요청한다. 결국, 공간이란 권력의 틀이다. 강서경은
푸코를 익히 알고 있지만, <검은자리 꾀꼬리> 안에서 작가가
전개하는 권력 이론은 춘앵무에서 유래한다. 정치적 자유와
위반, 경계와 그것을 파괴하는 즐거움 사이의 협상으로부터
말이다. 17세기의 악보에 맞춰 춤추는 무용수는 미소를 띠고
목을 드러내며 주권자에게 복종과 동시에 도전을 뜻하는
신호를 보낸다. 21세기의 예술 경제에서 벌어지는 전시장과
비엔날레에서, 전 세계적으로 수십억 달러를 유통시키는 화이트
큐브 안에서, 강서경은 이 같은 제스처를 되찾아 보여 준다.
그가 대안을 제시하는 것은 아니다. 그보다, 다른 이들과 함께,
공동으로, 목적을 갖고 몸을 움직일 수 있는 공간을 제안한다. ▧

egalitarian direction. Subsequent performances at ICA were completed by professional dancers who used Kang's manual and instructional video to learn the proper choreography, while Kang further democratized the project at the Liverpool Biennial (2018) by incorporating people with no dance experience to perform. For her presentation in fall 2018 at a local community center in Stockholm, organized in collaboration with Tensta Konsthall, she invited local residents to bring their own "mats" – yoga mats, small rugs, towels – and follow along to an *Activation* video. Though Kang is expanding *Black Mat Oriole* in a democratic gesture of inclusivity, she insists that the *Activations* be performed on a mat, that you are free to interpret her script but confined within your own space.

Space is, after all, a framework of power. Though Kang is familiar with Michel Foucault, the theory of power Kang develops within *Black Mat Oriole* springs directly from the *Chunaengmu* and its negotiation of political freedom and transgression, between boundaries and the pleasure of breaking them. The dancer of this seventeenth-century score bares her neck with a smile, signaling a challenge to the sovereign that is simultaneously one of submission. Kang recuperates this gesture within the galleries and biennials of the twenty-first century art economy, the white cubes that circulate billions of dollars worldwide. She does not provide an alternative, but simply a space within which you can move your body with other people, communally, and with purpose. ▧

106-115쪽:
〈검은자리 꾀꼬리-움직임〉 무보, 2018년,
드로잉: 강서경 / 안무: 조형준 / 그래픽: 곽은선

pp.106-115:
Activation Manual for Black Mat Oriole, 2018, drawing by Suki Seokyeong Kang; choreography by Hyeongjun Cho; graphics by Eunsun Kwak

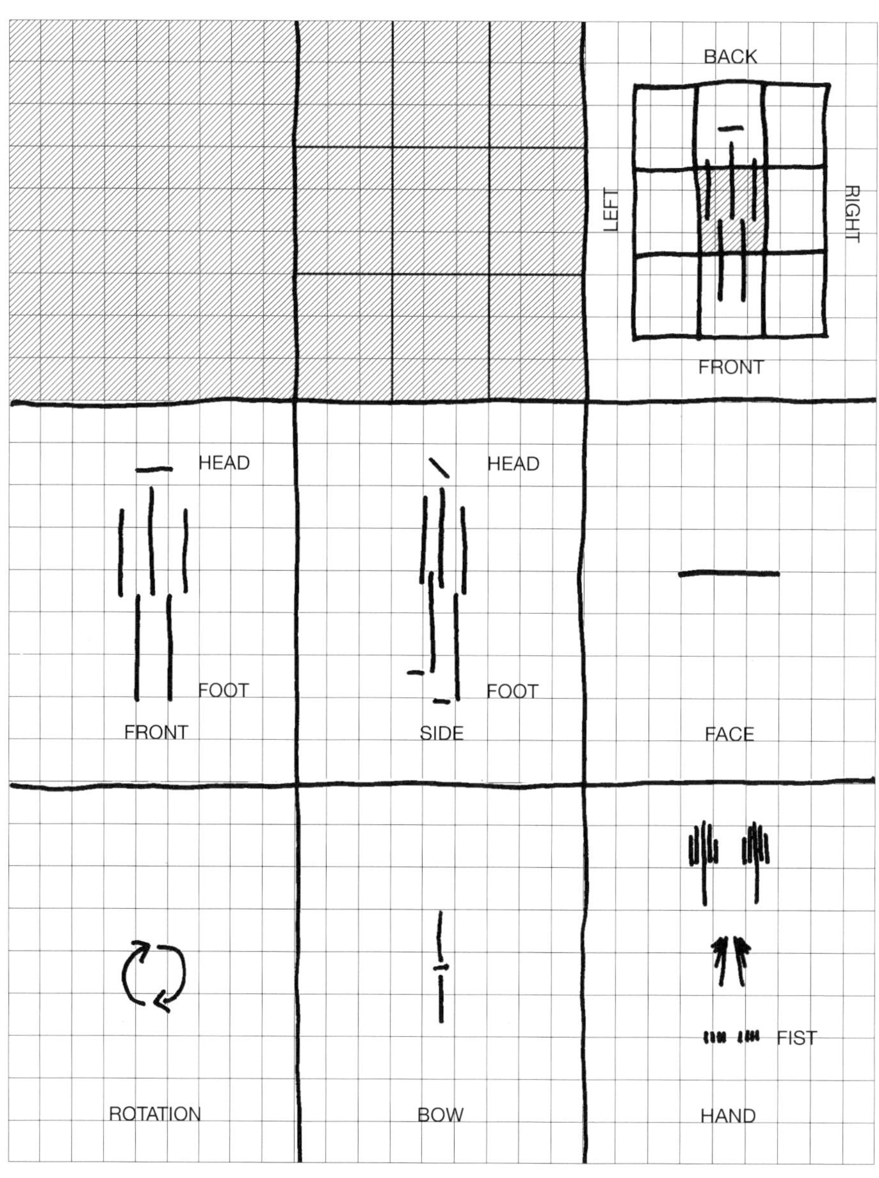

Activation-Oriole Introduction

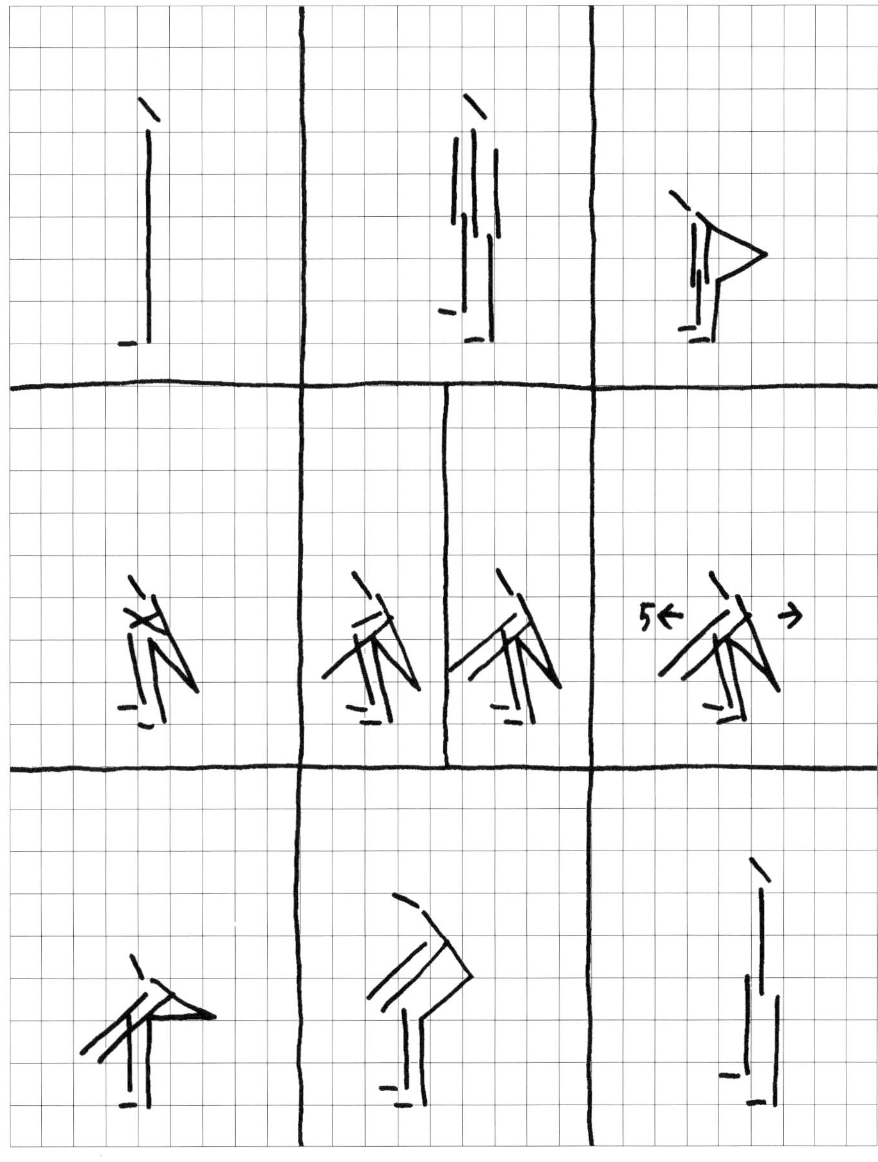

Activation — Oriole 1

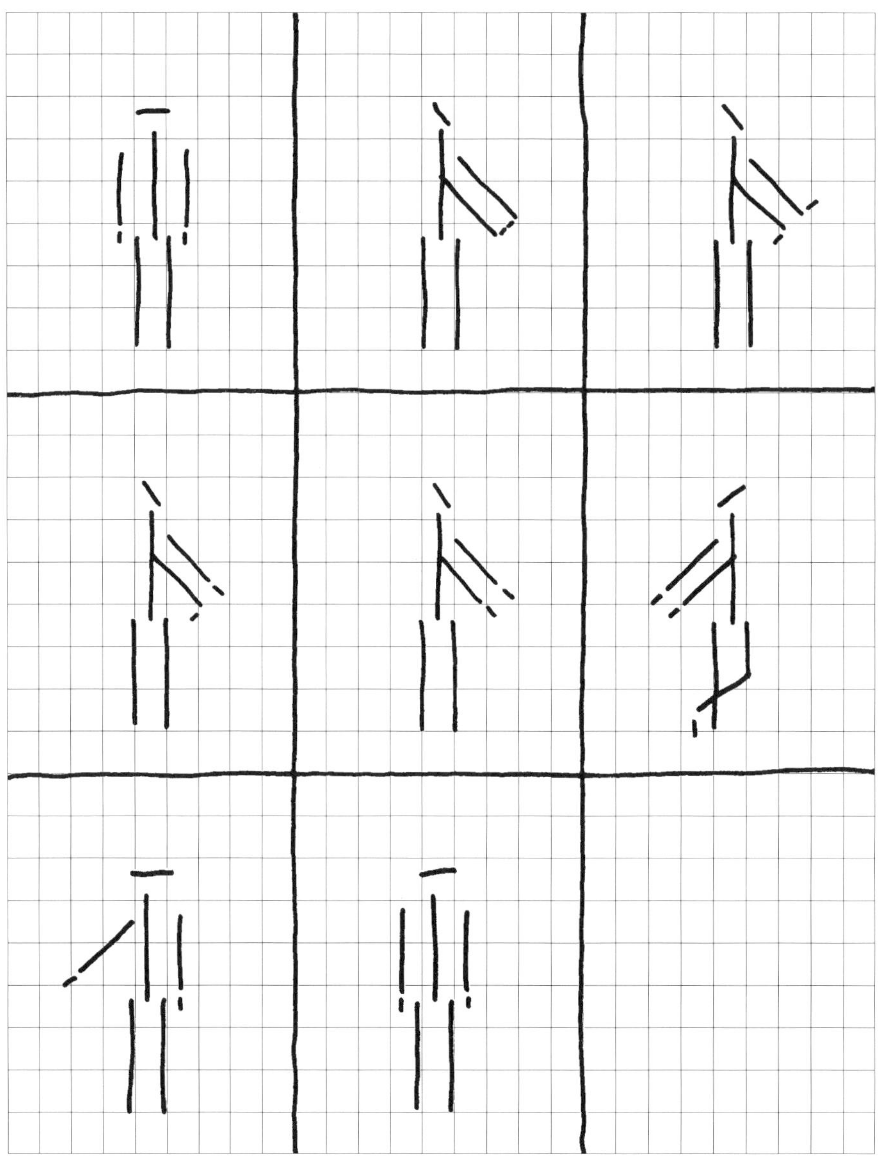

Activation — Oriole 2

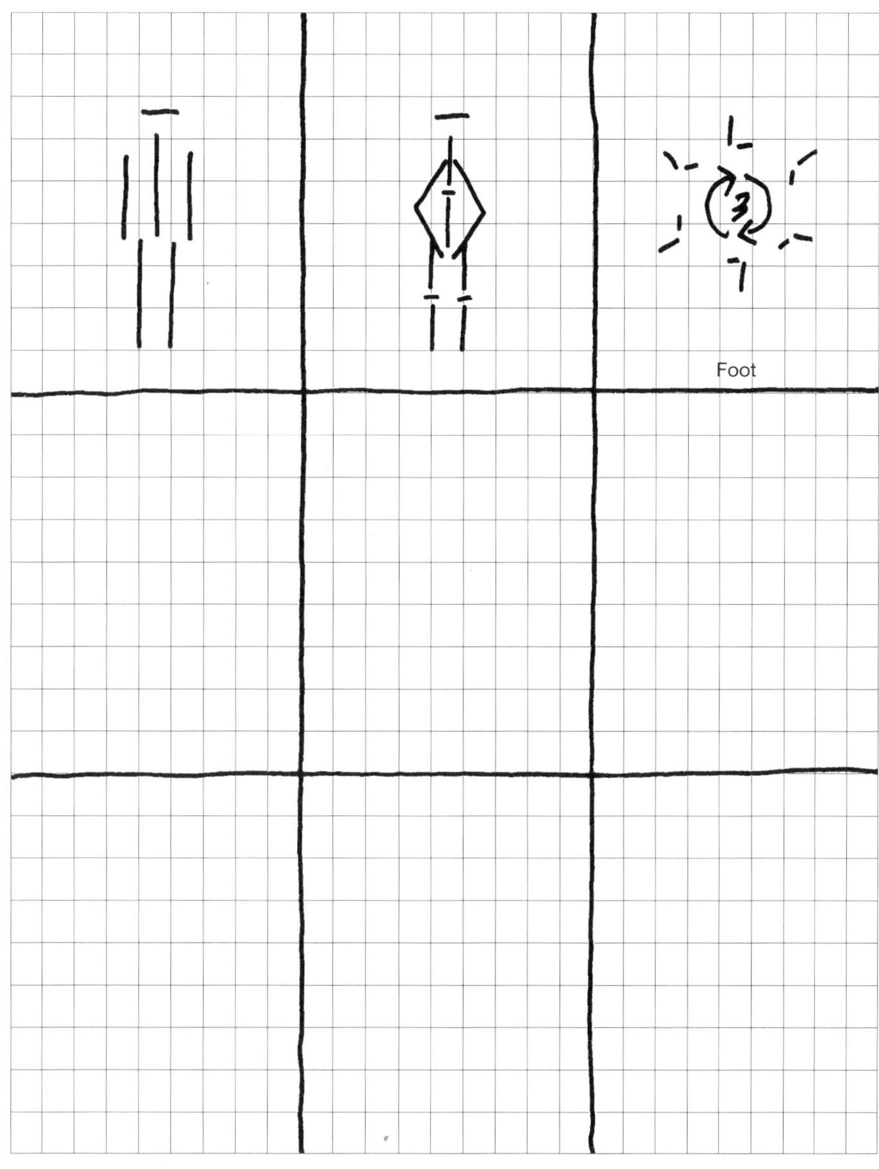

Activation — Oriole 3

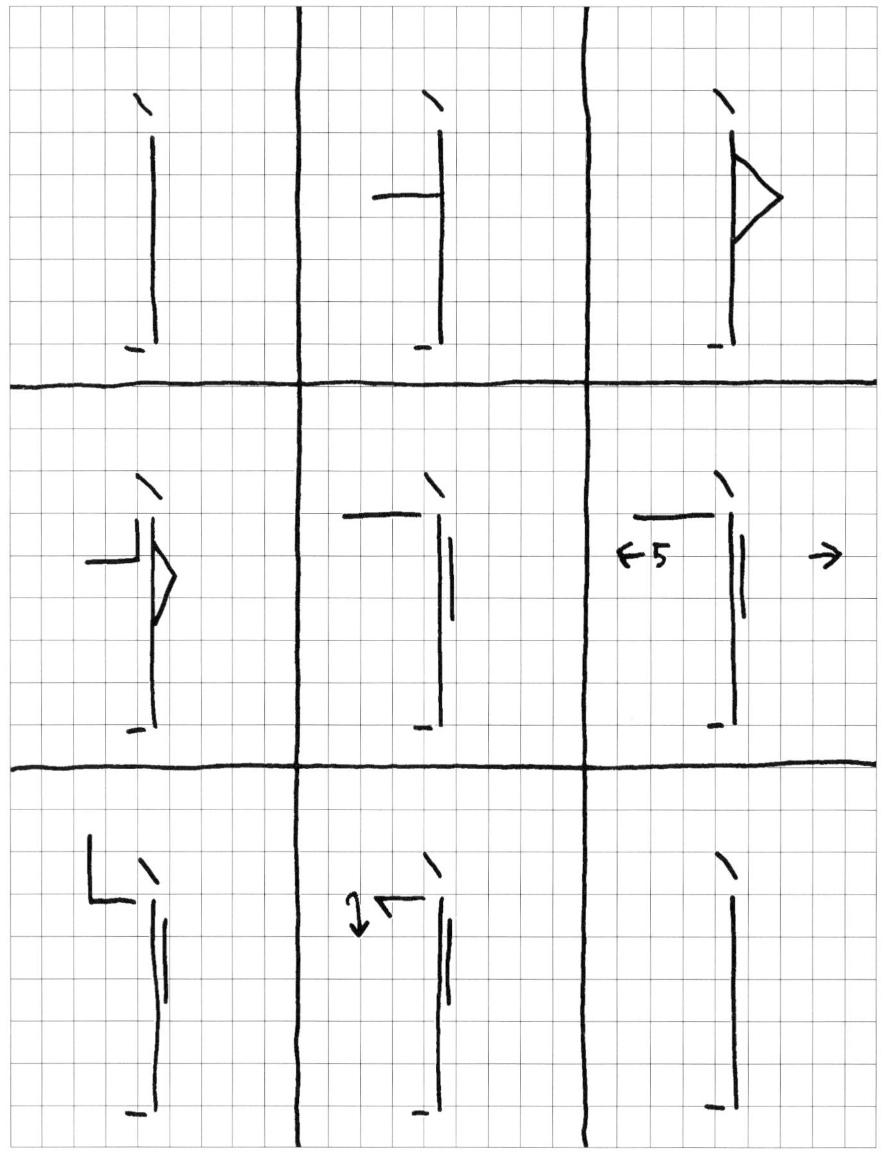

Activation — Oriole 4

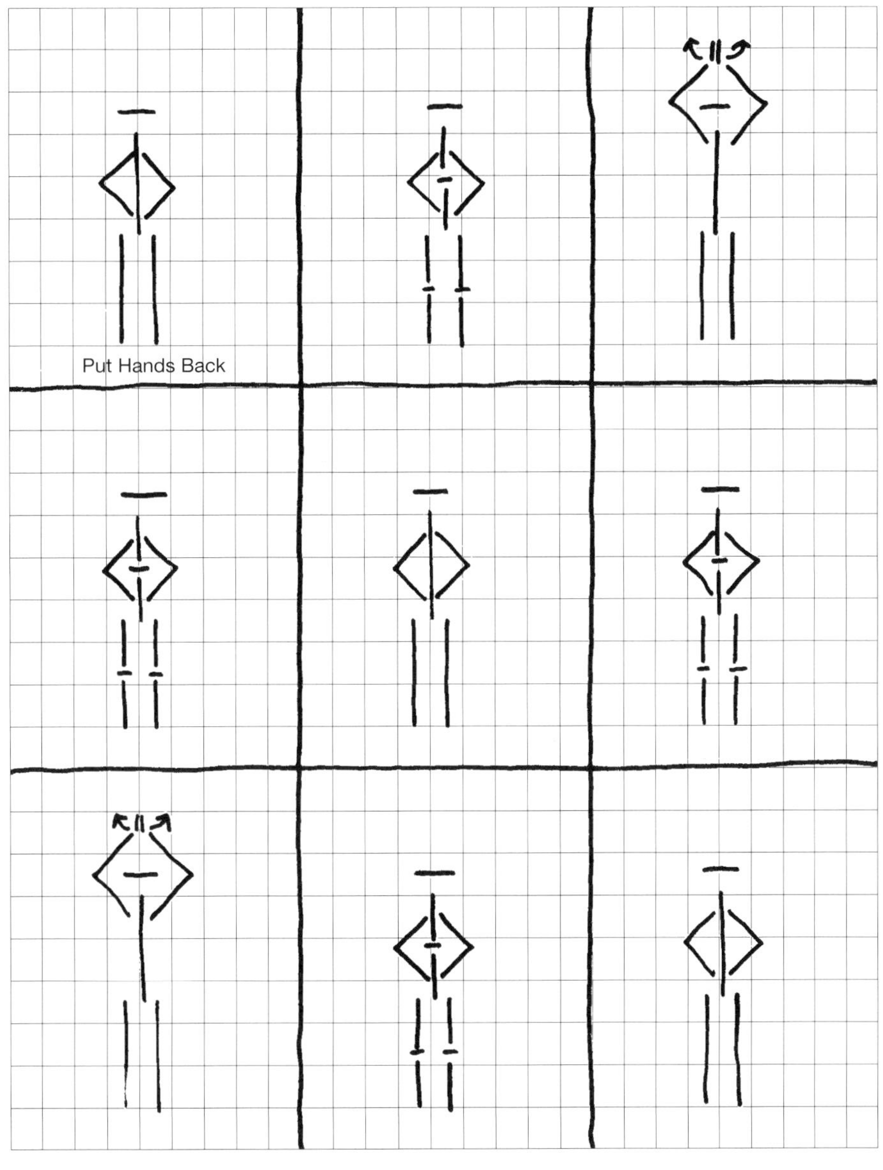

Activation – Oriole 5

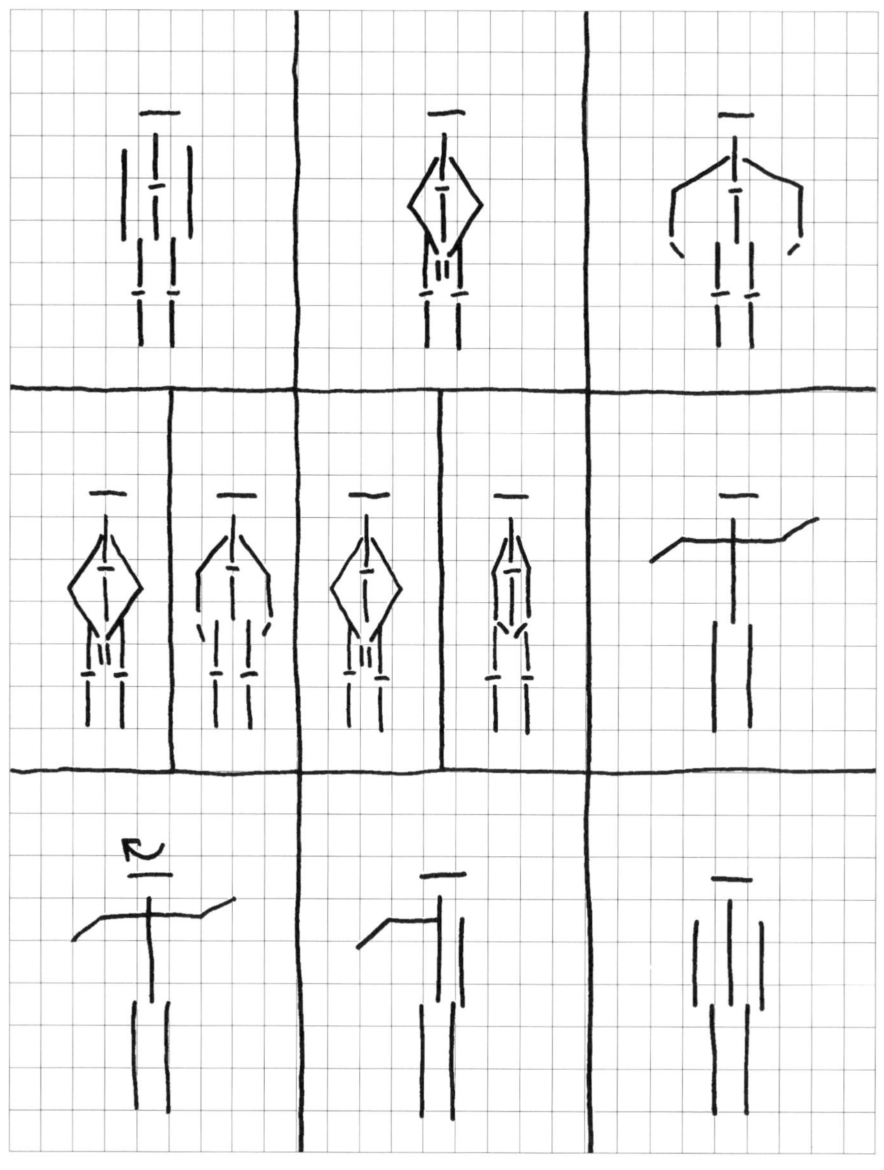

Activation – Oriole 6

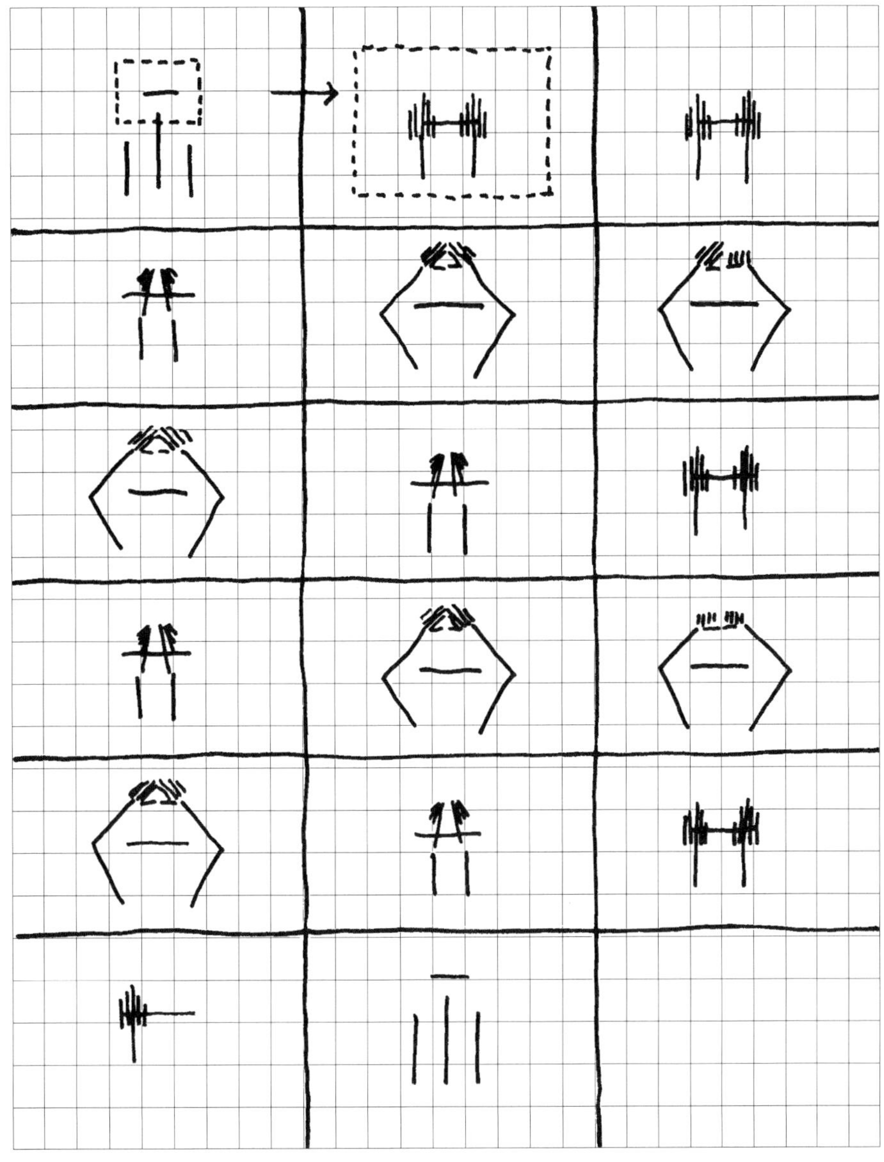

Activation — Oriole 7

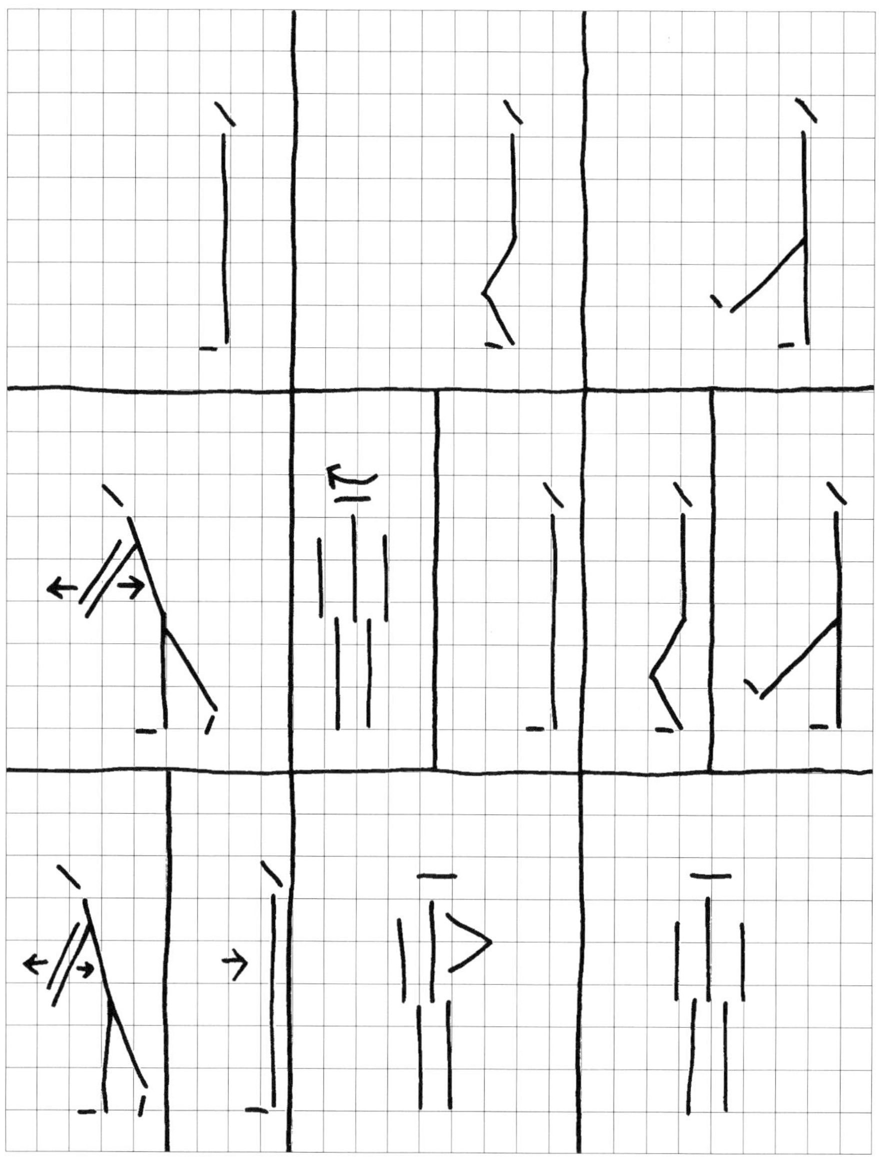

Activation – Oriole 8

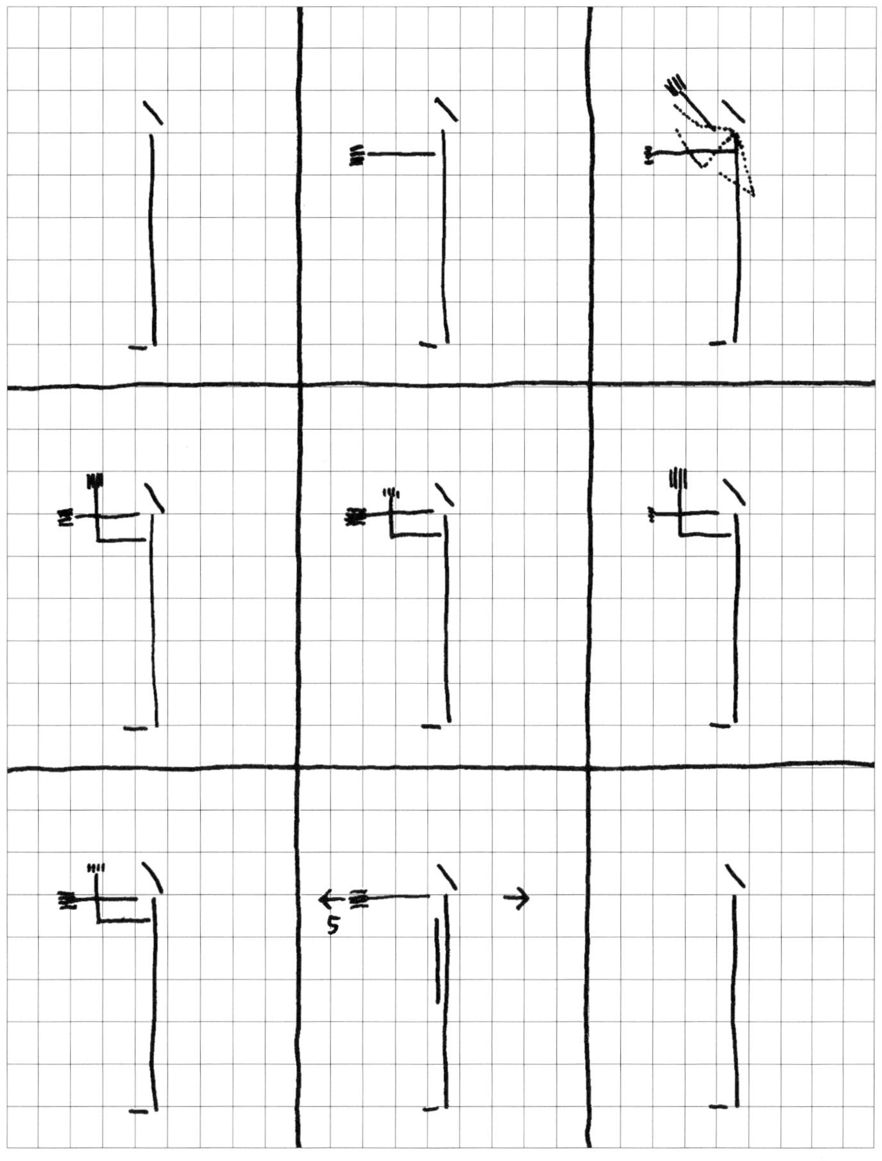

Activation – Oriole 9

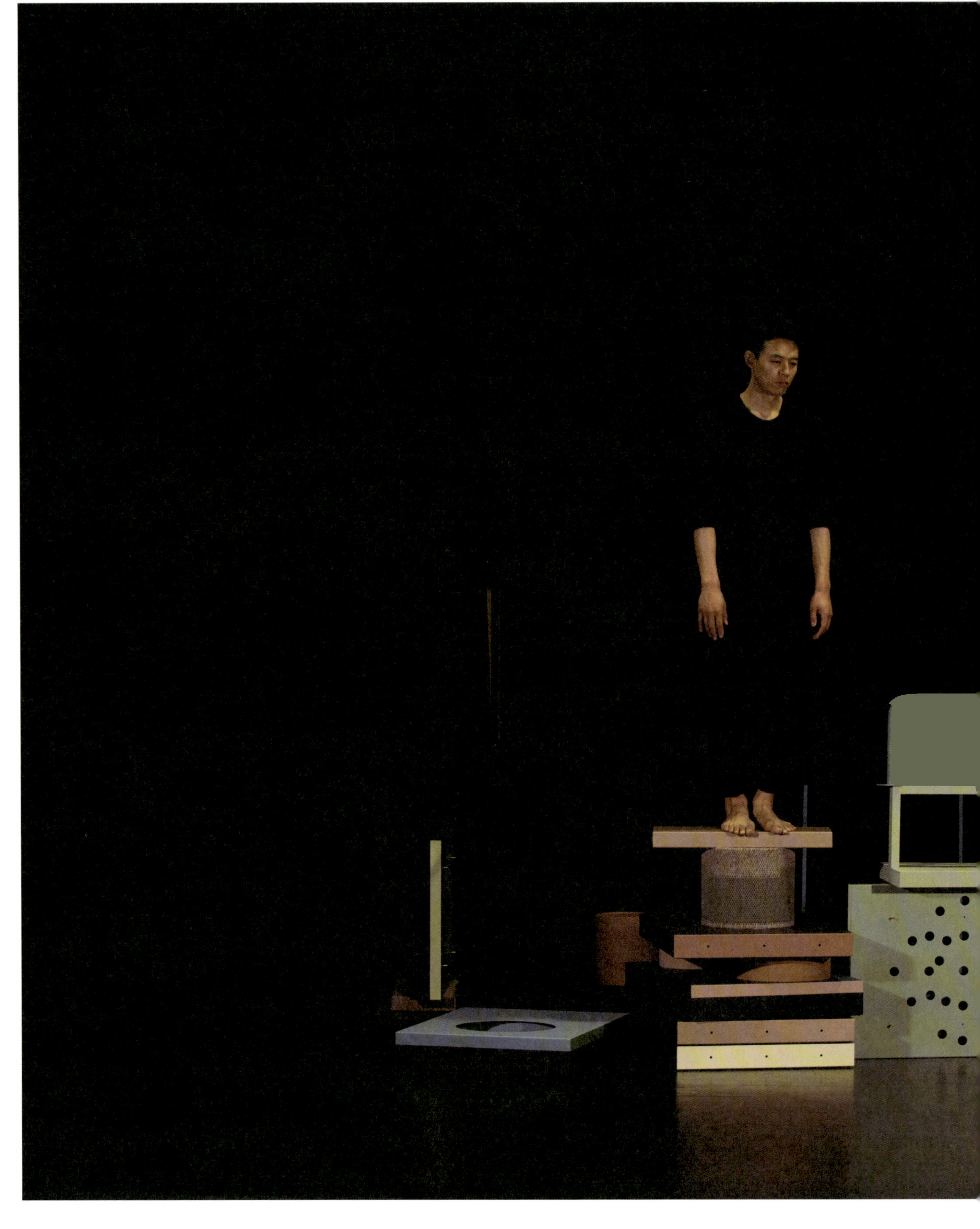

116-135쪽: ‹검은자리 꾀꼬리›, 2016-2017년, 영상 스틸

pp.116-135: *Black Mat Oriole*, 2016-2017, video stills

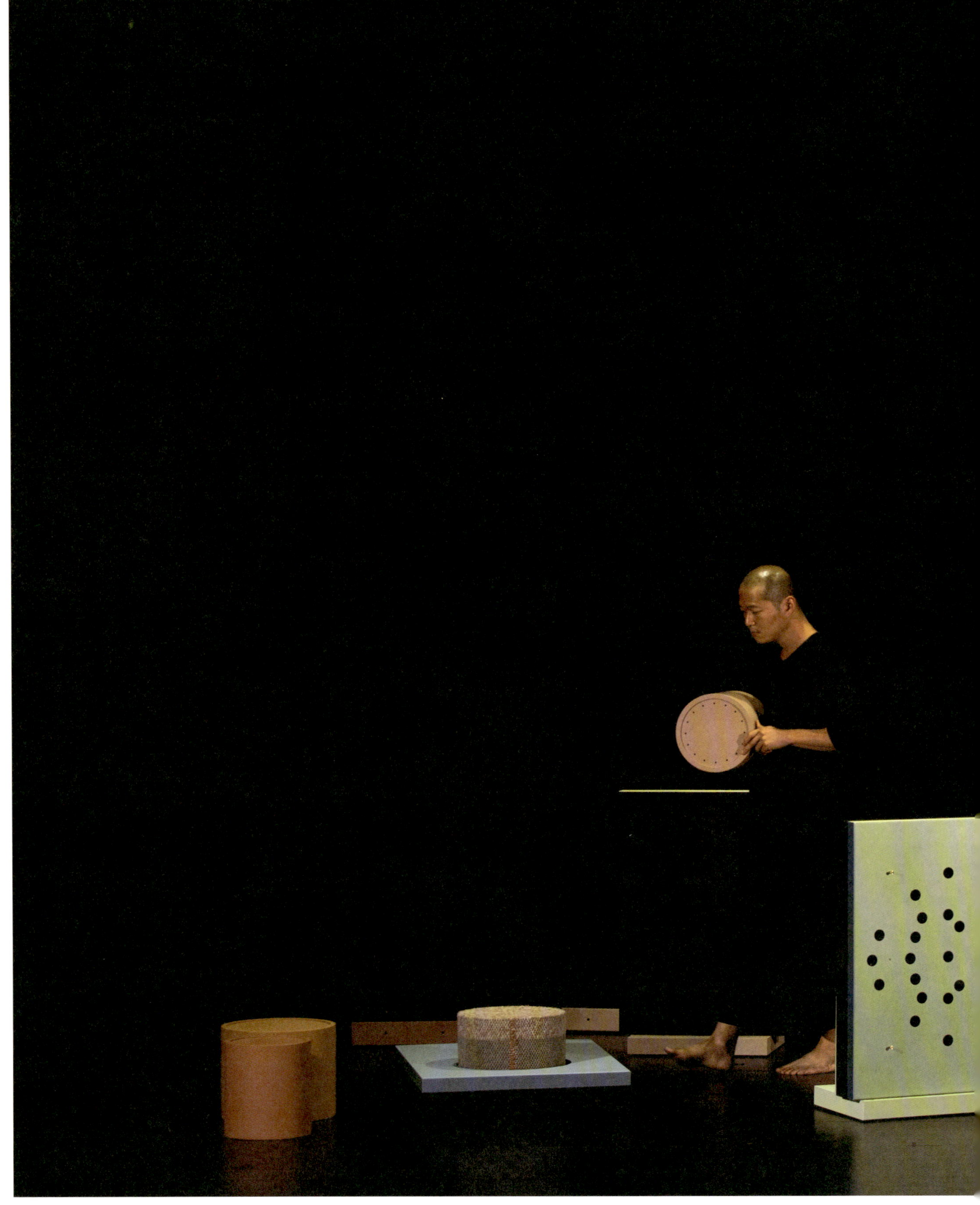

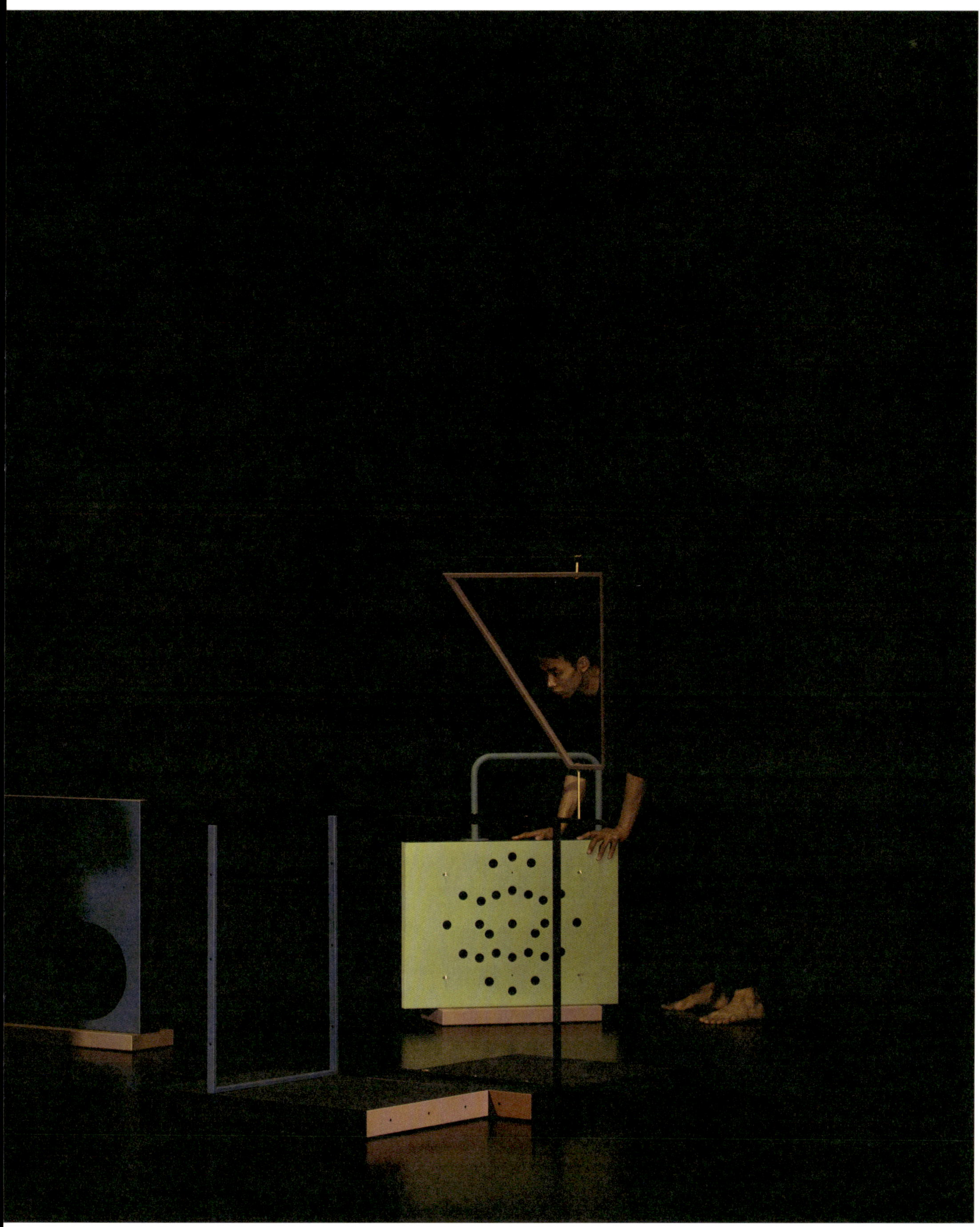

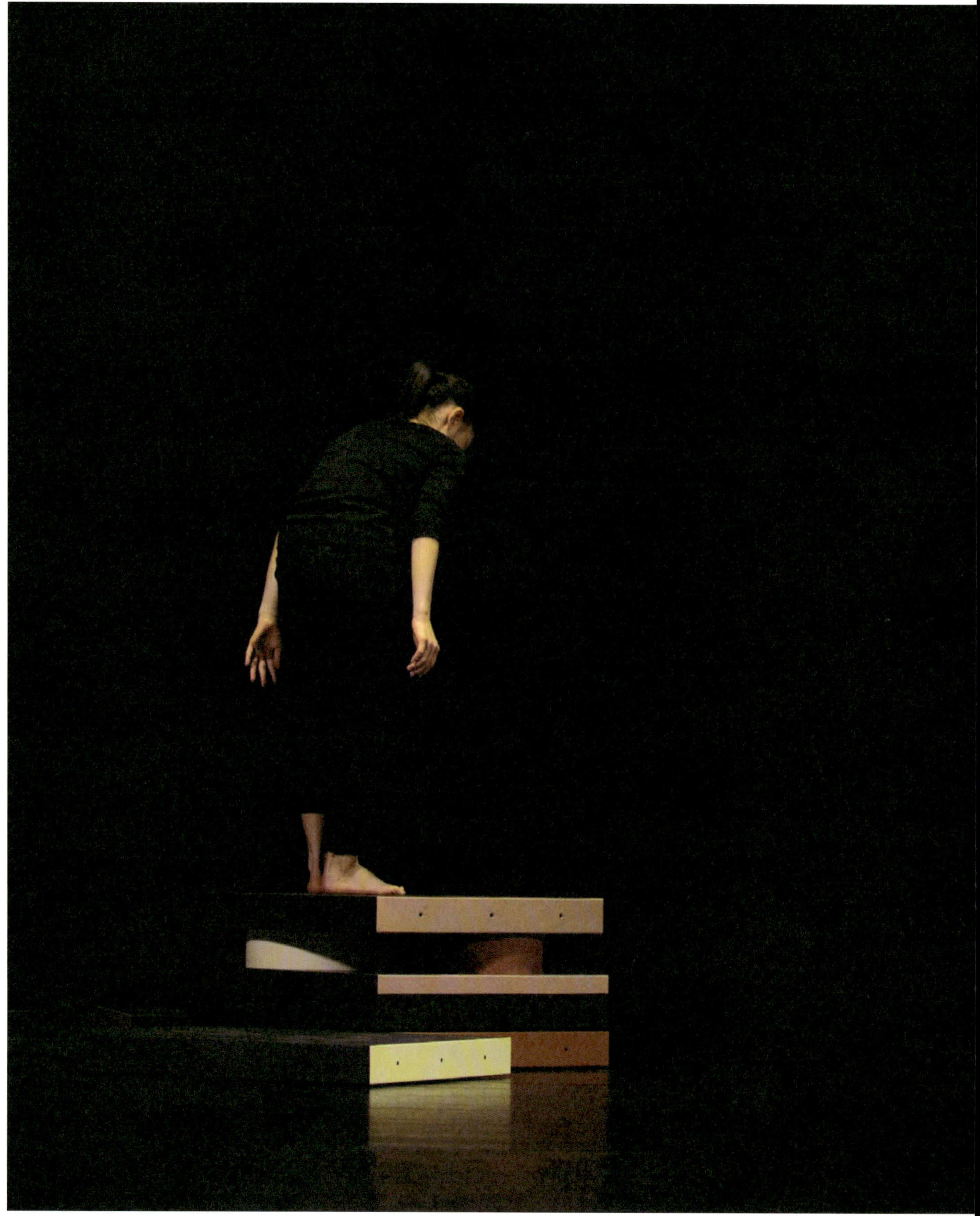

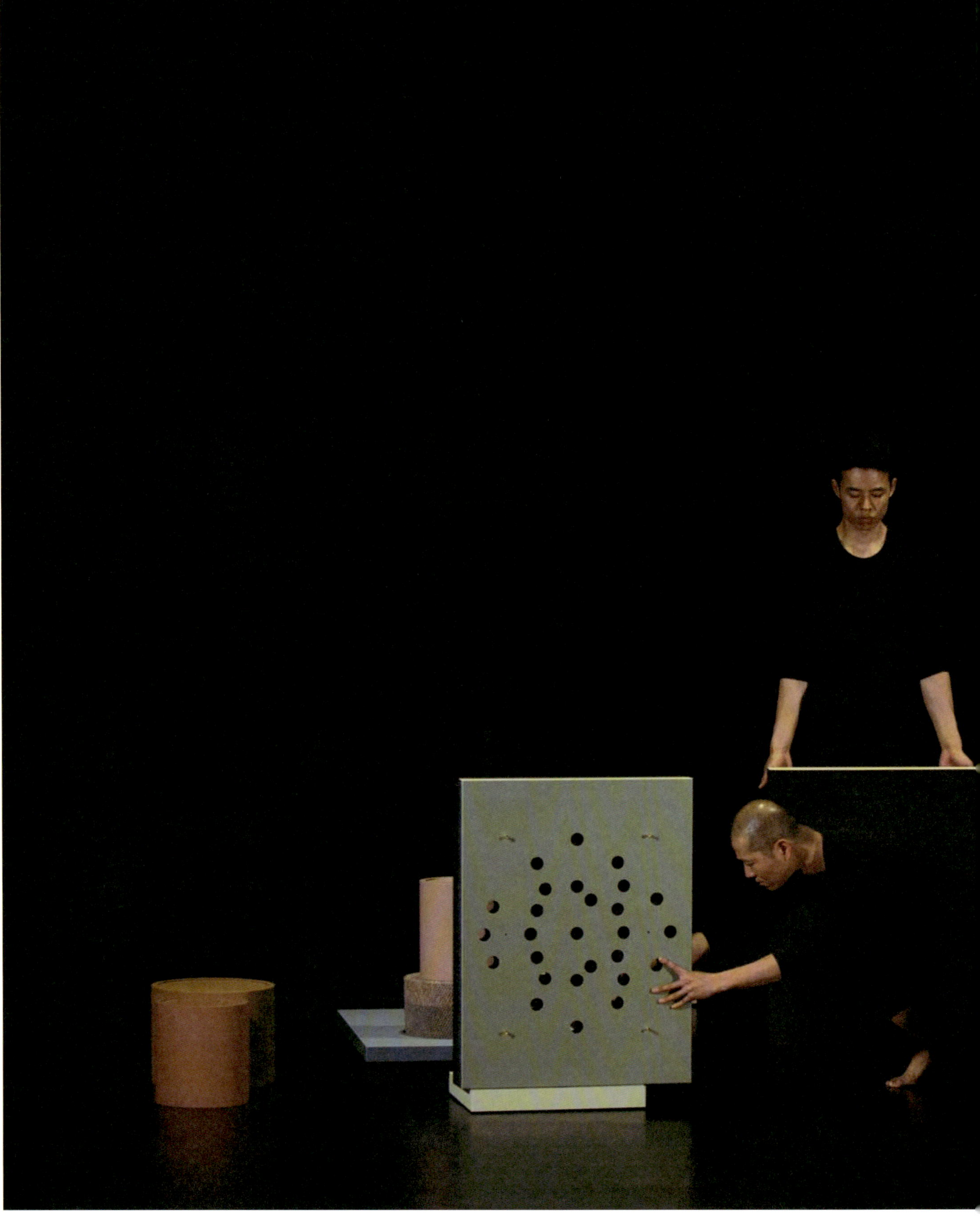

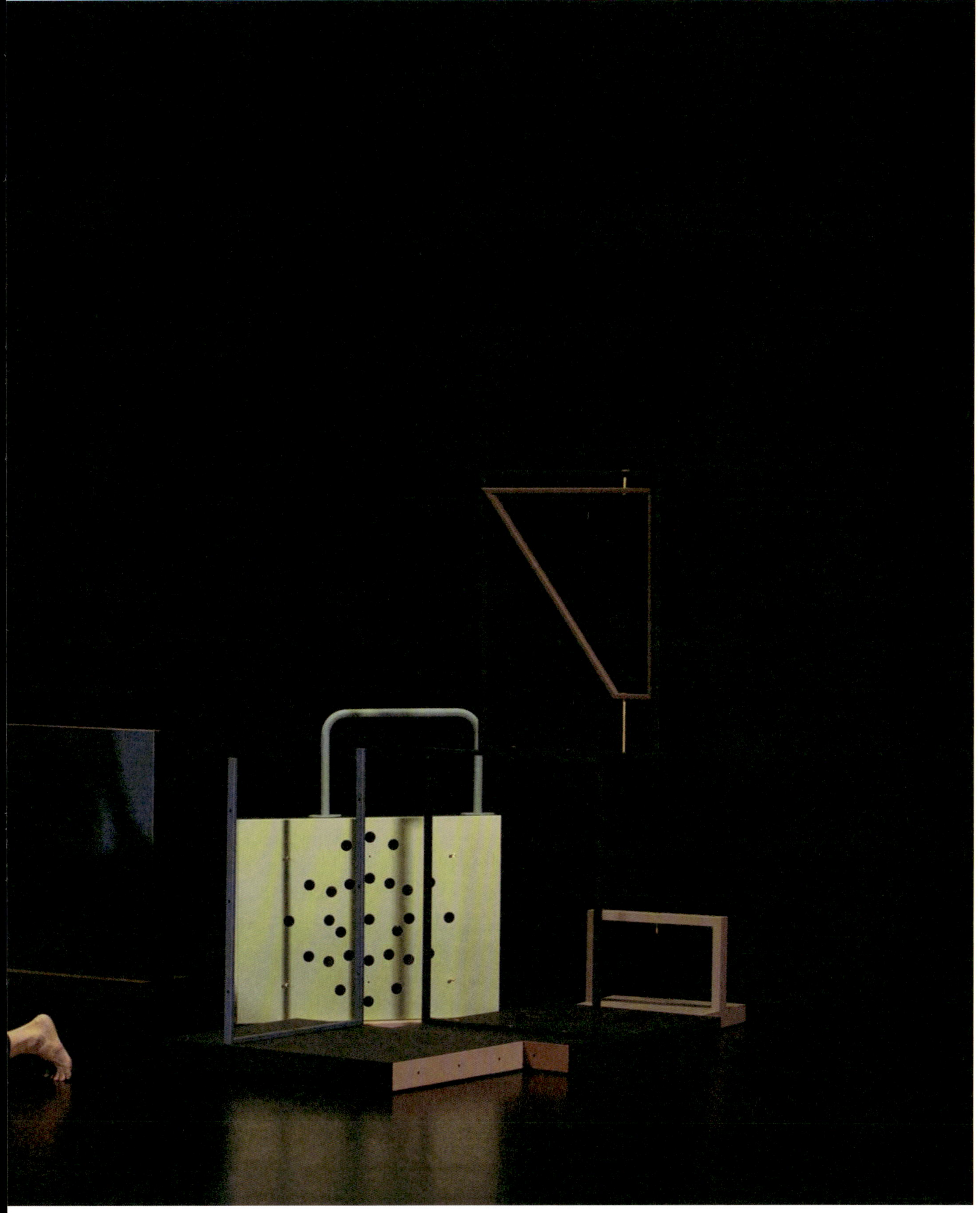

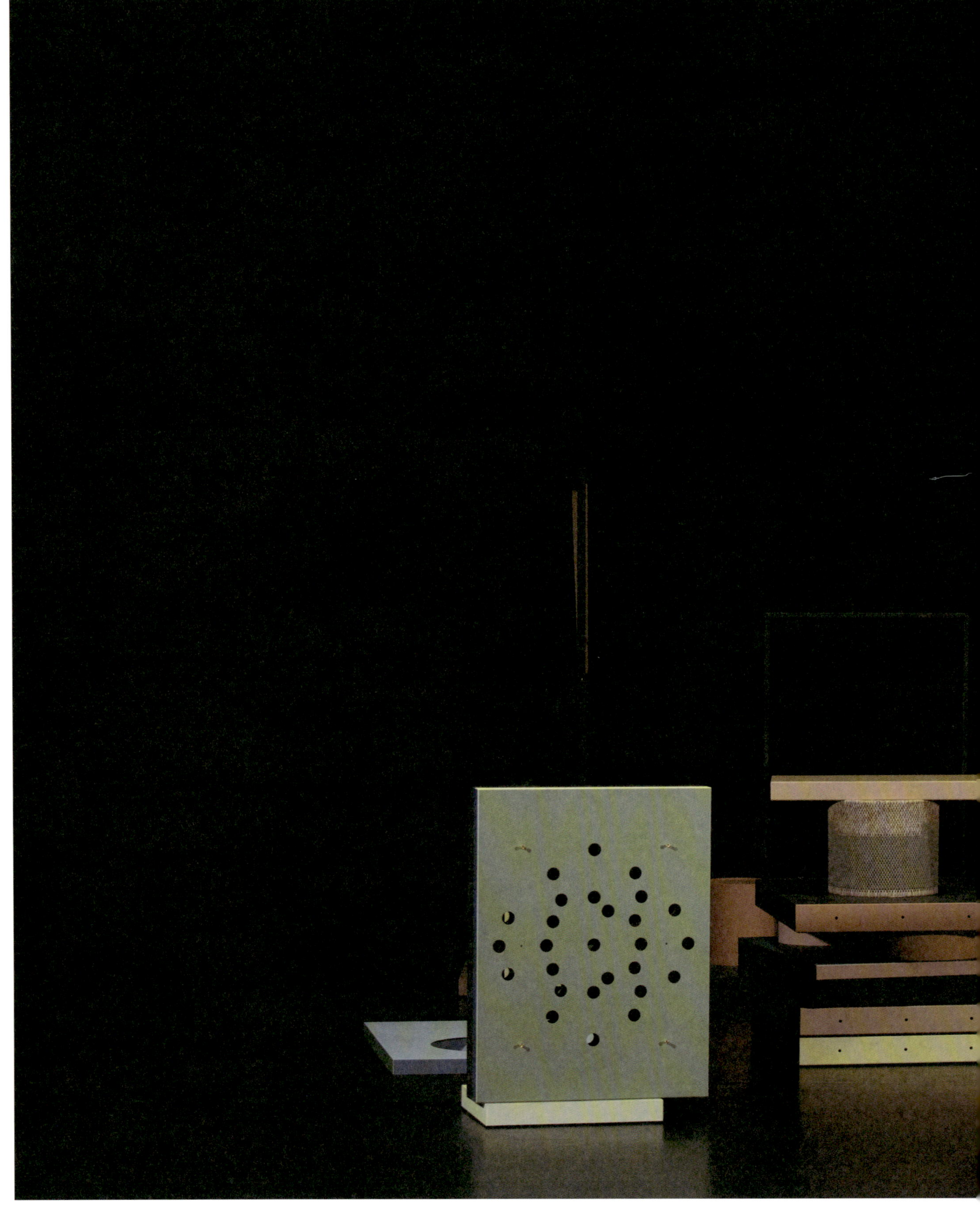

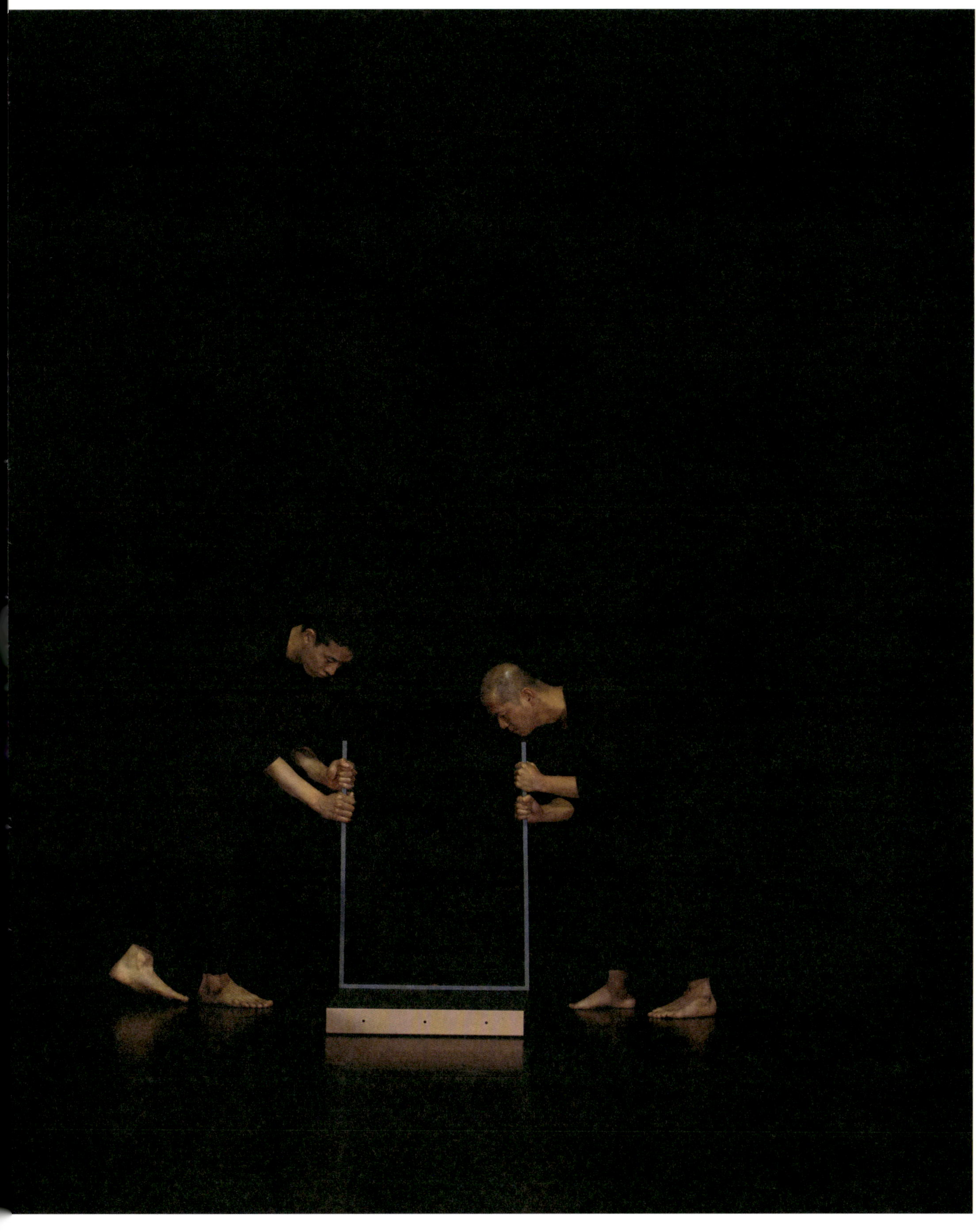

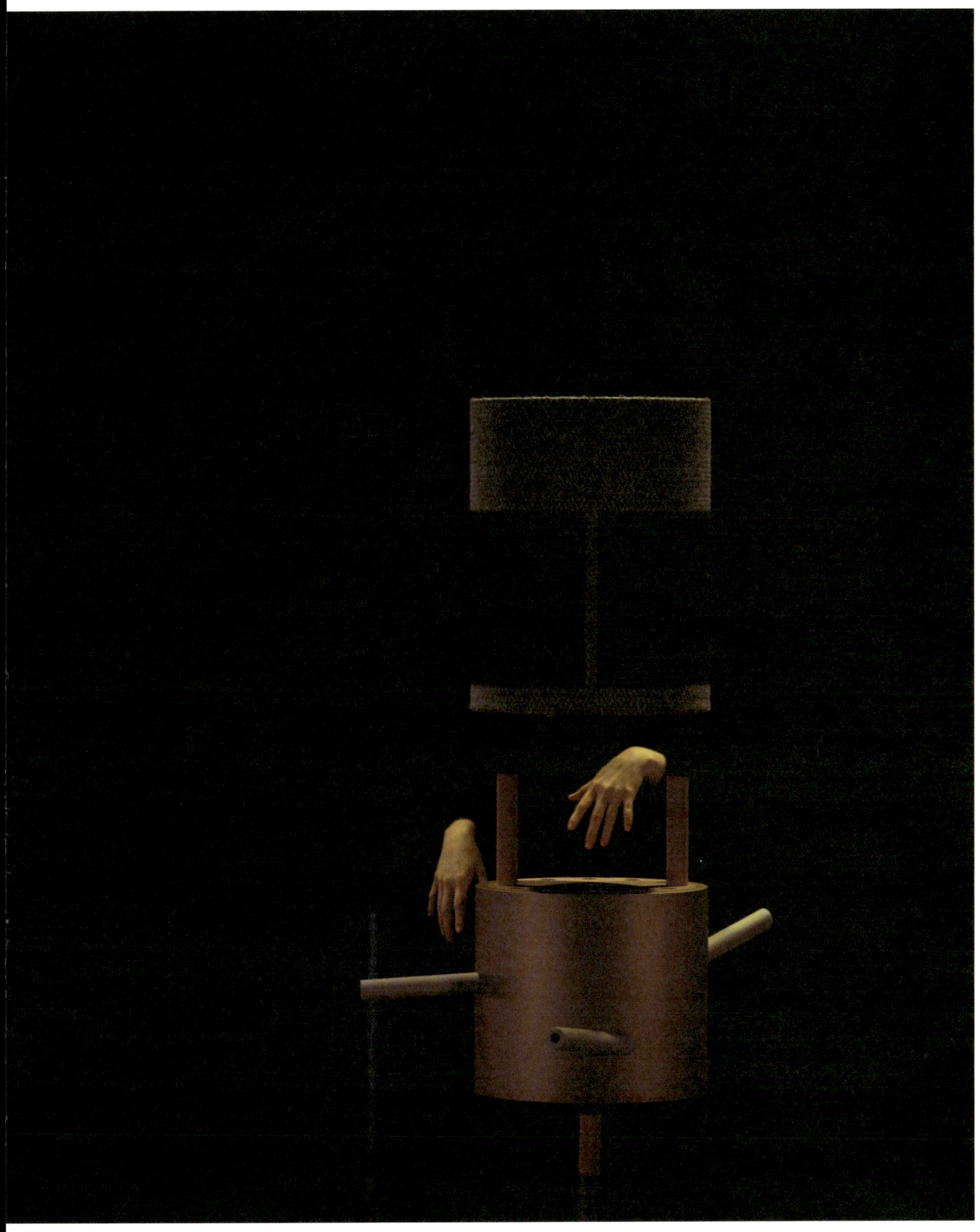

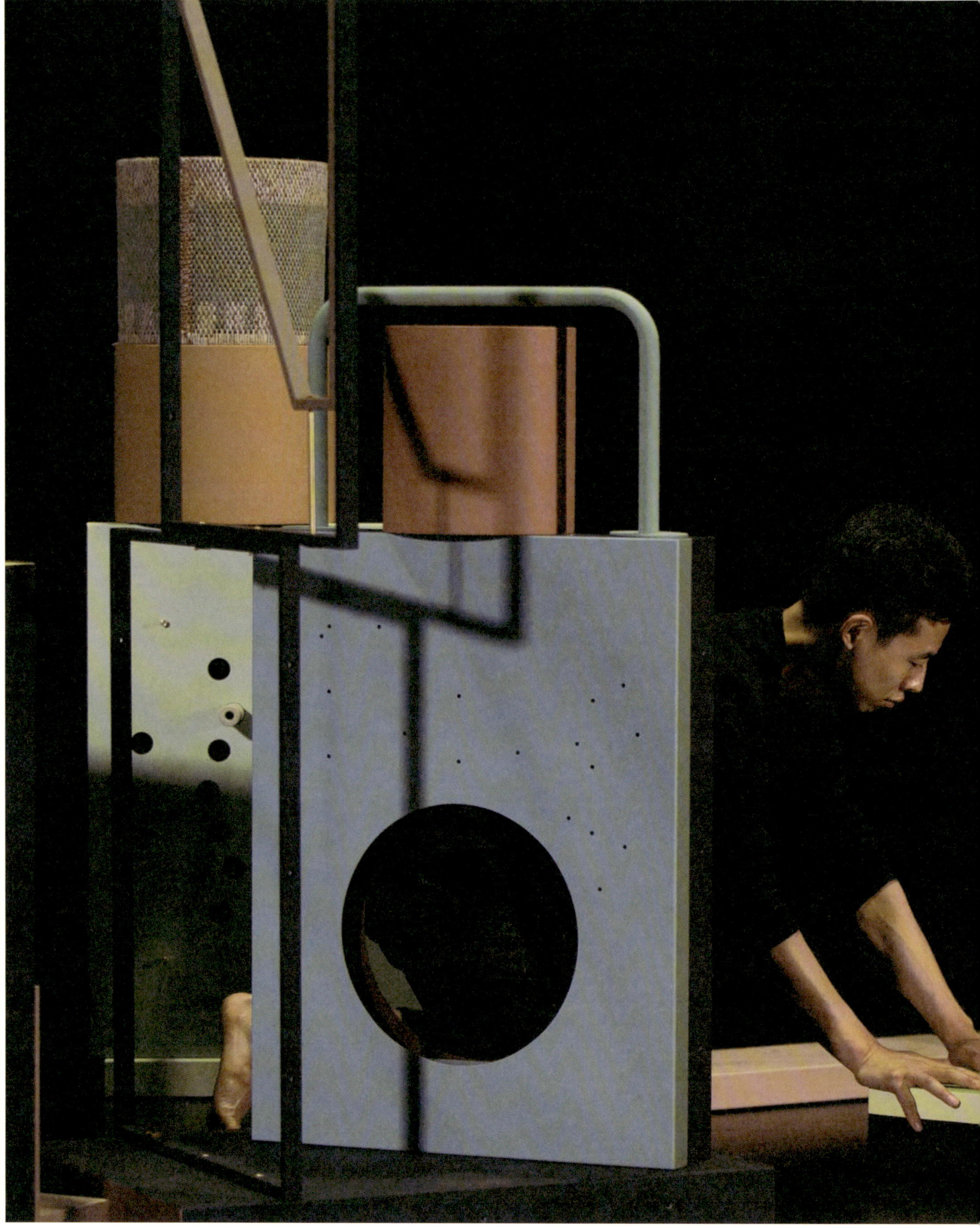

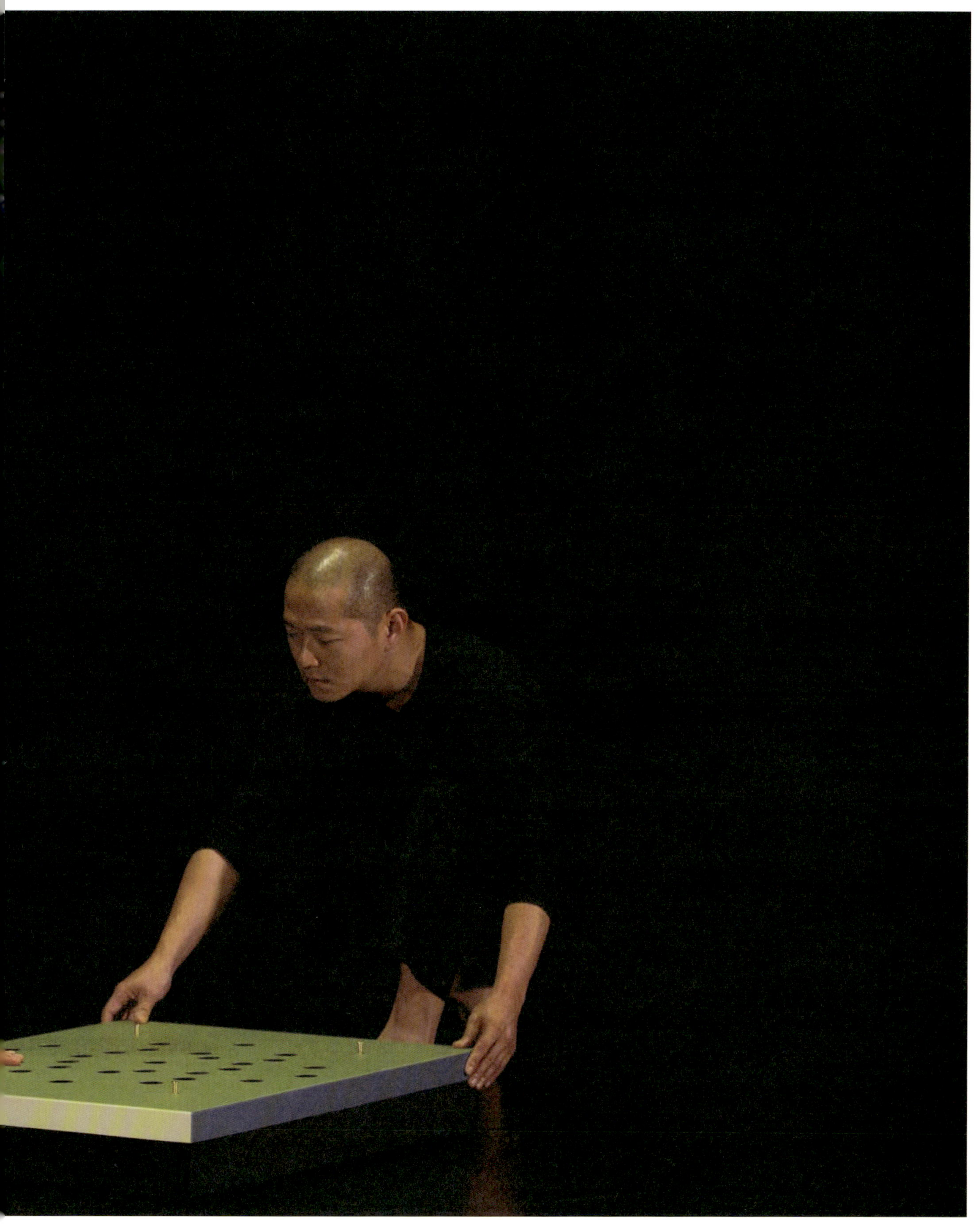

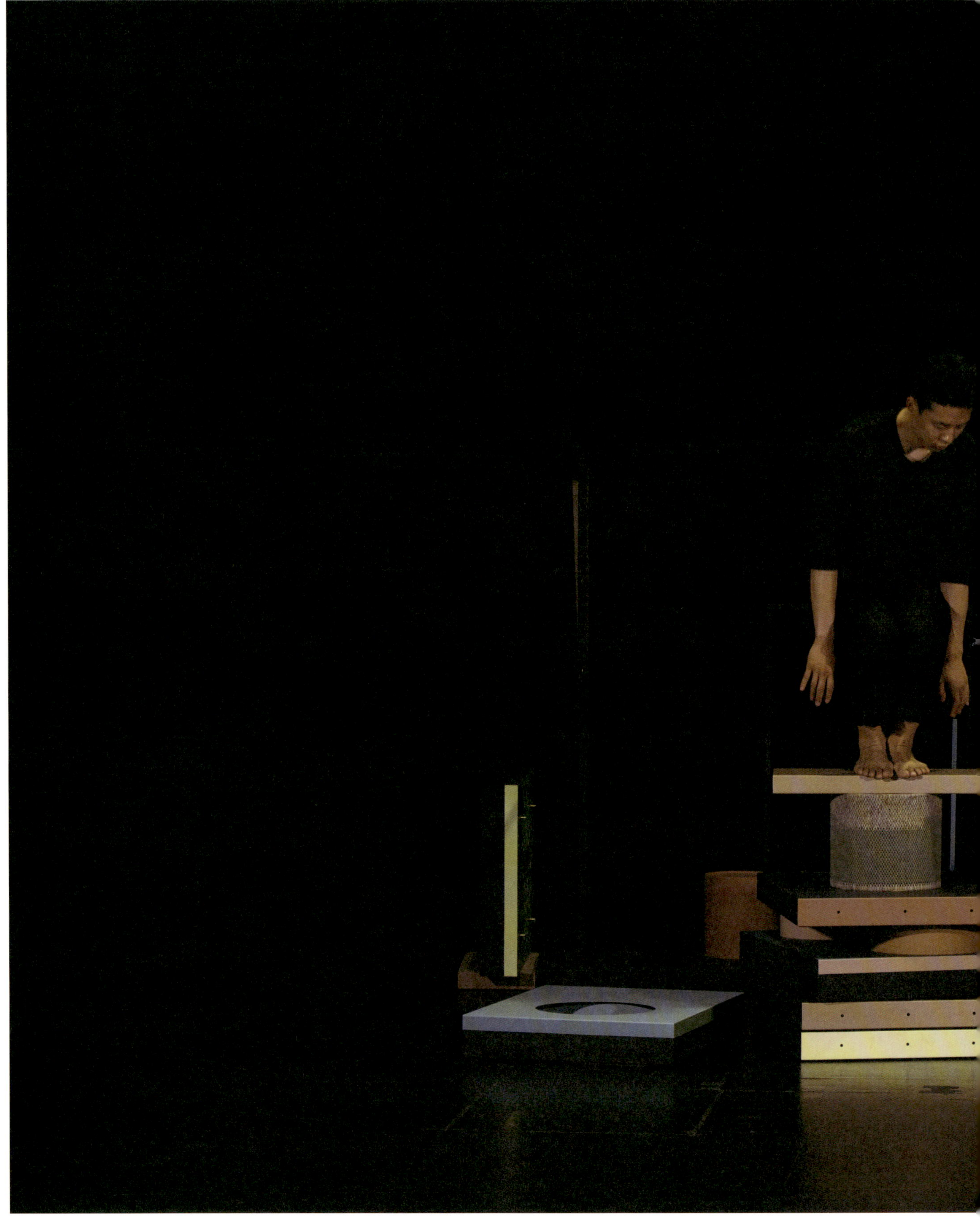

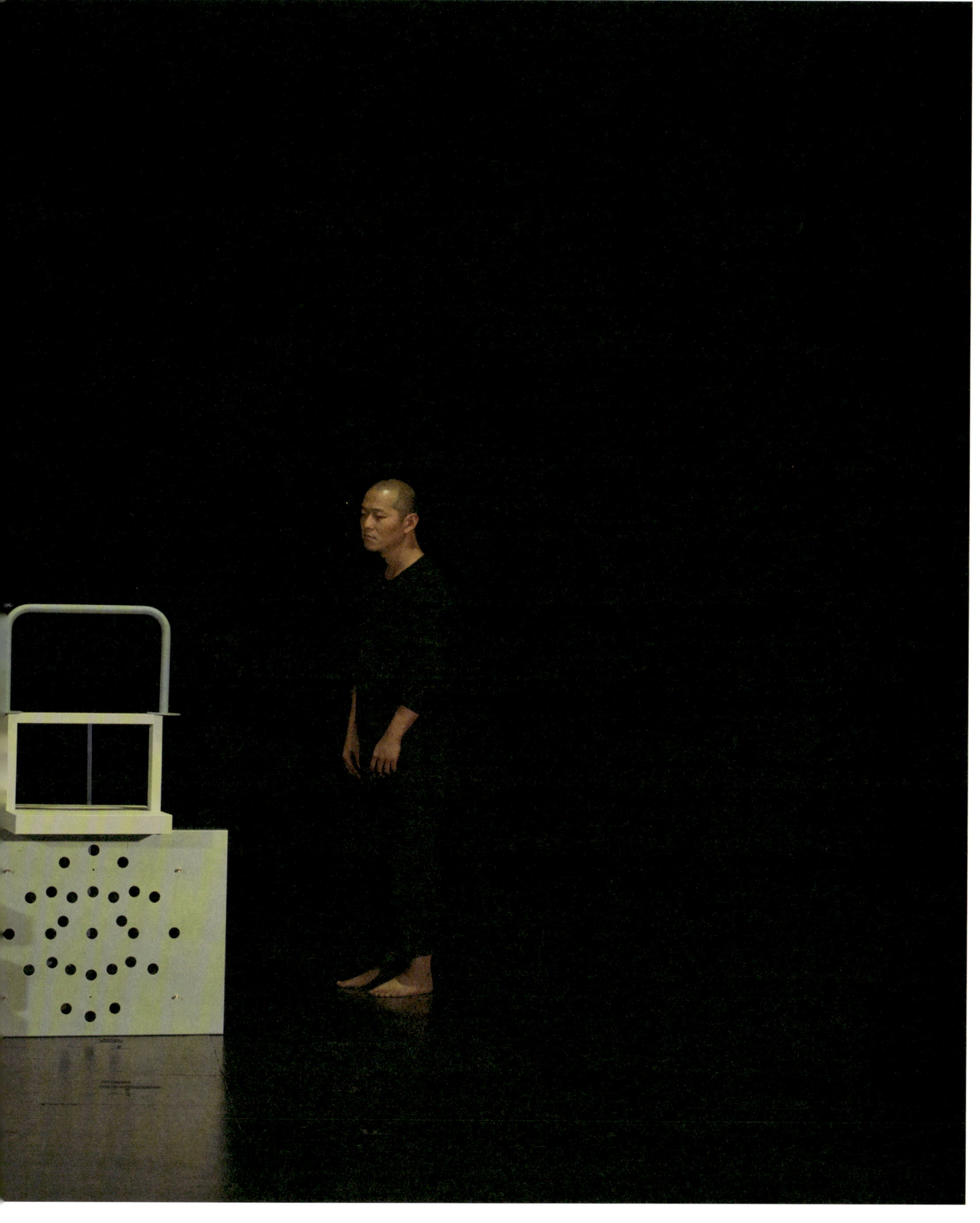

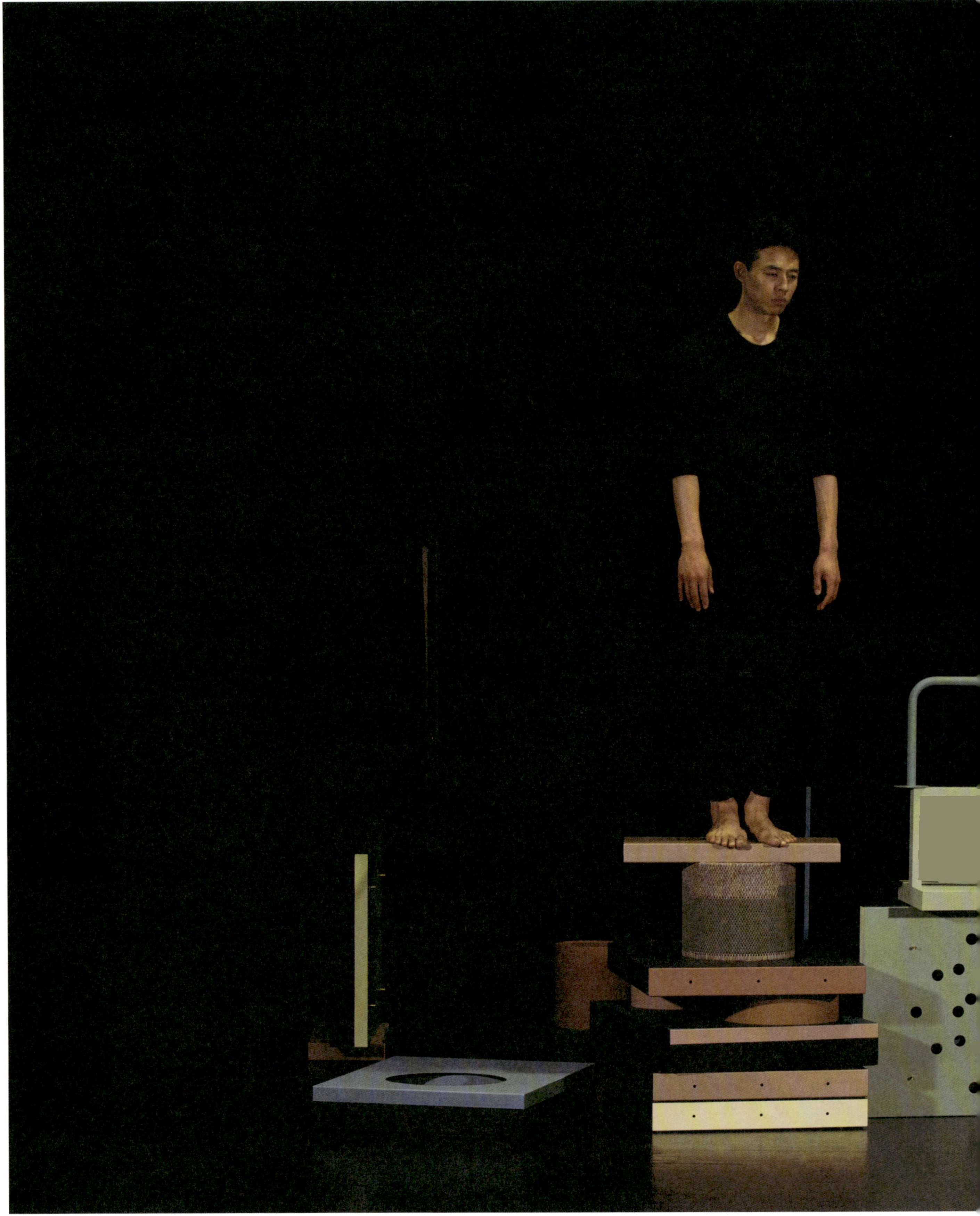

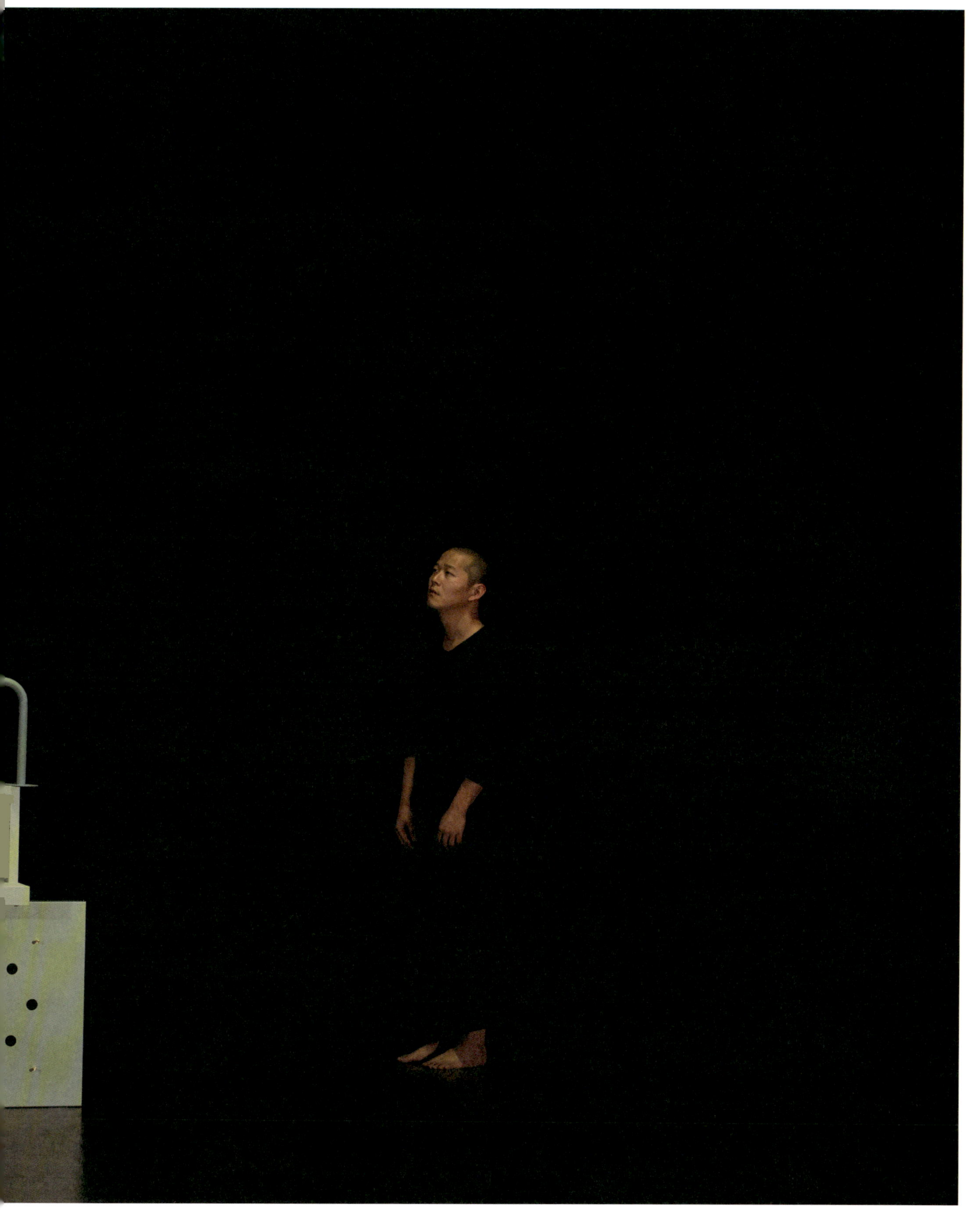

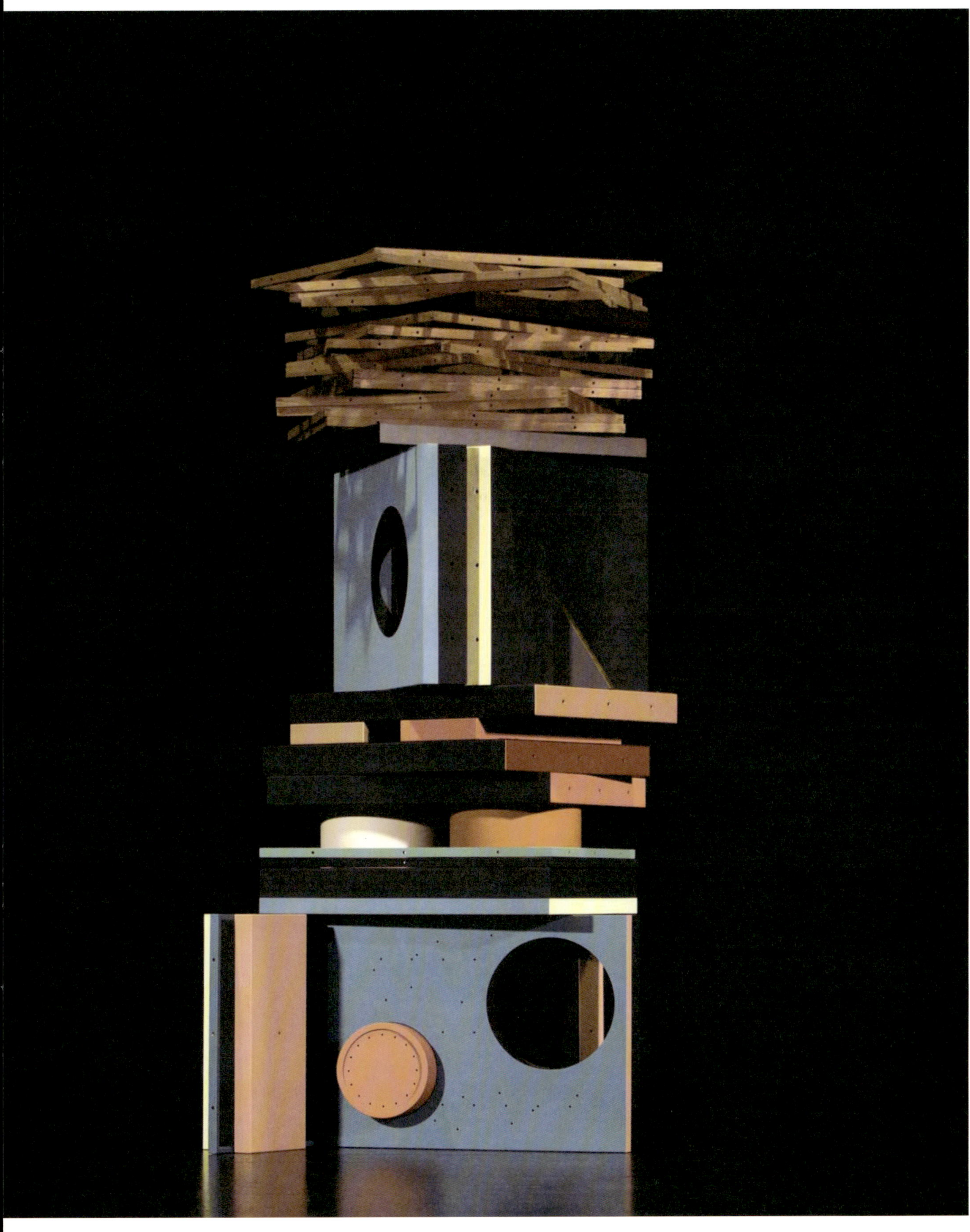

이용우

재영토화한 회화:
강서경의 정동적 시공간성

정선, 〈인왕제색도〉, 1751년,
종이, 수묵 담채, 79.2×138.2 cm.
삼성미술관 리움 소장

Jeong Seon, *Inwangjesaekdo*, 1751,
ink and light colors on paper,
31⅛×54⅜ inches (79.2×138.2 cm).
Courtesy Leeum, Samsung Museum of Art

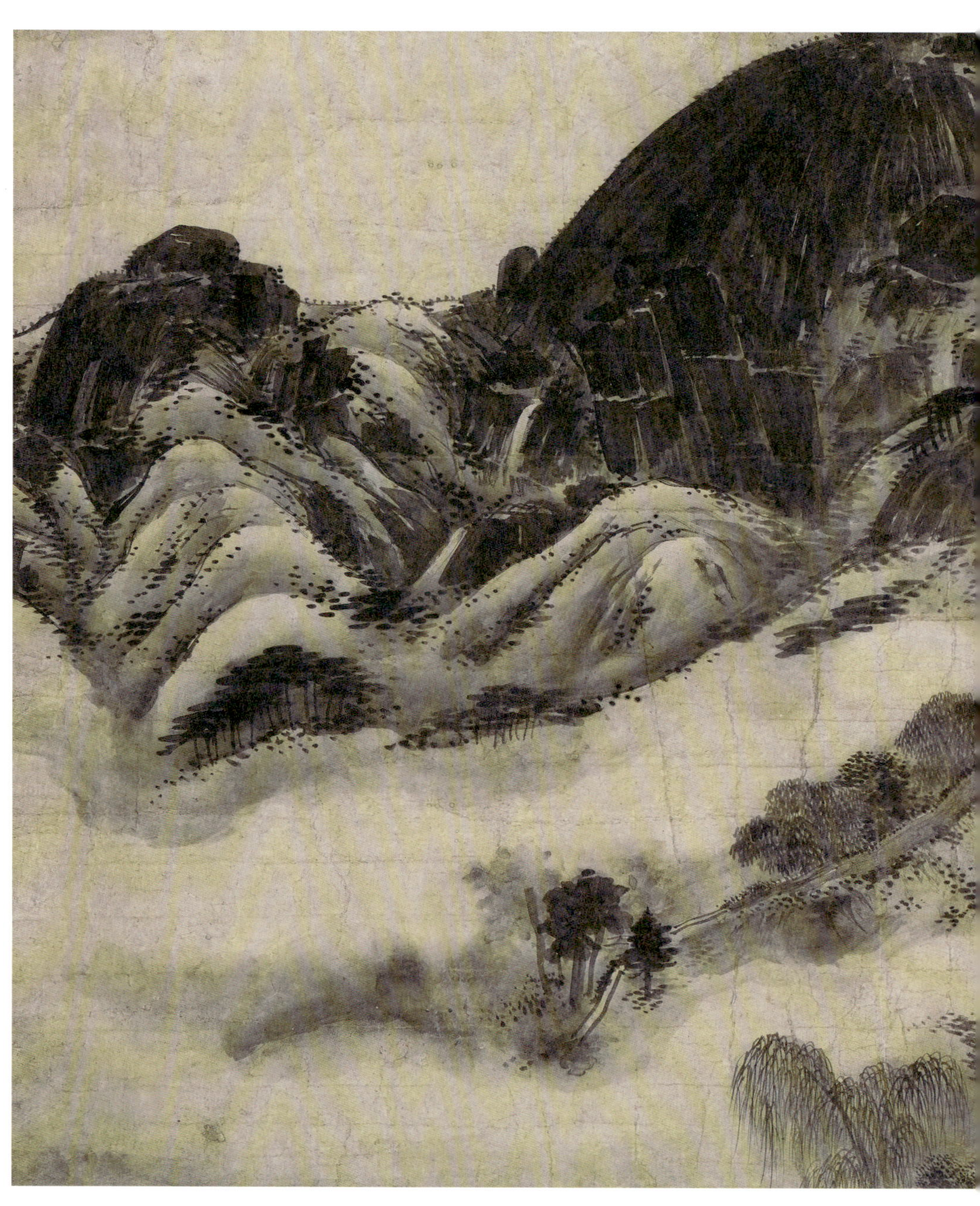

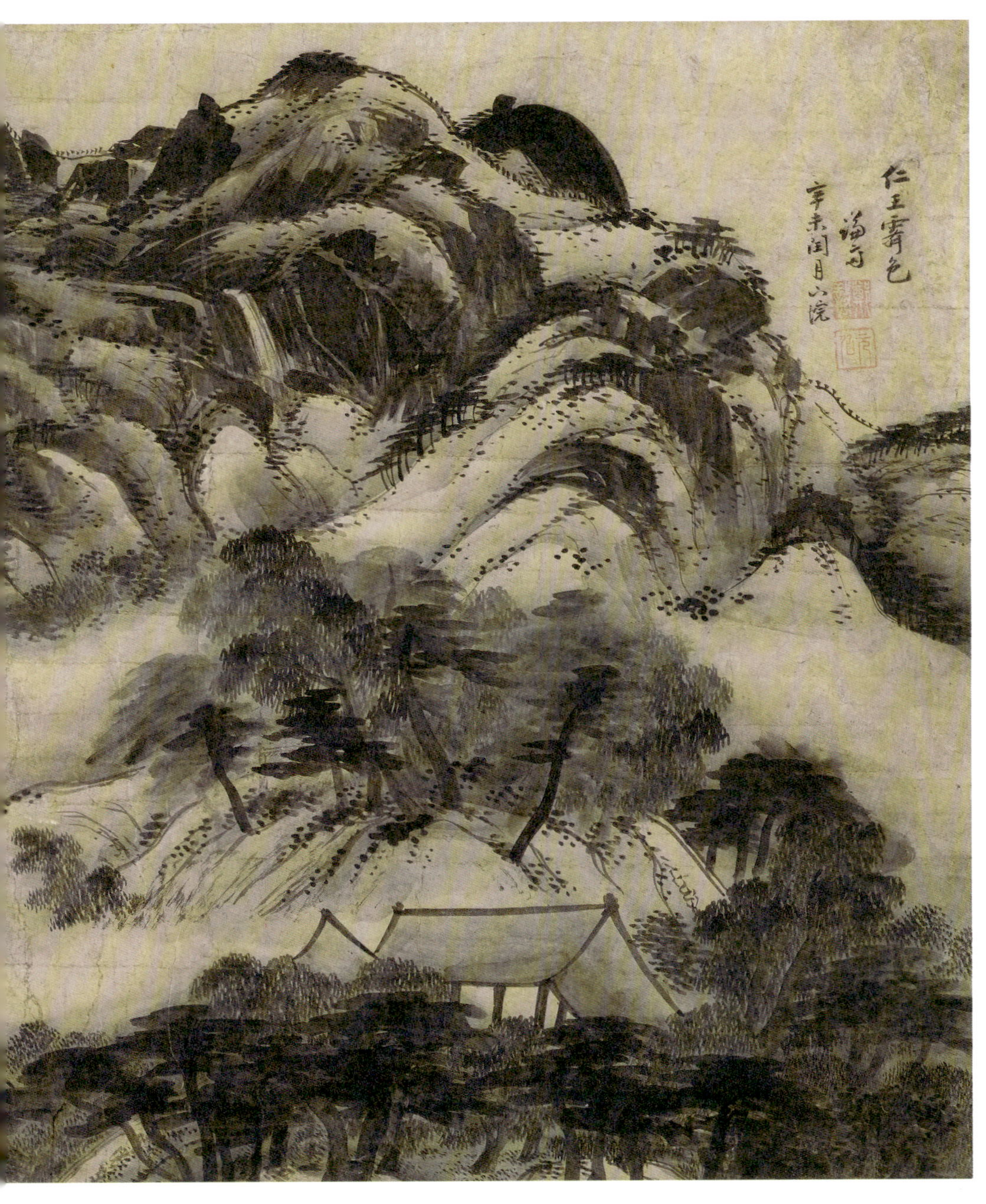

서구 미술에 있어 동시대 예술의 관습화된 감각을 논의할 때 전형적으로 가정된 상상의 이미지가 존재한다고 가정해 본다면, 다음의 전제를 한번 상기해 보라. 회화는 과연 어떤 방식으로 재현되어 왔는가? 전통 한국화를 전공한 강서경은 소리, 영상, 조각, 영상 설치와 같은 동시대 예술 작업에 나타난 다양한 요소들을 활용하여 작가가 생각하는 회화의 정의를 다양한 개념적 토대들을 통해 재구축한다. 그리하여 한국의 다양한 전통적 개념을 통해 그만의 독특한 언어로 기민하게 직조해 낸다. 강서경 작품들의 구성 요소들은 기실 전통에 기반하면서도 현대적 표현 방식을 통해 전통의 지속 가능성을 되묻고, 동시대성의 의미와 근현대 미술의 자장 안에서 지금 전통이 왜 중요한지에 대한 담론적 화답으로 회화의 외연을 확장시킨다.

노자의 무위 사상에 영향 받은 진경산수화(眞景山水畵)는 화가가 풍경의 질서에 대해 무엇을 행하거나 개입하지 않는다는 철학을 근간으로 삼는다. 오롯이 풍경에 영감을 얻은 예술가의 해석만이 인간과 자연 간의 조화로운 공존을 반영한다고 볼 수 있다. 조선 시대 진경산수화의 개척자 가운데 한 사람인 겸재 정선(1676-1759)은 중국 남종화(南宗画) 양식과 난해한 문인화 방식을 지양하고, 한국 진경산수화의 테두리 안에서 풍경에 대한 보다 주체적 해석 방식을 전개해 나갔다. 정선에게 진경산수화는 풍경 그 자체의 재현일 뿐만 아니라, 풍경에 대한 작가의 예술적 해석을 구현해 내는 일이었다. 이렇듯 겸재는 풍경을 중국 화가들처럼 단순히 '상상'하며 정확히 그려 내는 기술에 초점을 맞추지 않고, 풍경에 대한 작가의 최소한의 개입을 통해 '진정한 경치(眞景)'를 구현해 내려는 사상에 중점을 두었다.[1] 따라서, 진경이란 예술가가 겪은 시공간 체험의 구체적 물화(物化)이자 풍경에 대한 작가의 주관적 관점을 철학적으로 확장한 것이라 볼 수 있다.

강서경의 작품들은 이러한 진경의 의미에 영향을 받아 개념적 회화라는 새로운 형식을 따르면서 시각성과 형이상학적 의미로서의 예술이라는, 보다 포괄적 회화의 개념들을 아우른다. 각 물성 간의 상호 작용을 복합적으로 다루기 때문에 작가가 제시한 개념적 회화의 의미는 일견 관람자에게 모호할 수도 있다. 혹자는 캔버스를 쓰지 않는 회화적 양태가 어떻게 담론적 회화라는 확장된 구조를 유발하는지, 그리하여 강서경이 제시하는 공감각적이고 수행적인 시각성이 과연 어떤 의미를 나타내는 것인지 되물을 수 있을 것이다. 작가는 의도적으로 고려한, 동일한 시각으로는 도저히 측정 불가한 다양한 주제와 형태, 서사 조합의 얼개를 만들어 내는 반복적 기술의 집적을 통해, 작품 안에서 마치 진경의 의미처럼 최소한의 예술적

1 겸재 정선은 진경산수화 작업 시 야외에 앉아 풍경을 직접 바라보며 화폭에 옮겼다. 이는 유럽 인상주의 화가들이 인공적인 실내 조광을 벗어나 야외에서 작업을 시작했던 플랭에르(en plein air), 즉 외광파(外光派) 회화보다 200년이나 앞서 진경산수화 기법에서 먼저 확립된 것이다.

Assuming that there is a proto-imagination vis-à-vis Western painting to discuss conventions of contemporary art, ponder this: How does painting represent itself? Trained in classical Korean painting methods, Suki Seokyeong Kang (b.1977, Seoul) utilizes sound, video, sculpture, and installation to produce a conceptual framework around what painting means, making use of a unique vocabulary, including various archaic Korean concepts, to shrewdly materialize her subjects. The components of Kang's oeuvre have brought together art forms rooted in tradition, but employ contemporary modes of expression. They examine the sustainability of traditions and expand both discursive responses to contemporaneity and their significance to modern and contemporary art.

In traditional Korean Art, true-view landscape painting (*jin-gyeong sansuhwa*), influenced by Wu Wei's Taoist philosophy, is based upon concepts of artistic nonaction and noninterference with the order of the natural landscape. Only inspiration drawn from natural landscapes allows the artist to reflect upon and interpret the harmonious coexistence of humans and nature. One of the pioneers of true-view painting during the Joseon Dynasty, Gyeomjae Jeong Seon (1676–1759), developed Korean true-view subjectivity beyond that of the traditional Chinese Southern School (*nanzhonghua*) and esoteric literati painting styles. To Gyeomjae, true-view painting not only represented scenery itself, but also embodied artistic interpretations of that scenery. What was important about Gyeomjae's painting was not merely the ability to draw landscapes by "imagining" them from the artist's vantage, as the Chinese did, but something closer to the actual incarnation of the "true-view movement," which relied upon the artist's minimal engagement with the scenery.[1] In this manner, true-view became the philosophical extension of the artist's subjective view of the landscape, as well as a way of embodying the artist's experience of space and time.

It would be quite difficult to distinguish the viewer's perspective of the scene in Kang's work in relation to her new formats of conceptual painting as influenced by true-view, as well as her complex interplay with materiality, including the visual and the metaphysical meaning of art

1 While working on a series of true-view landscapes, Gyeomjae painted the mountains by sitting outside and looking directly at scenery. Gyeomjae engaged this true-view landscape painting style almost two hundred years before Europeans began painting *en plein air*.

2 상호매체성(intermediality)은
서로 다른 매체를 참조함으로써 매체의
경계를 가로지르고 이를 통해 나타나는
다양한 문화 현상을 일컫는 용어이다.
베르너 볼프는 이 용어를 정의하면서 개별
텍스트, 필름, 퍼포먼스, 대중문화 등
"보다 확장된 의미에서는 한 가지 이상의
매체가 서로 얽힌 어떠한 문화적 현상에도
적용될 수 있는 용어"라 언급한 바 있다.
Werner Wolf, 『The Musicalization
of Fiction』(Amsterdam: Brill
Rodopi, 1999), 36.

전이적(轉移的) 격자: 정간보(井間譜)라는 정방형

개입만을 수반한다. 왜냐하면 강서경의 예술적 비전은 상호
매체성, 주체와 객체 간의 비지시적 상호 작용, 실재성의 현현에
기반하여 주체가 겪는 현상학적 전회를 통해, 즉 주체가 객관의
본질을 진실로 포착함으로써 작가가 제시한 시공간은 이행성
(transitivity)의 장소가 되고 끊임없는 우발적 전이의 과정
혹은 이행적 아카이브를 구축하며 정서적 차원에서 관람자에게
보다 섬세한 감각과 개별 의미를 불러일으키게 한다.[2]

강서경은 〈검은자리 꾀꼬리〉(2018)와 〈검은아래 색달〉
(2015)을 통해 회화 개념의 재정립을 시도한다. 칠흑 같은 화면
속에 펼쳐진 화문석(검은 자리)과 한국 전통 기보법인 정간보
(井間譜)는 작가 스스로 직조해 낸 개념적 회화를 위한 캔버스가
된다. 세종대왕이 도입한 조선 왕조(1392-1910) 최초의
기보법인 정간보는 대중들이 소리의 형태를 자유롭게 기록하기
위해 만들어졌다. 강서경의 일련의 작업들을 이해하는 데 있어
필수 불가결한 문화적 참조 기준점인 정간보는, 연주하는 악기
소리(청각)를 시각적으로 구현해 내기 위해 감각을 확장시킨
보조 기억 체계이자, 연주자들이 소리를 시각화하여 소통할
수 있는 하나의 기호 체계이다. 따라서, 보조 기억 체계로서의
정간보는 연주자들이 무엇을 연주할지 알려 주는 하나의 명령
체계이며, 악보의 기본 단위인 정(井) 안에 들어 있는 기호들은
마치 표음 문자인 한글처럼 소리를 통해 생각하게 하는 바를
표현하는 의사소통 체계로 실제 소리에 대한 시각적 대체물로
작동하게 된다.

그렇다면 작가는 왜 조선 시대의 기보법을 작품에
차용했을까? 강서경은 작업 전반에 걸쳐 다양한 기법을 통해
한국 전통 회화를 재해석해 왔다. 따라서 정간보의 기하학적
최소 단위인 정은 단지 전통을 통한 예술적 확장이라는 관습적
은유가 아니라, 잊혀진 작곡법을 소환하여 작가의 비전을
온전히 구현할 수 있는 새로운 시공간으로 활용된다. 간단히
설명하자면, 정간보는 소리와 소리 사이의 시간적 간극을
나타내는 우물 모양의 정사각형이다. 즉, 소리 길이를 공간의
양으로 쓰는 기술이다. 정간보는 보다 다양한 소리의 질감을
표현하기 위해 음색(율명 律名), 음고(오음약보 五音略譜),
다양한 기호(합자보 合字譜), 주석(육보 肉譜) 등을 활용했다.
정은 악보를 위한 최소한의 형식이기에, 강서경 작업에서
보이는 정의 궤적들은 정적 오브제로부터 때로는 음악적이고
때로는 안무적인 것을 최대한 끌어내기 위한 '회화가 되기 위한
수행'으로 하나의 확장된 가상 캔버스 역할을 한다. 말하자면
강서경의 작업에 있어 정간보는 정이라는 제한된 사각 틀

2 Intermediality is a term used
to define phenomena that
appear or may appear through
the crossing of media borders.
According to Werner Wolf, it
"can be applied, in a broad
sense, to any phenomenon in-
volving more than one medium,"
such as individual texts, films,
performances, and/or popular
culture. Werner Wolf, *The
Musicalization of Fiction*
(Amsterdam: Brill Rodopi, 1999),
36.

Transformative Grids: Squares of *Jeongganbo*

as a whole. Although it seems simple enough to conjure a question about whether the canvasless modality evokes the extended structure of discursive painting as Kang intends, one further wonders what this synesthetic yet performative visuality means. Here the artist's related sets of repetitive techniques minimally intervene in an incommensurable constellation of themes, shapes, and narratives. Since Kang's artistic vision is based upon intermediality, the nondirective interaction between subject and object, and the manifestation of actuality, her subjects phenomenologically transform specific time-space into transitivity, the constant transition and/or transformative archive of mind that engenders delicate senses and individual meanings to the spectators.[2]

In works such as *Black Mat Oriole* (2018) and *Black Under Colored Moon* (2015), Kang redefines her own notion of painting through the use of a pitch black screen that becomes a conceptual handmade canvas, recalling the classical Korean painting motif of the *hwamunseok* (black mat), as well as the Korean musical notation *jeongganbo*. *Jeongganbo* was the first musical notation of the Joseon Dynasty (1392–1910), produced by King Sejong, to provide greater access to the public. This ancient form of musical annotation is an indispensable cultural reference for Kang's works, since *jeongganbo* possesses two primary functions: as an auxiliary memory system to extend playing instruments visually, and as a sign to communicate and visualize sounds among players. The traditional musical notation as a supplementary memory system connotes a command system that tells musicians what to play, while each musical notation in *jeong* signifies a visual substitute for the actual sound, which indicates an expression-based system used to think about sound itself, similar to *Hangeul* (Korean alphabet).

One might wonder why Kang chooses to utilize musical annotation from the Joseon Dynasty. Although Kang's oeuvre is characterized by various techniques she employs in her own version of traditional painting, the minimal set of geometric *jeong* (井) in *jeongganbo* is not merely a metaphorical extension of the artist, but

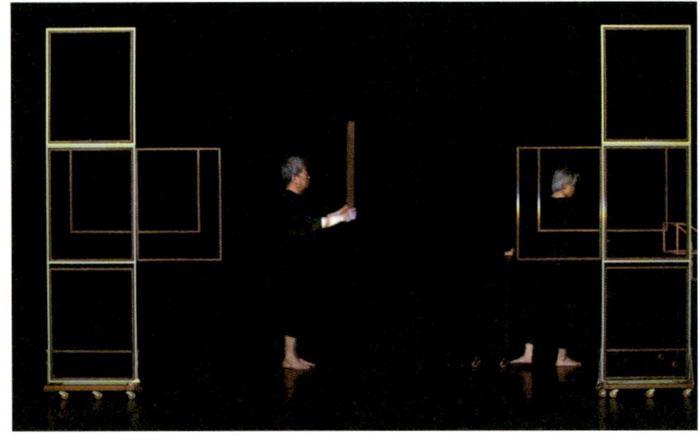

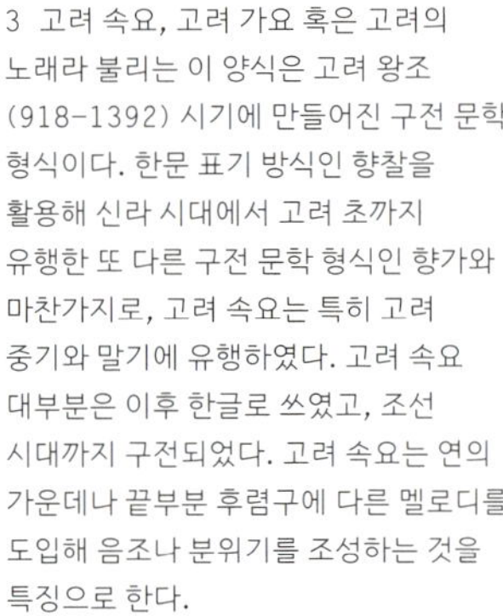

〈검은아래 색달〉, 2015년, 영상 스틸

Black Under Colored Moon, 2015,
video stills

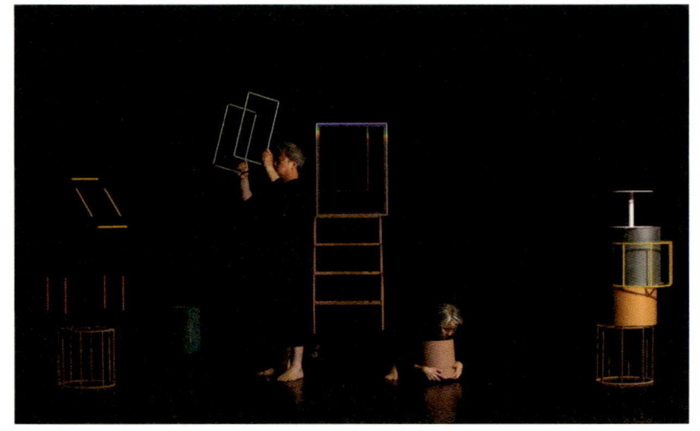

3 고려 속요, 고려 가요 혹은 고려의
노래라 불리는 이 양식은 고려 왕조
(918–1392) 시기에 만들어진 구전 문학
형식이다. 한문 표기 방식인 향찰을
활용해 신라 시대에서 고려 초까지
유행한 또 다른 구전 문학 형식인 향가와
마찬가지로, 고려 속요는 특히 고려
중기와 말기에 유행하였다. 고려 속요
대부분은 이후 한글로 쓰였고, 조선
시대까지 구전되었다. 고려 속요는 연의
가운데나 끝부분 후렴구에 다른 멜로디를
도입해 음조나 분위기를 조성하는 것을
특징으로 한다.

안에서 다양하게 변주되고, 시공간의 파편으로 작동하는 진경의
오케스트레이션인 것이다.

　〈검은아래 색달〉(2015)에 등장하는 나이 지긋한 두
퍼포머는 '수행적'이라기 보다 '움직이는 회화가 되기' 위해,
빈틈없는 동시에 어딘지 부정확해 보이는 기하학적 구조물을
향해 느릿한 속도로 완전히 들어맞지 않는 불완전한 움직임의
연속을 선보인다. 강서경의 작업은 이렇듯 대개 조화로운
부조화라는 불협화음의 요소를 특징으로 한다. 〈검은아래
색달〉은 구전 문학의 대표적 작품인 고려 속요[3] 〈쌍화점〉에서
영감을 받았다. '만두 가게'를 의미하는 〈쌍화점〉은 고려 충렬왕
(1236–1308) 때 익명으로 제작되어 구전으로 전해 내려왔다.
〈쌍화점〉의 서사는 남녀 간 스스럼없는 노골적인 성적 대화를
바탕으로, 주로 고려 시대의 독특한 양식과 미학을 향유한
무관들이 주최한 연회에서 상연되곤 했다고 전해진다. 채록된
고려 속요의 가사는 조선 시대의 까다로운 유교적 도덕관과
순결에 대한 사회적 요구 탓에 수정을 거듭했다.

　강서경의 〈쌍화점〉 전유에 있어 중요한 요소는, 고려
속요 하위 서사의 내용에 있는 것이 아니라 작가가 상호
매체적 참조—구전 가요(청각)의 공감각적 시공간화—로
차용한 〈쌍화점〉이라는 구조의 반복성에 있다. 고려 속요 〈
쌍화점〉에서 각 연은 성차나 사회 문화적 위계성, 서로 다른
인종 간의 이성애적 욕망 교환과 같은 특별한 의미망을
함유하고 있는데, 강서경 작업 속에 등장하는 모든 기호들은
이런 선형적 비선형적 내러티브 구조를 통해 주체의 위치성
(positionality)을 교묘히 변형시키고 관객들에게 숨겨
둔 텍스트가 지닌 전복적 쾌락과 상상을 은밀히 드러내게끔
한다. 〈검은아래 색달〉의 화면 양 끝에서 움직이는 노년의
퍼포머들은 개별적으로 스스로의 신체 리듬에 천천히 대응하며,
영상 속 간헐적인 조우의 끝과 시작을 〈쌍화점〉의 구절에 맞춰
느릿하게 되풀이한다. 퍼포머들이 설치한 오브제들은 고정되어
연결되어 있지 않기 때문에 마치 퍼포머의 움직임들 사이를

a profound reflection of Kang's spatio-temporal visions, brought to the surface by forgotten compositional traditions. Simply put, *jeongganbo* is a well-shaped square which indicates an interval of time between sounds, thus inscribing the length of sound into the scale of the space. It conveys a series of in-between sonic gestures, such as the pitch of a sound (*yulmyeong*), an omnibus sign (*oeumakbo*), a joint sign (*hapjabo*), and a footnote (*yukbo*). As *jeong* is a minimal form of writing, the fragments of each *jeong* in Kang's works are extended virtual canvases for her "performance of becoming painting," which invoke both musicality and choreography in her static objects. In Kang's works, *jeongganbo* becomes a unique orchestration of true-view, implied through the multiple connotations in each liminal square and activated as fragments of spatiotemporality.

In the video installation *Black Under Colored Moon* (2015), two elderly performers slowly move – not as "performance," but rather "becoming a moving painting" – in imperfect synchronization to geometric tectonics that seem both exact and imprecise. Kang's pieces are all similarly marked by elements of harmonious incongruity. It was loosely inspired by the oral literature genre *Goryeosokyo*, in particular the text *Ssanghwajeom*, which literally means "dumpling shop," and was anonymously composed and orally transmitted during the era of King Chungnyeol (1236–1308).[3] The narrative of *Ssanghwajeom* is based on unabashedly explicit sexual conversations between men and women, often performed at the banquets of military commanders who enjoyed the time's peculiar style and aesthetic. The *Goryeosokyo* songs were revised during the Joseon Dynasty under highly demanding Confucian morality and chastity.

What is crucial about Kang's appropriation of *Ssanghwajeom* is not the contents of the sub-narrative itself, but the way in which she uses the song's refrain as an intermedia reference. In *Goryeosokyo*, each stanza possesses a specific meaning, sometimes freely improvised and modulated by an audience's perspective, such as gender difference, sociocultural hierarchy, and the exchange of interracial heterosexual desire. In Kang's work, this transforms the subject's positionality and clandestinely reveals the

3 *Goryeosokyo*, *Goryeo gayo*, and/or the *Song of Goryeo* was an oral genre of Korean poetry, dating from the Goryeo Dynasty (918–1392). As with other oral literatures, such as *hyangga*, which were written using Chinese characters in a system known as hyangchal, the composition of *Goryeosokyo* became popular during the middle and the end of Goryeo Dynasty. Most of *Goryeosokyo* was written in the Hangeul alphabet and orally transmitted in Joseon Dynasty. The characteristic of *Goryeosokyo* is a refrain at the end of each stanza that builds a tone or atmosphere by introducing a different melody.

4 Walter J. Ong,「Print, Space
and Closure: Hearing-Dominance
Yields to Sight Dominance」,
『Orality and Literacy: The
Technologizing of the Word』
(London: Routledge, 1982/2002).
한국어 번역본은 『구술문화와 문자
문화』(임명진 옮김, 서울: 문예출판사,
2018)를 참조할 것.
5 옹이 전개한 이차적 구술성에 대한
이론에서 가장 흥미로운 지점은 바로
전자 매체가 시공간을 확장할 것이라고
예측한 점이다. "이처럼 새로운
구술성은 참여를 요한다는 점, 공동체적
감각을 증진하는 것, 현재 순간에
집중하는 것, 심지어 공식을 사용하는
점에서 예전의 구술성과 놀랄 만큼
유사하다. 그러나 이것은 본질적으로 더
의식적이고 더 자의식 강한 구술성으로,
영구적으로 장치의 대량 생산과 가동분
아니라 사용에도 필수적인 쓰기와
인쇄의 사용에 기반한다." Ong,
『Orality and Literacy』, 133.

6 Ong, 136.

7 데이비드 테는 태국의 현대미술에
있어서 국가적 전통의 기원에 대하여
다음과 같이 언급했다. "예술은 과거에
대해 언제나 과거가 그 주제나 대상이
되거나, 과거가 운용방식에 내재하는,
두 가지 과거를 마주하는 이중적
움직임을 보여왔다." 데이비드 테,
「위조화폐: 날조된 통화로서의 전통」,
『Tradition (Un)realized: 국제
심포지엄』(서울: 한국문화예술위원회
아르코미술관, 2015), 115.

느슨히 유영해 나가는 듯 보인다. 이처럼 오브제들은 마치 정동적으로 전이하는 격자로 쌓아 올린 인간 형상을 한 조각들 틈새에서, 마치 즉흥적으로 연희 되거나 의도적으로 수정되는 듯 검은아래 색달 속에서 해후한다.

『구술문화와 문자문화』에서 월터 J. 옹은 20세기의 전자 기술이 구술 문화를 복귀시키고 있다고 분석한 바 있다.[4] <검은아래 색달>을 옹이 언급하는 것과 같은 이차적 구술성, 즉 텔레비전 서사와 같은 시각 매체를 통해 전송되는 구술성으로 상정할 수 있다면, 이것은 구전을 통해 전달되는 일차적 구술성(설화, 소문, 구전 문학 등)과 여러 유사성을 공유한다고 볼 수 있다. 왜냐하면 <검은아래 색달>은 고려 속요라는 구전 문학 형식에 영향을 받았기 때문이다.[5] 하지만 여전히 차이점이 존재한다. 옹이 일차적 구술성에 대해 언급한 것처럼, 이차적 구술성은 반복적이거나 장황하고 단발적이지 않다. 여기서 강서경의 작업은 일차적 구술성(구전 문학)과 이차적 구술성(영상-퍼포먼스)을 구분해 온 시각화의 특성을 배반하고 일차적 구술성으로 회귀한다. 옹은 이차적 구술성은 본질적으로는 "더 의식적이고 자의식이 강한 구술성으로, 쓰기와 인쇄의 사용에 영구적으로 기반한다"고 논했다.[6] <검은아래 색달>에서 강서경은 한지에서 시작해 동으로 만든 볼트, 쇠, 실, 나무, 플라스틱, 가죽에 이르는 다양한 재료를 가상의 캔버스에 활용하며 <쌍화점>의 내러티브를 전유해 움직이는 회화라는 자신만의 개념으로 재구축한다. 따라서 미니멀리즘적 성격에도 불구하고 강서경의 작업들은 손에 닿을 듯 명징한 촉감을 생생하게 유지한다. 따라서 여기서 이 질문을 다시 한번 상기해 보자. 강서경은 왜 동시대 예술 제작 방식에 과거의 기억술을 불러 모으고 있는 것일까? 진경의 차용과 보는 방법/세계 인식은 도대체 어떤 의미 관계를 맺고 있는 것일까?

디스포지티프의 회화: 정동적 시공간성

강서경 작품 안에 드러나는 전통을 해독하기 위해, 우리는 두 가지 전통 개념을 상기해 보아야 한다. 즉, 인용 혹은 하위 서사 주제로서 과거라는 전통, 그리고 다른 하나는 과거가 이미 "실천 방식 안에 내재"한다는 전제로서의 과거이다.[7] 강서경의 진경 미학의 확장은 시간과 공간의 유기적 연결이라는 작가 고유의 시공간성에 대한 개념과 관람객이 개별적 집단적으로 "그 자리에 있다"라는 정동적 감정이 결국 작가의 예술적 구현 방식과 조우하고 있다는 것을 여실히 보여 주고 있다. 따라서 전통적 방식으로 현재와 미래를 직조한 강서경의 독특한 시공간성의 미학은 시간과 공간에 대한

audience's subversive pleasure and imagination through linear and nonlinear narrative structure. In *Black Under Colored Moon*, two elderly performers, each moving on either side of the screen, slowly and individually deal with their bodily rhythms and repetitively reprise the ending and departure of their intermittent rendezvous to the stanzas of *Ssanghwajeom*. Since the objects of this installation are not fixed in their connection, they loosely navigate through the bodily movements of the performers. They meet with each other as if improvised and intentionally modified, in-between anthropomorphic sculptures accumulated by a series of affectual transformative grids.

In *Orality and Literacy: The Technologizing of the Word*, Walter J. Ong proposes that twentieth-century electronic technology is bringing back oral culture.[4] If we posit *Black Under Colored Moon* as the secondary orality Ong notes – transmitted through media such as television narratives – we find it shares many similarities with verbally transmitted primary orality (e.g., folktales, rumors, and oral history), unsurprising since Kang's *Black Under Colored Moon* was influenced by the form of *Goryeosokyo*.[5] Still, there are differences. Ong argued that secondary orality is not as repetitive, redundant, or agonistic as primary orality. Here, Kang's pieces betray the visualization that separates secondary form primary orality, and mark its return. Secondary orality, according to Ong, is essentially "a more deliberate and self-conscious orality, based permanently on the use of writing and print."[6] In *Black Under Colored Moon*, Kang uses a variety of printed materials on her virtual canvas – from *hanji* paper, brass bolts, and steel to thread, wood, plastic, and leather – to reconstruct her own concept of moving painting by appropriating the narrative of *Ssanghwajeom*, so that despite the minimalistic nature of her pieces, the work produces a sense of tactility and palpability. I now return to the question: Why does Kang summon past mnemonic techniques and reconnect them to contemporary modes of making? What is the relationship between her appropriation of trueview and her way-of-seeing and recognizing the world?

4 Walter J. Ong, "Print, Space and Closure: Hearing-Dominance Yields to Sight Dominance," *Orality and Literacy: The Technologizing of the Word* (London: Routledge, 1982/2002).

5 What is most interesting about Ong's theory of secondary orality is that it postulates that electronic media can extend place and time: "This new orality has striking resemblances to the old in its participatory mystique, its fostering of a communal sense, its concentration on the present moment, and even its use of formulas. But it is essentially a more deliberate and self-conscious orality, based permanently on the use of writing and print, which are essential for the manufacture and operation of the equipment and for its use as well." Ong, *Orality and Literacy*, 133.

6 Ong, 136.

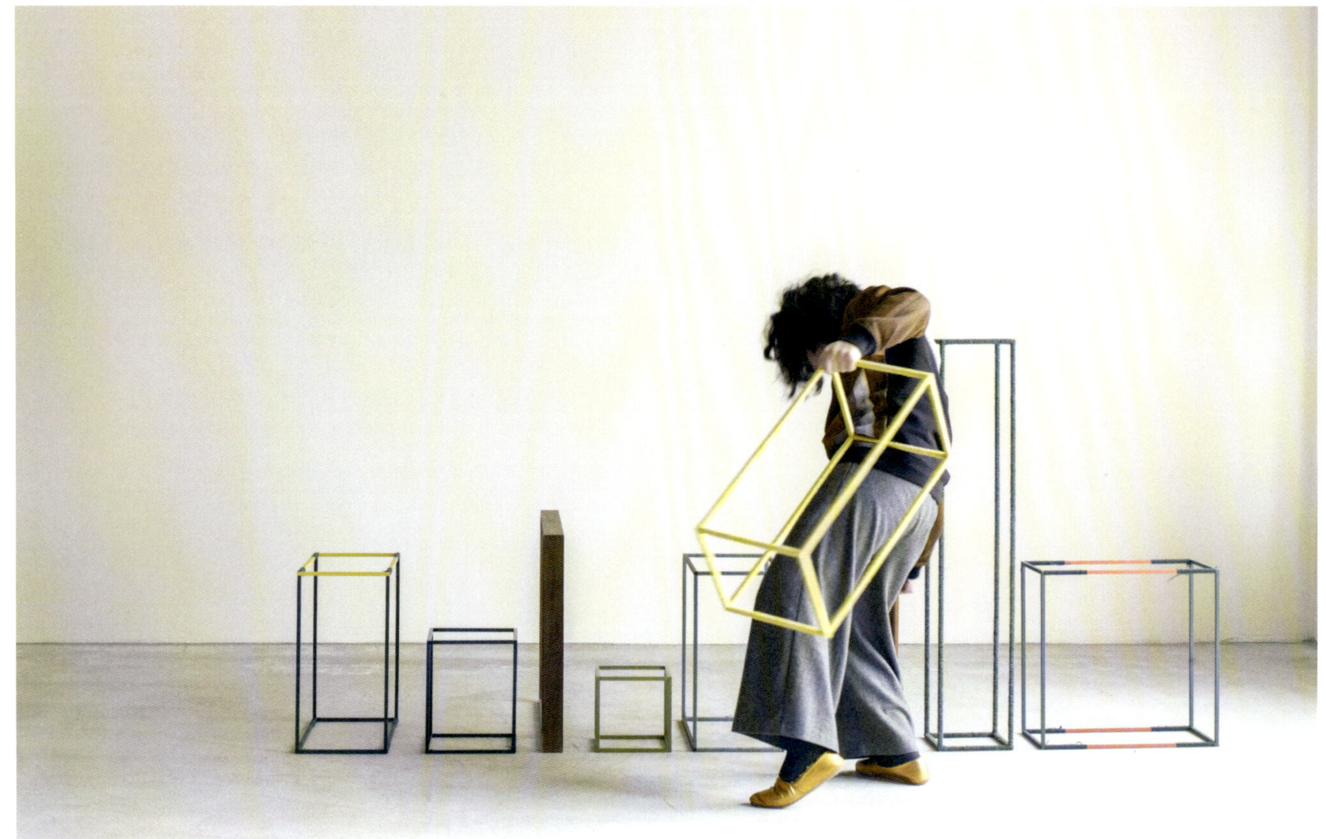

<정지 그리고 위치-정 井>, 2012-
2015년

Pause and Position—Jeong,
2012–2015

개인적이고 집단적인 감각을 창출하여 동시대성이라는 모호한
의미를 도출하기 위한 다양한 해석의 가능성을 열어 놓고 있다.

    <정지 그리고 위치-정 井>(2012-2015)을 구성하는
일련의 설치물들은 거의 대칭적인 듯 보이지만, 각도를 달리해
보면 어딘지 살짝 어긋나 있다. 작업들은 구조화된 듯 보이지만
파편화되어 있고, 기하학적으로 조화로워 보이지만 섬세하게
어긋나 있으며, 사려 깊은 동시에 임시변통으로 이뤄져 있다.
작업을 좀 더 넓은 맥락으로 살펴보자면, 전통이라는 구조
안에서 동시대적 감각들을 이해한다는 것이 무엇을 의미하는지,
관객이 문화적, 연대기적, 공간적 경계를 가로질러 작가가 어떤
의미를 전달하고자 하는지 관조할 수 있다면, 강서경의 작업은
한결 설득력 있고 진심 어린 어떤 것으로 다가오게 된다. 이러한
작가의 기하학적 인식은 작품 개별적 의미와 진경의 의미를
지속적으로 발전시켜 온 진화의 산물이기 때문이다.

    강서경에게 있어 진경은 푸코적 의미의 디스포지티프
(dispositf)로 기능한다. 여기서 디스포지티프라는 용어는
이미지의 구축과 재구성, 관람자의 이질적 연결망과 다양한
재해석을 포괄하는 용어이다.[8] 매체학 분야에서 장치 이론은
초기 영화를 포스트 구조주의적으로 접근하는 연구 틀 안에서
디스포지티프에 대한 논의가 이뤄져 왔다. 디스포지티프 이론은
1970년대에 크리스티앙 메츠에 의해 촉발되었는데, 메츠는

8 푸코에 따르면, 디스포지티프는
단순히 기술적 장치(apparatus)를
의미하지 않는다. 디스포지티프란
오히려 담론, 제도, 철학적 윤리적 진술과
같은 다양한 관계들 속에서 이뤄진
하나의 체계로서 긴급한 필요에 대응하는
하나의 역사적 순간을 나타낸다.
「The Confession of the Flesh」,
『Power/Knowledge: Selected
Interviews and Other Writings』
ed. Colin Gorden (New York:
Pantheon Books, 1980), 194–228.
한국어 번역본은 『권력과 지식』(홍성민
옮김, 서울: 나남출판, 1995) 참조.

Painting as *Dispositif*: Affective Spatiotemporality

7 David Teh contemplated the origin of national tradition in Thai contemporary art in a 2014 paper: "Art's address to the past is always a double movement, addressing two pasts: the past that may be its theme or referent; and a past that's immanent to its praxis." David Teh, "La Fausse Monnaie: Tradition as False Currency," *Tradition (Un)Realized*, International Symposium (Seoul: Arko Art Center, 2014), 115.

〈정지 그리고 위치-정 #〉, 2012–2015년

Pause and Position–Jeong, 2012–2015

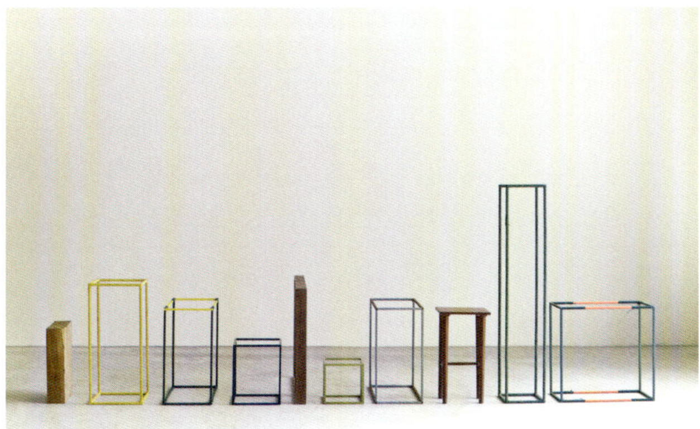

8 According to Foucault, the *dispositif* is not a technical apparatus. Rather, it is a system of relations, such as discourses, institutions, or philosophical and ethical statements, marking historical moments that respond to an urgent need. See "The Confession of the Flesh" (1977) in *Power/Knowledge: Selected Interviews and Other Writings*, ed. Colin Gordon (New York: Pantheon Books, 1980), 194–228.

Readings of tradition in Kang's work lie in the fact that there are two traditions engaged: a past as referent or sub-narrative theme and a past that's "immanent to its praxis."[7] Kang's expanding aesthetic of true-view shows that her concept of spatiotemporality as the organic connection to time and space, and the audience's affective feeling of "being here" individually and collectively, work together in ways particular to the artistic mode of her vision. Thus, Kang's unique configuration of spatiotemporality from a past to interweave the present/future engender an individual and collective sense of time/space, leading to the use of multifarious interpretations to negotiate the very meaning of contemporaneity.

The row of installation pieces in *Pause and Position–Jeong* (2012–2015) may at first appear almost symmetrical, but upon closer observation, are slightly mismatched. Kang's work, in general, can appear structured but fragmented, geometrically harmonious but delicately disjointed, careful but makeshift. When we view this work through a broader contextual lens and contemplate what it means to understand contemporary sensibilities within the structure of tradition — or what happens when we transfer meaning across cultural, chronological, or spatial boundaries — Kang's approach seems both eloquent and earnest. Her geometric perceptions further both the individual meaning of works and the ongoing evolution of true-view painting, reified as an ongoing process.

True-view painting functions as a Foucauldian *dispositif*, a term that describes the construction and rearrangement of images, and their heterogeneous connection to reinterpretation by the audience.[8] In media studies, the *dispositif* has been engaged by Post-Structuralist approaches to film, such as the apparatus theory. The concept of the *dispositif* was promoted and expanded in the 1970s by Christian Metz, a theoretician who incorporated psychoanalysis into film theory, by focusing on the symbolic representation of reality through movies. In other words, when the *dispositif* connects viewers and spectators to the outside, the viewers generate new meanings as they acquire understanding of the cinematic unreality, or the way affective

정신 분석학을 영화 이론에 도입한 이론가로 영화를 통한 현실의
상징적 재현에 중점을 두었다. 다시 말해, 외부 현실과 관람자를
연결하는 하나의 장치가 만들어지는 동안, 관람자는 이 장치를
통해서 현실에 대한 새로운 의미를 생성해 낸다는 것이다.
즉 시각적 재현을 통해 관람자 스스로가 자신이 처한 현실을
받아들이면서 영화적 비현실, 정동적 효과와 시뮬레이션에
대해 새롭게 이해하는 과정이 만들어지는 것이다. 강서경의
<검은아래 색달>과 <검은자리 꾀꼬리>(2018) 두 작품 모두
이러한 작가의 철학적, 존재론적 사고 간에 연결-융합-상호
작용이 함께 발생하여 관객을 위한 하나의 디스포지티프의
토대로 마련된다. 강서경의 작업에서 실재(조각)와 가상
(영상)이 각각 실재 세계와 시뮬레이션의 장으로 적극적으로
도입, 적용되고 있는 것이다.

　　　강서경의 조각 설치물에 대한 관객의 경험은 데자뷔로써,
파편화된 영상물에 대한 기억을 공유함으로써 하나의 연결된
감정으로 구체화된다. 관객이 스크린을 통해 가상으로 대면했던
사물들은, 이제 주체 없이 비활성화된 하나의 오브제로
등장하여 관객들에게 마치 그 자신이 '기억의 증거'인 양
스스로의 물리적 존재감을 가감 없이 드러낸다. 화면 속에
등장한 가상의 무수한 격자의 조합은 관객 스스로의 상상을
통해서 현실이라는 또 다른 영역을 통해 실제 공간 안에서
언제든 임의로 조합될 수 있는 듯 보인다. 따라서 실재하는 이
오브제들은 가상물의 존재론적 의의에 대한 질문을 환기시킨다.
즉, 이제껏 관객들이 상상을 통해 어떻게 시각적인 것(눈으로
보는 사물)을 선형적으로 사고해 왔고, 관객이 상상하는
비선형적 내러티브가 얼마나 스스로 사물을 인지하는 방식,
즉 진경에 대한 인식과 바라보는 방식 자체를 실질적으로
제한해 왔는가를 질문한다. 보기/관람하기 방식에 대한 해석과
미학적 영역에서 역설적으로 의미 없음의 문제, 이러한 서사적
다공성의 미학은 다양한 역사적, 문화적 의미가 기실 이러한
텅 빈 기표 뒤에서 매개될 수도 있다는, 동시대의 진경을 스스로
성찰하고 숙고하게끔 하는 하이데거적 기투(Entwurf)로서
작동한다.

전복적 다공성: 화문석의 구멍과 동그라미

<검은자리 꾀꼬리>에서 우리는 어떤 의도를 지니고 끊임없이
구조를 만들어 내고 있는 얼굴 없는 피사체를 목도한다. 일견
이 불가사의한 움직임들은 어딘지 불안정해 보이고 파스텔
색조의 조각들은 이런 시각적 부조화 속에서 온전히 정렬되지
않는 듯 보인다. 강서경의 또 다른 예술적 플랫폼인 화문석
(검은 자리)이라는 인식적 모형 안에서 기괴한 소음은 끊임없이

influences simulate reality through visual representation. Both Kang's *Black Under Colored Moon* and *Black Mat Oriole* produce grounds for the audience's experience of a *dispositif*, in which the connection-convergence-interaction between philosophical and existential thinking occurs. This function is actively applied and appropriated in Kang's works, as actual (sculpture) and virtual (video) aspects offer up both the real world and its simulation.

The audience's experience within Kang's sculptural installations echoes the fragmentation of her videos as déjà vu, which reifies a feeling of connection. The deactivated objects, without agency, that the audience confronts virtually on the screen enunciate their physical existence as if they (Kang's artistic objects) are *the proof of the memory*. The assemblage of numerous grids on the screen can be arbitrarily combined at any time in the actual site through the audience's own imagination – introducing different realms of reality. Thus, actual objects seem to provoke questions about the ontology of virtual things – how the visual (what-you-see) can be mediated as linear, and how, combined with non-linear narrative structures imagined by the audience, can actually limit the way we perceive thingness, the very essence of true-view. The paradoxical meaningless in the realm of interpretation and aesthetics acts as a Heideggerian project (*Entwurf*) of self-contemplation and reflection, such that in contemporary true-view, various historical and cultural meanings can be intermediated behind void signifiers.

Subversive Porosity: Holes and Circles of *Hwamunseok*

9 *Hwamunseok* is an embroidered handwoven mat made with reed, bulrush, or straw, combined with peony, plum patterns, and/ or tiger, dragon, and phoenix shapes, from the time of the Shilla Dynasty (57 BCE–935 CE). In Kang's *Black Mat Oriole*, *hwamunseok* is a restricted site for the *Chunaengmu* performance, where a dancer is allowed to perform for royalty.

In *Black Mat Oriole*, we zoom in on Kang's faceless subjects constructing structures with intention, and yet their mysterious movements seem unsteady; pieces of pastel shades don't seem to completely align in the midst of the visual cacophony. Within the epistemic matrix of *hwamunseok* (black mat), another artistic platform for Kang's work, uncanny noises ooze out of the apertures, bodiless feet slowly hop around between stanzas, and porous squares permeate the spatiotemporality of beings.9 Each cadence of movement ends repetitively with the clear sound of percussion, which plays a role in informing the

9 화문석은 신라 왕조(기원전 57년–
기원후 935년)에서 유래하여 갈대,
사초, 짚 등을 수공으로 엮은 돗자리를
일컫는다. 일반적으로 모란, 매화,
호랑이, 용, 봉황의 형상이 수놓아져
있다. <검은자리 꾀꼬리>(2018)에서는
화문석이 왕족을 위해 상연된 춘앵무를
위한 제한적 공간으로 존재한다.

10 박은 궁중 제례 음악에서 전주
부분의 시작을 알리는 타악기다.

틈새로 흘러나오고, 신체 없는 발은 느슨하게 행과 행 사이를
뛰어다니며, 다공의 사각형들은 존재의 시공간 안으로 서서히
스며든다.[9] 움직임의 종지부는 명징한 타악기 소리와 함께[10]
반복적으로 끝나는데 이것은 행위의 시작과 끝, 변화를 알려
주는 역할을 한다. 검은 자리 안에서 스스로의 시공간 안에
묶여 있던 주체들은 이제 제 자리를 탈피해 칠흑의 디에게시스
(diegesis) 안에서 구멍과 동그라미 안에 발을 넣었다 빼고
있다. 불경스러운 그림자가 마치 구멍을 통해 빠져나가는 모든
순간을 감시하고 있는 것만 같다.

강서경에게 있어 다공성이라는 은유는 한국에 있어서
동시대성의 의미와 사물을 보는 방식에 대한 작가의 미시적
정치적 참여를 환기시킨다. <검은자리 꾀꼬리>는 다층적 전제
조건하에서 정처럼 작은 사각형 틀 안에 오랫동안 갇혀 왔던
존재/개인화된 자아들이 더 이상 절대적인 시공간에 제약받지
않고, 오히려 서로에게 즉각적으로 관여하고, 확장하고,
중첩하고, 간섭하며 영향을 미치겠다는 어떤 다짐처럼 읽힌다.
다공성이 지니는 정치적 횡단성은 자아의 침투 가능성에 관해
질문을 제기한다. 강서경의 기존 예술 모티프인 '모라'나
'정'과는 달리, <검은자리 꾀꼬리>의 화문석에는 도대체 왜
그렇게 많은 구멍과 동그라미가 있게 된 걸까? 그리고 이것이
하나의 기호로서 우리에게 제시해 주는 바는 무엇일까? 모라와
정, 화문석 사이에 존재하는 전환적 연결점을 더 잘 이해하기
위해, 우리는 정치 사회적 상황 안에서 진척된 <검은자리
꾀꼬리>가 표상하는 한국이라는 독특한 시공간의 역사적
특수성을 상기해야만 한다.

<검은자리 꾀꼬리>는 조선 후기 전통 궁중 무용 가운데 가장
사랑받는 작품 중 하나인 춘앵무에서 영감을 받았다. 춘앵무는
'춘앵전'으로도 알려졌는데, 봄날 꾀꼬리의 춤을 의미한다.
효명세자(1809–1830)가 버드나무 가지에서 지저귀는 꾀꼬리

<검은자리 #04>(왼쪽), <검은자리 #06>
(오른쪽), 2016년

*Black Mat #04 (left) and Black
Mat #06 (right), 2016*

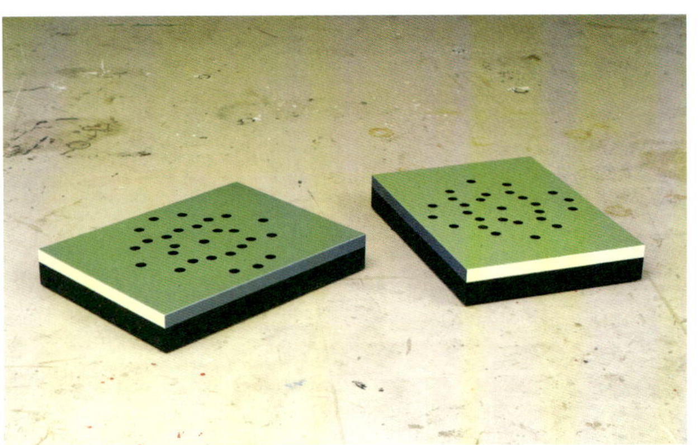

<검은자리>, 2016년

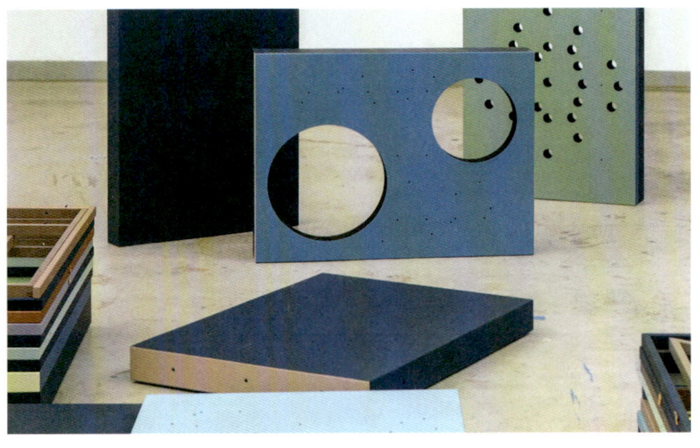

Black Mat, 2016

beginning, ending, and change of action.[10] Those who are situated in their own space-time start to break away and sneak into other places, taking their feet in and out of the holes in a pitch black diegesis, where ominous shadows appear, as if monitoring the entire sequence.

For Kang, the metaphor of porosity evokes political engagement, in terms of both contemporaneity and the way-of-seeing in South Korea. Since Kang's *Black Mat Oriole* indicates that the multi-layered precondition of being that had long been confined in a small square as *jeong*, is no longer constrained within the absolute spatio-temporality; rather the subjects can instantaneously engage, expand, overlap, and interfere to affect one another. The political transversality of porosity thus opens up a question about the permeability of the self. Unlike Kang's previous artistic motifs, such as *Mora* and *Jeong*, why does the *hwamunseok* in *Black Mat Oriole* have so many holes and circles, and what do they indicate to us as signs? To better understand the transformative links between *Mora/Jeong* and *hwamunseok*, we should remind ourselves of the historical specificity of *Black Mat Oriole*, as Kang's work is considered within the sociopolitical circumstance of South Korea.

The installation of *Black Mat Oriole* is inspired by one of the most beloved traditional solo court choreography forms, *Chunaengmu* (also known as *Chunaengjeon*, literally meaning "dance of the spring oriole"), from the late Joseon Dynasty.[11] Created by Prince Hyomyeong (1809–1830), who was inspired by watching a pair of orioles chirping on a willow branch, *Chunaengmu* is a series of restrained gestures with gentle and poetic movements, only to be performed on a square mat, called *hwamunseok*.[12] In other words, *hwamunseok* is the only choreographical topos in which anything can be allowed to be presented. During the traditional solo performance, the court music piece *Pyeongjo hoesang* is played to accompany the dance, though Kang uses minimal sound to evoke its nature.[13] Since it is a court dance only performed in front of royal family, its expression is full of self-restraint.[14] The most striking pose of *Chunaengmu* is *hwajeontae* (花煎態), literally meaning "the graceful appearance in front of a flower." Performers in court

10 *Bak* is a traditional percussive instrument used to announce a transition to the prelude of ritual music in premiere court performances.

11 According to the Manual of Court Banquet (*Sunjogichukjinchan uigwe*, 純祖己丑進饌儀軌, 1848), the oldest documents providing information about *Chunaengmu*, the dance has existed since 1649, but was revised and perfected during Prince Hyomyeong's tutelage. Moon Il-ji, "Ch'unaengjŏn (Nightingale Dance), a Korean Court Dance," *Yearbook for Traditional Music*, vol.15 (East Asian Musics, 1983), 71–88.

12 Praised as "the flower of court dance," *Chunaengmu* is the only solo Korean court dance performance that includes choreographic patterns and movements, such as *gwagyosun* (過橋仙), *nakhwayusu* (落花流水), *daesu* (擡袖), *dosua* (掉袖兒), *bansusubul* (半垂手拂), *beonsu* (飜袖), and *hwajeontae* (花前態) within six *ja* (尺, 자), a Korean unit of length (one *ja* is approximately 0.33 m, thus six *ja* is equal to two square-meters).

13 *Yeongsan hoesang* is a Korean court music repertoire, originating from Buddhist music, originally sung with seven words, as chanted in the Buddha's sermon. *Pyeongjo hoesang* is an alternative version of *Yeongsan hoesang*, transposed four scales lower. *Pyeongjo hoesang* is used as accompaniment to the court dance *Chunaengmu* and solo *daegeum* (large bamboo transverse flute from traditional Korean music) performance.

14 Performers can dance on the *hwamunseok* without shoes, only if wearing traditional socks called *beoseon*. In *Black Mat Oriole*, the performers in both the installation and actual performance do not wear socks. Usually dancers wear *aengsam*, a yellow costume, along with a headdress called *jokduri*, specifically meant for female dancers.

11 춘앵무에 대한 개략적인 정보가
기록된 가장 오래된 문서인 『순조기축
진찬의궤』(純祖己丑進饌儀軌, 1848)에
따르면, 춘앵무는 1649년부터
존재했으며 효명세자의 후견으로
개정되고 완성되었다고 전해진다.
Moon Il-ji,「Ch'unaengjŏn
(Nightingale Dance), a Korean
Court Dance」,『Yearbook for
Traditional Music』vol.15 (East
Asian Musics, 1983), 71–88쪽.

12 '궁중 무용의 꽃'으로 칭송받고 있는
춘앵무는 가장 다양한 안무 패턴과
더불어 과교선(過橋仙), 낙화유수
(落花流水), 대수(擡袖), 도수아
(掉袖兒), 반수수불(半垂手拂), 번수
(飜袖), 화전태(花煎態) 등 우아한
움직임을 선보이는 유일한 춤으로, 여섯
자(尺)의 공간 안에서 펼쳐진다. '자'는
한국의 전통적 길이 단위로, 한 자는 약
3분의 1미터이다. 따라서 여섯 자는
2제곱미터에 해당한다.

13 영산회상은 불교 음악에서 유래한
정악 레퍼토리로, 일곱 단어로 부처의
설법을 영창하여 부른다. 평조회상은
영산 회상의 다른 버전으로, 네 음계 낮춰
연주된다. 평조회상은 주로 궁중 무용인
춘앵무와 대금 독주에 곁들이는 음악으로
쓰였다.

14 무용수들은 신발을 신지 않고 화문석
위에서 버선만 신은 채 통제된 춤사위를
밟았다. 강서경의 작업과 실제
공연에서도 퍼포머들은 양말을 신지 않고
단색으로 이뤄진 단순한 복장을 입는다.
무용수들은 앵삼이라 불리는 노란 의상을
입고 족두리를 썼다.

15 강서경과 마리아 린드의 대화
(192쪽)에서 발췌.

16 세월호 참사로도 불리는 세월호 침몰
사고는 2014년 4월 16일에 일어났다.
무려 300명이 넘는 희생자가 발생했고,
이들 대부분은 안산시에서 제주도로
수학여행을 가던 고등학생들이었다.
이렇게 벌어진 참사는 정부의 노력
부족과 책임 회피, 충분히 예방 가능한
재난에 대한 부적절한 대처가 악재로
겹쳐 발생한 대비할 수 있었던 재난으로
여겨졌다. 이 사건은 2014년부터
2017년까지 이어진 촛불 시위로 전
국민적 분노를 촉발했고, 세월호 침몰을
초래한 과정에 책임이 있는 당사자들을
밝혀내고 정의의 심판을 받게 할 특별법
제정에 대한 합법적 요구를 끌어냈다.

한 쌍을 바라보며 지었다고 알려진[11] 춘앵무는, 부드럽고 시적인
움직임에 절도 있는 몸짓을 통해 연희되며 화문석으로 된 사각형
돗자리 위에서만 상연된다.[12] 달리 말하자면, 화문석이라는
자리는 무엇이든 보일 수 있는 유일한 영역이 된다. 전통적 독무
(獨舞)에서는 평조회상이라는[13] 정악(正樂)이 무용과 함께
연주되는데, 강서경은 춘앵무의 특성을 살리기 위해 최소한의
소리만을 사용한다. 춘앵무는 왕실 앞에서 행해진 궁중
무용이기에 표현이 극도로 절제되고 억제되었으며,[14] 춘앵무의
백미는 꽃 앞에서 우아한 자태를 뽐내는 화전태(花煎態)이다.
궁중 무용을 추는 무용수는 감히 왕의 얼굴을 바로 볼 수
없었는데, 화전태는 이에 대한 유일한 예외적 상황으로,
무용수는 등 뒤로 화려한 소매를 젖혀 올려 꽃 위에 살포시 앉은
새를 흉내 내며 살짝 고개를 들어 왕에게 미소 지을 수 있었다.
이때 어떤 미소를 짓는지가 무용수의 수준을 판가름 지었는데,
이렇게 미소를 짓는 행위야말로 화전태의 대담함과 전복성의
정점을 가감 없이 보여 주었기 때문이다. 이 순간적 도발은
무용수와 관객이 사회 문화적 지위와 관계없이 위계적으로
동등할 수 있는 유일한 시공간이었다. 이처럼 황홀한 찰나
안에서만 의미의 진실함이 온전히 전달될 수 있었다. 강서경은
화전태가 "출발점인 동시에 도착점"이 되는[15] 것으로 최소한의
예술적 플랫폼이라는 점을 명확히 언급했는데, 이로써 화전태는
동시대 한국의 정치적 상황 안에서 인권의 박탈(disposses-
sion)이라는 개념과 이것이 수반하는 생명 정치, 정치적 인지,
수행성, 저항, 관계성 등 다양한 문제들을 함께 성찰할 수 있는
정치적 영역(topos)을 표상한다고 해석할 수 있다.

　　<검은자리 꾀꼬리>는 작가의 의중과 상관없이 세월호
사건으로[16] 촉발된 한국의 정치적 혼란과 역사적 순간들에
대응한 집단적, 개인적 대중 참여와 명백히 공명한다. 춘앵무의
화전태처럼 바로 이러한 개인적 움직임에 대한 태도가 강서경이
탐구하고자 하는 바를 드러내는 포이에시스(poiesis)인
것이다. 이는 마치 부단히 어긋난 구멍과 딱 들어맞지 않는
동그라미들이라는 기호를 사용하여 은유적으로 개인들의 사회
정치적 움직임을 포착하려는 듯 보인다.

　　세월호 사건은 한국인들이 일제 강점기로부터 해방
이후 현재까지, 너무나 당연시 여겨 왔던 동시대성이라는 것
(contemporaneity)의 의미를 되짚어보게 하는 하나의
풋말이 되었다. 세월호 사건으로 촉발된 생명 정치에 대한
문제는 인권 운동에 대한 정부 차원의 통제라는 문제뿐만
아니라, 세월호 침몰이라는 '탈구된 시간(disjointed
time)'에 대한 문제들—주권, 아감벤식 벌거벗은 삶, 살 권리,
통치성 등—에 대한 새로운 문화적 담론들을 파생시켰다.

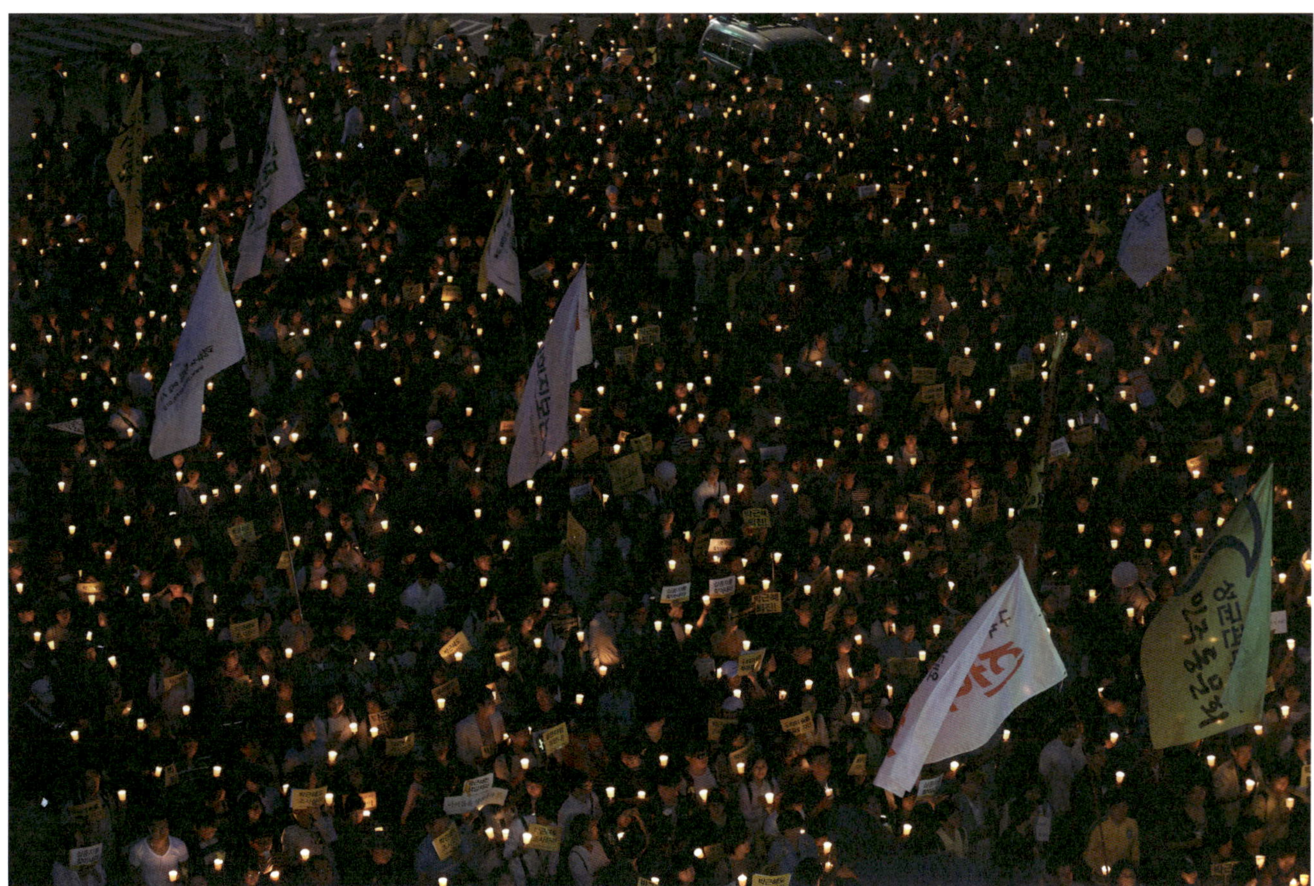

세월호 침몰에 대한 정의를 요구하는
촛불 시위, 2014년. 『한겨레』 / 김태형
제공

Candle light vigil movement
for the justice of sinking of
Sewol ferry, 2014. The
Hangyoreh / TaeHyeong Kim

dances could not dare to face the king. *Hwajeon-tae* is the only exception – as when the dancer imitates a bird resting on a flower by placing their colorful sleeves behind their back. Only then can the dancer smile at the king. The quality of this unexpected smile reveals the class of the dancer, since the very act of smiling is one of the most audacious and subversive pinnacles of *hwajeontae*. The momentary act is the only time-space when both the performer and the audience can be hierarchically equal, regardless of their sociocultural status. Thus, the truth of meaning can be fully conveyed within this ecstatic in-terstice. As Kang clearly indicates, *hwajeontae* serves as a minimal artistic platform for "the minimum space one can stand in… it simultane-ously becomes a point of departure and point of arrival, after which we decide where we want to go," or better, *hwajeontae* might signify the po-litical condition in which one can investigate the concept of dispossession in contemporary Korean culture, and its connections with bio-pol-itics, recognition, performativity, protest, and relationality.[15]

15 Suki Seokyeong Kang, in
conversation with Maria Lind,
2018 (p.193).

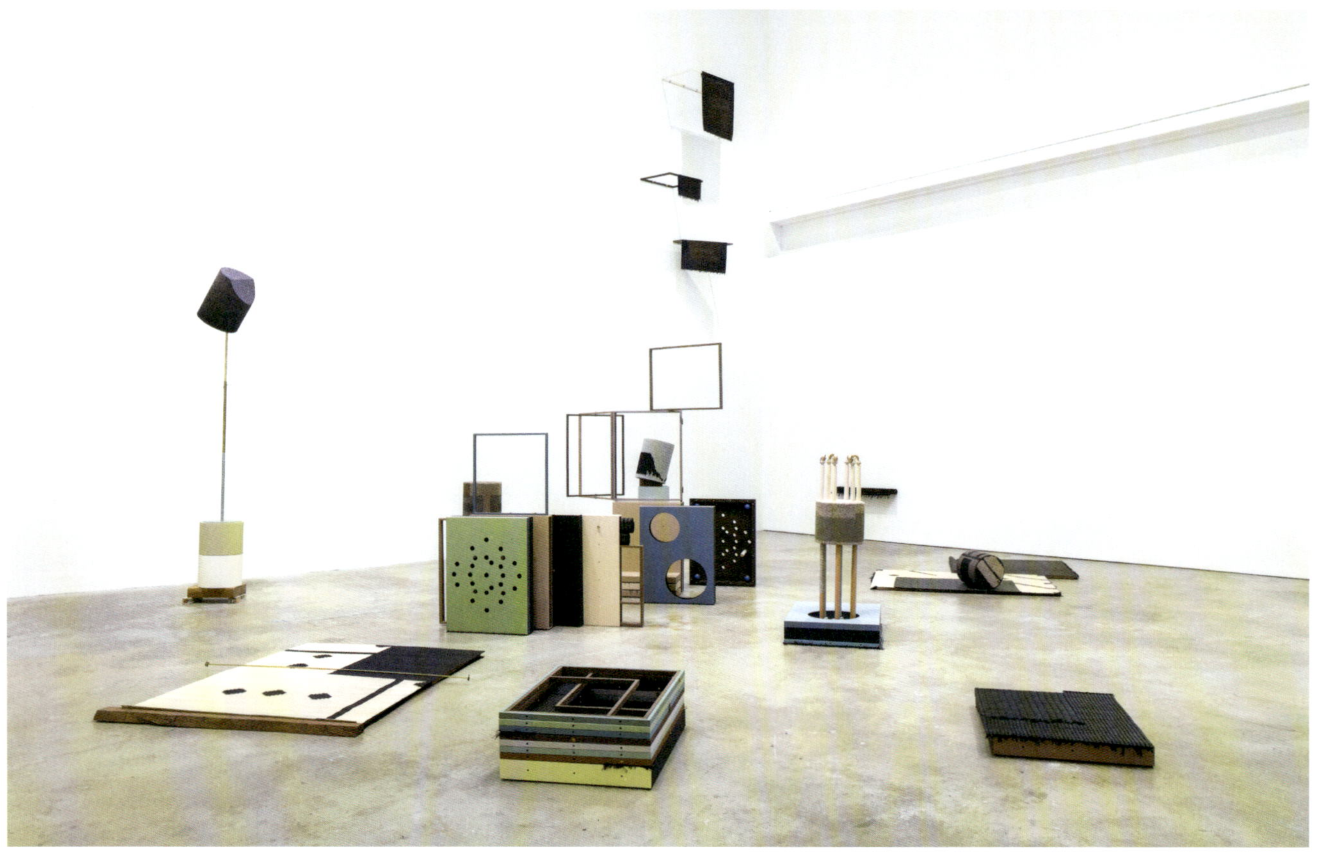

17 Gilles Deleuze, 『Proust and
Signs』(Minneapolis: University
of Minnesota Press, 2000), 15.
들뢰즈는 프루스트의 『잃어버린 시간을
찾아서』를 독해하면서 개인이나
사건들이 남긴 기호의 흔적들을 보고,
어떻게 기억이 기호를 창의적이고도
부정확하게 해석하는지에 대해
연구했다. 이를 통해 들뢰즈는 해석에
있어 비자발적 기억과 해석의 주관적
연결이라는 일반적 통념에 도전하고자
했다.

18 "나아가, 그 움직임의 과정은
영상이라는 공간을 통해 기록됩니다.
이것이 작업을 위한 플랫폼으로
작동하기를 희망하며, 그렇지 않더라도
개인적 생각과 목소리를 구현할 가능성의
공간을 만들어내길 바랍니다.
여기까지가 지금 제 작업이 서 있는
지점이며, 작업의 과거와 현재이자,
미래에 또 다른 곳을 향해 움직여 갈
가능성을 보여 줍니다." 강서경과 마리아
린드의 대화(196쪽)에서 발췌.

2014년 세월호 침몰 이후, 출구 없이 꽉 막힌 한국의
시공간성에 대한 문제들은 이렇듯 언제나 반복적으로 진실을
촉구하는 방향으로 귀결되어 왔다. 하지만 질 들뢰즈가
말했듯, "진실은 애착이나 선의로 찾는 것이 아니라 언제나
비자발적 기호(signs)에 의해 배반당한다."[17] 정부가 정치
운동을 통제하고 문화 검열을 통해 잃어버린 시간을 생각하게
하는 여러 가지 기호들이 존재한다. 미지의 얼굴들, 시공간적
불일치의 징후로 영구히 순수한 상태로 남게 된, 이젠 존재하지
않는 이 얼굴들은 이제 미디어에서 희미하고 뭉개진 순간들로
조작되었다. 과거와 현재에 머무르고 있던 정동의 흔적이 다시
표면으로 떠오른다. 이처럼 미디어화된 기호들은 우리에게
미래의 희망을 주는 대신, 영구히 잃어버린 시간을 끊임없이
목도하며 재구성하게 하는 날카로운 고통을 안겨준다.

현실이라는 감각이 문화의 물질성을 구현하기에, 늘
일상의 감정에 되돌릴 수 없는 상실감을 안기며 생존과
무의미함이라는, 이미 서사가 증발해 버린 두 모순된 순간만을
만들어 낸다. 강서경은 특정한 시공간성 내에 존재하는
내러티브는 과거, 현재, 미래 안에 위치한 세밀한 주체의 상황성
(situatedness)을 앞으로 나아가게도, 이를 훼손할 수도
있는 잠재력을 창조해 낸다고 언급한 바 있다.[18] <검은자리
꾀꼬리>에서, 강서경은 특정한 장소와 시간을 만들어, 시간이

16 The sinking of MV *Sewol*, also referred to as the *Sewol* Ferry Disaster, occurred on the morning of April 16, 2014. The disaster killed more than 300 people, mostly high school students from the city of Ansan, who were on a school field trip to Jeju Island. The tragedy is now seen as resulting from a combination of the government's lack of effort, eluding of responsibility, and general mishandling of a very preventable event. The disaster created an outrage in South Korea, with public candlelight vigils taking place from 2014 to 2017, and created a demand for a special investigative law to reveal and bring to justice parties responsible for the sequence that lead to the sinking of the ferry.

17 Gilles Deleuze, *Proust and Signs: The Complete Text* (Minneapolis: University of Minnesota Press, 1964/2003), 15. Deleuze explores the system of signs via Proust's *In Search of Lost Time*, through looking at signs left by persons or events to explain how those memories interpret signs creatively but inaccurately. One of Deleuze's aims is to challenge the common concept that involuntary memory and subjective association in interpretation.

18 "I created a video that animates the art and extends it to the next page of the story. I hope this operates as a platform for the work, or that it creates a space of possibility to embody personal thoughts and voices. This is to point my work to where it stands now, its past and present, and its potential to head to another place in the future." Suki Seokyeong Kang, in conversation with Maria Lind, 2018 (p.199).

Regardless of Kang's ambiguous intentions, *Black Mat Oriole* clearly resonates with Korean political turmoil instigated by the *Sewol* ferry incident (2014) and the public's active engagement both collectively and individually in response to these historical moments.[16] The attitude of these personal movements informs the poiesis of what Kang wishes to explore, just as *Chunaengmu*'s *hwajeontae* uses perpetually mismatched holes and seemingly unfit circles in repetition as signs for the metaphorical sociopolitical movements of the individuals in motion.

The *Sewol* ferry incident was the signpost for Koreans to rethink meanings of contemporaneity that they took for granted since their liberation from Japanese occupation. The biopolitics of the *Sewol* ferry incident raise new cultural concerns around sovereignty, dealing with topics ranging from conditions of Giorgio Agamben's "bare life," the rights to live, questions of governmentality related to the "disjointed time" of the sinking, as well as issues of the governmental control of human right movements. Since 2014, the South Korean search for trapped spatiotemporality is always, and repetitively, concluded as the search for truth. But, as Gilles Deleuze said, "the truth is not to be found by affinity, nor by goodwill, but betrayed by involuntary signs."[17] There are signs that force us to conceive this lost time under the government's control through political movement and cultural censorship. For unknown faces, no-longer existing faces, continuously born in pure states as the signs of mismatched spatiotemporality, have been re-modified by the media in blurred and crushed moments. Affect lingers in the past and the present reappears on the surface – these mediatized signs give us the pain of witnessing and constituting a time lost forever, instead of giving us hope for the future.

Suffice to say that the present sensation sets its materiality of culture, and gives us a sense of irreparable loss as a present sensation – the strange contradiction of survival and of nothingness, both evaporated moments of narrative. As Kang mentioned, the narrative within specific spatiotemporality can create the potential to move on and undermine the very situatedness of a subject's past, present, and future.[18] In

코다: 미래 기억의 아카이브

20 Giorgio Agamben, 「What Is
the Contemporary?」, 『What is an
Apparatus? and Other Essays』
(Palo Alto: Stanford University
Press, 2009), 53. 한국어
번역본은 조르조 아감벤·양창렬,
『장치란 무엇인가? 장치학을 위한 서론』
(서울: 난장, 2010)을 참고할 것.

21 일제 식민지 점령 기간(1910-
1945) 중에는 궁중 무용이 엄격하게
금지되었다. 지금까지 살아남아
전수되고 있는 궁중 무용 안무는 다섯
개에 불과하다. 처용무(處容舞), 포구락
(抛毬樂), 검무(劍舞), 무고(舞鼓),
춘앵무(春鶯舞)가 바로 그것이다.
이 춤들은 주로 교방(敎坊)이라 불린
공연장에서 상연되었다

결국 미래를 향해 흐르게 하려는 우리의 의도를 반영하려는
움직임과 공명한다. 기억과 외상에 관한 관념들은 욕망,
삶과 죽음을 출발과 끝으로 상상하려는 행위, 상실/탈구된
시공간, 억압과 소멸, 부재와 상실 등 여러 가지 기호를 통해
드러난다. 〈검은자리 꾀꼬리〉에 드러나 있는 이런 기호들을
발견하는 것은, 그것이 자발적이거나 비자발적인 기호인 것과는
관계없이, 현대 한국 사회를 반영하는 특정 시공간성 안에서
영속하는 우리의 반복 외상 기억을 이해하는 중요한 의미들을
부여한다.[19]

> 우리는 어떤 이들, 어떤 것으로 이뤄졌기에
> 동시대인들인가? 동시대적이라는 것은 무엇을 뜻하는가?
> —조르조 아감벤[20]

조선의 모든 무용 가운데 춘앵무는 궁중 무용과 예절의 미학적
핵심을 상징적으로 표현하는 최고의 안무로 여겨졌다. 그러나
1895년 갑오개혁으로 조선의 계급 제도와 노비제가 폐지되고
기생이라 불리며 활동한 전통 무용수들과 이들을 훈육하고
관장하던 기관들이 역사의 소용돌이 속에 해체되면서, 전통
예술은 쇠락하고 공연자들은 사라졌다. 그리하여 춘앵무 또한
역사 속에 사라져 갔다. 기생으로 활동했던 무용수 가운데
아주 극소수만이 일제 식민 기간 중 전통 예술을 근근이 이어
나가려는 시도를 펼쳤다.[21] 해방 후 1969년, 국립영화제작소는
감독 미상의 선전 영화 〈춘앵무〉(1969)를 제작했다. 희귀한
문화 영화인 〈춘앵무〉는 식민지 시대를 배경으로 나이든 기생이
개인 자산을 국가에서 운영하는 신탁 은행에 위탁해 해방
후에도 경제적 안정을 지키고 안정적으로 딸에게 전통 무용을
전수하려는 내용을 담고 있다.

　　원래 이 영화는 박정희 독재 치하 압축적 근대화 과정과
경제 성장을 위해 개인 자산을 국가 소유의 은행에 맡길 것을
독려하고자 만들어진 선전 선동 영화였다. 하지만 영화의
플롯과 시퀀스, 내러티브는 춘앵무와 기생에 관련된 잊힌
기억을 생생하게 환기시키고, 춘앵무를 기록한 아카이브 자료
영상들과 여성 무용수들의 삶을 통해 간접적으로 이들의 삶을
엿볼 수 있게 한다. 영화의 마지막 시퀀스에서는 늙은 기생의
독백이 생생히 그려지는데, 그녀는 자신의 길고 복잡한 과거를
다음과 같이 회상한다.

19 Kang's conceptual painting in abstract grids and frames is mobilized by a doubled spatiotemporality of both past and present, where the spectator and the sculptural presence interchange meanings and signs between the contemporary and the archaic, and the transient and the eternal mode of affective movements as the archives of future memory.

Coda: The Archive of Future Memory

20 Giorgio Agamben, "What Is the Contemporary?," in *What is an Apparatus? and Other Essays*, trans. David Kishik and Stefan Pedatella (Palo Alto: Stanford University Press, 2009), 53.

21 During Japanese colonial occupation (1910–1945), all court dances were banned. Only five court dances survived and were inherited until now: *Cheoyongmu*, *Pogurak*, *geommu*, *Mugo*, and *Chunaengmu*. They were performed in entertainment houses called *Gyobang*.

Kang's *Black Mat Oriole*, this creates a specific place and time that resonates with the movement that reflects our own position, which allows time to flow toward the future. Memory and trauma appear in several signs: desire, the imagination of life and death as departures and endings, lost/disjointed time-spaces, repressions and disappearances, absences and losses. The uncovering of these in Kang's *Black Mat Oriole* – whether voluntary or not – gives meaning to our repetitive trauma through the perpetuation of specific spatiotemporality that mirrors contemporary Korean society.[19]

> Of whom and of what are we contemporaries?
> What does it mean to be contemporary?
> – Giorgio Agamben[20]

Among all the Joseon dance performances, *Chunaengmu* was regarded as the supreme aesthetic essence of court dance and symbolic etiquette. However, due to the abolishment of the Joseon Dynasty's class system and practice of slavery by Gabo reform in 1895, the *gisaeng* dance performers, as well as the institution set up for training and oversight of the dance, disbanded amid the historical vortex of declining traditional art. Only a few performers from former *gisaeng* households tried to succeed in this traditional art during the Japanese colonial period.[21] In 1969, the Korean National Film Institute produced, *Chunaengmu*, a propaganda film (director unknown). This now-rare film is based on the story of an elderly *gisaeng* in the colonial period, who entrusted her assets to a national bank to secure economic stability after liberation, and tried to pass on the movements of traditional dance to her daughter.

Although the film was originally created to promote the saving of individual assets at national banks, it symbolized the compressed modernization and economic development of Park Chung Hee's dictatorship – the plots, sequences, and narrative of the film evoke the forgotten memory of *Chunaengmu* and *gisaeng*, materialized through glimpses of archival footage of *Chunaengmu* performances and the lives of its female entertainers. In the vividly represented

내 마음은 이제 홀가분하게 됐습니다. 오늘은 딸에게 새로
마련한 꾀꼬리 같은 노란 빛 춘앵무 옷에 색동 한삼을
입히고 내가 썼던 화관까지 씌우고 춤추게 했습니다.
그 후에 난 오래 살지 못했습니다. 물론 딸은 몸부림치며
울었을 것입니다. 그러나 난 저승에서라도 딸에게
떳떳했다고 말하고 싶습니다. 그리고 저승에서나마 딸의
춤이 한껏 빛을 내기를 바라며 평소 내가 하던 말이 항상
딸의 마음속에 깊이 간직되기를 빌었습니다. 발은 땅에서
뜬 듯이 보이지 않게 내려와 걸어라. 몸은 가볍게 놀리되
무게와 끈기가 있어야 한다. 웃을 때는 살짝, 우아한 절정을
느끼도록 해야 한다. 둥우리로 나가는 제비의 맵시 같은
동작을 해야 한다. 내 마음이 아름다워야 움직이는 몸도
아름다워지는 것이다.

독재 치하에서 진행된 근대화의 한가운데서, 잊힌 전통
안무를 기억하는 계승자인 딸에게 스스로 떳떳하다는
것은 과연 무엇을 의미하는 것일까? 탈식민주의 이론가인
디페시 차크라바르티를[22] 인용하여 나는 다음과 같은 질문을
던져보고자 한다. 과연 누가 한국의 과거를 대변하고 있으며,
누가 미래 기억의 아카이브를 계승하는 후계자가 될 것인가?
일본군 성노예 생존자들로부터 미군 주둔지 성 노동자들에
이르기까지, 하위 주체들(subaltern)의 소외된 목소리는
늘 "젠더와 인종 문제에 기반한, 해결되지 않은 참극에 대항하는
초국가적 페미니즘"이[23] 발하는 집단적 저항성의 상징이
되어 왔다. 사회학자 양현아에 따르면 이러한 증언들은 결국
자신의 경험을 반추하여 스스로의 해석력을 통해 촉발된 자기
재현의 서사이며, 이러한 서사의 반복은 결국 공식적 역사
기술에 대항하는 잘 알려지지 않은 미시의 역사를 불러내고
재영토화하게 된다.

22 Dipesh Chakrabarty,「Postco-
loniality and the Artifice of
History」,『Representations』37
(Oakland: University of Califor-
nia Press, 1992), 1–26.

23 Hyunah Yang,「Finding the
"Map of Memory"」,『Positions』
16.1 (Durham: Duke University
Press, 2008), 84.

〈춘앵무〉, 1969년, 영상 스틸.
한국정책방송 KTV 제공

Chunaengmu, 1969, film stills.
KTV National Media

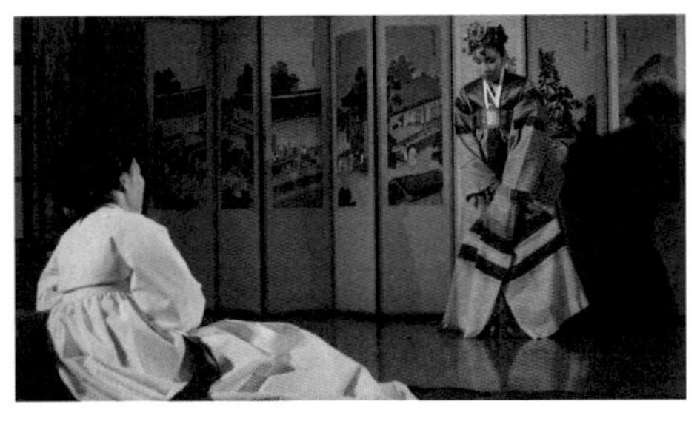
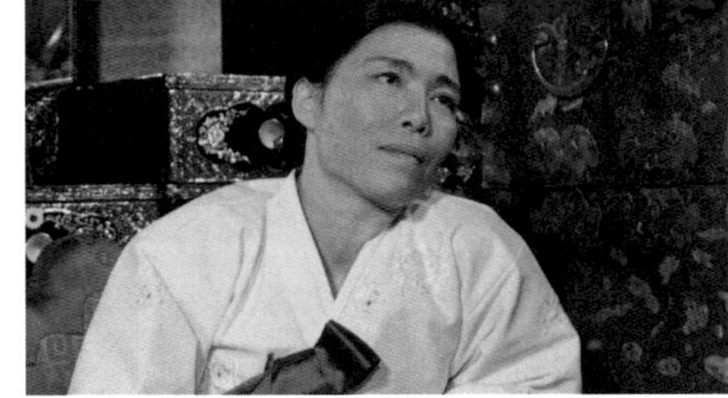
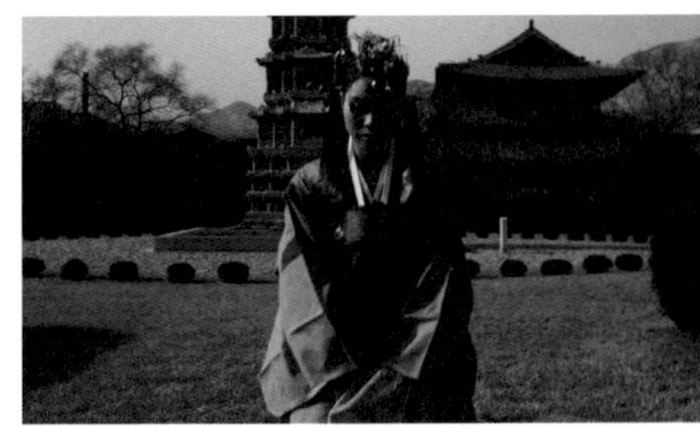

monologue of the old *gisaeng* in the final sequence, the main character recalls her past:

> My heart is now relieved. Today I put on my daughter a new yellow colored aengsam with headdress that I wore to dance. After that, I didn't live long. Of course my daughter would have struggled and cried. But I want to say that I have been honored by my daughter even in the afterlife. I always wanted to keep my words in my daughter's heart. Walk as if your feet are floating off the ground. The body should be ridiculously light so you can sustain your own weight with patience. When you smile, you should make yourself feel a vague elegance with climax. Move as swallows fly back to the nest. Make your heart attractive so your movement is equally gorgeous.

What does it mean to be honored *by* her own daughter, a successor who remembers the forgotten choreography in the midst of the dictatorship? Following postcolonial theorist Dipesh Chakrabarty, I ask a question: Who speaks for the Korean past, and who will be the successor *in* the archive of future memory?[22] From Japanese sexual slavery survivors to the US military camp sex workers, the marginalized voices of the subaltern became a symbol of collective resilience, a kind of "transnational feminism against the unresolved gender and ethnicity based atrocities."[23] According to Hyunah Yang, these testimonials — narratives of self-representation in which each woman looked at herself and her experiences reflectively with her own strength of interpretation — and their repetition of narrative

22 Dipesh Chakrabarty, "Postcoloniality and the Artifice of History: Who Speaks for the Indian Past?," *Representations* 37 (Oakland: University of California Press, 1992), 1–26.

23 Hyunah Yang, "Finding the 'Map of Memory': Testimony of the Japanese Military Sexual Slavery Survivors," *Positions* 16.1 (Durham: Duke University Press, 2008), 84.

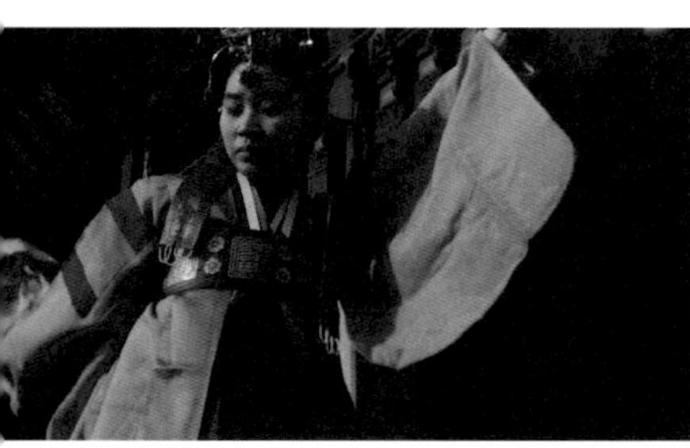
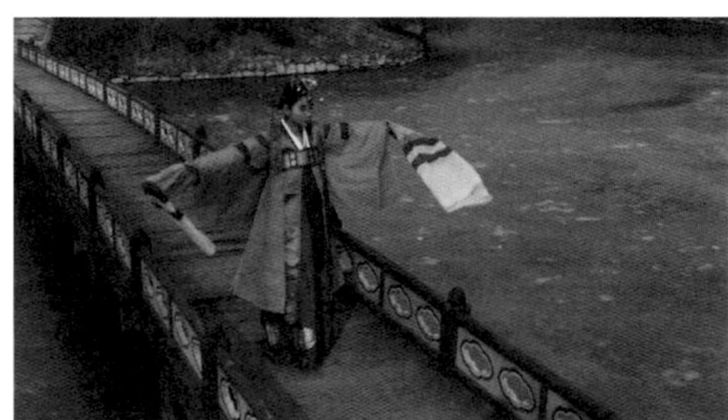
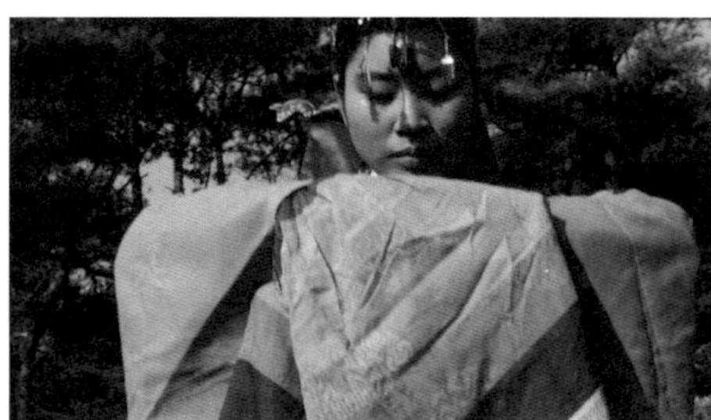

동시대성에 대한 강서경의 개입은 <그랜드마더타워>
(2011)라는 제목으로 자신의 할머니를 그려 낸 초기작에서부터
비롯된다. "뼈만 앙상하게 남았지만 여전히 아름답다"고
언급한 할머니의 마지막 순간을 묘사하기 위해 강서경은
자신만의 시각적 문법을 적극 활용한다. 할머니의 개인적
기억과 삶은 식민에서 탈식민에 이르는 한국의 근대사를
관통하며 벌어진 격변기를 온몸으로 끌어안고 있다. 할머니와의
친밀한 대화와 그녀에 대한 회상을 바탕으로 시각화된
<그랜드마더타워>는, 서 있기조차 힘들었지만 마지막까지
자신만의 화전태를 펼쳐 보이듯, 손녀 앞에서 희미하게 웃음을
지어 보이며 끝까지 위엄을 지킨 할머니의 존재감을 그려
냈고, 이후 강서경 작품에 두루 걸친 예술적 비전에 있어 피와
살 같은 존재론적 골격이 되어 주었다. 소멸해 가는 할머니의
존재는 작가에게 단지 전근대의 사라짐을 나타낼 뿐만 아니라,
과거로부터 기억을 전달할 수 있는 매개자의 상실을 뜻하기도
했다. 할머니 연작을 통해 선보인 기억술의 장치(mnemonic
device)로서의 미술은 한국 근현대사의 의미, 특히 여성의
삶이 지닌 가치를 되짚어보게 만든다. 강서경은 할머니의
관점이라는 독특한 렌즈를 통해 개인적 기억을 공식적 역사
서술로 확대시키고, 과거의 사라져간 목소리를 근대성의
증거로 재활용한다. 따라서 <그랜드마더타워>는 모라, 정,
화전태라는 강서경 고유의 주제들을 두루 아우르며, 독특한
정동적 시공간성에 대한 작가의 비전을 반영하는 하나의
원형물로 작동한다. 이처럼 강서경의 개념적 회화가 보여 주는
스펙트럼의 핵심인 기억술로서의 예술 행위는 구성적 자기
전치(self-displacement)와 예술 수행성의 폭넓은 변주를
통해, 한국에서 주체성과 보기의 방식(way-of-seeing)이라는
중요한 문제에 내재한 다양한 담론들을 이끌어 내는 유용한
예술적 문답과 예비적 플랫폼을 만들어 냈다. ▨

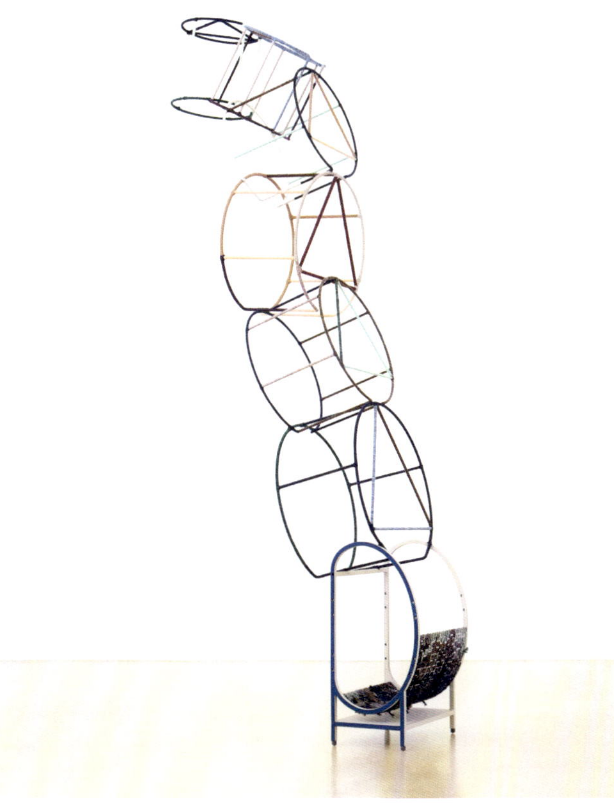

<그랜드마더타워 – 토우 #18-01>,
2018년. 강서경이 2010년에 시작한
<그랜드마더타워> 시리즈 중 근작

GRANDMOTHER TOWER – tow #18-01,
2018. This recent work stems
from the ongoing *Grandmother
Tower* series, which Kang began
in 2010

triggered the map of memories that eventually unfold and reterritorialize unpacked history against official historiography.

Kang's intervention with the concept of contemporaneity begins with her early work, *The Grandmother Tower* (2011), sculptural portraits of her grandmother (*halmoni*, in Korean). Kang utilizes her own visual grammar to illustrate the very last moments of her grandmother – as Kang mentioned, "scrawny yet beautiful" – whose personal memory embraced the entire upheavals of the Korean modern period, from colonial to postcolonial history. Based on her intimate conversations with and recollections of her grandmother – whose presence was so fragile that she was barely able to stand, yet who kept her own dignity by smiling in front of her granddaughter like her last *hwajeontae* – the work becomes an ontological skeleton of Kang's artistic aims, embodying time as flesh and blood. The vanishing presence of her grandmother (*halmoni*) indicates not only the disappearance of premodernity to Kang, but also the loss of vessels who can transmit memory from the past. This idea of art as mnemonic device summons the very meaning of Korean modern history, especially women's lives. The grandmother aggrandizes her personal memory to the official historiography, as Kang utilizes the demolished voices from the past as the proof of modernity through the lens of *halmoni*'s perspective. *The Grandmother Tower* is the prototype of Kang's vision of affective spatiotemporality, which spans her unique vocabularies of *mora/jeong* and *hwajeontae*. Art as the mnemonic device of remembering, the essence of Kang's conceptual painting, becomes both a dialogic form and preliminary platform to unearth the myriad forces behind dire issues of subjectivity in Korea, here recreated through constitutive self-displacement and spectral variations in artistic performativity. ▨

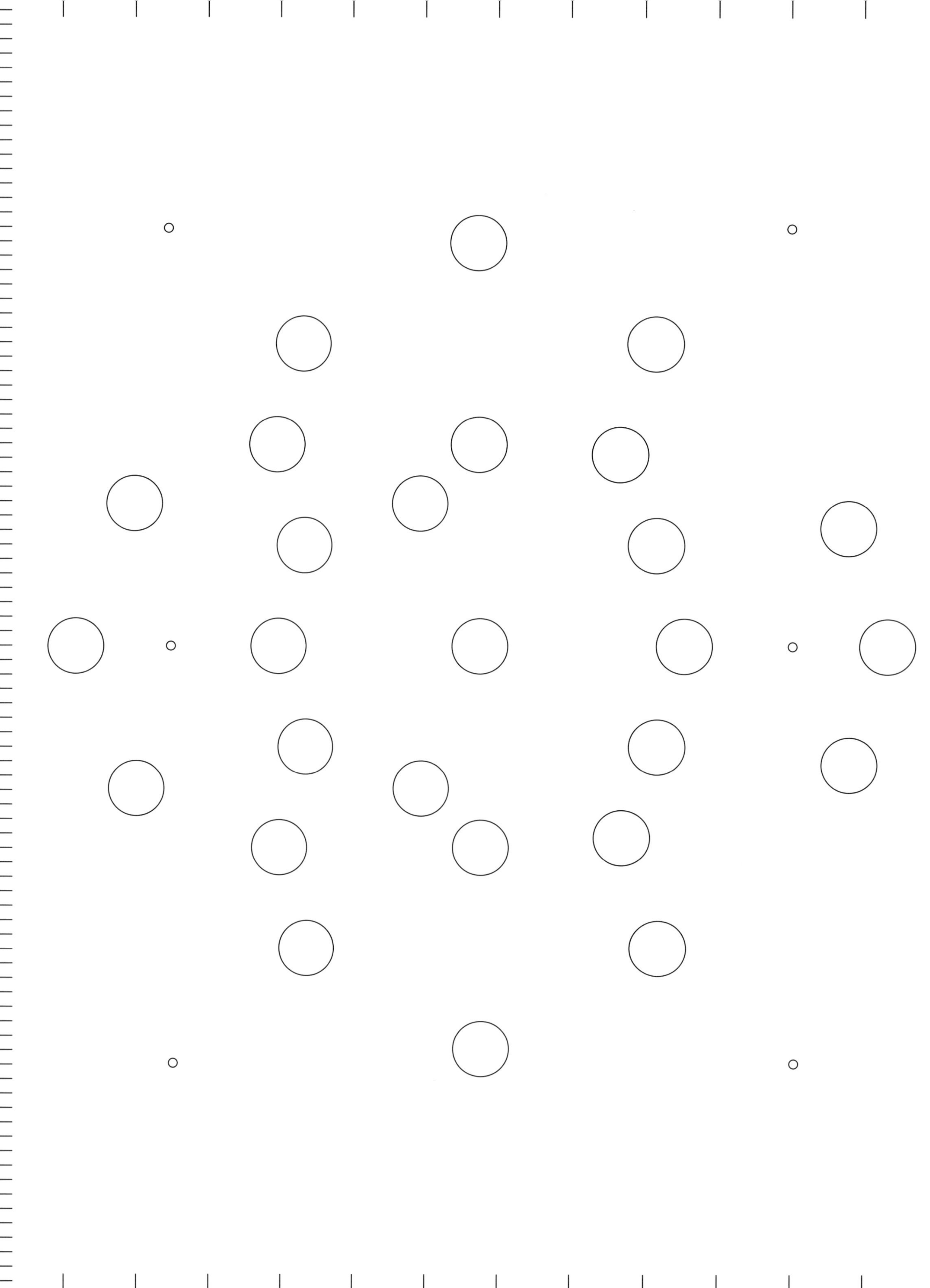

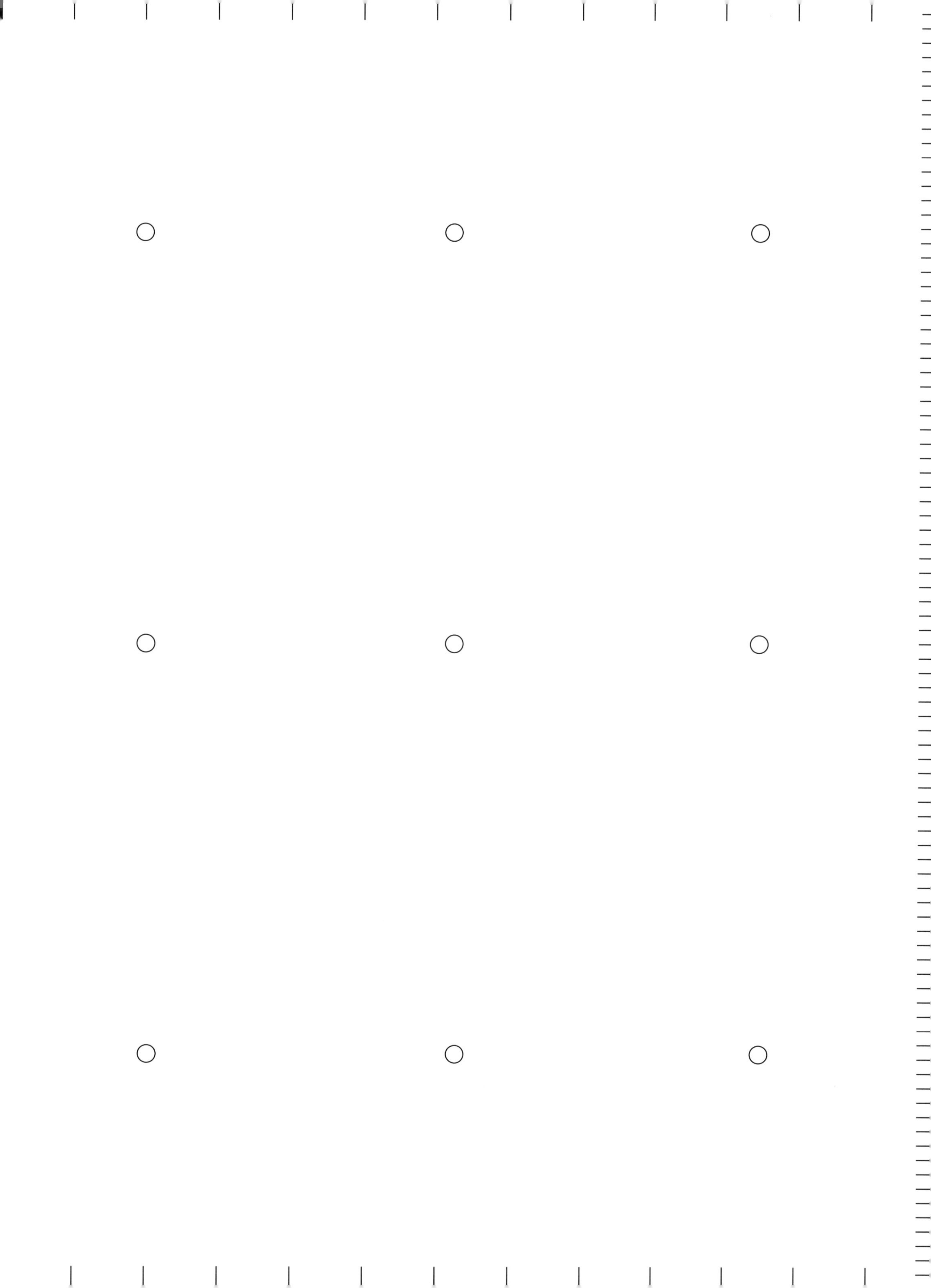

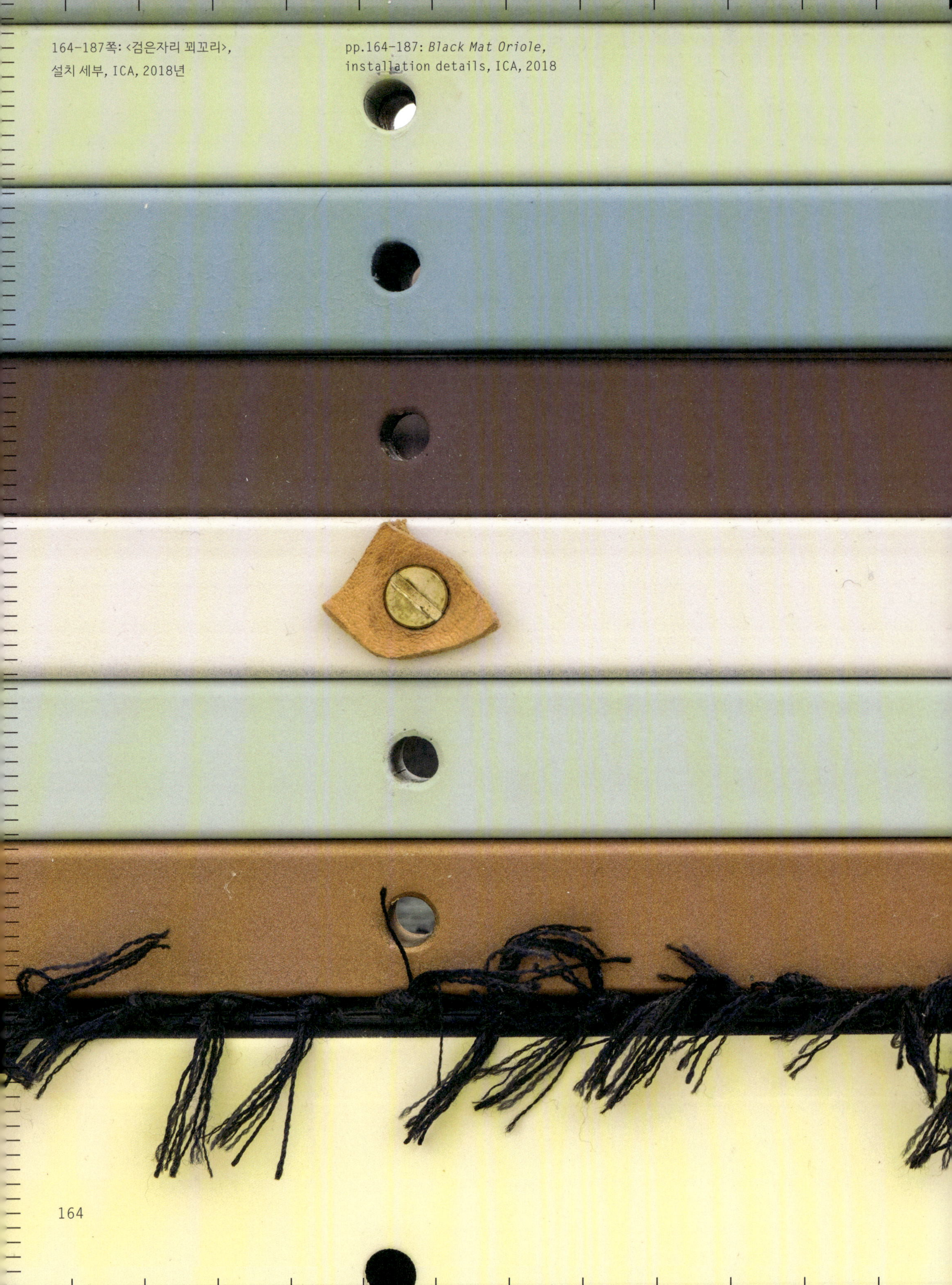

164-187쪽: <검은자리 꾀꼬리>,
설치 세부, ICA, 2018년

pp.164-187: Black Mat Oriole,
installation details, ICA, 2018

164

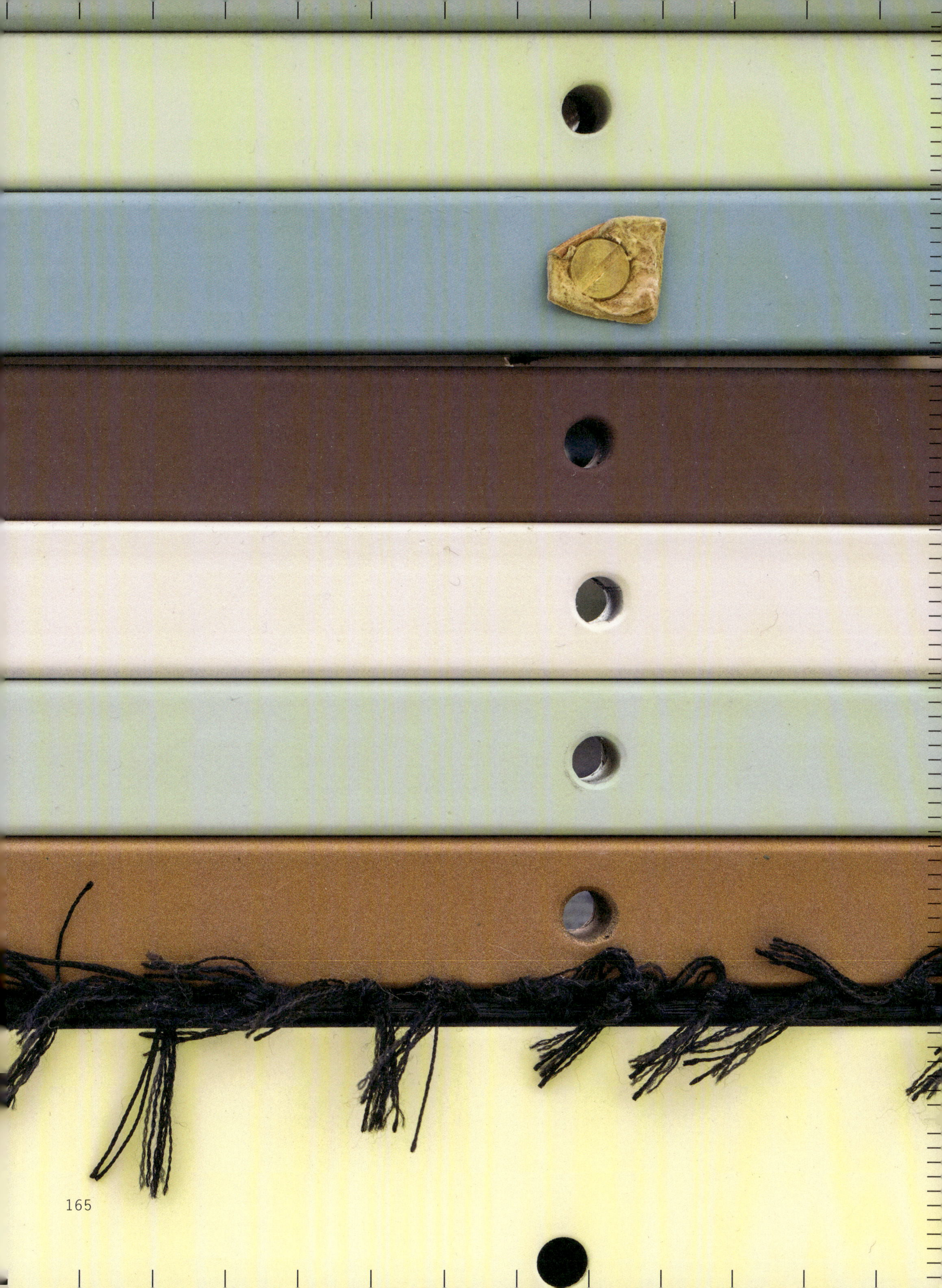

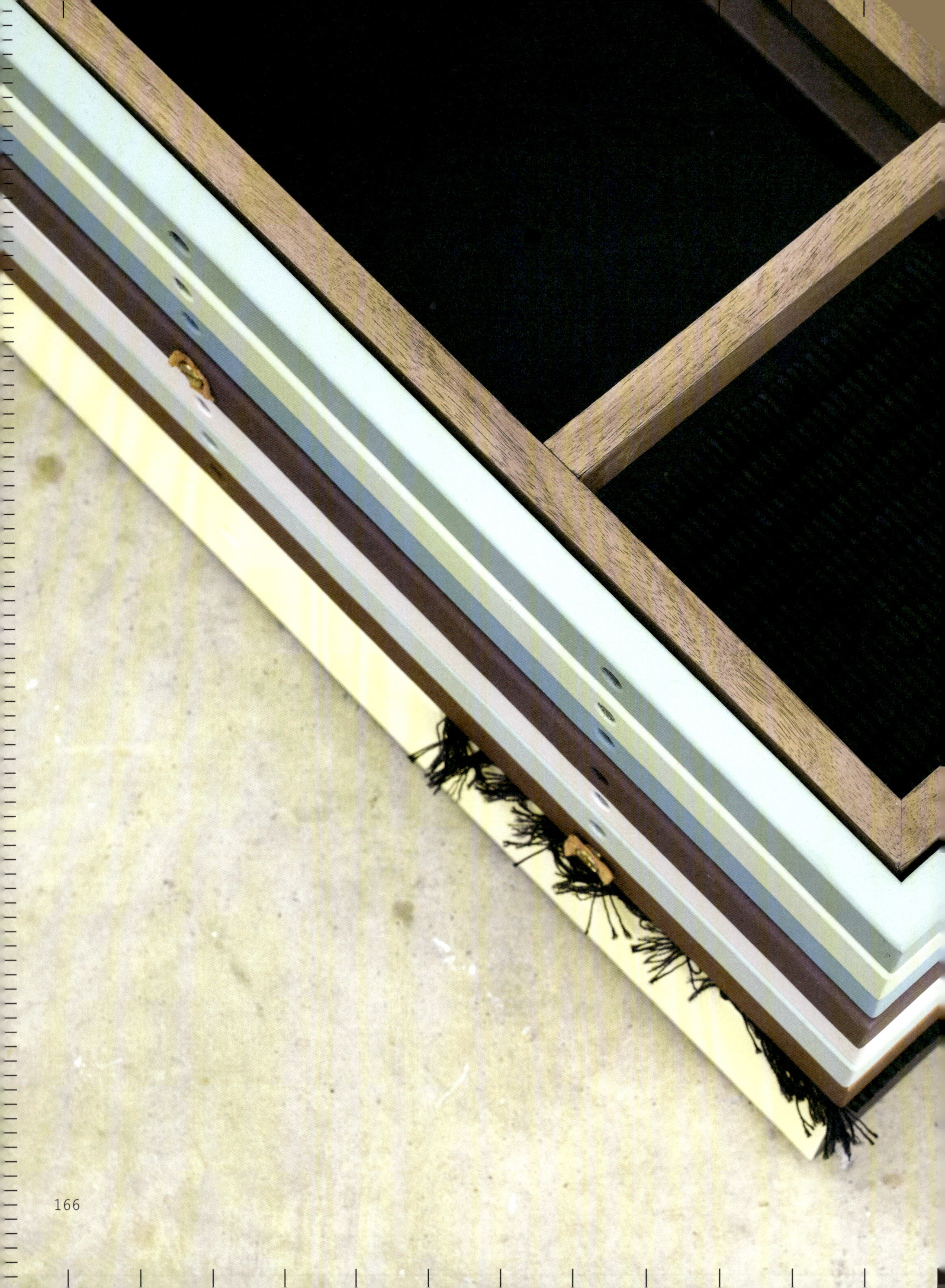

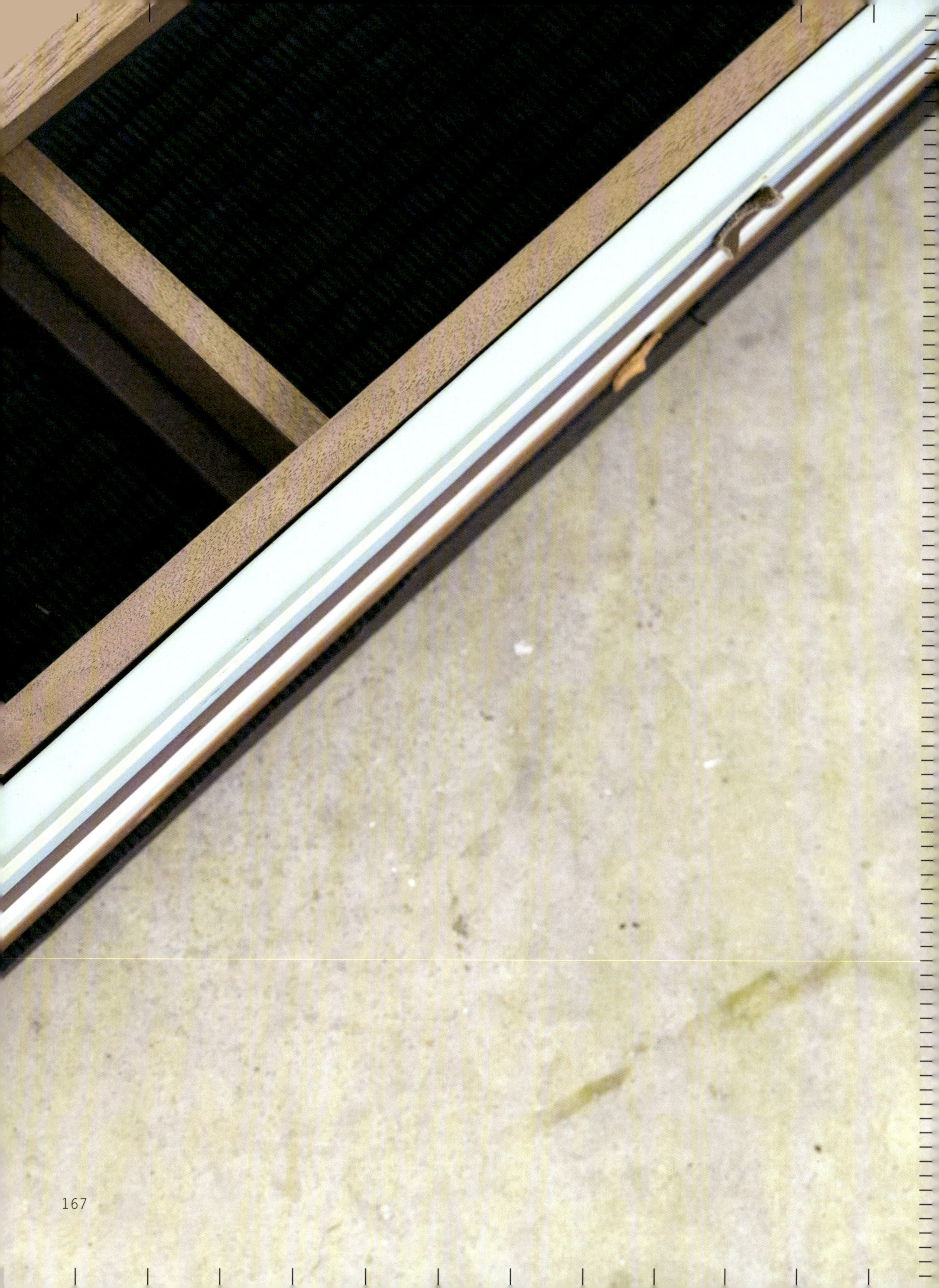

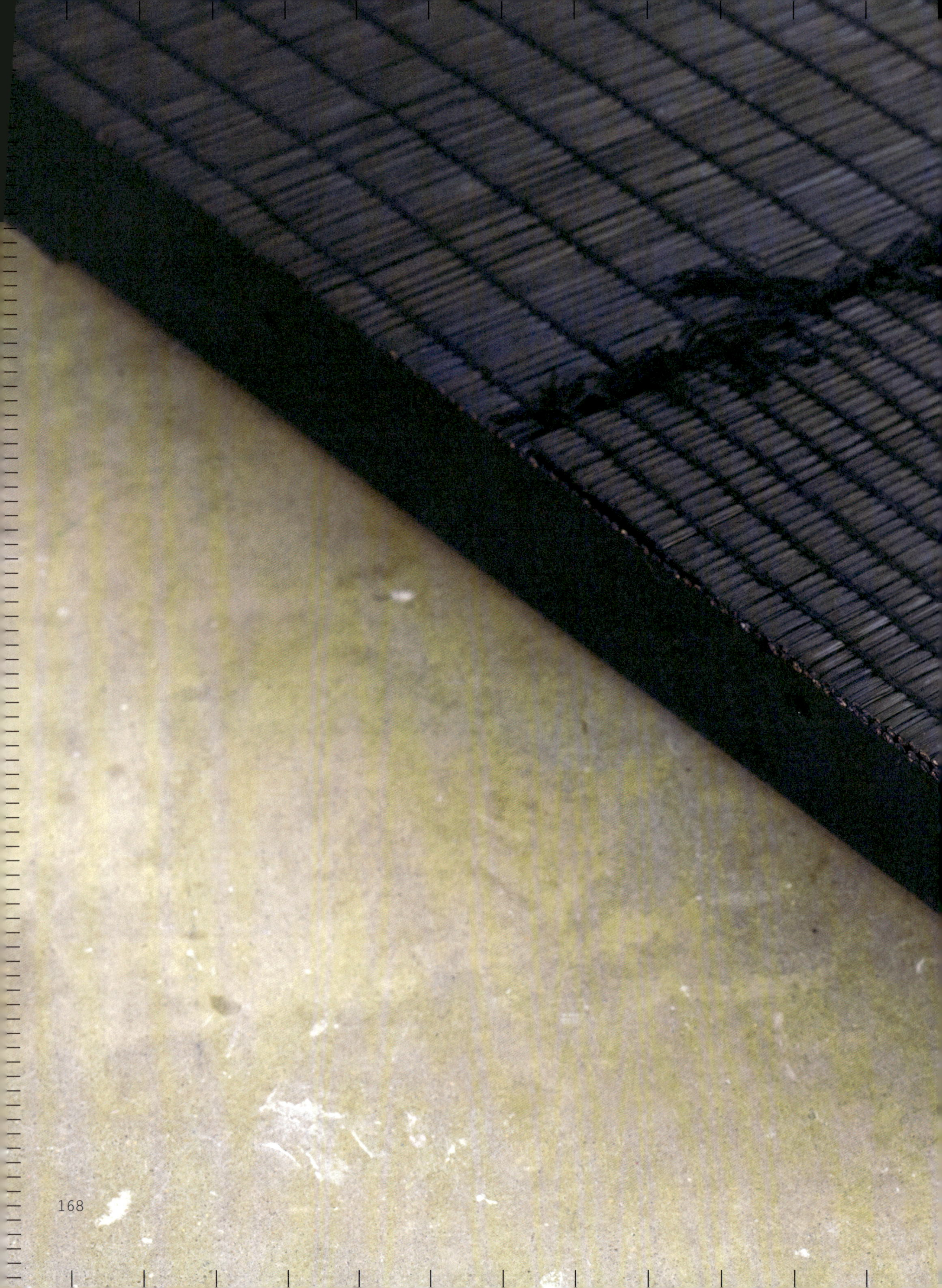

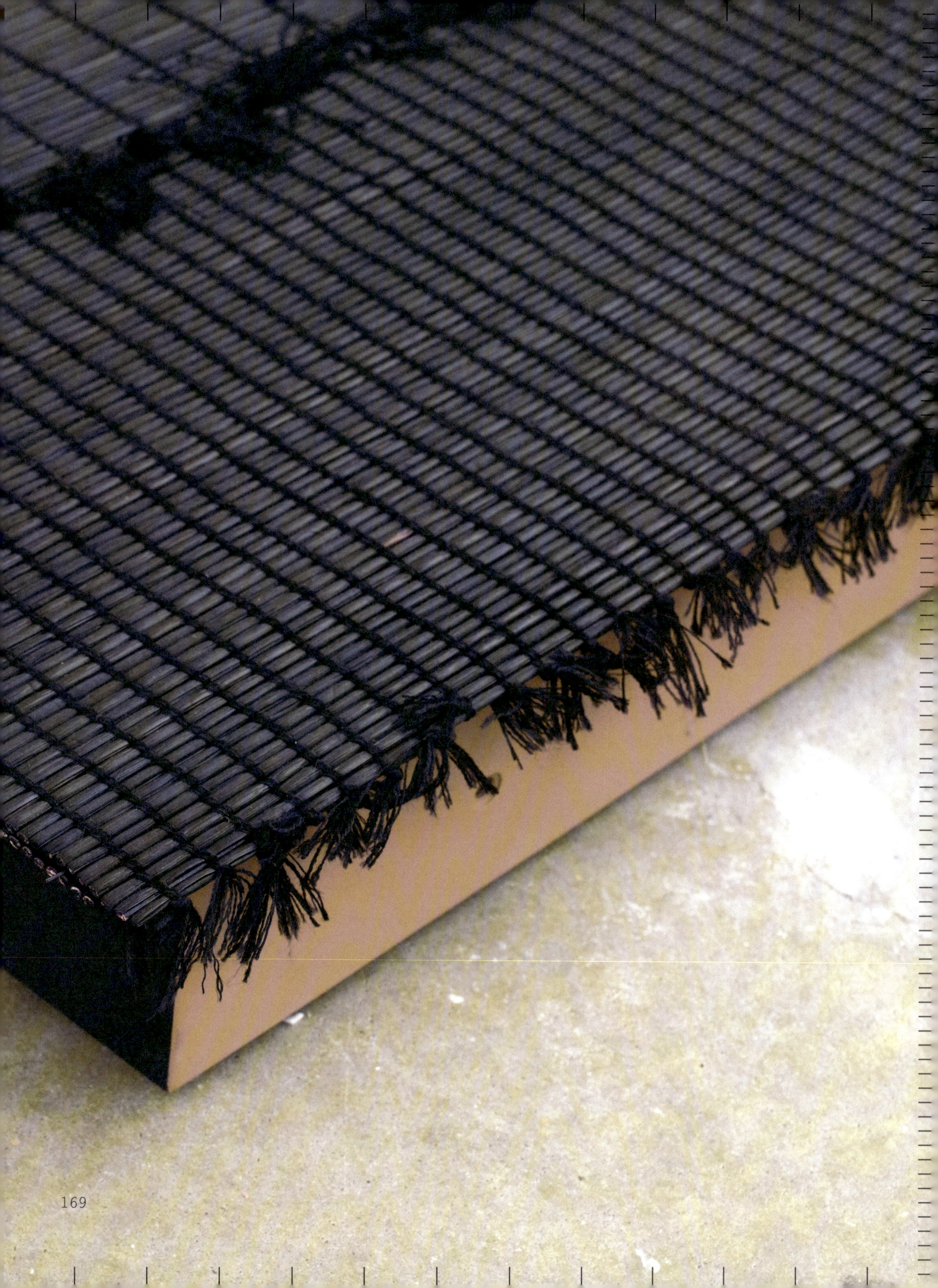

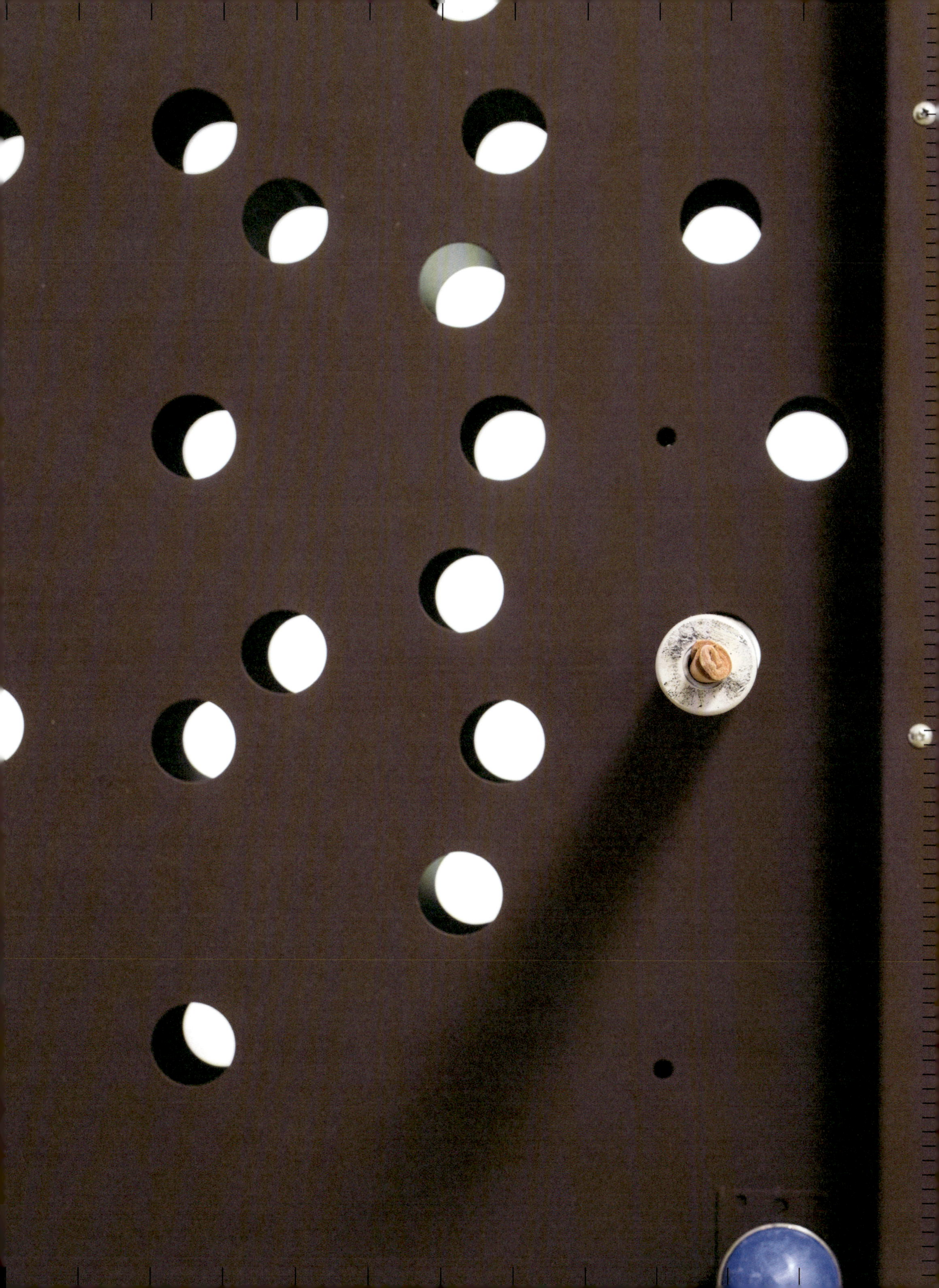

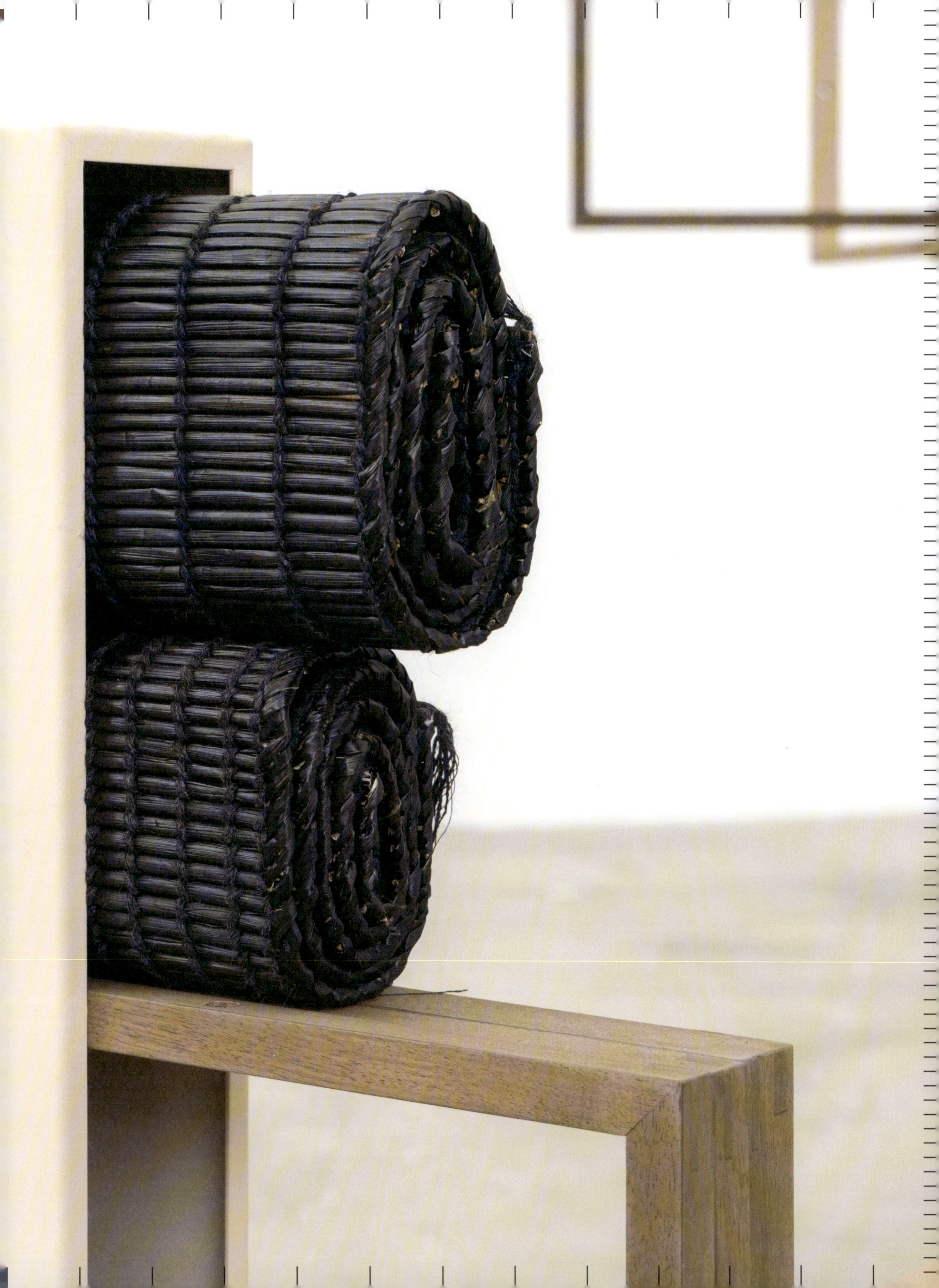

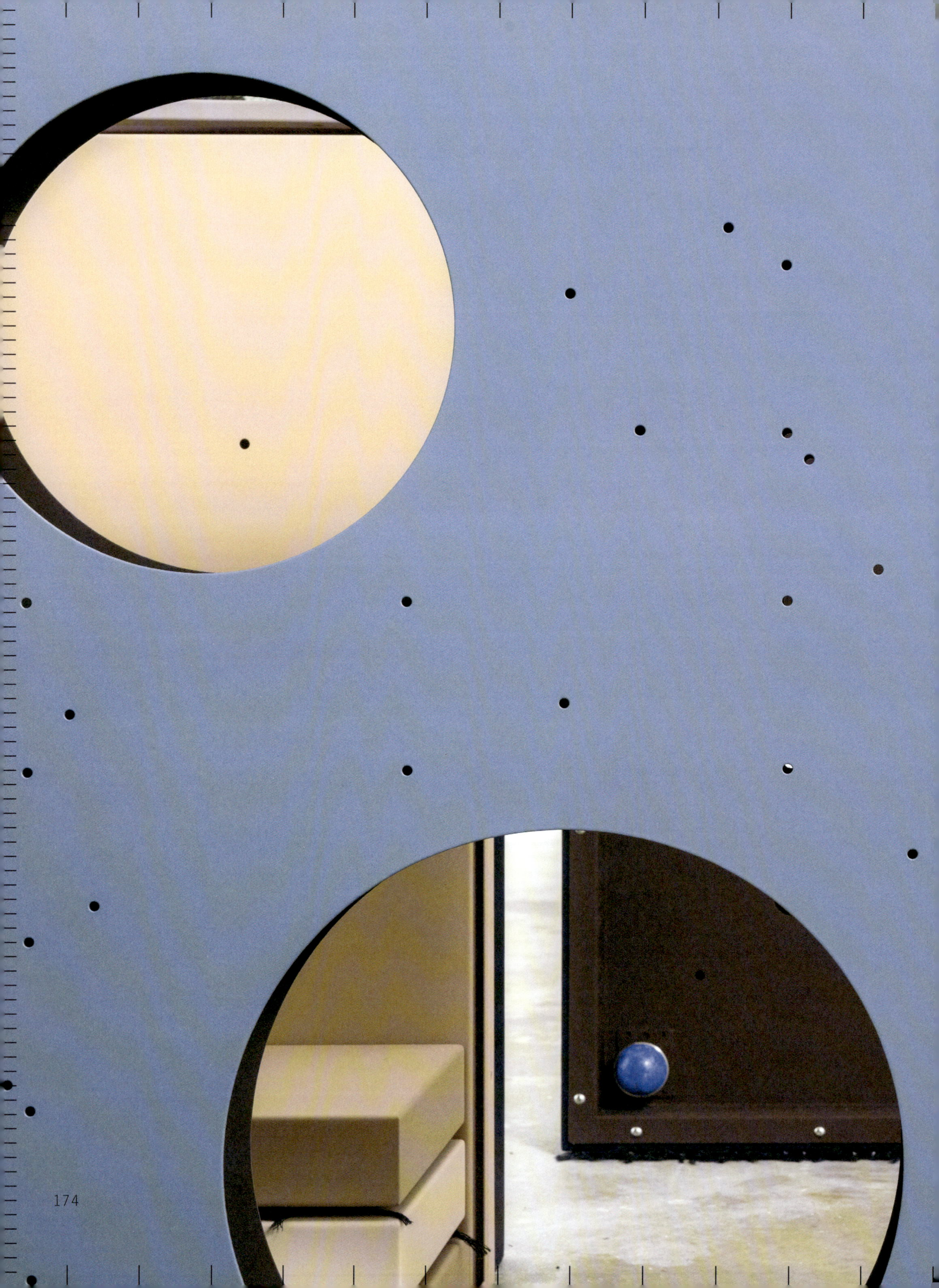

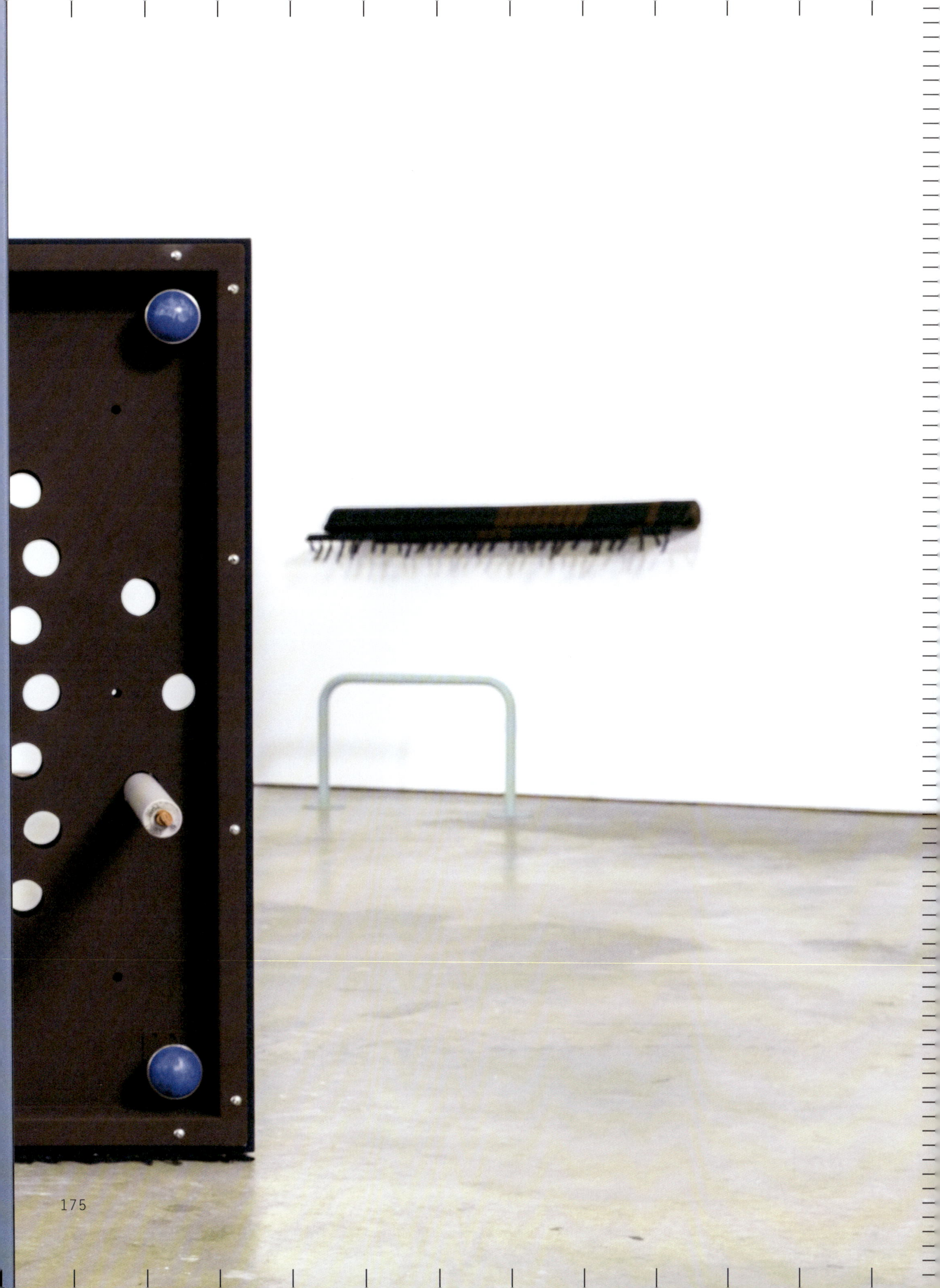

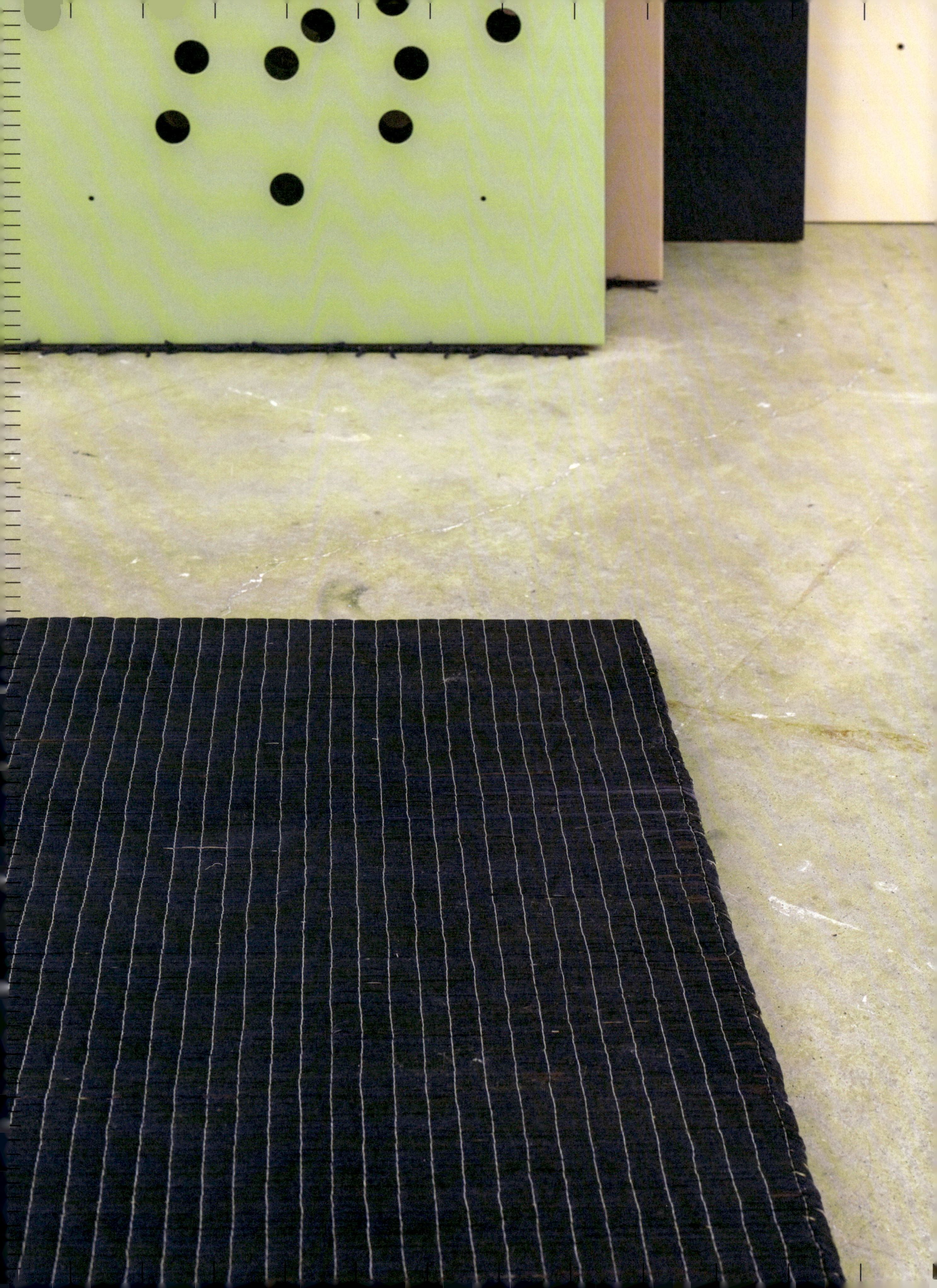

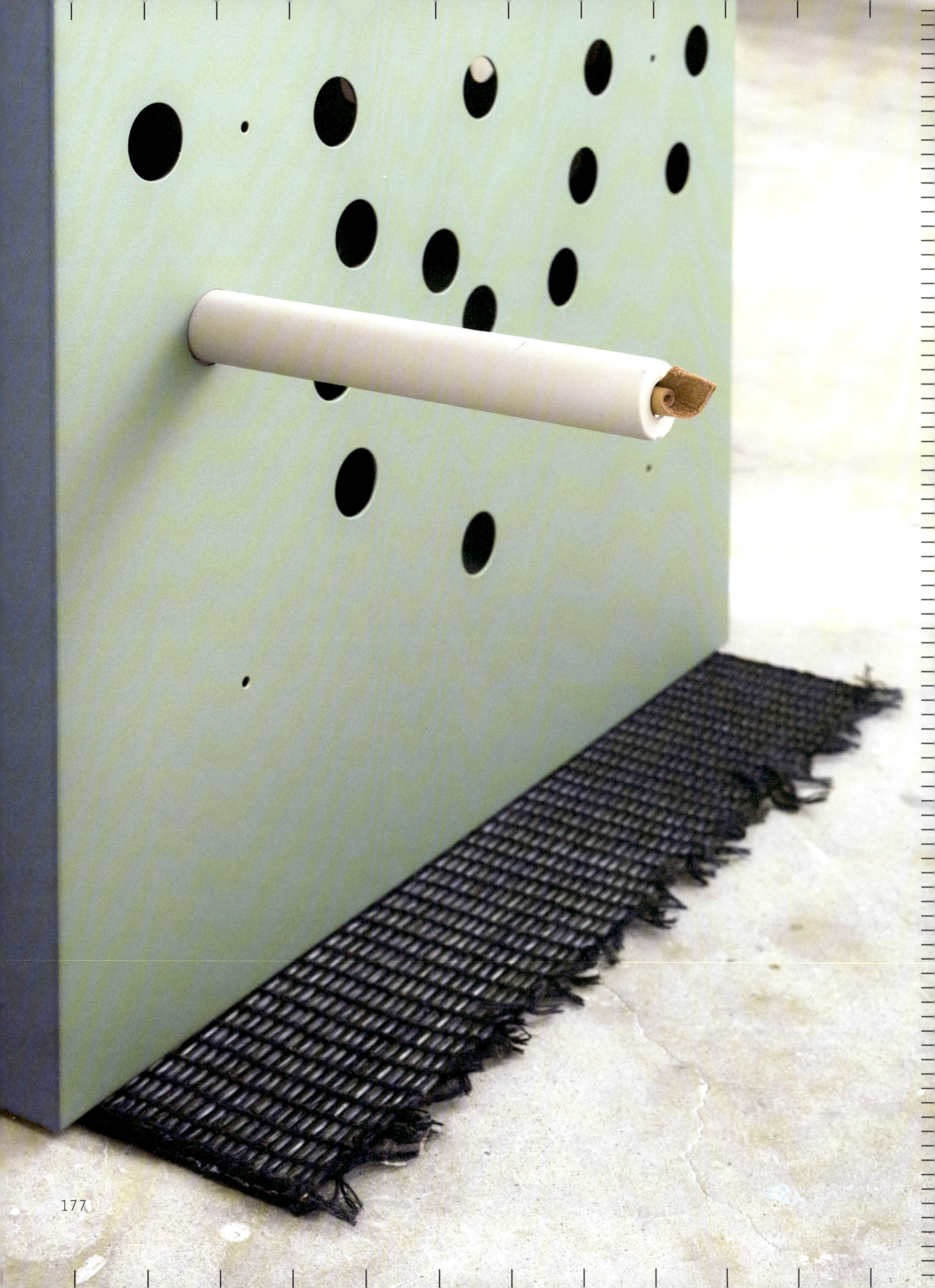

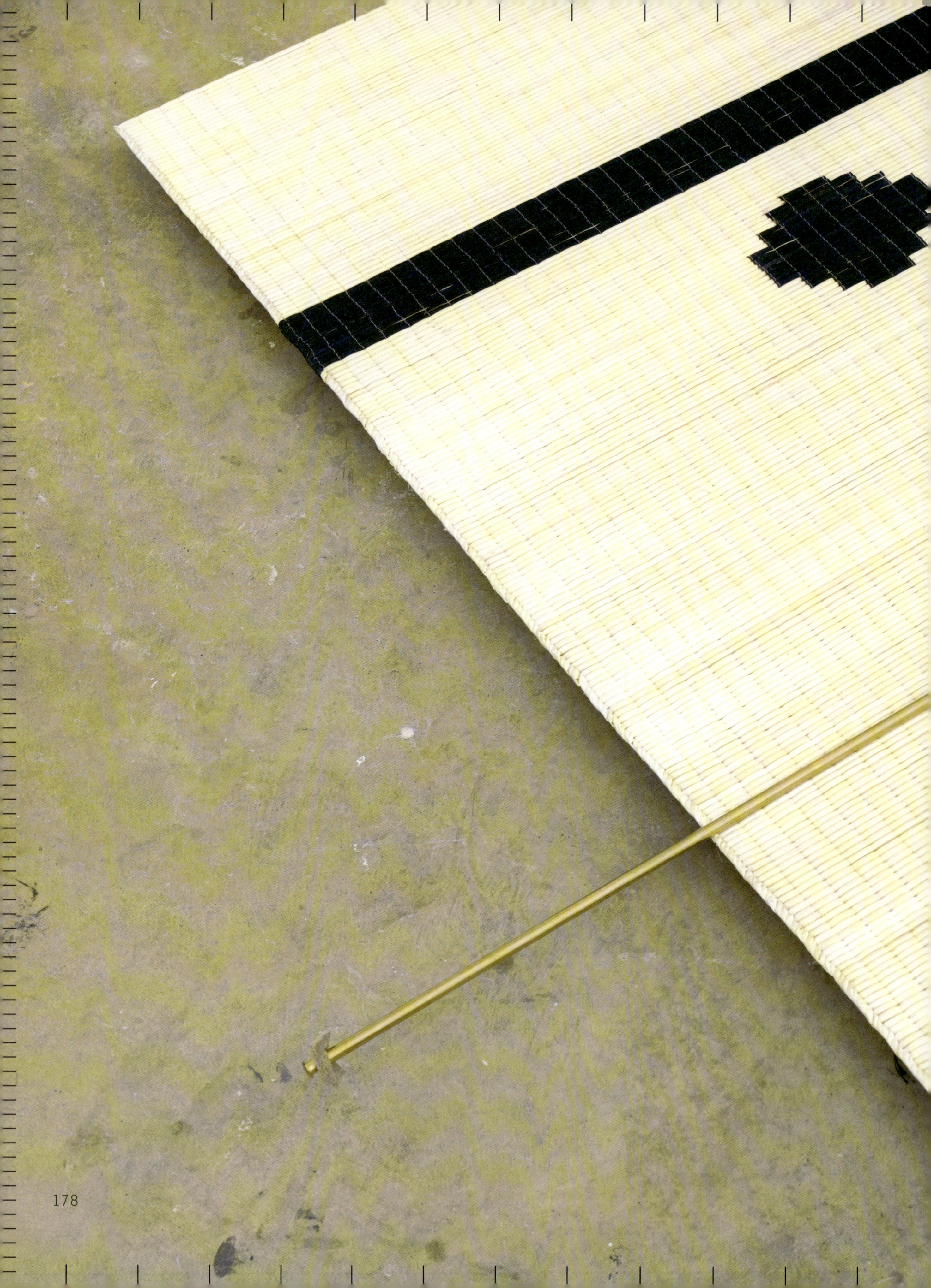

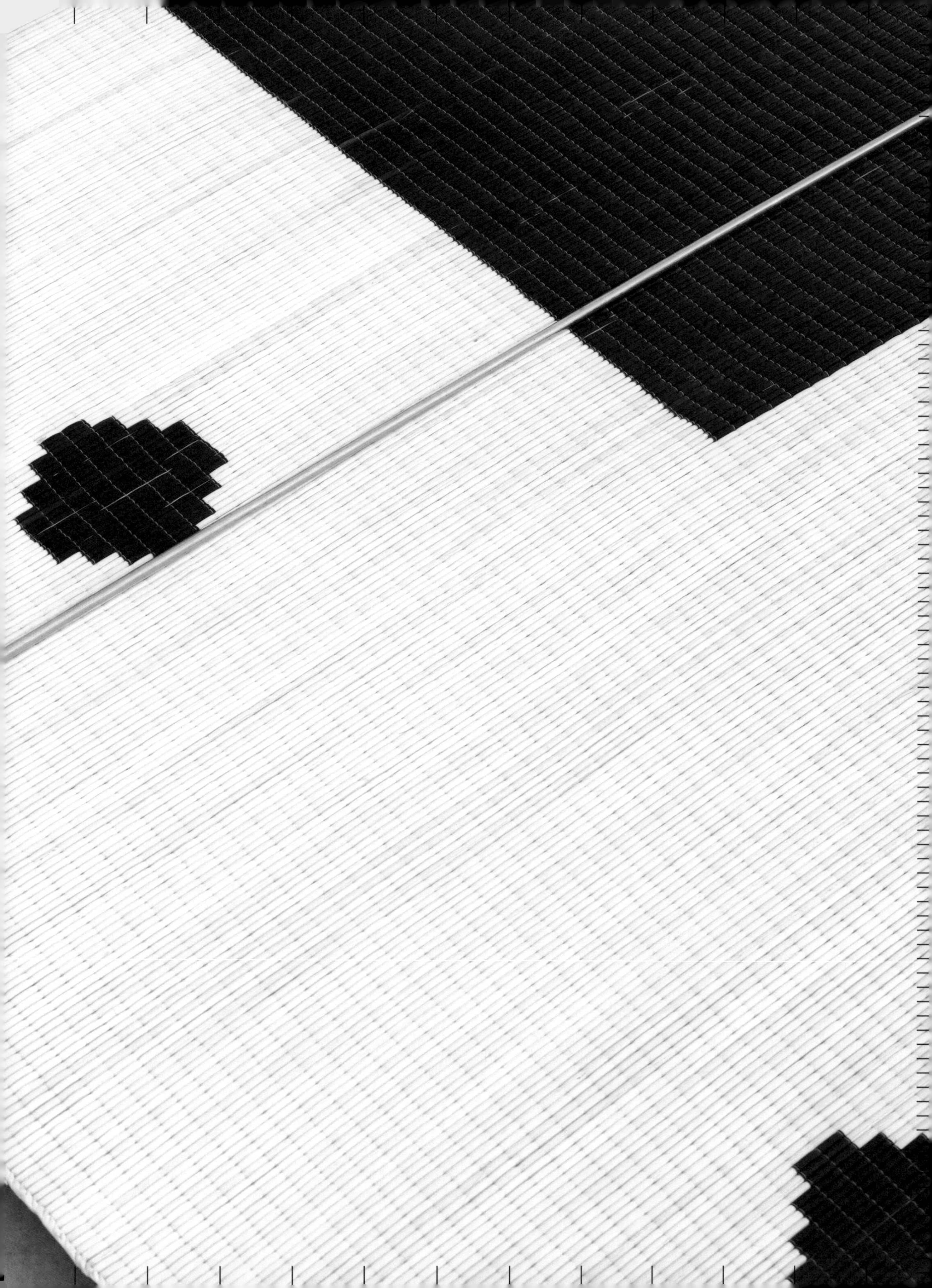

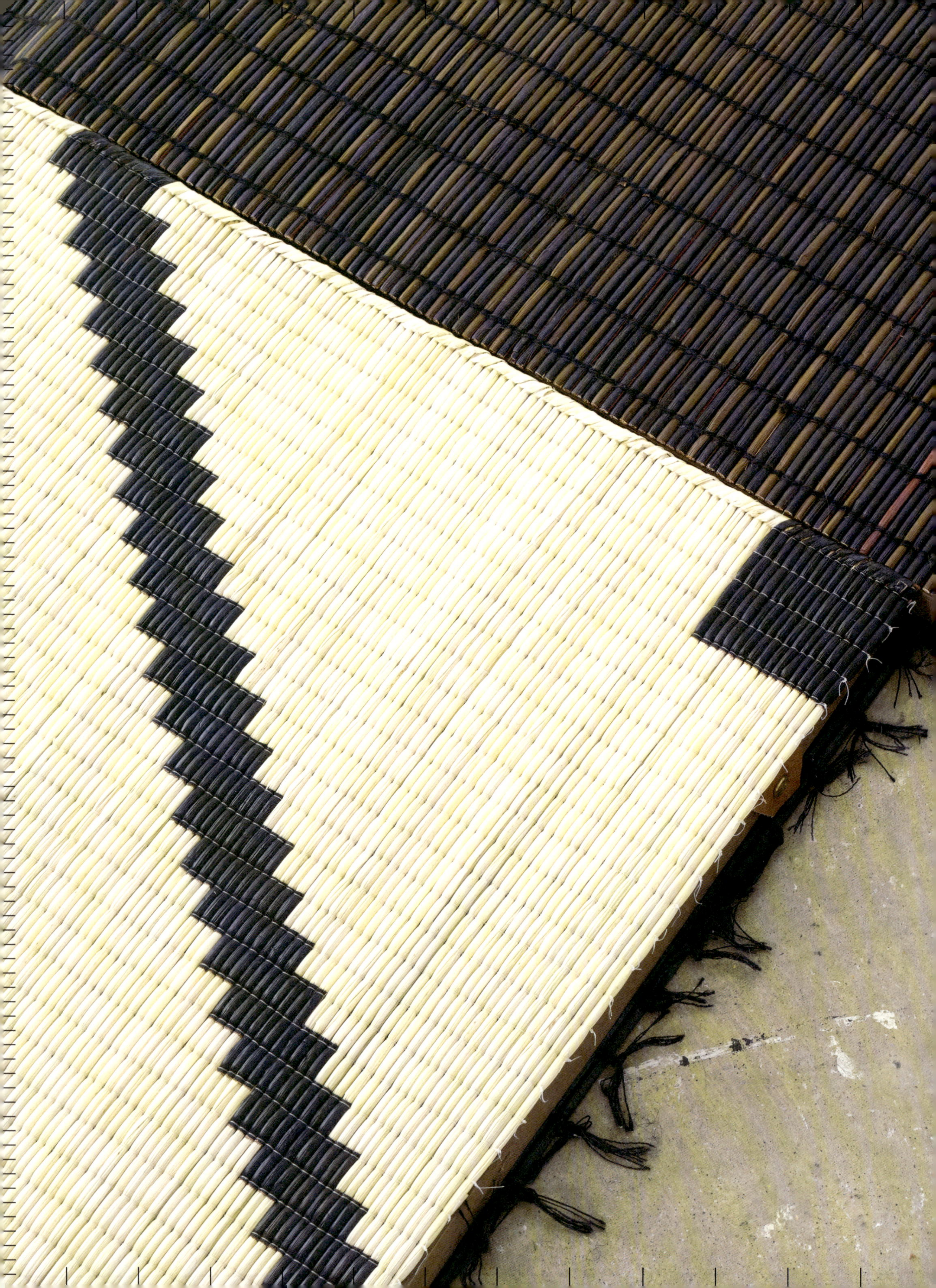

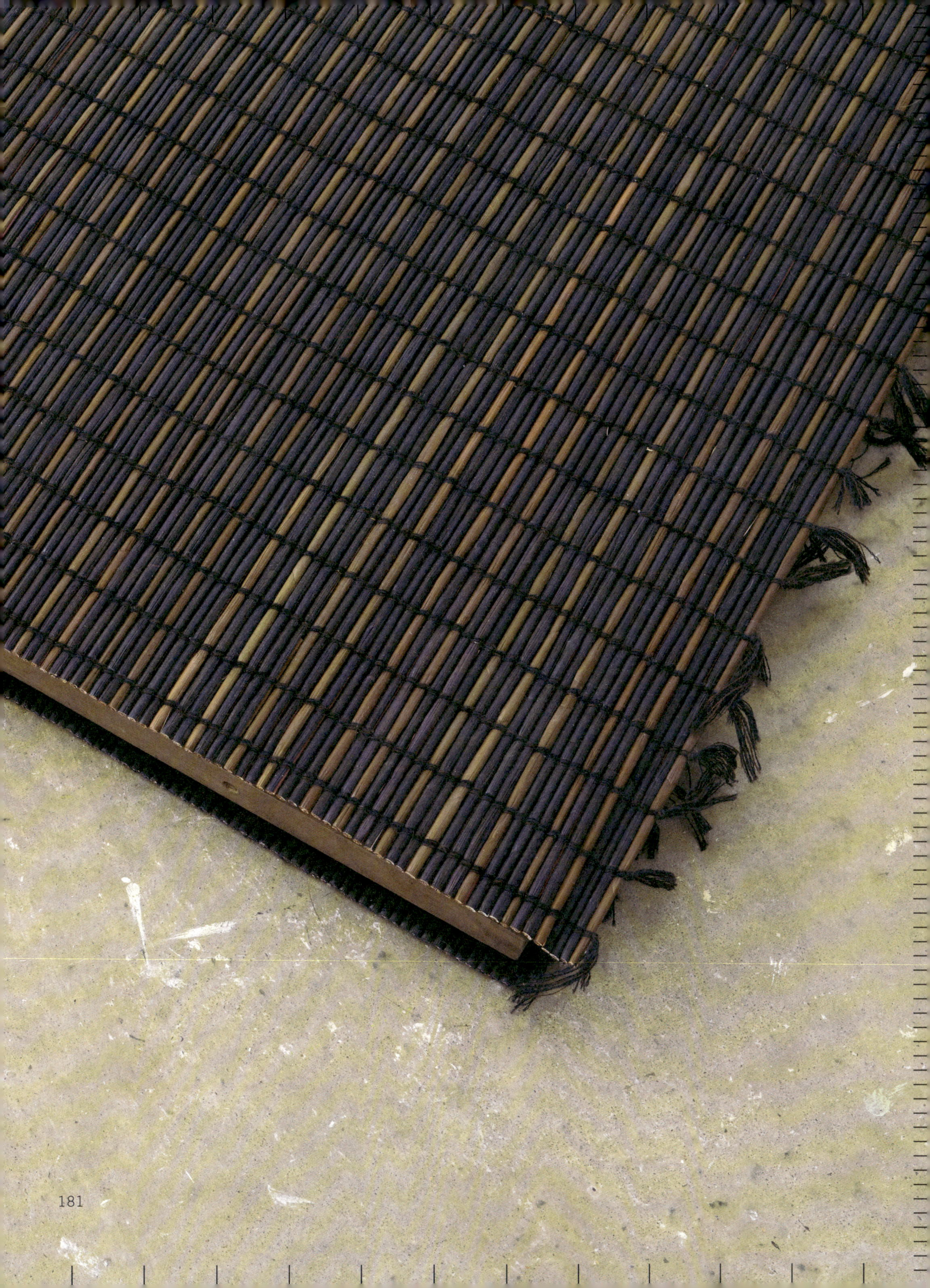

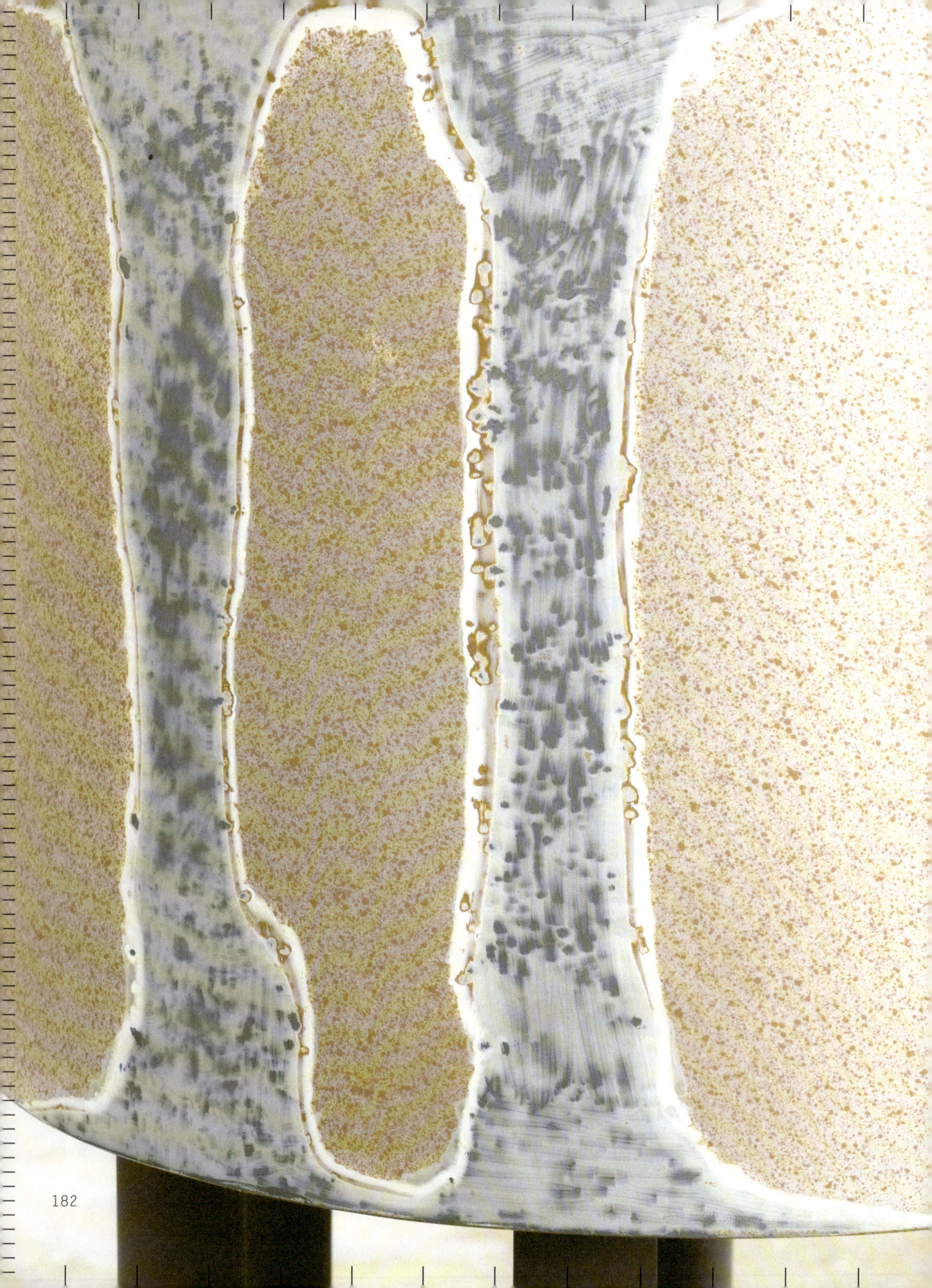

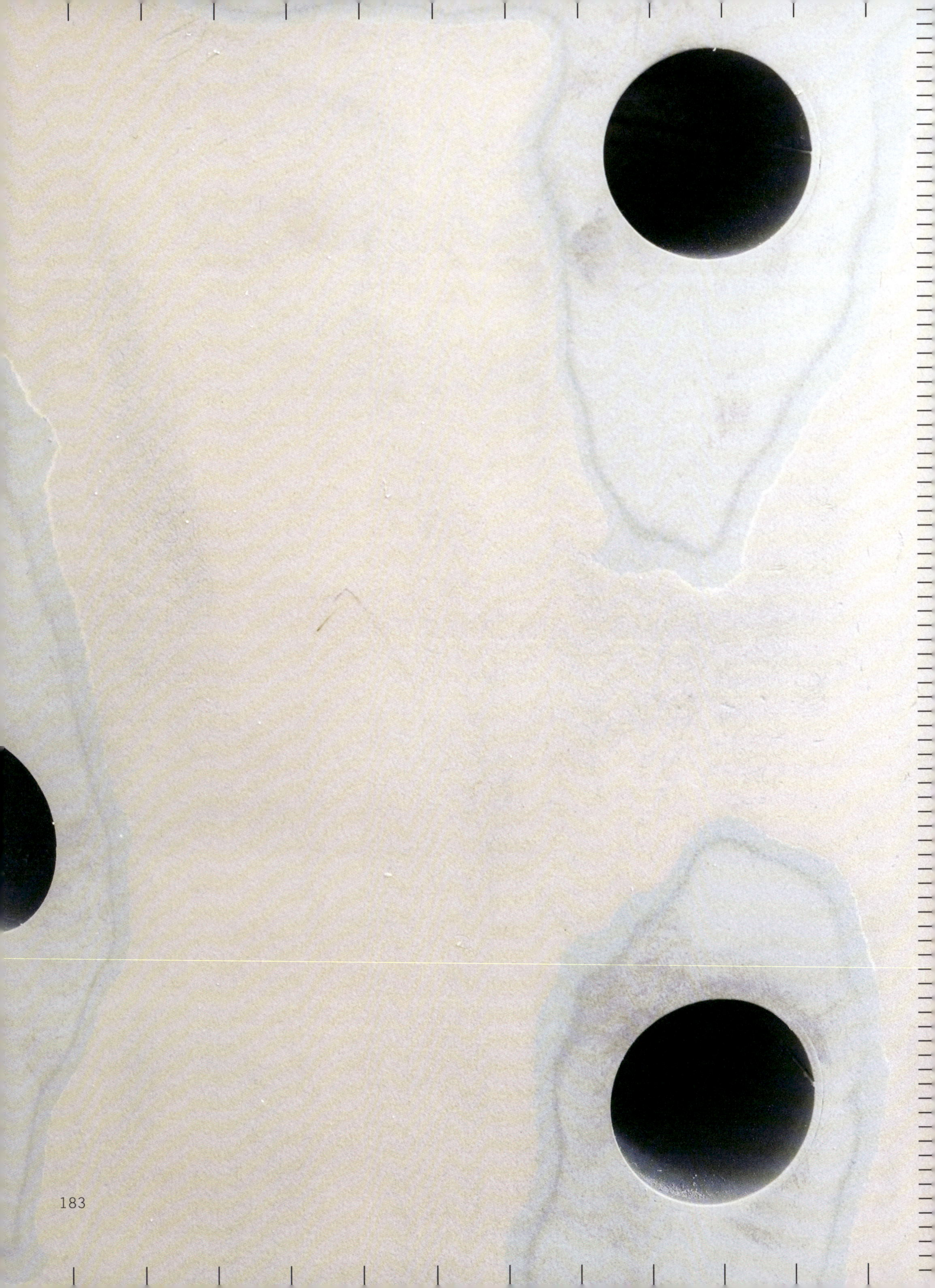

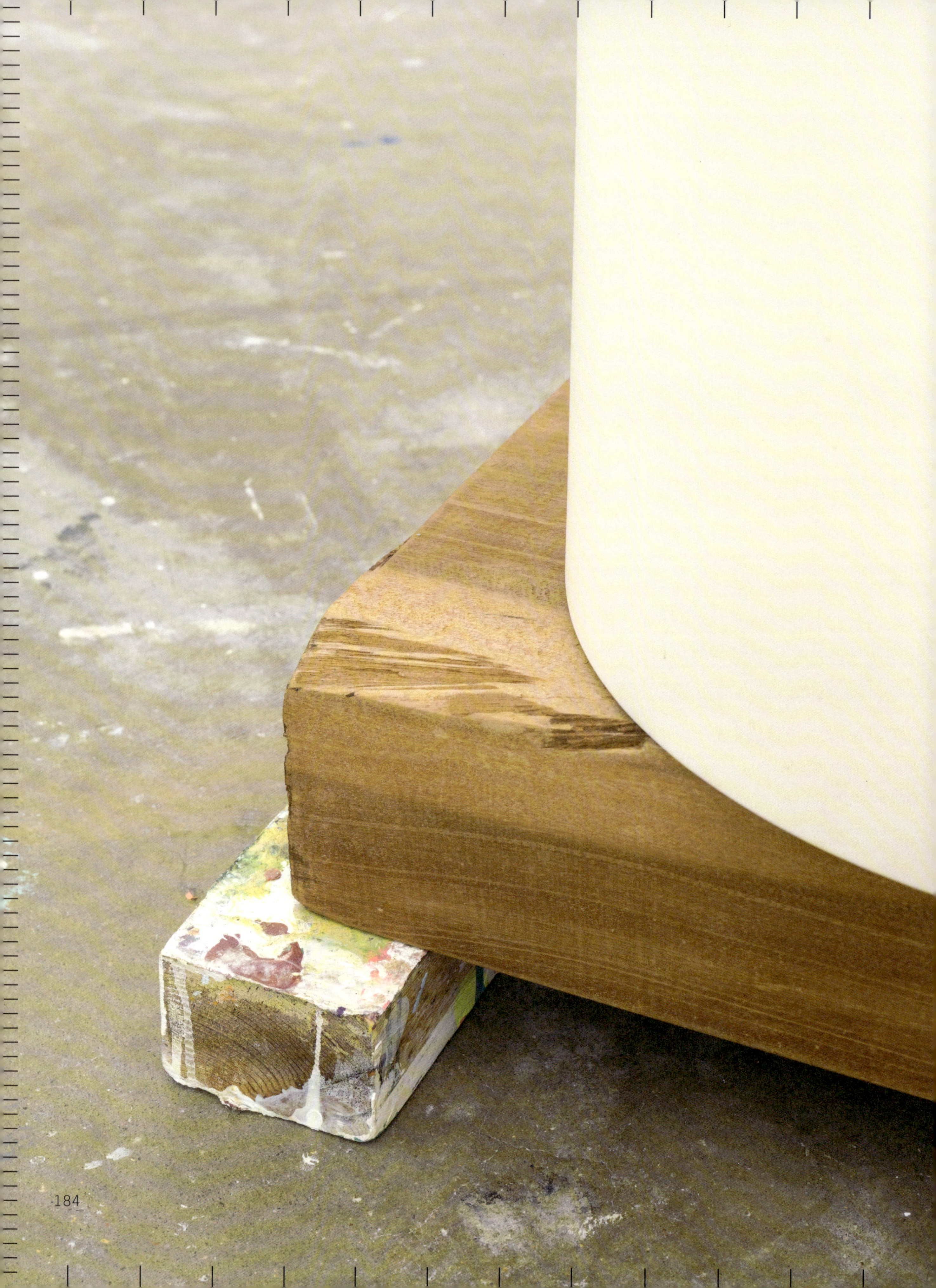

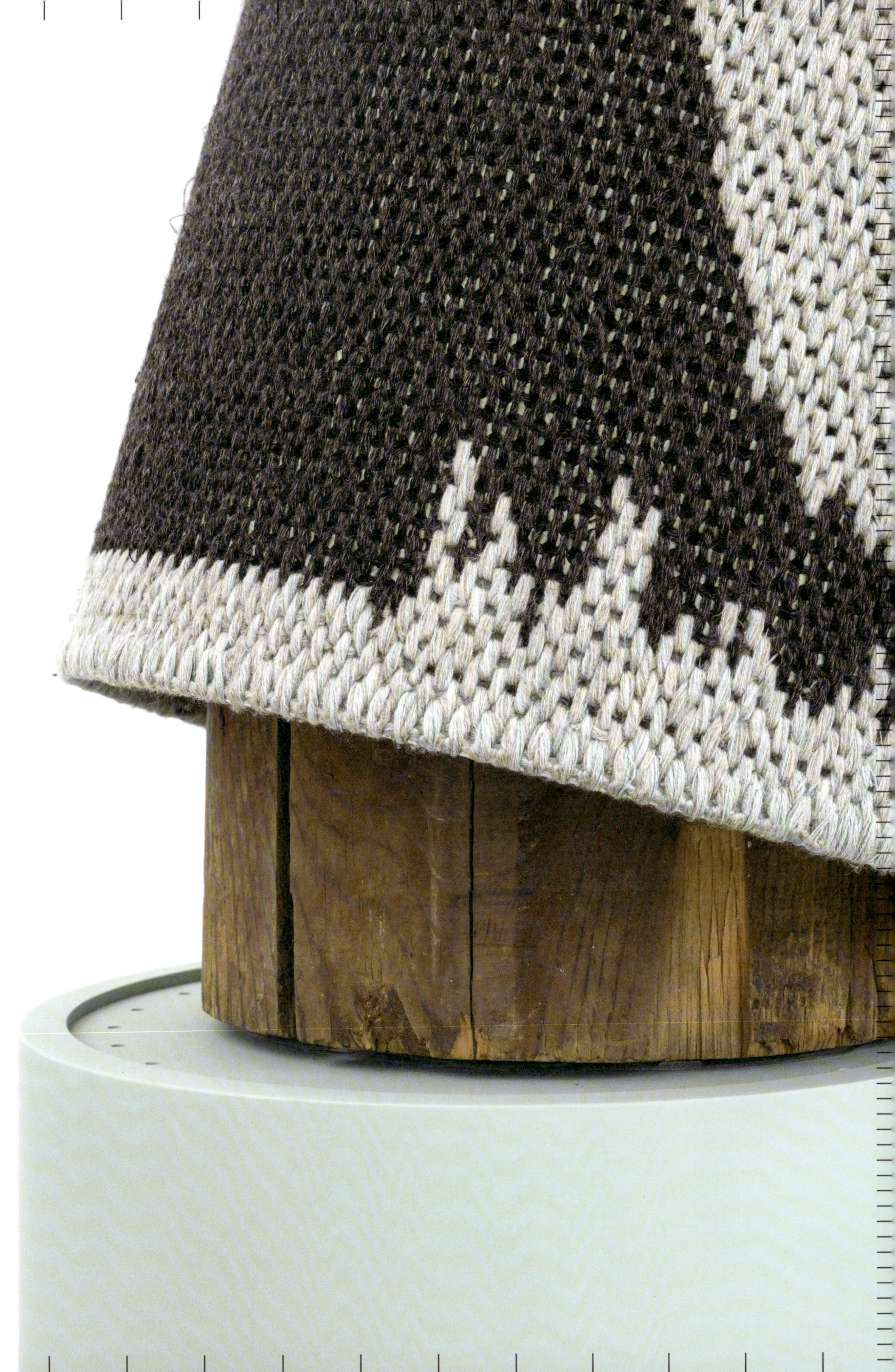

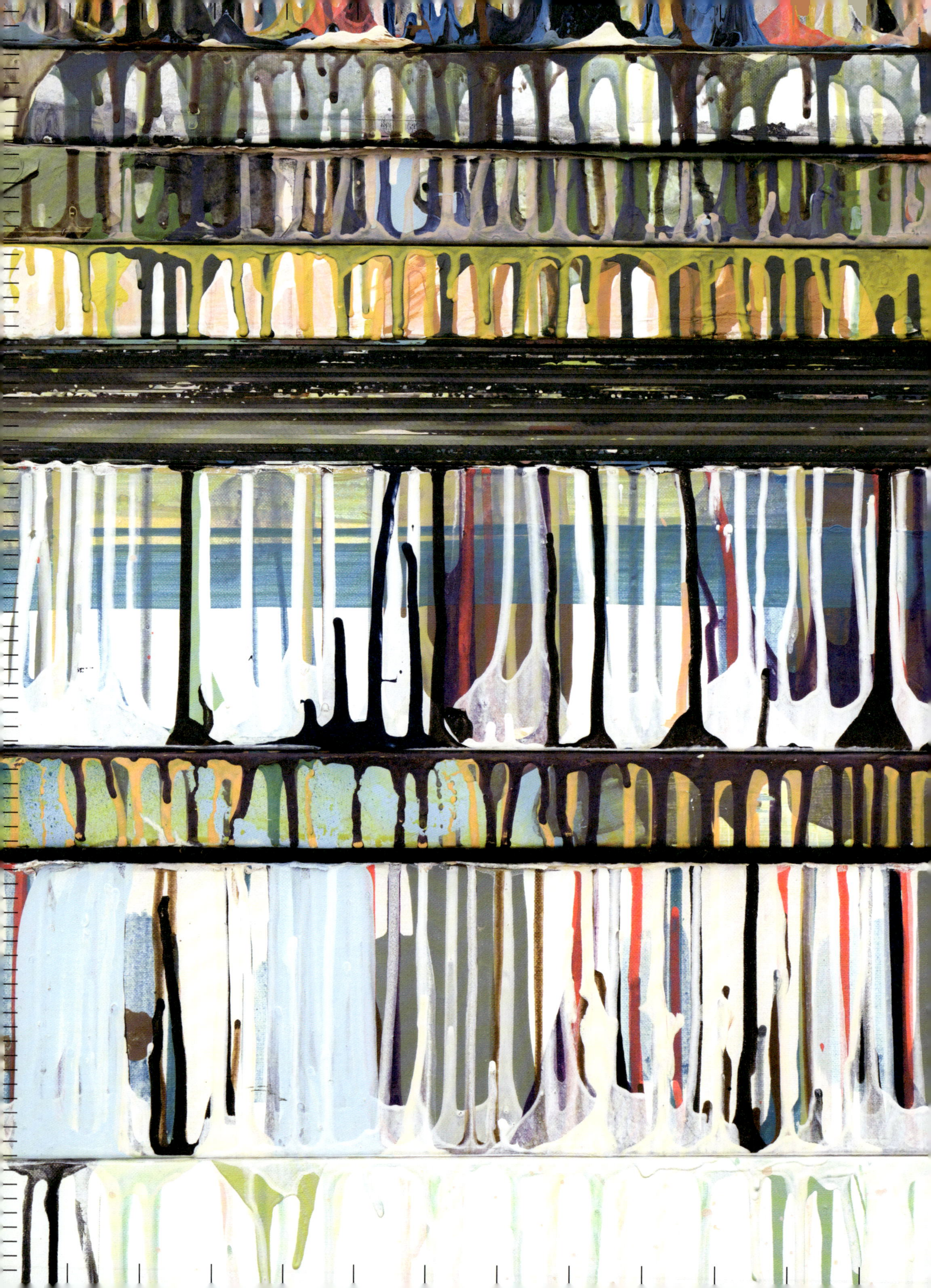

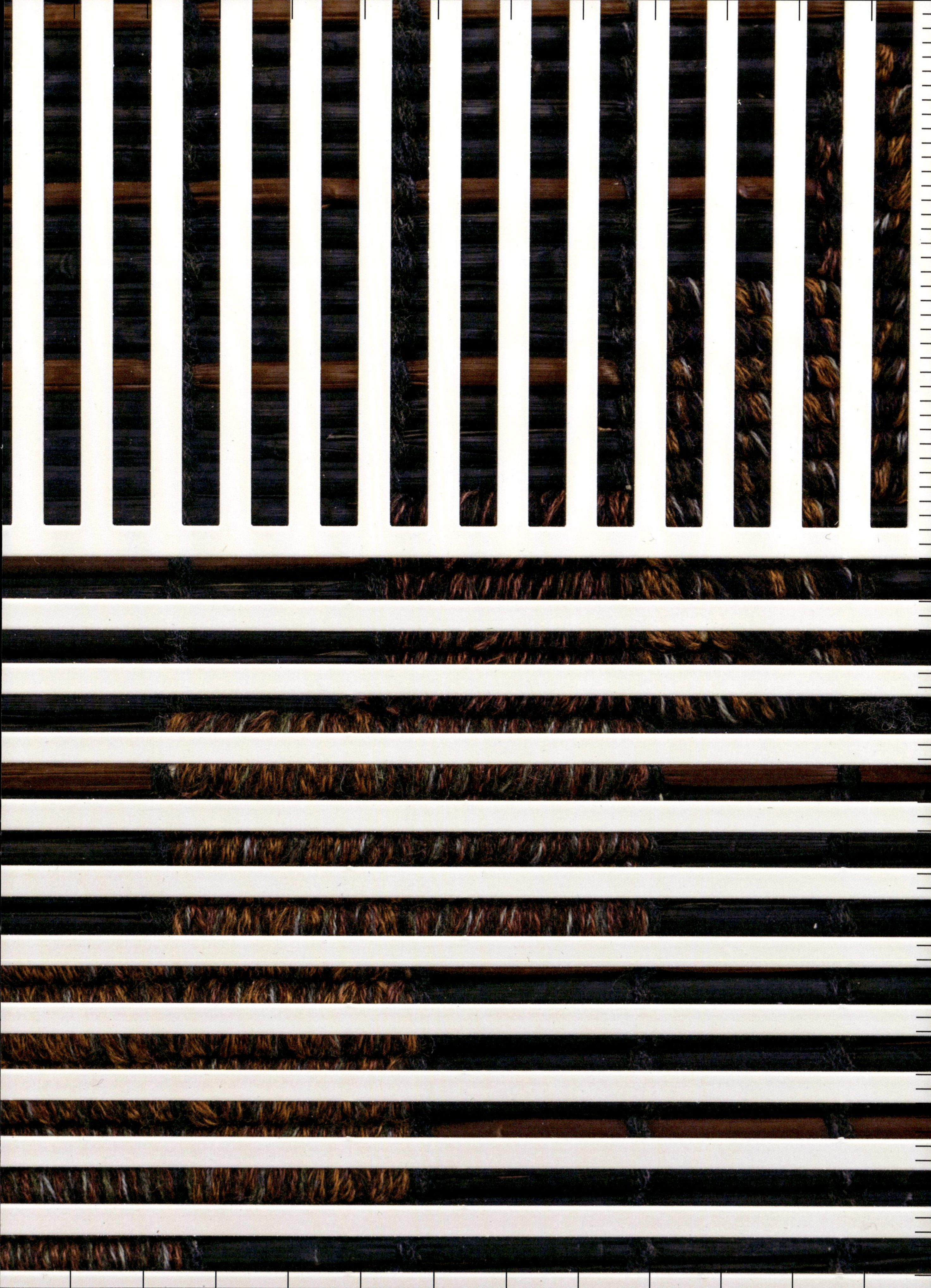

마리아 린드

작가와의 대화

▦ 마리아 린드: ‹검은자리 꾀꼬리›를 한 번도 본 적 없는
이에게 작품을 어떻게 설명할 수 있을까요?

■ 강서경: ‹검은자리 꾀꼬리›는 정사각형의 그리드 안에서
신체의 무게를 담고 움직임을 행한다는 개념에서 출발합니다.
이 작업은 제약된 의미를 생성하는 데 초점을 맞추지 않고,
신체, 응시, 그리고 주어진 공간 안에서의 위치를 통해 ‘하나의’
역할을 체계화할 수 있는 꾸준한 가능성을 표현합니다.
‹검은자리 꾀꼬리›는 제 회화 작업의 크기를 표준으로 삼고
작품이 서 있을 수 있는 공간을 위한 최소한의 플랫폼을
만듭니다. 그런 뒤에 회화 작업이 어떻게 평면을 통해 움직이고
확장하는지 탐구하고, 그러한 평면을 가로질러 흘러가는 시간을
어떻게 전할 수 있을지 살펴봅니다.

작업의 제목인 ‹검은자리 꾀꼬리›는 ‘검은자리’와
‘꾀꼬리’를 합친 말입니다. 꾀꼬리는 ‘봄날 꾀꼬리의 춤’으로
해석되는 춘앵무에서 가져온 것이고요, 춘앵무는 조선
시대의 궁중 무용으로, 화문석이라고 불리는 정사각형 자리
위에서 느린 춤사위로 펼쳐지는 공연입니다. 작업에 등장하는
검은 자리는 개인의 영역과 그 안에서 벌어지는 움직임을
나타냅니다. 궁중 무용을 개인의 몸짓으로 번역하면서, 그처럼
느린 동작에 쓰이는 시간을 서술하고, 개인의 목소리와 몸짓이
그런 영역을 어떻게 가리키고 확장하는지를 전하고자 했습니다.
말하자면 검은 자리 위에 있는 꾀꼬리의 움직임을 생각하면서 한
개인이 지닌 눈에 보이지 않는 영역과 입장에 눈으로 볼 수 있는
목소리를 부여하려 합니다.

개별자들이 행하는 끝없는 움직임에는 표현이 따를
수밖에 없습니다. 이 목소리는 개인과 개인 사이에 일어나는
대화를 매개합니다. 검은 자리 위에 앉은 꾀꼬리는 각 개인의
목소리가 각자에게 주어진 공간 안에서만 전달됨을 전제합니다.
그렇게 제약이 있는 그리드 안에서 이뤄지는 느린 움직임을
통해 각자의 공간이 서서히 확장하고 공유되며, 궁극적으로는
우리들 각자를 미래로 나아가게 합니다. 이것은 자신을 어떤
위치에 두고 어떻게 자신의 공간 안으로 움직여갈 수 있는지
에서부터 시작하는데, 현재, 즉 개인이 사회와 역사를 바라보는

Maria Lind: How would you describe *Black Mat Oriole* to someone who has never seen your work?

Suki Seokyeong Kang: *Black Mat Oriole* begins with the notion of encompassing one's weight and movement in a square grid. This work does not focus on generating limited meaning, but instead expresses the persistent possibility of systematizing "one" role through the body, the gaze, and positions within a given space. *Black Mat Oriole* standardizes the size of my paintings, articulating a minimum platform for the space they can stand in. I then begin to explore how paintings move and expand throughout the plane and also how I might convey the time that passes throughout that plane.

The title, *Black Mat Oriole*, is a compound of the words, *Black Mat* and *Oriole*. In this context, "oriole" is derived from *Chunaengmu*, which translates to *Dance of the Spring Oriole* in English. This solo dance from the Joseon Dynasty of Korea is a slow dance performed on a square mat called *hwamunseok*. The black mat in my work represents an individual's territory and the movements that take place within it. Through this interpretation, I seek to gradually show the invisible domains and stances of the individual. In translating this court dance into an individual's gestures, I wanted to narrate the time employed by such slow movements and convey how an individual's voice and gestures might designate and extend certain domains. That is, I portray the oriole's movements on the black mat in order to provide a visible voice to the invisible domains and stances of an individual.

The endless movements that individuals perform cannot but be accompanied by a voice. These voices mediate the conversations between one individual and another. The oriole on the black mat premises that each person's voice travels

관점이 뿌리를 두는 순간을 나타냅니다. 저는 각각의 자리가 저 스스로의 영토를 유지하고 지켜내는 가운데 그 자리들이 어떻게 한데 모이는지 표현하고자 했습니다.

■ 제 작업에서, 개인에 초점을 맞추는 것은 우리가 함께 앞으로 나아가기 위해 자신의 중심을 지켜내며 서로에게 의지할 수 있다는 것을 밝혀내기 위한 전제 조건입니다. 저는 회화에 관해 생각할 때 어떻게 눈에 보이는 사각형의 공간과 눈에 보이지 않는 사각형 공간을 직면하고 또 그것을 어떤 생각으로 채울지를 고민합니다. 이것이 바로 지금 제가 서 있는 장소의 배경입니다. 지금의 제 생각과 과거의 전통 말입니다. 더 나아가 저는 시간에 대한 경험을 바탕으로 지금 그리고 여기가 개인의 태도와 움직임을, 즉 사회에 의해 상쇄되는 태도와 움직임을 구성한다는 것을 보여 주고 싶습니다.

따라서, 제가 '회화'라고 믿는 어떤 것을 통해 이런 형태와 움직임의 맞물림을 끌어내고 개인의 마음가짐과 태도를 불러일으키고 싶습니다. 우리가 각 개인의 영토를 존중하고 지켜낸다면, 이 같은 각자의 움직임들이 하나로 모여 서로를 직면하는 순간을 갖게 될 것이라고 느낍니다. 이렇게 '현재'를 구성함으로써, 우리는 우리가 어디에 서 있는지, 어디를 바라볼 수 있는지, 어디에 우리의 목소리를 하나로 모을 수 있는지 알아낼 수 있습니다. 그런 순간이 바로 지금이든 앞으로 다가올 것이든, 한 개인이 자신의 마음가짐과 태도를 지속할 수 있다면 다른 이들과의 움직임과 함께 조화로운 균열을 만들어 나가며 조화하고 균형을 잡아 의미를 생성할 수 있다고 믿습니다.

▦ 많은 예술가가 콜렉티브와 그룹을 비롯해 사람들이 한데 모이는 갖가지 형태를 다루는 이 시기에 개인에 집중한다는 점이 흥미롭습니다. 이러한 관심을 좀 더 자세히 설명해 주실 수 있을까요?

▦ 〈검은자리 꾀꼬리〉의 물질성에 관해 설명해 주실 수 있을까요? 이 작품은 어떻게 만들어지게 되었습니까? 재료는 무엇인가요?

■ 〈검은자리 꾀꼬리〉는 여러 가지 매체로 이뤄졌는데요, 아주 긴 시간 구조와 형태에 관해 사유하고 실험하는 과정에서 등장한 것들입니다. 앞서 언급한 것처럼, 〈검은자리 꾀꼬리〉는 한 개인이 설 수 있는 최소한의 공간을 제시합니다. 보다 형식적 측면에서 말하자면, 이 공간은 제가 회화를 인지하는 사각형을 나타냅니다. 그리고 이런 지점에서 이처럼 눈에 보이는 (보이지 않는) 공간이 중심(gravity)과 균형을 찾으려는 저의 노력과 이어집니다. 구조적인 그리드 그리고 모듈을 구축하는 방법은 회화를 공간적 개념으로 인식하는 가운데 떠올랐고, 이러한 인식은 중심, 신체, 색상, 질감을 통해 내가 〈움직임〉(Activation)이라 칭하는 형태로 확장되었습니다.

〈검은자리 꾀꼬리〉에서 재료는 압축되어 있으며, 민감하게 마찰하면서 서로 반복적으로 부딪히고 스치면서 철저히 농축됩니다. 이 과정에서 문서와 언어, 신체를 통한

within one's restricted space. It is through the slow movements inside such limited grids that each person's space gradually expands and is shared, ultimately propelling each of us toward the future. This begins with how one positions oneself and moves inside one's own space, which represents the present, a moment that is rooted in an individual's perspective on society and their history. I wanted to express how these come together while maintaining and protecting each mat as its own territory.

 I am intrigued by your focus on the individual, at a time when many artists would rather deal with collectives, groups, and other forms of people coming together. Can you elaborate on this interest of yours?

■ The focus on the individual, in my work, is a precondition for finding out how we can protect our own hearts and rely on each other to move forward together. When I think about painting, I consider how to face the visible and invisible square space and what thoughts to fill it with. This is the background of the place I am standing in now, both my current thoughts and past traditions. Moreover, based upon those experiences of time, I wanted to show that the here and now make up the individual attitudes and movements that are balanced out by society.

Thus, I want to evoke the correspondence between these forms and movements and an individual's heart and attitude through what I believe is an act of "painting." I feel if we respect and preserve each person's territory, these independent movements will converge and have a moment when they face each other. Through this composition of "the present," we can figure out where we will stand, where we can look, and where we can join our voices together. Whether the moment is now or later, if an individual can maintain his or her heart and attitude, I believe meaning could be generated through balancing the harmony produced by one another's movements.

 Would it be possible, as part of *Black Mat Oriole*'s description, to speak about its materiality? How is it made? What are the materials?

■ *Black Mat Oriole* is composed of varied media, which have emerged during a long process of thought and experimentation with structure and form. As mentioned earlier, *Black Mat Oriole* suggests the minimum space on which an individual can stand. More formally, this space represents the square by which I perceive painting, and here this (in)visible space connects with my search for gravity and balance. The structural grid and construction methods of modules that emerged in

다양한 범위의 움직임, 무게뿐 아니라 실과 쇠, 버려진 가죽
조각과 같은 촉각적 소재를 활용합니다.

예를 들어 <검은자리 꾀꼬리>는 제가 그린 회화 작업과
크기가 같고, 바닥에 배치하는 금속 구조물과도 크기가
동일합니다. 그리 크지 않은 사각형 구조물이 있고, 거기에
사람이 올라설 수 있습니다. 그리고 그 위에 <검은자리
꾀꼬리>가 쌓여 공존합니다. <자리 검은 자리>에 쓰인, 색을
물들인 골풀은 섬세하게 짠 화문석을 전유한 것입니다.
<검은자리> 위나 아래에 놓인 <자리 검은 자리>는 그 아래에
놓인 것을 감싸거나 그 위 어디에 올라설 수 있는지 보여 주는
촉각적 공간으로 기능합니다. <자리 검은 자리> 고유의 질감,
무거운 쇠로 만들어진 <검은자리>가 지닌 무게는 각기 다른
위치와 거리를 끊임없이 중재합니다. 이 같은 중재는 충돌과
조합 둘 모두를 통해 이뤄집니다.

▒ 저는 예술이 무엇인지에 관해 생각하는 것보다 예술이
무엇을 '하는지'에 관심을 두고 있습니다. <검은자리 꾀꼬리>는
무엇을 '합니까?'

■ 먼저 저 자신이 검은 자리 위에 서 있는 것을 생각했죠.
말씀드린 것처럼, 검은 자리는 제 회화 작업과 크기가 같고 한
사람이 들어가 서 있을 수 있는 최소한의 공간을 나타냅니다.
저는 그것이 출발점인 동시에 도착점이 된다고 생각합니다.
그리고 그것을 따라 우리가 어디로 가고 싶은지, 어디를 볼지,
어느 방향으로 들어가고 싶은지를 정하지요.

저 자신의 예술-창작 과정에 접근할 때, 두 가지 시작점을
바라보고 생각합니다. 작업을 통해 이러한 두 측면이 어떻게
'해나가고'(do) '행하는지'(act) 표현하는 것은 이 사회 안에
존재하는 한 명의 예술가로서 할 수 있는 최소한의 노력입니다.

또한 저에게 있어 '하는 것'이란 작업 하나를 마무리하는
데서 끝나지 않으며, 그 작업을 확장하기 위해 이어지는 연구와
노력의 과정을 포함하는 것입니다. 제 작업의 일부가 작업
과정에 투여된 시간을 전달하고는 있지만, 그것이 보이지
않는 상태로 남겨지는 경우들도 있습니다. 완성된 결과물에
의해 과정이 불분명해지더라도, 관람자들이 저마다의 생각을
가지고 자신이 무엇을 원하고 있으며 작업을 해석하기 위해
무엇이 필요한지 알아내길 바랍니다. 관람객들이 설치된 작업을
통과해 걸으면서 작가와 작업에 의문을 제기했으면 하는 바람도
있습니다. 제가 어떤 재료를 왜 썼는지, 이런 모양이나 저런
형태를 왜 썼는지 물어보는 것이죠. 관람객들은 그들이 작업을
통과하여 어떻게 움직였는가를 바탕으로 이러한 질문에 답한 뒤
현재에 대한 자신의 생각을 공유하면서 결국 작업에 있어 '하는
것'에 속하는 한 부분이 되는 것입니다.

the perception of painting as a spatial concept
have been expanded in the form of movements that
I call *Activations*, via gravity, the body, colors,
and textures.

Inside *Black Mat Oriole*, materials are con-
densed and thoroughly concentrated as they re-
peatedly bump and rub into one another through
sensitive friction. The materials employed in this
process include thread, steel, wood, and discarded
leather scraps – tactile materials – as well as
documentation and language, a range of movements
by the body, and weight.

For instance, the *Black Mat* is the size of my
painting and also the steel structure that I place
on the floor. There is the not-so-big square struc-
ture, on which a person can stand. And on top of it,
the *Mat Black Mat* is piled into coexistence. The
dyed rush employed in the *Mat Black Mat* is appro-
priated from the *hwamunseok*, a Korean traditional
mat produced through delicate weaving. Placed on
top of or underneath the *Black Mat*, this *Mat Black
Mat* serves as a tactile space that blankets what
is below or shows where one can step. The distinct
textures and weights of the *Mat Black Mat* and the
Black Mat, composed of heavy steel, encompass the
constant mediation of distance within an individ-
ual's domain through both collision and combina-
tion.

▓ I first thought of myself standing on a black
mat. As I have said before, the black mat is the
size of my painting and represents the minimum
space one can stand in. I believe it simultaneously
becomes a point of departure and point of arrival,
after which we decide where we want to go, where
to look, and which direction we want to go in.

When I approach my art-making process, I con-
sider looking and thinking as two starting points.
Expressing how these two aspects "do" and "act"
through a work is the least I can do as an artist
in our society.

Also, "doing" – for me – does not end with fin-
ishing one work, but includes the process of con-
tinued research and efforts to extend that work.
Though some of my works convey the time put into
my process, there are instances in which it re-
mains unseen. Even if the process is obscured by
the finished product, I hope my viewers engage
with their own thoughts to find out what they want

▦ Rather than thinking about what art is, I am
interested in what art "does." What does *Black
Mat Oriole* "do," according to you?

▦ 작업에서 종종 문법(grammar)에 대한 감각이 보입니다.
형태와 움직임을 통해 표현되곤 하고요. 사물이 어떻게
조합되는지에 관한 체계가 있고, 이 체계는 서사적이지도 않고
구두로 이뤄지는 것도 아닙니다. 이러한 '언어적 특성'에 관해
어떻게 생각하시는지요?

■ 앞의 질문과 연관 지어 답할 수 있겠습니다. 어떻게
'할' 것인지 분만 아니라 어떻게 보고 생각해야 할지에 관한
고민이 제 작업에서 이어지고 있습니다. 처음으로 회화를
마주한 방식은 작가의 호흡을 어떻게 그가 그려내는 선과
관련해 생각하고 연결할지 고민하는 전통 회화적 사고를
통해서였습니다. 이 과정에서 특히 한국의 전통 회화는 세계를
마주하는 저의 태도에 영향을 주었습니다. 제게는 본다는
것의 의미를 표현하는 것, 또한 그 순간에 제가 생각하는 것을
표현하는 것이야말로 제 작업을 통해 '할' 수 있는 일입니다.

저는 아주 짧은 음절로 사고하며, 이 음절들은 더 큰 단위
(unit)로 확장됩니다. 이런 단위가 제 생각과 태도를 담은 문법
혹은 시각적 문장을 만들어 냅니다. 질문에서 언급하신 '언어적
특성'을 저의 이전 작업과 관련해 더 넓혀보았으면 합니다.

<그랜드마더타워> 연작은 2010년에 시작되었고 지금도
진행 중입니다. 저는 할머니가 돌아가시기 전에, 할머니의
모습을 만들었습니다. 버려진 접시 건조대를 실로 싸서
마찰력을 높여 곧바로 설 수 있게 했고, 이것을 할머니의 키만큼
쌓아 올려 쇠약한 할머니의 자세를 나타냈습니다. 허약해진
할머니와 나눈 대화와 기억이 작업의 과정에 포함되었지만,
그러한 언어적 서사를 작업 자체에서 볼 수는 없습니다. 연작의
제목인 <그랜드마더타워>는 저의 할머니가 지녔던 힘과
끈기라는 능력을 나타내도록 서로 기대는 구조물의 단위를
구축하고 해체한 결과입니다.

제가 묘사하고자 했던 앙상하면서도 아름다운 포즈, 즉
서 있기 위해 무언가에 기대야만 하는 상태는 외부에 묶인 실이
만들어낸 마찰에 의해 유지됩니다. 이런 과정을 제 작업에서
계속하여 사용하고 있습니다. '둥근 무게들', '따뜻한 무게들',
'사각' 등 각 단위가 지닌 이름과 이것들을 조합해 만들어지는
새로운 제목이 말씀하셨던 언어적 특성을 가리킵니다. 단위들이
결합될 때, 작업들은 갱신될 수 있습니다. <둥근 절벽>, <꽂힌
사각>과 같은 제목을 통해서죠.

이런 과정을 통해 작업으로부터 자취를 감추는 서사들은
당신을 작업 가까이 끌어들이는 단서가 됩니다. 제게 있어서
형태를 만들어내고 방법론을 구축하기 위해 생각의 터널을
통과하는 일은 언어적 항해입니다. 언어와 그것이 지닌 시각적
구조는 작업을 순환시키고 확장하며, 그것으로부터 나타나는
움직임들을 받아들이는 규칙을 생성해냅니다. 이런 과정에서
비롯한 연작은 정간보라는 악보의 격자를 예술, 과정, 서사를
연결하는 작업으로 전유하고요. 그렇기 때문에, 다음 작업인
<검은자리 꾀꼬리>는 사각형 격자 안에서 이뤄져야 하는
춘앵무의 한 형태를 활용합니다.

and need to do to interpret the work. As they walk throughout the installation, I also hope they will, in turn, question both the artist and work: why I used such material, this shape or that form. They contribute to the "doing" part of the work by answering these questions based on how they move throughout the piece and then sharing their thoughts as a manifestation of the present.

▦ There is often a sense of a grammar in your work, expressed through shapes and movements. There is a system as to how things are combined, which is neither narrative nor verbal. What do you think about this "linguistic trait?"

■ This can be answered in relation to the prior question. My concerns with how to see and think, as well as how to "do," are continued in my art. The way I encountered painting for the first time was through traditional painterly contemplations on how to think and connect the artist's breath to a line. During this process, painting – especially Korean traditional painting – shaped my attitude toward confronting the world. Expressing what it means to look and also what I am thinking at that moment is, to me, what I can "do" through my works.

I think in blocks of very short syllables that are expanded to larger units comprised of these blocks. These units make up a grammar, or a visual sentence containing my thoughts and attitudes. I want to expand on the "linguistic trait" you mentioned in the question in terms of my previous works.

The *Grandmother Tower* series began in 2009 and is still in progress today. For this project, I depicted my grandmother before she passed. I represented her emaciated stance by stacking discarded dish racks wrapped with thread – so the friction allows them to stand free – as high as her height. Conversations and memories with my frail grandmother are included here in the process of the work, but such a linguistic narrative cannot be seen in the work itself. The title of the series, "Grandmother Tower," comes from the construction and dissolution of units that use leaning to represent the capacities of her strength and endurance.

The scrawny yet beautiful pose I sought to portray, the state of having to lean on something in order to stand up, is sustained by friction, created by the thread wrapped outside. These processes are still employed in my work. I believe the names of each unit – *Heavy Round*, *Warm Round*, *Square* – and the new titles that these create, point to the "linguistic trait" you mention. When

▦ 당신의 작업과 관련해 1920년대 아방가르드 예술가들과 그들이 벌인 추상의 모험을 생각할 때가 있습니다. 보편적 분류에 관여하는 한편 보다 구체적인 사회적, 정치적 유토피아와 관계를 맺기도 했습니다. 당시 이뤄진 예술적 실험에서 보편적인 것이 당신의 작업 일부에 드러나 있다면, '시적인 것'이 아닐까 합니다. 이 말이 와닿는지요. 만약 그렇다면, 어떻게 와닿습니까?

▦ 균형이라는 현상이 작업에서 규칙적으로 등장하고, 신체의 크기와 움직임에는 그리 명확한 성별이 부여되지는 않는 편입니다. 간혹 육체노동에서 차용한 움직임들이 영상 작업에서 수행적인 부분들로 보이기도 하는데, 그러면서도 우아함을 띠고 마치 무용 퍼포먼스처럼 안무가 짜여 있습니다. 육체를 쓰는 노동과 안무의 관계에 대해서는 어떻게 생각하십니까?

■ 제가 품고 있는 생각들, 그러니까 앞서 언급한 사적인 서사들, 작업 안에서 이뤄지는 과정들, 역사적인 순간들은 모두 과거에서 유래하여 현재에 도달하기를 목표로 합니다. 이것들은 과거의 한순간을 현재에서 앞으로 나아가는 움직임과 합치기를 열망한다는 이상을 나타냅니다. 저는 그런 태도가 시적이라고 믿습니다.

하나의 이상화된 형태 아래 어떻게 사회적 기원과 역사적 운동이 집결될 수 있는지를 보여 주는 사례로 1920년대의 아방가르드 실험을 간주할 수 있다면, 제 작업은 비록 그것과 다른 관점과 지역에서 시작되었지만, 그와 마찬가지로 하나의 목표를 나타내기 위해 끊임없이 전개되는 사고와 정서를 표현합니다. '정(井)' 혹은 '검은 자리' 위에 놓인 사물의 배치와 같은 단순한 구조와 형태를 통해 이어져 있는 시간의 결을 보여 주려는 겁니다.

사람에 의해 매개되고 가동(加動, activated)된 방향과 움직임을 동반하는 이러한 구조와 형태가 미래에서뿐 아니라 현재에서도 죽 제 역할을 찾았으면 합니다. 작업을 만들면서 오래전의 텍스트와 역사적 맥락, 동시대의 사회적 환경에 대해 고민했습니다. 형태와 가동의 관계는 시각적으로 살펴보기란 쉽지 않습니다. 따라서, 언어와 리서치, 재료들이 창작의 과정 전반에서 어떻게 존재하는지 설명할 때 '증발된 서사'라는 용어를 씁니다. 앞서 언급한 '시(詩)적인 순간'과 비슷한 거죠.

따라서, 반복해서 앞으로 나아가는 동작에 관련한 움직임들은 끊임없이 형태를 바꾸는 동시에 해체와 구축을 일으키고, 다른 이들과의 협업을 통해 기록된 움직임이 (영상이) 됩니다. 이처럼 움직임에 기반한 제스처를 통해, 저는 살아가는 순간들의 시적인 상태와 불확실한 미래에 함께 발을 내딛는 것을 보여 주는 플랫폼으로 현재를 만들고 싶습니다.

■ 육체적 움직임, 그리고 구축과 해체를 반복하는 움직임으로부터 만들고자 했던 느린 움직임들이 있습니다. 이 움직임들은 앞서 논했던 연작인 <그랜드마더타워>에서 영감을 받았습니다. 분해된 단위들이 어떻게 쌓이고 구축되는지와 관련되었기 때문입니다. 나아가, 그 움직임의 과정은 영상이라는 공간을 통해 기록됩니다. 이것이 작업을 위한 플랫폼으로 작동하기를 희망하며, 그렇지 않더라도 개인적 생각과 목소리를 구현할 가능성의 공간을 만들어내길 바랍니다. 여기까지가 지금 제 작업이 서 있는 지점이며, 작업의 과거와 현재이자, 미래에 또 다른 곳을 향해 움직여 갈 가능성을 보여 줍니다.

the units are combined, the works can be renewed, via titles such as, *Round Cliff* and *Poking Square*.

Through such processes, the narratives that disappear from the work become clues that move you closer to the work. To me, going through a thought tunnel to create form and construct methodologies is a linguistic journey. The language and its visual structure circulate and expand the work, generating a rule to incorporate the movements that emerge from it. The series that resulted from such a process takes the notation grid of *jeongganbo* as a work that connects art, process, and narrative. Thus the next series, *Black Mat Oriole*, utilizes a form of *Chunaengmu*, in which the dance has to be performed within a square grid.

I sometimes think of the 1920s avant garde and their abstraction adventures in relation to your work. On the one hand, they were often engaged with universal categories, and on the other hand, with rather concrete social and political utopias. If anything universal from that era's artistic experiments is part of your work, I might suggest "the poetic." Does that resonate with you, and if yes, how?

The thoughts I hold – the previously mentioned personal narratives, processes in my work, and historical moments – all aim to arrive from the past into the present. They represent the ideal of aspiring to merge a moment in the past with a forward movement into the present. I believe that attitude is poetic.

If the avant-garde experiments of the 1920s can be read as an illustration of how social beginnings and historical movements are marshalled under a single idealized form, my works – though starting from a different perspective and location – also express perpetually evolving thoughts and emotions to manifest a singular aim – how to represent the essence of time via simple structures and forms (such as the *jeong* or the constellation on the "Black Mat").

I hope that these structures and forms, accompanied with direction and movement mediated through and activated by people, find a role in the present, as well as the future. While creating the works I studied and considered ancient texts, historical context, and contemporary social circumstances. The relationship between form and *Activation* is not fully visualized. This is because the structures left behind from the production of time are rather simple and universal, or so I hope. Therefore, I use the term, "evaporated narrative," to describe moments when I explain how language, research, and materials existed throughout the process of making. This is similar to the aforementioned, "poetic moment"

느리고 한정된 움직임들은 수행적인 안무가 아니라,
무게와 차원, 각 작업 안에서 가능한 활동의 범위 안에서
발생한 것입니다. 예를 들어, 앞서 만든 영상 작업인 <검은아래
색달>(2015)은 검은 사각의 공간 안에서 일어나는 움직임을
기록해 보여줍니다. 영상 속에서 그리고 현실에서 제 작업의
무게는 매우 무겁습니다. 이렇게 무거운 작업을 움직이는 것은
바로 퍼포머들의 나이든 신체로, 이것은 사물과의 관계에서
나오는 자연스러운 움직임입니다.

미리 짜인 움직임을 보여 주려는 것이 아닙니다. 신체의
물리적 무게를 직면한 제한적 움직임을 통해서 안무하지
않은 것을 보여 주고자 했습니다. 느리고 조심스러운 신체의
움직임과 가동을 통해, 우리는 자신이 있는 장소를 돌아보고
미래로 나아가기 위한 자신의 자리를 만들 수 있습니다. ▧

Therefore, the movements involved in stepping forward repeatedly enact dissolution and construction (while also continuously changing form), and become recorded actions (video) by collaboration with others. Through such motion-based gestures, I want to make the present a platform that demonstrates the poetry of living in the moment and stepping into an uncertain future together.

■ There are slow movements created from physical motion and repeated actions of construction and dissolution. These are inspired by *Grandmother Tower*, the series I discussed earlier, as it pertains to the narrative of how the dismantled units are stacked and separated. Moreover, the potential of movement in this work is enhanced by the moving images of video.

I created a video that animates the art and extends it to the next page of the story. I hope this operates as a platform for the work, or that it creates a space of possibility to embody personal thoughts and voices. This is to point my work to where it stands now, its past and present, and its potential to head to another place in the future.

The beginnings of slow and restricted movements are not inspired by performative choreography, but by the weight, dimensions, and possible range of motion in each work. For example, *Black Under Colored Moon* (2015), a previous video of mine, shows the work moving in a black square where the edges of the square are invisible. An old man and woman act as mediators within the black square to advance the work. The weight of my works, within video and in reality, is very heavy. What moves this heavy weight is the aging body's interaction with gravity, which is demonstrated through physical labor.

I am not trying to show premeditated movement. I wanted to convey the un-choreographed through the limited movements encountered by the body's physical weight, and how with repeated motions, the art and movement are constructed together. Thus, with the slow and refined actions of the body and art's resonance with that movement, we can reflect on our own place and produce the spatial choreography necessary for us to step into the future. ▓

▓ The phenomenon of balance appears regularly in your work, and the size and movements of the human body tend not to be so gendered. Occasionally the performative parts of your videos appear to be movements borrowed from physical labor, and yet they are elegant, choreographed like dance performances. What are your thoughts on the relationship between bodily work and choreography?

강서경은 이화여자대학교에서 동양화를, 이후 영국 왕립 미술학교에서 회화를 전공하였으며 현재는 이화여자대학교 동양화과 교수로 재직 중이다. 최근 개인전 〈검은자리 꾀꼬리〉 (필라델피아 현대미술관 ICA, 2018)를 개최한 바 있고, 상하이 비엔날레(2018), 리버풀 비엔날레(2018), 광주비엔날레(2018, 2016), 〈달은, 차고, 이지러진다〉(국립현대미술관, 과천, 2016), 〈Group Mobile〉(빌라 바실리프 개관전, 파리, 2016), 〈발 과 달〉(시청각, 서울, 2015), 〈치효치효〉(갤러리팩토리, 서울, 2013), 〈그랜드마더타워〉(오래된집, 서울, 2013) 등의 전시에 참여하였으며, 제58회 베니스 비엔날레 총감독 랄프 루고프의 본 전시 〈흥미로운 시대를 살아가기를〉(2019)에 참여 예정이다. 2018년 아트 바젤에서 발로아즈 예술상을 수상하였다.

앨릭스 클라인은 펜실베이니아 대학교 필라델피아 현대미술관(ICA)에서 도로시 & 스티븐 R. 웨버 (CHE' 60) 큐레이터로 일한다.

케이트 크랫선은 ICA에서 라포르트 부큐레이터를 맡고 있다.

이용우는 미디어 역사 문화 연구자이다. 뉴욕 대학교 동아시아 학과에서 비판적 미디어 문화 연구, 시각 이론과 동아시아 소리 및 영상 문화, 한일 정신사, 한국 현대미술, 후식민적 역사 서술 방식과 번역에 관한 연구와 강의를 병행했다. 서울시립미술관 북서울관 〈아시아 디바: 진심을 그대에게〉(2017)를 공동 기획했고, 중국 안렌 비엔날레와 홍콩 파라사이트의 〈흙과 돌, 영혼과 노래〉(2016-2017)에 객원 큐레이터로 참여했다.

마리아 린드는 큐레이터, 필자, 교육가로, 스톡홀름을 기반으로 활동한다. 제11회 광주비엔날레 예술 감독으로 일했고, 스웨덴 텐스타 콘스탈의 디렉터를 맡았다. 2008년부터 2010년까지 뉴욕 바드 칼리지 큐레토리얼 연구 센터의 대학원 프로그램을 이끌었으며, 2005년부터 2007년 사이에는 스톡홀름 IASPIS의 디렉터로 재직했다. 여러 출판물에 글을 실었고, 2010년에는 스턴버그 프레스를 통해 『Selected Maria Lind Writing』을 출간했다. 2019년 가을에는 루마니아에서 치러지는 제3회 아트 인카운터스 비엔날레를 앙카 루조유와 함께 공동 기획할 예정이다.

BIOGRAPHIES

<u>Suki Seokyeong Kang</u> (b.1977, Seoul; lives Seoul) studied Oriental Painting at Ewha Womans University, Seoul, and Painting at the Royal College of Art, London. She is currently a professor of Korean Painting at Ewha Womans University. Selected exhibitions include *May You Live in Interesting Times*, the 58th Venice Biennale (2019); the *12th Shanghai Biennale: Proregress* (2019); *Liverpool Biennial: Beautiful world, where are you?* (2018); *Suki Seokyeong Kang: Black Mat Oriole*, Institute of Contemporary Art, University of Pennsylvania (2018); Gwangju Biennale (2018 and 2016); *Other Walks, Other Lines*, San José Museum of Art (2018); *As the Moon Waxes and Wanes*, National Museum of Modern and Contemporary Art, Gwacheon (2016); *Group Mobile*, Villa Vassilieff, Paris (2016); *Foot and Moon*, Audio Visual Pavilion, Seoul (2015); and *Grandmother Tower*, Old House, Seoul (2013). In 2018 she was the recipient of the Baloise Art Prize.

<u>Alex Klein</u> is the Dorothy and Stephen R. Weber (CHE '60) Curator at the Institute of Contemporary Art, University of Pennsylvania.

<u>Kate Kraczon</u> is the Laporte Associate Curator at the Institute of Contemporary Art, University of Pennsylvania.

<u>Yongwoo Lee</u> is a media historian and cultural studies scholar. He taught critical media and cultural studies of modern Korea; visual studies, film theory, and popular culture in East Asia; intellectual history of wartime Japan and postwar Korea; Korean contemporary art; and postcolonial historiography and translation in the Department of East Asian Studies at New York University. He also served as guest curator for *Asian Diva: The Muse and the Monster* (Seoul Museum of Art, 2017); the 1st Anren Biennale (2017); and Para Site's *Soil and Stones, Souls and Songs* (2016–2017).

<u>Maria Lind</u> is a curator, writer, and educator based in Stockholm. Most recently she was the director at Tensta Konsthall in Sweden as well as the artistic director of the 11th Gwangju Biennale. From 2008 until 2010 she directed the graduate program at the Center for Curatorial Studies, Bard College, New York, and from 2005 until 2007 she was the director of Iaspis in Stockholm. She has contributed to numerous publications, and a collected volume of her writing, *Selected Maria Lind Writing*, was published by Sternberg Press in 2010. In fall 2019, she will co-curate with Anca Rujoiu the third edition of Romania's Art Encounters Biennial.

체크리스트

별도로 밝히지 않은 경우, 작품의 판권은
작가에게 있다.

전시 작품

<검은자리>, 2016–2018년
— <검은자리 #09> → 220쪽
  철에 도색, 플라스틱 바퀴, 볼트
  61.4×81.4×8.5 cm
— <검은자리 #04> → 150쪽, 216쪽
  철에 도색, 플라스틱 바퀴, 볼트
  61.4×81.4×12.5 cm
— <검은자리 #06> → 150쪽, 217쪽
  철에 도색, 플라스틱 바퀴, 볼트
  61.4×81.4×12.5 cm
— <검은자리 #08> → 218쪽
  철에 도색, 플라스틱 바퀴, 볼트
  61.4×81.4×12.5 cm
— <검은자리 #05>
  철에 도색, 플라스틱 바퀴, 볼트
  61.4×81.4×8.5 cm
— <자리 #16-01>
  철에 도색
  61×8×82 cm
— <자리 #16-02>
  철에 도색
  61×8×82 cm
— <자리 #16-03>
  철에 도색
  61×8×82 cm
— <자리 – 발 #16-01>
  철에 도색
  61×25×6 cm
— <자리 – 발 #16-02>
  철에 도색
  61×25×6 cm
— <자리 – 발 #16-03>
  철에 도색
  61×25×6 cm
— <정 井 – 머리 #16-02>
  철 프레임에 도색
  61.5×81.5×2.5 cm
— <정 井 작은 조각들>
  철 프레임에 도색
  60×60×2.5 cm

— <정 井 – 날개 #16-01> → 235쪽
  철 프레임에 도색, 볼트
  187×164×2.5 cm
— <정 井 58×78 (나무 프레임)>
  나무 프레임
  58×78×2.5 cm, 3점
— <정 井 58×78 (나무 프레임)>
  나무 프레임
  58.5×78.5×2.5 cm
— <정 井 58×78 (나무 프레임)>
  나무 프레임
  58.5×78.5×1.5 cm, 2점
— <정 井 58×78 (나무 프레임)>
  나무 프레임
  57.5×77.5×2.5 cm, 2점
— <정 井 58×78 (나무 프레임)>
  나무 프레임
  58×78×2.5 cm
— <정 井 58×78 (나무 프레임)>
  나무 프레임
  58×78×2.5 cm
— <정 井 58×78 (나무 프레임)>
  나무 프레임
  58×78×2.5 cm
— <자리 검은 자리 15×78 #17-01>
  화문석, 실
  15×78 cm, 2점
— <자리 검은 자리 15×78 #17-02>
  화문석, 실
  15×78 cm
— <자리 검은 자리 58×20 #17-01>
  화문석, 실
  58×20 cm, 4점
— <자리 검은 자리 58×20 #17-02>
  화문석, 실
  58×20 cm, 3점
— <검은자리 #02> → 215쪽
  철에 도색, 플라스틱 바퀴, 볼트
  61.4×81.4×12.5 cm
— <자리 검은 자리 61×81 #18-02>
  화문석, 실
  63×84 cm
— <정 井 – 머리-1 #16-02>
  철 프레임에 도색
  61.5×81.5×2.5 cm
— <자리 검은 자리 15×78 #17-01>
  화문석, 실
  15×78 cm
— <긴 여섯 개의 발 #18-01>
  철에 도색, 나무 바퀴
  Ø30×91 cm

— <짧은 여섯 개의 발 #18-01> → 226쪽
  철에 도색, 나무 바퀴
  Ø30.5×33 cm
— <따뜻한 무게 320 #15-01>
  철에 도색, 실
  Ø32×28 cm
— <자리 검은 자리 61×81 #18-01>
  화문석, 실
  63.5×83 cm
— <자리 검은 자리 61×81 #18-02>
  화문석, 실
  63×84 cm
— <검은자리 #07>
  철에 도색, 플라스틱 바퀴, 볼트
  61.4×81.4×8.5 cm
<정과 검은자리 #18-01>, 2016–2018년
— <정 井 – 머리 #16-01>
  철 프레임에 도색
  61.5×81.5×2.5 cm
— <정 井 – 머리 #16-03>
  철 프레임에 도색
  61.5×81.5×2.5 cm
— <정 井 – 머리 #16-04>
  철 프레임에 도색
  61.5×81.5×2.5 cm
— <정 井 – 머리 #16-05>
  철 프레임에 도색
  61.5×81.5×2.5 cm
— <정 井 – 머리 #16-06>
  철 프레임에 도색
  61.5×81.5×2.5 cm
— <정 井 – 머리 #16-07>
  철 프레임에 도색
  61.5×81.5×2.5 cm
— <정 井 – 머리 #16-09>
  철 프레임에 도색
  61.5×81.5×2.5 cm
— <정 井 작은 조각들>
  철 프레임에 도색
  60×60×2.5 cm
— <정 井 58×78 (나무 프레임)>
  나무 프레임
  58×78×2.5 cm, 2점
— <자리 검은 자리 15×78 #17-02>
  화문석, 실
  15×78 cm
— <자리 검은 자리 58×78 #18-01> → 13쪽
  화문석, 실
  60×81 cm

CHECKLIST

All works courtesy of the artist
unless otherwise noted.
Ø = diameter.

<u>WORKS INCLUDED IN THE EXHIBITION</u>

Black Mat, 2016–2018
— *Black Mat #09* →p.220
  Painted steel, plastic wheel,
  and steel bolts
  24⅛×32×3⅜ inches
  (61.4×81.4×8.5 cm)
— *Black Mat #04* →pp.150, 216
  Painted steel, plastic wheel,
  and steel bolts
  24⅛×32×4⅞ inches
  (61.4×81.4×12.5 cm)
— *Black Mat #06* →pp.150, 217
  Painted steel, plastic wheel,
  and steel bolts
  24⅛×32×4⅞ inches
  (61.4×81.4×12.5 cm)
— *Black Mat #08* →p.218
  Painted steel, plastic wheel,
  and steel bolts
  24⅛×32×4⅞ inches
  (61.4×81.4×12.5 cm)
— *Black Mat #05*
  Painted steel, plastic wheel,
  and steel bolts
  24⅛ x 32×3⅜ inches
  (61.4×81.4×8.5 cm)
— *Mat #16-01*
  Painted steel
  24×3⅛×32¼ inches (61×8×82 cm)
— *Mat #16-02*
  Painted steel
  24×3⅛×32¼ inches (61×8×82 cm)
— *Mat #16-03*
  Painted steel
  24×3⅛×32¼ inches (61×8×82 cm)
— *Mat–foot #16-01*
  Painted steel
  24×9⅞×3⅛ inches (61×25×6 cm)
— *Mat–foot #16-02*
  Painted steel
  24×9⅞×3⅛ inches (61×25×6 cm)
— *Mat–foot #16-03*
  Painted steel
  24×9⅞×2⅜ inches (61×25×6 cm)
— *Jeong–head #16-02*
  Painted steel frame
  24¼×32⅛×1 inches
  (61.5×81.5×2.5 cm)

— *Jeong small gathering*
  Painted steel frame
  23⅝×23⅝×1 inches (60×60×2.5 cm)
— *Jeong–Feather #16-01* →p.235
  Painted steel frame and brass
  bolts
  73⅝×64⅝×1 inches
  (187×164×2.5 cm)
— *Jeong 58×78 (wood frame)*
  Wood frame
  22⅝×30¾×1 inches (58×78×2.5 cm),
  3 parts
— *Jeong 58×78 (wood frame)*
  Wood frame
  23×30⅞×1 inches
  (58.5×78.5×2.5 cm)
— *Jeong 58×78 (wood frame)*
  Wood frame
  23×30⅞×1 inches
  (58.5×78.5×1.5 cm), 2 parts
— *Jeong 58×78 (wood frame)*
  Wood frame
  22⅝×30½×1 inches
  (57.5×77.5×2.5 cm), 2 parts
— *Jeong 58×78 (wood frame)*
  Wood frame
  22⅝×30¾×1 inches (58×78×2.5 cm)
— *Jeong 58×78 (wood frame)*
  Wood frame
  22⅝×30¾×1 inches (58×78×2.5 cm)
— *Jeong 58×78 (wood frame)*
  Wood frame
  22⅝×30¾×1 inches (58×78×2.5 cm)
— *Mat Black Mat 15×78 #17-01*
  Woven dyed *hwamunseok* and thread
  5⅞×30¾ inches (15×78 cm), 2 parts
— *Mat Black Mat 15×78 #17-02*
  Woven dyed *hwamunseok* and thread
  5⅞×30¾ inches (15×78 cm)
— *Mat Black Mat 58×20 #17-01*
  Woven dyed *hwamunseok* and thread
  22⅞×7⅞ inches (58×20 cm), 4 parts
— *Mat Black Mat 58×20 #17-02*
  Woven dyed *hwamunseok* and thread
  22⅞×7⅞ inches (58×20 cm), 3 parts
— *Black Mat #02* →p.215
  Painted steel, plastic wheel, and
  steel bolts
  24⅛×32×4⅞ inches
  (61.4×81.4×12.5 cm)
— *Mat Black Mat 61×81 #18-02*
  Woven dyed *hwamunseok* and thread
  24⅝×33⅛ inches (63×84 cm)
— *Jeong–head-1 #16-02*
  Painted steel frame
  24¼×32⅛×1 inches
  (61.5×81.5×2.5 cm)
— *Mat Black Mat 15×78 #17-01*
  Woven dyed *hwamunseok* and thread
  5⅞×30¾ inches (15×78 cm)

— *Six legs–long #18-01*
  Painted steel and wood wheel
  Ø11¾×35⅞ inches (Ø30×91 cm)
— *Six legs–short #18-01* →p.226
  Painted steel and wood wheel
  Ø12×13 inches (Ø30.5×33 cm)
— *Warm round 320 #15-01*
  Painted steel and thread
  Ø12⅝×11 inches (Ø32×28 cm)
— *Mat Black Mat 61×81 #18-01*
  Woven dyed *hwamunseok* and thread
  25×32⅝ inches (63.5×83 cm)
— *Mat Black Mat 61×81 #18-02*
  Woven dyed *hwamunseok* and thread
  24⅝×33⅛ inches (63×84 cm)
— *Black Mat #07*
  Painted steel, plastic wheel, and
  steel bolts
  24⅛×32×3⅜ inches
  (61.4×81.4×8.5 cm)

Jeong on the Black Mat #18-01,
2016–2018
— *Jeong–head #16-01*
  Painted steel frame
  24¼×32⅛×1 inches
  (61.5×81.5×2.5 cm)
— *Jeong–head #16-03*
  Painted steel frame
  24¼×32⅛×1 inches
  (61.5×81.5×2.5 cm)
— *Jeong–head #16-04*
  Painted steel frame
  24¼×32⅛×1 inches
  (61.5×81.5×2.5 cm)
— *Jeong–head #16-05*
  Painted steel frame
  24¼×32⅛×1 inches
  (61.5×81.5×2.5 cm)
— *Jeong–head #16-06*
  Painted steel frame
  24¼×32⅛×1 inches
  (61.5×81.5×2.5 cm)
— *Jeong–head #16-07*
  Painted steel frame
  24¼×32⅛×1 inches
  (61.5×81.5×2.5 cm)
— *Jeong–head #16-09*
  Painted steel frame
  24¼×32⅛×1 inches
  (61.5×81.5×2.5 cm)
— *Jeong small gathering*
  Painted steel frame
  23⅝×23⅝×1 inches (60×60×2.5 cm)
— *Jeong 58×78 (wood frame)*
  Wood frame
  22⅞×30¾×1 inches (58×78×2.5 cm),
  2 parts
— *Mat Black Mat 15×78 #17-02*
  Woven dyed *hwamunseok* and thread
  5⅞×30¾ inches (15×78 cm)

- 〈검은자리 #03〉 →221쪽
  철에 도색, 플라스틱 바퀴, 볼트
  61.4×81.4×8.5 cm

〈자리 검은 자리 #18-01〉, 2016–2018년 →74쪽
- 〈자리 검은 자리 55×40 #17-01〉
  화문석, 실
  40×58.5 cm
- 〈자리 검은 자리 61×81 #18-03〉 →15쪽
  화문석, 실
  63×84.5 cm, 2점
- 〈정 # 작은 조각들〉
  철 프레임에 도색
  60×60×2.5 cm
- 〈정 #–머리 #16-08〉
  철 프레임에 도색
  61.5×81.5×2.5 cm
- 〈정 # 작은 조각들〉
  철 프레임에 도색
  60×58×2.5 cm

〈자리 검은 자리 122×93〉, 2017–2018년
- 〈자리 검은 자리 122×93 #18-03〉 →17쪽
  화문석, 실
  127.5×96 cm
- 〈자리 검은 자리 122×93 #18-08〉
  →25쪽, 65쪽
  화문석, 실
  130×100.2 cm
  개인 소장

〈자리 검은 자리 122×93〉, 2013–2018년
- 〈자리 검은 자리 122×93 #18-01〉 →26쪽
  화문석, 실
  119×106 cm
- 〈발 #01〉
  철에 도색
  57×10×33 cm
- 〈정 # 작은 조각들〉
  철에 도색
  58×18×2.5 cm

〈자리 검은 자리 122×93〉, 2013–2018년
- 〈자리 검은 자리 122×93 #18-09〉
  화문석, 실
  130×100 cm
- 〈발 #01〉
  철에 도색
  57×10×33 cm
- 〈정 # 작은 조각들〉
  철에 도색
  58×18×2.5 cm

〈자리 검은 자리 122×163〉, 2015–2018년
- 〈자리 검은 자리 122×163 #18-06〉 →19쪽
  화문석, 실
  124×168 cm
- 〈자리 검은 자리 122×163 #17-05〉
  화문석, 실
  123.5×164 cm
- 〈따뜻한 무게 320 #15-02〉
  철에 도색, 실, 자석, 가죽 조각
  Ø32×28 cm
- 〈정 # 58×78 (나무 프레임)〉
  나무 프레임
  57.5×77.5×2.5 cm, 2점
- 〈정 # 58×78 (나무 프레임)〉
  나무 프레임
  58×78×2.5 cm
- 〈정 # 58×78 (나무 프레임)〉
  나무 프레임
  58×78×2.5 cm
- 〈정 # 58×78 (나무 프레임)〉
  나무 프레임
  58×78×2.5 cm, 2점
- 〈자리 검은 자리 61×81 #18-01〉
  화문석, 실
  63.5×83 cm, 6점

〈자리 검은 자리 122×163〉, 2016–2018년
- 〈자리 검은 자리 122×163 #17-06〉
  화문석, 실
  123×163 cm
- 〈정 # 58×78 (나무 프레임)〉
  나무 프레임
  57.5×77.5×2.5 cm
- 〈정 # 58×78 (나무 프레임)〉
  나무 프레임
  58×78×2.5 cm, 2점
- 〈정 # 58×78 (나무 프레임)〉
  나무 프레임
  58×78×2.5 cm
- 〈자리 검은 자리 61×81 #18-01〉
  화문석, 실
  63.5×83 cm, 4점

〈정 +〉, 2015–2016년 →59쪽, 76쪽
- 〈정 #–머리-1 #16-03〉
  철 프레임에 도색
  61.5×81.5×2.5 cm
- 〈정 #–몸 2 #16-01〉
  철 프레임에 도색
  120.5×163×2.5 cm
- 〈정 # 58×78 (나무 프레임)〉
  나무 프레임
  58×78×2.5 cm

- 〈정 # 58×78 (나무 프레임)〉
  나무 프레임
  57.5×77.5×2.5 cm

〈좁은 초원–꾀꼬리 #18-01〉, 2011–2018년
  →73쪽
- 〈둥근 무게 340 #17-03〉
  철에 도색
  Ø34×27 cm
- 〈둥근 무게 340 #18-03〉
  철에 도색
  Ø34×27 cm
- 〈짧은 여섯 개의 발 #18-02〉 →227쪽
  철에 도색, 나무 바퀴
  Ø30.5×32.5 cm
- 〈따뜻한 무게 340 #15-01〉 →230쪽
  철에 도색, 실
  Ø34×45 cm

〈좁은 초원 #18-01〉, 2014–2018년
  개인 소장
- 〈짧은 여섯 개의 발 #17-04〉 →226쪽
  철에 도색, 나무 바퀴
  Ø30.5×33 cm
- 〈둥근 무게–둘 #18-01〉
  철에 도색
  59×34×34 cm

〈좁은 초원 #18-02〉, 2011–2018년 →72쪽
  이미영·닐 심프킨스 소장, 뉴욕
- 〈따뜻한 무게 300 #15-02〉 →71쪽
  철에 도색, 실
  Ø30×40 cm
- 〈둥근 무게 340 #16-01〉 →71쪽, 228쪽
  철에 도색
  Ø34×30 cm
- 〈짧은 여섯 개의 발 #17-03〉 →71쪽, 227쪽
  철에 도색, 나무 바퀴
  Ø30.5×32.5 cm
- 〈둥근 무게 250 #18-01〉
  철에 도색
  Ø25×27 cm

〈둥근 절벽–긴 목 #18-01〉, 2015–2018년
  →78쪽
  론티 에버스 소장, 뉴욕
- 〈따뜻한 무게–절벽 340 #18-01〉
  철에 도색, 실
  Ø34×45 cm
- 〈프리즘 #15-01〉
  철에 도색, 황동, 실
  Ø30.5×137 cm
- 〈둥근 무게 340 #18-07〉
  철에 도색
  Ø34×27 cm

— *Mat Black Mat 58×78 #18-01* →p.13
  Woven dyed *hwamunseok* and thread
  23⅝×31⅞ inches (60×81 cm)
— *Black Mat #03* →p.221
  Painted steel, plastic wheel, and
  steel bolts
  24⅛×32×3⅜ inches
  (61.4×81.4×8.5 cm)
Mat Black Mat #18-01, 2016–2018 →p.74
— *Mat Black Mat 55×40 #17-01*
  Woven dyed *hwamunseok* and thread
  15¾×23 inches (40×58.5 cm)
— *Mat Black Mat 61×81 #18-03* →p.15
  Woven dyed *hwamunseok* and thread
  24⅝×33¼ inches (63×84.5 cm),
  2 parts
— *Jeong small gathering*
  Painted steel frame
  23⅝×23⅝×1 inch (60×60×2.5 cm)
— *Jeong–head #16-08*
  Painted steel frame
  24¼×32⅛×1 inches
  (61.5×81.5×2.5 cm)
— *Jeong small gathering*
  Painted steel frame
  23⅝×22⅝×1 inches (60×58×2.5 cm)
Mat Black Mat 122×93, 2017–2018
— *Mat Black Mat 122×93 #18-03* →p.17
  Woven dyed *hwamunseok* and thread
  50⅛×37⅝ inches (127.5×96 cm)
— *Mat Black Mat 122×93 #18-08*
  →pp.25, 26
  Woven dyed *hwamunseok* and thread
  51⅛×39½ inches (130×100.2 cm)
  Private Collection
Mat Black Mat 122×93, 2013–2018
— *Mat Black Mat 122×93 #18-01* →p.26
  Woven dyed *hwamunseok* and thread
  46⅝×41¾ inches (119×106 cm)
— *Foot #01*
  Painted steel
  22½×3⅞×13 inches (57×10×33 cm)
— *Jeong small gathering*
  Painted steel
  22⅞×7⅛×1 inches (58×18×2.5 cm)
Mat Black Mat 122×93, 2013–2018
— *Mat Black Mat 122×93 #18-09*
  Woven dyed *hwamunseok* and thread
  51⅛×39⅜ inchs (130×100 cm)
— *Foot #01*
  Painted steel
  22½×4×13 inches (57×10×33 cm)
— *Jeong small gathering*
  Painted steel
  22⅞×7⅛×1 inches (58×18×2.5 cm)

Mat Black Mat 122×163, 2015–2018
— *Mat Black Mat 122×163 #18-06*
  →p.19
  Woven dyed *hwamunseok* and thread
  48⅞×66⅛ inches (124×168 cm)
— *Mat Black Mat 122×163 #17-05*
  Woven dyed *hwamunseok* and thread
  48⅝×64⅝ inches (123.5×164 cm)
— *Warm Round 320 #15-02*
  Painted steel, thread, magnet, and
  leather scraps
  Ø12⅝×11 inches (Ø32×28 cm)
— *Jeong 58×78 (wood frame)*
  Wood frame
  22⅝×30½×1 inches
  (57.5×77.5×2.5 cm), 2 parts
— *Jeong 58×78 (wood frame)*
  Wood frame
  22⅞×30¾×1 inches (58×78×2.5 cm)
— *Jeong 58×78 (wood frame)*
  Wood frame
  22⅞×30¾×1 inches (58×78×2.5 cm),
  2 parts
— *Mat Black Mat 61×81 #18-01*
  Woven dyed *hwamunseok* and thread
  25×32⅝ inches (63.5×83 cm),
  6 parts
Mat Black Mat 122×163, 2016–2018
— *Mat Black Mat 122×163 #17-06*
  Woven dyed *hwamunseok* and thread
  48⅜×64⅛ inches (123×163 cm)
— *Jeong 58×78 (wood frame)*
  Wood frame
  22⅝×30½×1 inches
  (57.5×77.5×2.5 cm)
— *Jeong 58×78 (wood frame)*
  Wood frame
  22⅞×30¾×1 inches (58×78×2.5 cm),
  2 parts
— *Jeong 58×78 (wood frame)*
  Wood frame
  22⅞×30¾×1 inches (58×78×2.5 cm)
— *Mat Black Mat 61×81 #18-01*
  Woven dyed *hwamunseok* and thread
  25×32⅝ inches (63.5×83 cm),
  4 parts
Jeong +, 2015–2016 →pp.59, 76
— *Jeong–head-1 #16-03*
  Painted steel frame
  24¼×32⅛×1 inches
  (61.5×81.5×2.5 cm)
— *Jeong–body 2 #16-01*
  Painted steel frame
  47½×64⅛×1 inches
  (120.5×163×2.5 cm)
— *Jeong 58×78 (wood frame)*
  Wood frame
  22⅝×30¾×1 inches (58×78×2.5 cm)

— *Jeong 58×78 (wood frame)*
  Wood frame
  22⅝×30½×1 inches
  (57.5×77.5×2.5 cm)
Narrow Meadow–Oriole #18-01,
  2011–2018 →p.73
— *Heavy Round 340 #17-03*
  Painted steel
  Ø13⅜×10⅝ inches (Ø34×27 cm)
— *Heavy Round 340 #18-03*
  Painted steel
  Ø13⅜×10⅝ inches (Ø34×27 cm)
— *Six Legs–short #18-02* →p.227
  Painted steel and wood wheel
  Ø12×12¾ inches (Ø30.5×32.5 cm)
— *Warm Round 340 #15-01* →p.230
  Painted steel and thread
  Ø13⅜×17¾ inches (Ø34×45 cm)
Narrow Meadow #18-01, 2014–2018
  Private Collection
— *Six Legs–short #17-04* →p.226
  Painted steel and wood wheel
  Ø12×13 inches (Ø30.5×33 cm)
— *Heavy Round–double #18-01*
  Painted steel
  23¼×13⅜×13⅜ inches
  (59×34×34 cm)
Narrow Meadow #18-02, 2011–2018 →p.72
  Collection of Miyoung Lee and Neil
  Simpkins, New York
— *Warm Round 300 #15-02* →p.71
  Painted steel and thread
  Ø11⅝×15¾ inches (Ø30×40 cm)
— *Heavy Round 340 #16-01* →pp.71, 228
  Painted steel
  13⅜ dia. x 11⅝ inches (Ø34×30 cm)
— *Six Legs–short #17-03* →pp.71, 227
  Painted steel and wood wheel
  Ø12×12⅝ inches (Ø30.5×32.5 cm)
— *Heavy Round 250 #18-01*
  Painted steel
  Ø9⅝×10⅝ inches (Ø25×27 cm)
Round Cliff–long neck #18-01,
  2015–2018 →p.78
  Collection of Lonti Ebers,
  New York
— *Warm Round–cliff 340 #18-01*
  Painted steel and thread
  13⅜×17¾ inches (Ø34×45 cm)
— *Prism #15-01*
  Painted steel, brass, and thread
  Ø12×53⅞ inches (Ø30.5×137 cm)
— *Heavy Round 340 #18-07*
  Painted steel
  Ø13⅜×10⅝ inches (Ø34×27 cm)
— *Heavy Round 340 #17-02*
  Painted steel
  Ø13⅜×10⅝ inches (Ø34×27 cm)

— <둥근 무게 340 #17-02>
철에 도색
Ø34×27 cm
<자리 55×40 #18-01>, 2017–2018년
→51쪽, 83쪽
철에 도색, 화문석, 실, 나무 프레임, 볼트,
가죽 조각
42×57×5 cm
시카고 대학교 부스 경영 대학원 소장
<모라와 검은자리>, 2014–2018년
→79쪽, 102쪽, 103쪽
— <모라 55×40>
— 한지, 캔버스, 먹, 구아슈
55×40×2.5 cm, 3점
55×40×4 cm, 21점
55×40×5.5 cm, 1점
— <두꺼운 모라 55×40>
한지, 캔버스, 먹, 구아슈
55×40×8 cm, 4점
55×40×12 cm, 2점
55×40×16 cm, 2점
55×40×20 cm, 2점
— <작업실 바닥>
구아슈, 먼지, 아크릴판
45점
— <검은자리 #01>
철에 도색, 플라스틱 바퀴, 볼트
61.4×81.4×8.5 cm
— <자리 검은 자리 55x40 #17-01>
화문석, 실
40×58.5 cm, 3점
— <자리 검은 자리 55x40 #17-02>
화문석, 실
40×58.5 cm, 4점
<검은자리 꾀꼬리>, 2016–2017년
→51쪽, 116–135쪽
3채널 비디오, 컬러, 사운드, 8분 46초
<검은자리 꾀꼬리 (커튼)>, 2018년 →50쪽
면직물, 실, 금속 고리와 레일
187×217 cm

강서경의 다른 작품

<검은아래 색달>, 2015년 →96쪽, 142쪽
비디오, 컬러, 소리
26분
<그랜드마더타워 #01>, 2011–2013년 →92쪽
재제작된 철제 공업용 접시 건조대에 실 감기
80×80×210 cm
<그랜드마더타워 – 토우 #18-01>, 2018년
→161쪽
재제작된 철제 공업용 접시 건조대에 실
감기, 철에 도색, 바퀴
58.5×88.6×253 cm
룩셈부르크 무담 미술관 소장 (발로아즈
그룹 2018년 기증)
<두꺼운 모라 55×40 #02>, 2015년 →60쪽
한지에 먹, 구아슈, 캔버스
40×55×12 cm / 54×65×100 cm
<둥근 무게 340 #16-02>, 2016년 →229쪽
철에 도색
73×59×30 cm
<둥근 무게 340 – 세 개의 팔>, 2016년 →228쪽
철에 도색, 실
58×34×27 cm
<따뜻한 무게300 #15-03>, 2015–2016년
→231쪽
철에 도색, 실
Ø30×40 cm
<자리 55×40 #18-23>, 2018–2019년 →3쪽
철에 도색, 화문석, 실, 나무 프레임, 볼트,
가죽 조각
52×42×5 cm
<자리 55×40 #18-44>, 2018–2019년 →4쪽
철에 도색, 화문석, 실, 나무 프레임, 볼트,
가죽 조각
52×42×5 cm
<자리 55×40 #18-48>, 2018–2019년 →5쪽
철에 도색, 화문석, 실, 나무 프레임, 볼트,
가죽 조각
52×42×5 cm
<자리 61×81 #18-01>, 2017–2018년 →7쪽
철에 도색, 화문석, 실, 나무 프레임, 볼트,
가죽 조각
62×82×5 cm
<자리 61×81 #18-02>, 2017–2018년 →6쪽
철에 도색, 화문석, 실, 나무 프레임, 볼트,
가죽 조각
62×82×5 cm

<자리 61×81 #18-08>, 2017–2018년 →9쪽
철에 도색, 화문석, 실, 나무 프레임, 볼트,
가죽 조각
62×82×4 cm
<자리 61×81 #18-10>, 2017–2018년 →8쪽
철에 도색, 화문석, 실, 나무 프레임, 볼트,
가죽 조각
62×82×4 cm
<자리 61×81 #18-14>, 2017–2018년 →11쪽
철에 도색, 화문석, 실, 나무 프레임, 볼트,
가죽 조각
62×82×5 cm
<자리 61×81 #18-15>, 2017–2018년 →10쪽
철에 도색, 화문석, 실, 나무 프레임, 볼트,
가죽 조각
62×82×5 cm
<자리 검은 자리 55×40 #18-01>, 2018년
→12쪽
화문석, 실
57×40.5 cm
<자리 검은 자리 61×81 #18-04>, 2018년
→14쪽
화문석, 실
63×84.5 cm
<자리 검은 자리 122×93 #18-05>,
2017–2018년 →20쪽
화문석, 실
122×93cm
<자리 검은 자리 122×163 #18-02>,
2017–2018년 →24쪽
화문석, 실
123.5×170.5 cm
<자리 검은 자리 122×163 #18-12>, 2018년
→21쪽
화문석, 실
125.5×163.5 cm
<자리 검은 자리 122×163 #18-14>, 2018년
→27쪽
화문석, 실
124.2×164 cm
<자리 검은 자리 122×163 #18-15>, 2018년
→23쪽
화문석, 실
124×165.5 cm
<정 井 – 자리 #18-02>, 2018년 →237쪽
조합된 구조물, 철에 도색, 나무 프레임,
화문석, 실, 바퀴, 볼트, 가죽 조각
62×40×145.5 cm

Mat 55×40 #18-01, 2017–2018
→pp.51, 83
Painted steel, woven dyed
hwamunseok, thread, wood frame,
brass bolts, and leather scraps
16½×22½×2 inches (42×57×5 cm)
Collection University of Chicago
Booth School of Business, Chicago

Moras on the Black Mat, 2014–2018
→pp.79, 102, 103
— *Mora 55×40*
Hanji paper mounted on canvas, ink,
and gouache
21⅝×15¾×1 inches (55×40×2.5 cm),
3 parts
21⅝×15¾×1⅝ inches (55×40×4 cm),
21 parts
21⅝×15¾×2⅛ inches
(55×40×5.5 cm), 1 parts
— *Mora 55×40 – Bold*
Hanji paper mounted on canvas, ink,
and gouache
21⅝×15¾×3⅛ inches (55×40×8 cm),
4 parts
21⅝×15¾×4¾ inches
(55×40×12 cm), 2 parts
21⅝×15¾×6¼ inches
(55×40×16 cm), 2 parts
21⅝×15¾×7⅞ inches
(55×40×20 cm), 2 parts
— *Studio floor*
Gouache, dust, and acrylic panel
45 parts
— *Black Mat #01*
Painted steel, plastic wheel, and
steel bolts
24⅛×32×3⅜ inches
(61.4×81.4×8.5 cm)
— *Mat Black Mat 55×40 #17-01*
Woven dyed *hwamunseok* and thread
15¾×23 inches (40×58.5 cm),
3 parts
— *Mat Black Mat 55×40 #17-02*
Woven dyed *hwamunseok* and thread
15¾×23 inches (40×58.5 cm),
4 parts

Black Mat Oriole, 2016–2017
→pp.51, 116–135
Three-channel HD video, color,
sound, 8:46 minutes

Black Mat Oriole (curtain), 2018 →p.50
Cotton cloth, cotton thread, steel
hooks, and steel rail
73⅗×85½ inches (187×217 cm)

ADDITIONAL WORKS

Black Under Colored Moon, 2015
→pp.96, 142
HD video, color, sound, 26 minutes
26 minutes

Grandmother Tower #01, 2011–2013
→p.92
Thread on reproduced industrial
dish carrier
31½×31½×82⅝ inches (80×80×210
cm)

GRANDMOTHER TOWER – tow #18-01, 2018
→p.161
Thread on reproduced industrial
dish carrier, painted steel, and
wheel
23×34⅞×99⅝ inches
(58.5×88.6×253 cm)
Collection Mudam Luxembourg,
Donation 2018 – Baloise Group

Heavy Round 340 #16-02, 2016 →p.229
Painted steel
28¾×23¼×11¾ inches (73×59×30
cm)

Heavy Round 340 – three hands, 2016
→p.228
Painted steel and thread
22⅞×13⅜×10⅝ inches (58×34×27
cm)

Jeong – mat #18-02, 2018 →p.237
Painted steel, wood frame, woven
dyed *hwamunseok*, thread, wheel,
brass bolts, and leather scraps
24⅜×15¾×57¼ inches
(62×40×145.5 cm)

Jeong – mat #18-03, 2018 →p.236
Painted steel, wood frame, woven
dyed *hwamunseok*, thread, wheel,
brass bolts, and leather scraps
24⅜×15¾×65¾ inches (62×40×167
cm)

Jeong 1/4 Series, 2011–2016 →p.96
Painted steel, wood frame, wood
wheel, thread, brass bolt, leather
scraps, gouache and acrylic on
mulberry paper mounted on canvas
Dimensions variable

Jeong 58×78, 2015 →p.97
Wood frame
22 7/8×30 3/4×2 inches (58×78×5
cm)

Mat 55×40 #18-23, 2018–2019 →p.3
Painted steel, woven dyed
hwamunseok, thread, wood frame,
brass bolt, and leather scraps
16½×22½×2 inches (52×42×5 cm)

Mat 55×40 #18-44, 2018–2019 →p.4
Painted steel, woven dyed
hwamunseok, thread, wood frame,
brass bolts, and leather scraps
16½×22½×2 inches (52×42×5 cm)

Mat 55×40 #18-48, 2018–2019 →p.5
Painted steel, woven dyed
hwamunseok, thread, wood frame,
brass bolt, and leather scraps
16½×22½×2 inches (52×42×5 cm)

Mat 61×81 #18-01, 2017–2018 →p.7
Painted steel, woven dyed
hwamunseok, thread, wood frame,
brass bolts, and leather scraps
24½×32¼×2 inches (62×82×5 cm)

Mat 61×81 #18-02, 2017–2018 →p.6
Painted steel, woven dyed
hwamunseok, thread, wood frame,
brass bolt, and leather scraps
24½×32¼×2 inches (62×82×5 cm)

Mat 61×81 #18-08, 2017–2018 →p.9
Painted steel, woven dyed
hwamunseok, thread, wood frame,
brass bolts, and leather scraps
24½×32¼×1⅝ inches (62×82×4 cm)

Mat 61×81 #18-10, 2017–2018 →p.8
Painted steel, woven dyed
hwamunseok, thread, wood frame,
brass bolts, and leather scraps
24½×32¼×1⅝ inches (62×82×4 cm)

Mat 61×81 #18-14, 2017–2018 →p.11
Painted steel, woven dyed
hwamunseok, thread, wood frame,
brass bolts, and leather scraps
24½×32¼×2 inches (62×82×5 cm)

Mat 61×81 #18-15, 2017–2018 →p.10
Painted steel, woven dyed
hwamunseok, thread, wood frame,
brass bolts, and leather scraps
24½×32¼×2 inches (62×82×5 cm)

Mat Black Mat 55×40 #18-01, 2018
→p.12
Woven dyed *hwamunseok* and thread
22½×16 inches (57×40.5 cm)

Mat Black Mat 61×81 #18-04, 2018
→p.14
Woven dyed *hwamunseok* and thread
24¾×33¼ (63×84.5 cm)

Mat Black Mat 122×93 #18-05,
2017–2018 →p.20
Woven dyed *hwamunseok* and thread
48×36⅝ inches (122×93 cm)

Mat Black Mat 122×163 #18-02,
2017–2018 →p.24
Woven dyed *hwamunseok* and thread
48⅝×67⅛ inches (123.5×170.5 cm)

Mat Black Mat 122×163 #18-12, 2018
→p.21
Woven dyed *hwamunseok* and thread
49⅜×64⅜ inches (125.5×163.5 cm)

<정 井-자리 #18-03>, 2018년 →236쪽
    조합된 구조물, 철에 도색, 나무 프레임,
    화문석, 실, 바퀴, 볼트, 가죽 조각
    62×40×167 cm
<정 井 1/4 시리즈>, 2011-2016년 →96쪽
    철에 도색, 나무 프레임, 나무 바퀴, 실, 볼트,
    가죽 조각, 구아슈, 아크릴, 장지, 캔버스
    가변 크기
<정 井 58×78>, 2015년 →97쪽
    나무 프레임
    58×78×5 cm
<정지 그리고 위치-정 井>, 2012-2015년
    →146쪽, 147쪽
    철에 도색, 실, 나무, 테이블
    가변 설치
<짧은 한 개의 발 #17-01>, 2014-2017년
    →227쪽
    철에 도색, 실
    Ø30.5×25 cm
<치효鴟鴞>, 2012-2013년 →63쪽
    시경 발췌, 거울에 각인, 돌, 재제작된 발견된
    오브제
    가변 크기

210

도판 크레딧

3, 4, 5, 6, 7, 8, 9, 10, 11, 64, 96(아래), 97,
    150 강서경 스튜디오 제공 / 사진: 김상태
12, 13, 14, 15, 17, 19, 20, 21, 23, 24, 25,
    26, 27, 65, 71, 161, 215, 216, 217,
    218, 220, 221, 222-223, 224, 225,
    226, 227, 228, 229, 230, 231, 232-
    233, 234, 235, 236, 237, 238, 239
    강서경 스튜디오 제공 / 사진: 김경태
40-41, 42-43, 44-45, 51(아래), 59, 72,
    73, 74, 75, 76, 77, 78, 79, 80, 81, 82,
    83, 95, 102, 103, 154, 164-165,
    166-167, 168-169, 170, 171, 172-
    173, 174-175, 176, 177, 178-179,
    180-181, 182, 183, 184, 185, 186, 187
    티나 킴 갤러리 제공 / 사진: 제러미 하이크
46-47, 50, 68, 69, 90, 91, 100, 101
    필라델피아 현대미술관 제공 /
    사진: 콘스턴스 멘시
52 아티스츠 라이츠 소사이어티 (ARS), 뉴욕
    ©2018 애그니스마틴 제공
53 프란츠 에르하르트 발터 파운데이션 제공 /
    사진: 팀 라우테르트 ©2019 아티스츠
    라이츠소사이어티(ARS), 뉴욕 /
    VG 빌트쿤스트본
54 국제갤러리 / 티나 킴 갤러리 / M+, 홍콩 제공
55(위), 57 티나 킴 갤러리 제공
55(아래) 서보미술문화재단 제공
60, 146, 147 강서경 스튜디오 제공 /
    사진: 정희승
63, 92 강서경 스튜디오 제공 / 사진: 박명래
51(위),67, 96(위), 106, 107, 108, 109,
    110, 111, 112, 113, 114, 115, 116-
    117, 118-119, 120-121, 122-123,
    124-125, 126-127, 128-129, 130-
    131, 132-133, 134-135,142
    강서경 스튜디오 제공
70 데이비드 즈워너 제공 © 프란시스 알리스
86-87 아모레퍼시픽미술관 제공
88 이화여자대학교, 한국콘텐츠진흥원 컬처링
    www.culturing.kr 제공
98 김영숙 국가무형문화재 제1호 종묘제례악
    일무전수교육조교, 정재연구회 예술감독 /
    아악일무보존회 이사장 제공
99 宮中舞踊舞譜, 제2집: 춘앵전, 학무
    국립국악원 아카이브 자료 /
    이흥구(국가무형문화재 제40호)
136-137 삼성미술관 리움 제공
153 『한겨레』/ 김태형 제공
158, 159 한국정책방송 KTV 제공

<검은자리 꾀꼬리>의 작업을 위해 함께해 주신,
(가나다순) 곽은선 김기천 김선미 김영숙 김지연
명재하 박소현 박은아 선율 손정민 신동원
오설영 이미주 이우성 이은지 이정화 장혜진
장홍석 조형준 진희수 차진엽 님께
진심으로 감사드립니다 —강서경

Mat Black Mat 122×163 #18-14, 2018
→p.27
Woven dyed *hwamunseok* and thread
48⅞×64½ inches (124.2×164 cm)
Mat Black Mat 122×163 #18-15, 2018
→p.23
Woven dyed *hwamunseok* and thread
48⅞×65⅛ inches (124×165.5 cm)
Mora 55×40−Bold #02, 2015 →p.60
Ink and gouache on *hanji* paper
mounted on canvas
21⅝×15¾×4¾ inches (40×55×12 cm)
/ 21¼×25⅝×39⅜ inches (54×65×
100 cm)
One Foot−short #17-01, 2014−2017
→p.227
Painted steel and thread
∅12×9⅞ inches (∅30.5×25 cm)
Pause and Position−Jeong, 2012−2015
→pp.146, 147
Painted steel, thread, wood, and
table
Movable installation
Polite owl, 2012−2013 →p.63
Quote from Shi Jing (詩經),
engraved text on mirror, stone,
and reproduced found owl object
Dimensions variable
Warm Round 300 #15-03, 2015−2016
→p.231
Painted steel and thread
∅11¾×15¾ inches (∅30×40 cm)

IMAGE CREDITS

3, 4, 5, 6, 7, 8, 9, 10, 11, 64, 96 (bottom),
97, 150 Courtesy Studio Suki
Seokyeong Kang / Photo: Sangtae
Kim
12, 13, 14, 15, 17, 19, 20, 21, 23, 24, 25,
26, 27, 65, 71, 161, 215, 216, 217, 218,
220, 221, 222−223, 224, 225, 226, 227,
228, 229, 230, 231, 232−233, 234, 235,
236, 237, 238, 239 Courtesy Studio
Suki Seokyeong Kang / Photo:
Kyoungtae Kim
40−41, 42−43, 44−45, 51 (bottom), 59,
72, 73, 74, 75, 76, 77, 78, 79, 80, 81,
82, 83, 95, 102, 103, 154, 164−165,
166−167, 168−169, 170, 171, 172−173,
174−175, 176, 177, 178−179, 180−181,
182, 183, 184, 185, 186, 187
Courtesy Tina Kim Gallery /
Photo: Jeremy Haik
46−47, 50, 68, 69, 90, 91, 100, 101
Courtesy Institute of Contempo-
rary Art, University of Pennsyl-
vania/Photo: Constance Mensh
52 Courtesy Artists Rights Society
(ARS), New York © 2018 Agnes Martin
53 The Franz Erhard Walther
Foundation / Timm Rautert © 2019
Artists Rights Society (ARS), New
York/VG Bild-Kunst Bonn
54 Courtesy Kukje Gallery / Tina Kim
Gallery / M+, Hong Kong
55 (top), 57 Courtesy Tina Kim Gallery
55 (bottom) Collection of The Seo-Bo
Arts and Cultural Foundation,
Seoul, Korea
60, 146, 147 Courtesy Suki Seokyeong
Kang Studio / Heeseung Chung
63, 92 Courtesy Suki Seokyeong Kang
Studio / Myungrae Park
51 (top), 67, 96 (top), 106, 107, 108,
109, 110, 111, 112, 113, 114, 115,
116−117, 118−119, 120−121, 122−123,
124−125, 126−127, 128−129, 130−131,
132−133, 134−135, 142 Courtesy
Studio Suki Seokyeong Kang
70 Courtesy David Zwirner © Francis
Alÿs
86−87 Courtesy Amorepacific Museum
of Art
88 Ewha Womans University−Industry
Collaboration Foundation and
KOCCA
98 YoungSuk Kim, Artistic Director of
the Society for Research of
Jeoungjae (Korean Court Dance)

99 National Gugak Center Archive
(http://www.gugak.go.kr) / Lee,
Heungku (Holder of Intangible
Cultural Heritages of Korea No. 40,
Chairman at Corporation
Association of Daeak)
136−137 Leeum, Samsung Museum of Art
153 The Hangyoreh / TaeHyeong Kim
158, 159 KTV National Media

Suki Seokyeong Kang would like to
thank the following people for their
support in making *Black Mat Oriole*
happen: Dongwon Shin, Eunah Park,
Eunji Lee, Eunsun Kwak, Hyeongjun Cho,
Heesu Jin, Hongseok Jang, Hyejin Jang,
Jaeha Myung, Jeonghwa Lee, Jungmin
Son, Jinyeob Cha, Jiyeon Kim, Kicheon
Kim, Mijoo Lee, Sohyun Park, Sunmee
Kim, Seolyoung Oh, Woosung Lee,
Youngsuk Kim, and Yul Sun.

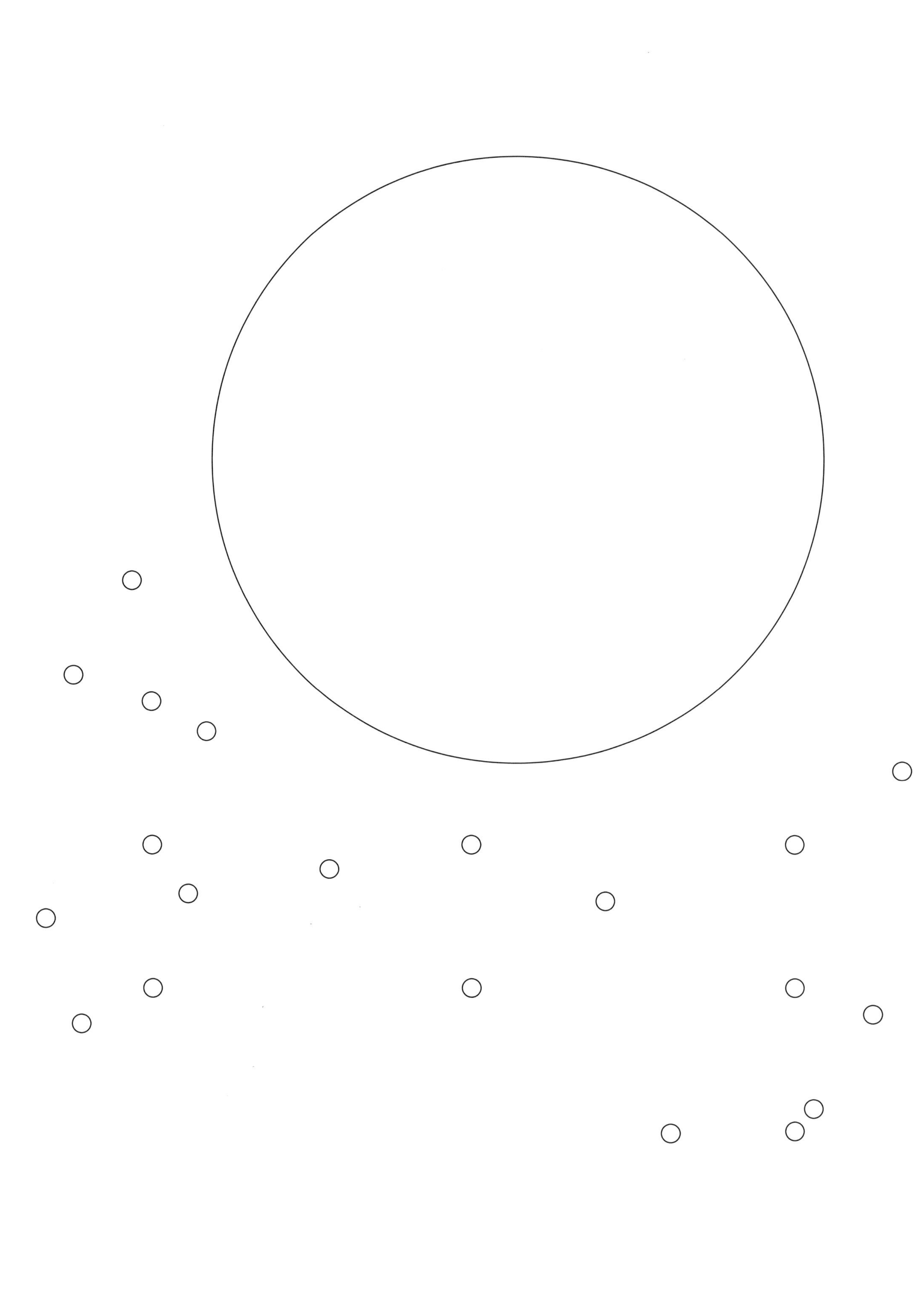

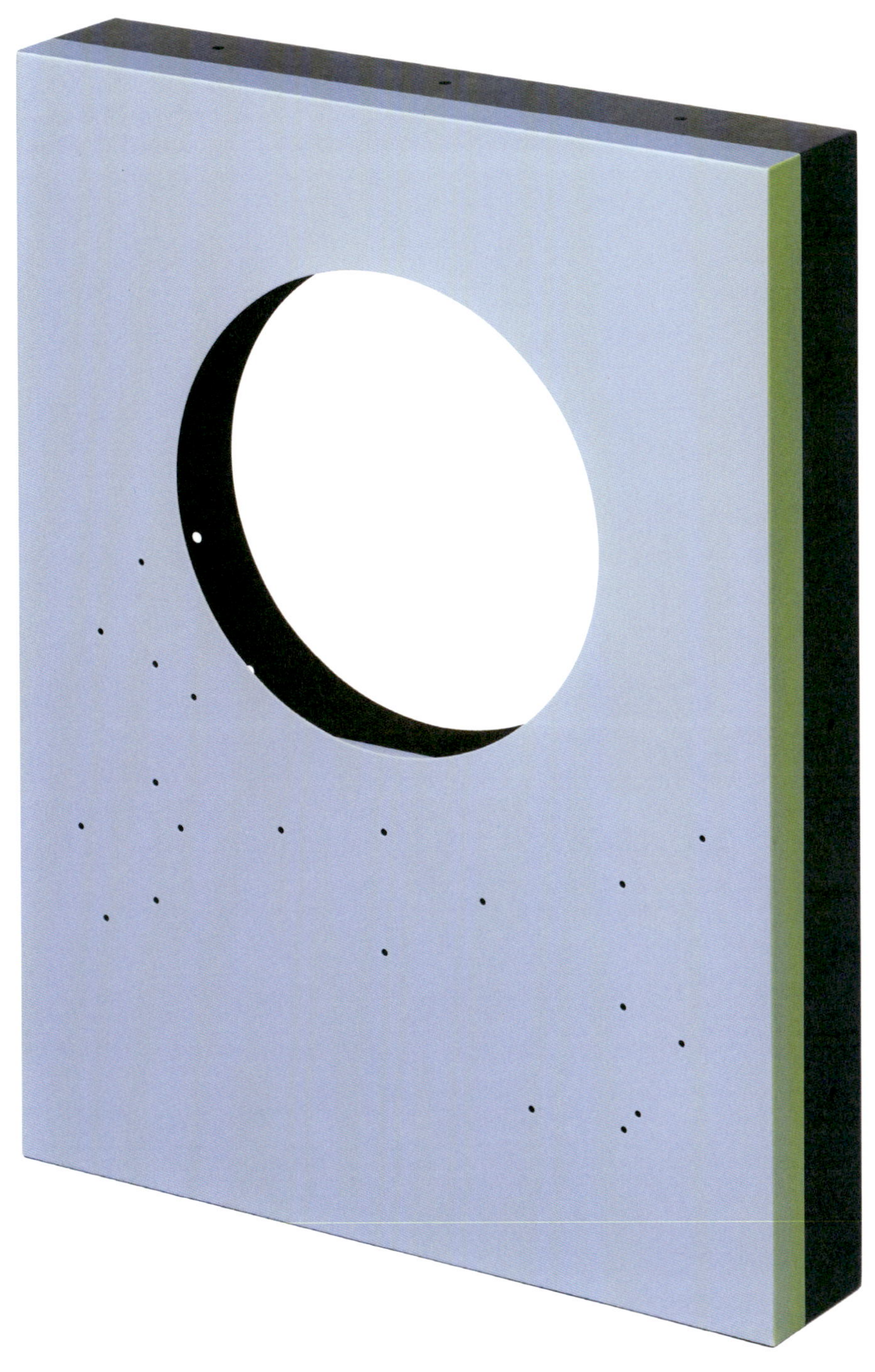

〈검은자리 #02〉, 2016년

Black Mat #02, 2016

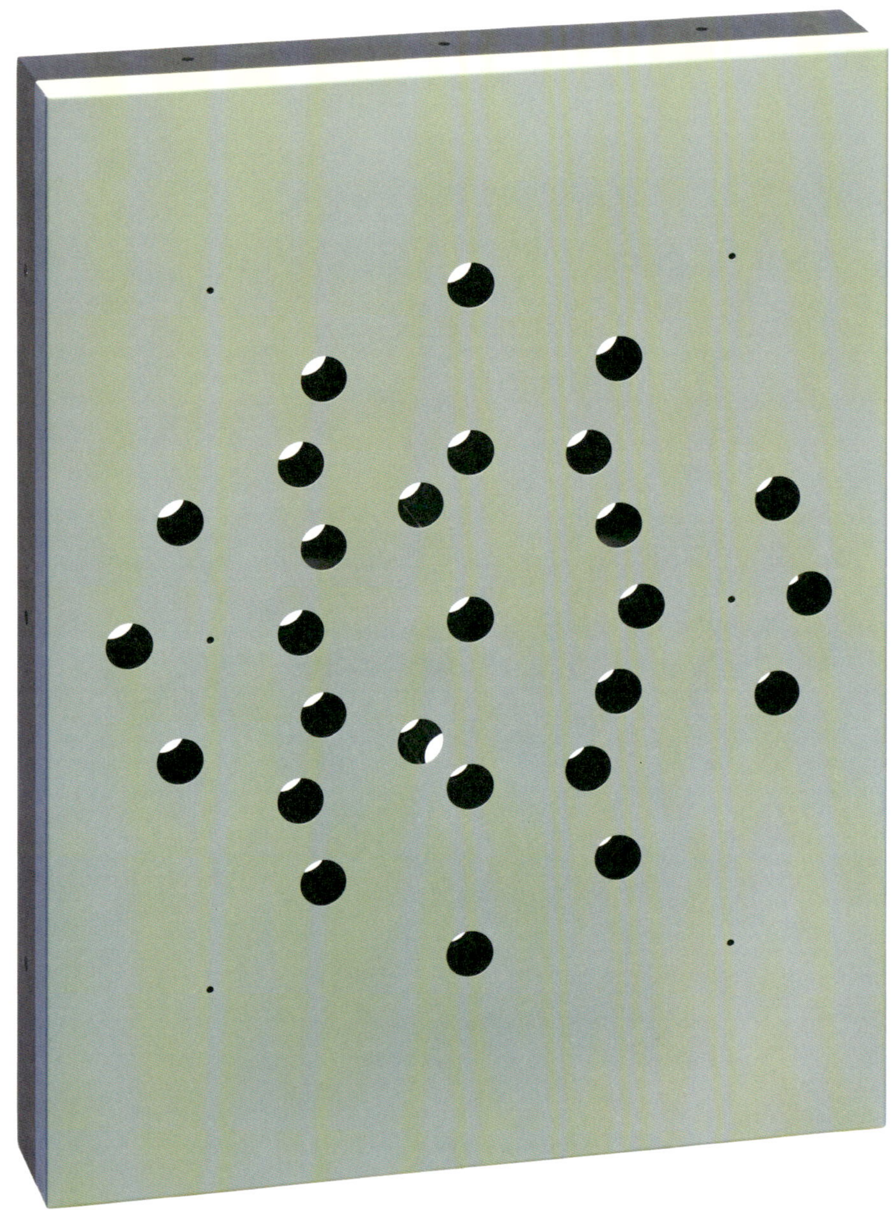

<검은자리 #04>, 2016년   *Black Mat #04*, 2016

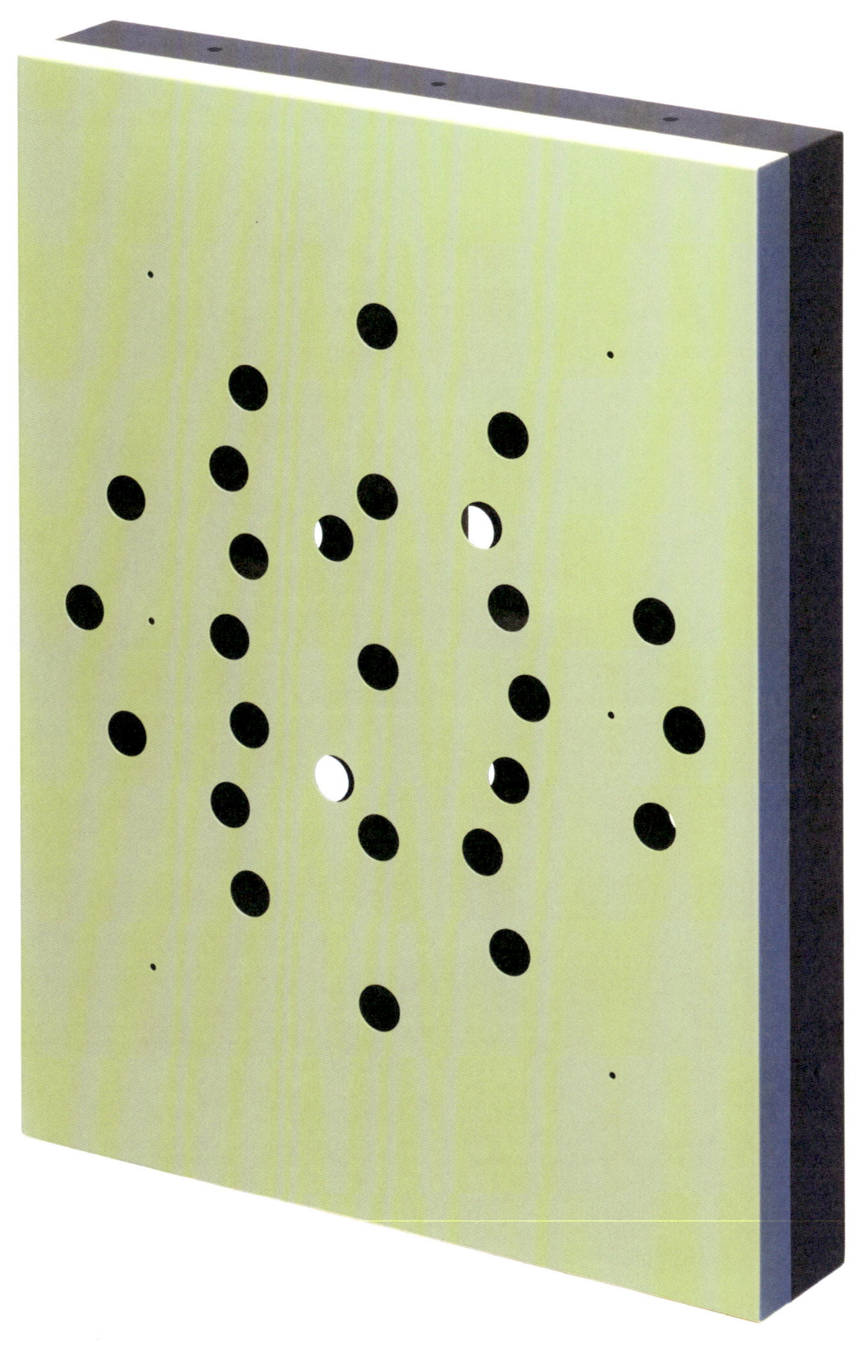

 ⟨검은자리 #06⟩, 2016년　　　　　Black Mat #06, 2016

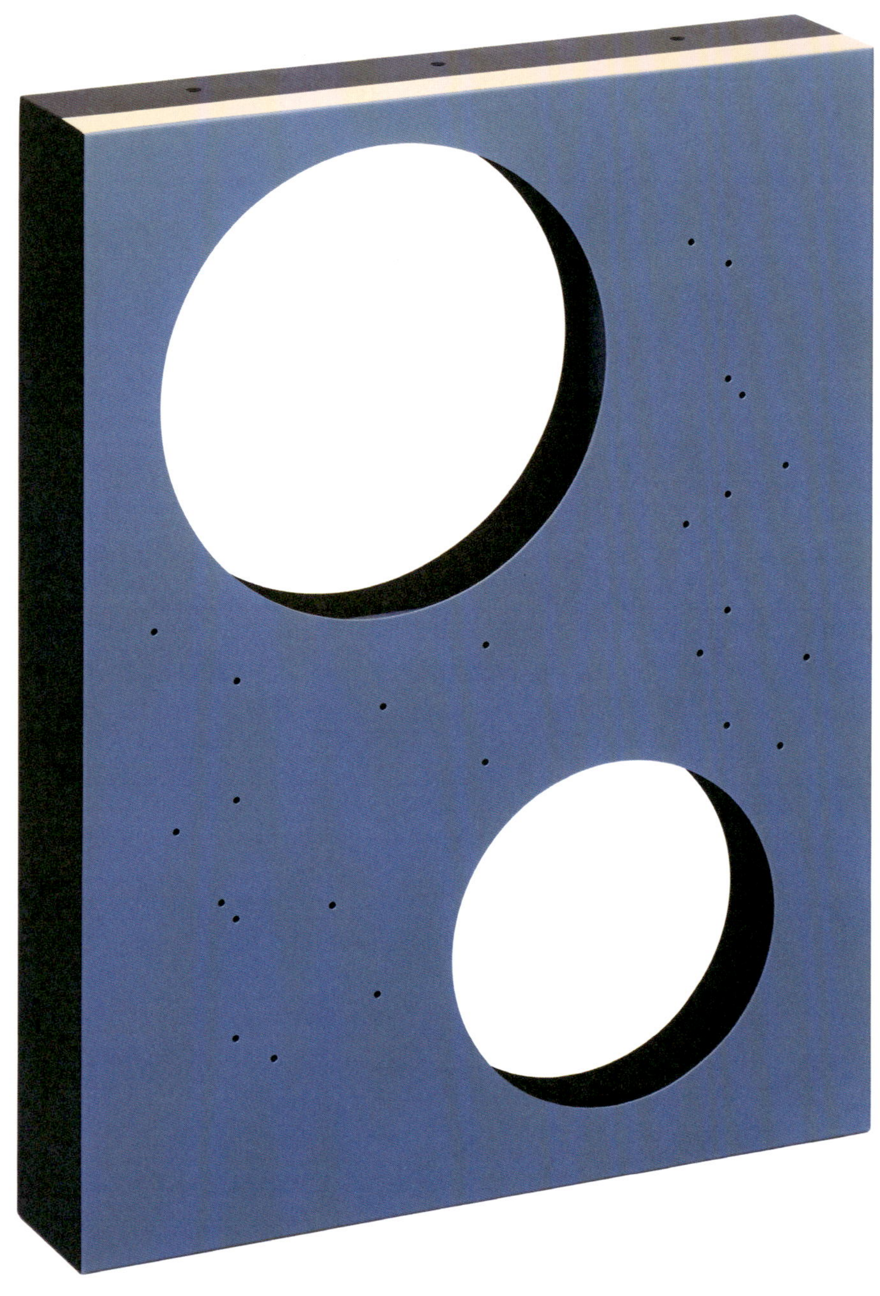

218   〈검은자리 #08〉, 2016년   *Black Mat #08*, 2016

220 ⟨검은자리 #09⟩, 2016년 *Black Mat #09*, 2016

<검은자리 #03>, 2016년   *Black Mat #03*, 2016

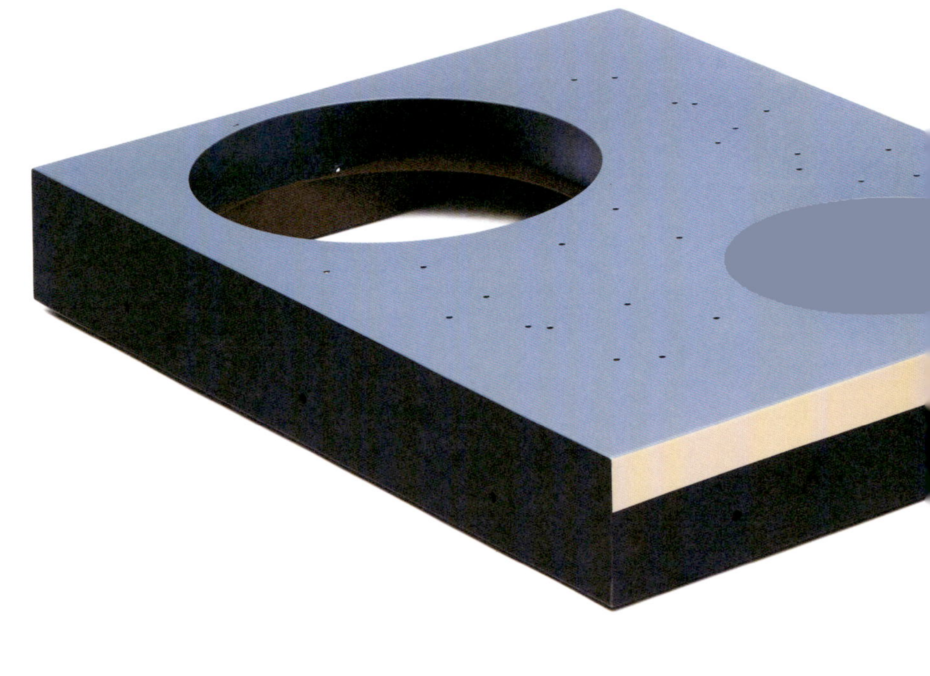

〈검은자리〉, 2016년　　　　　　　*Black Mat*, 2016

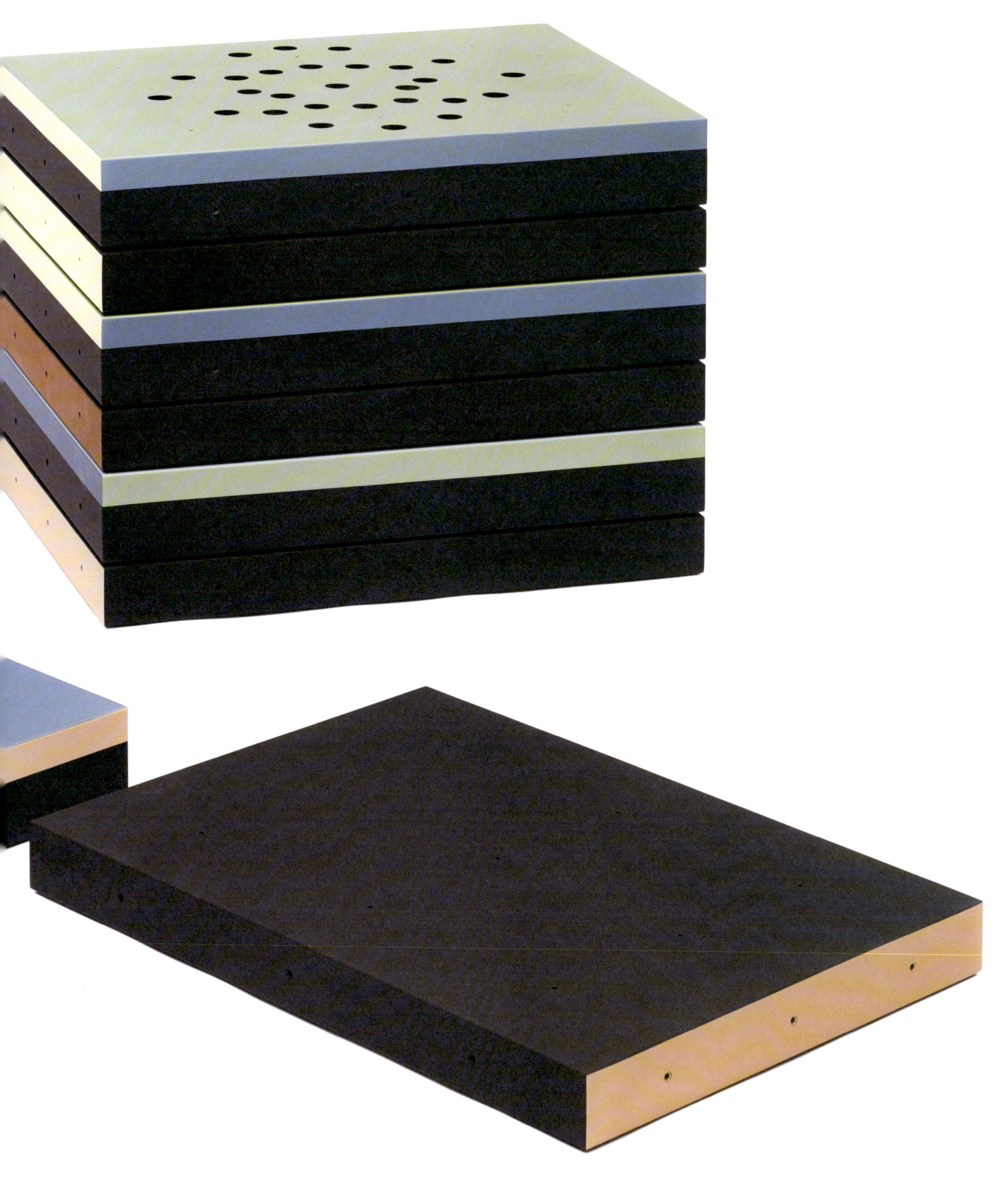

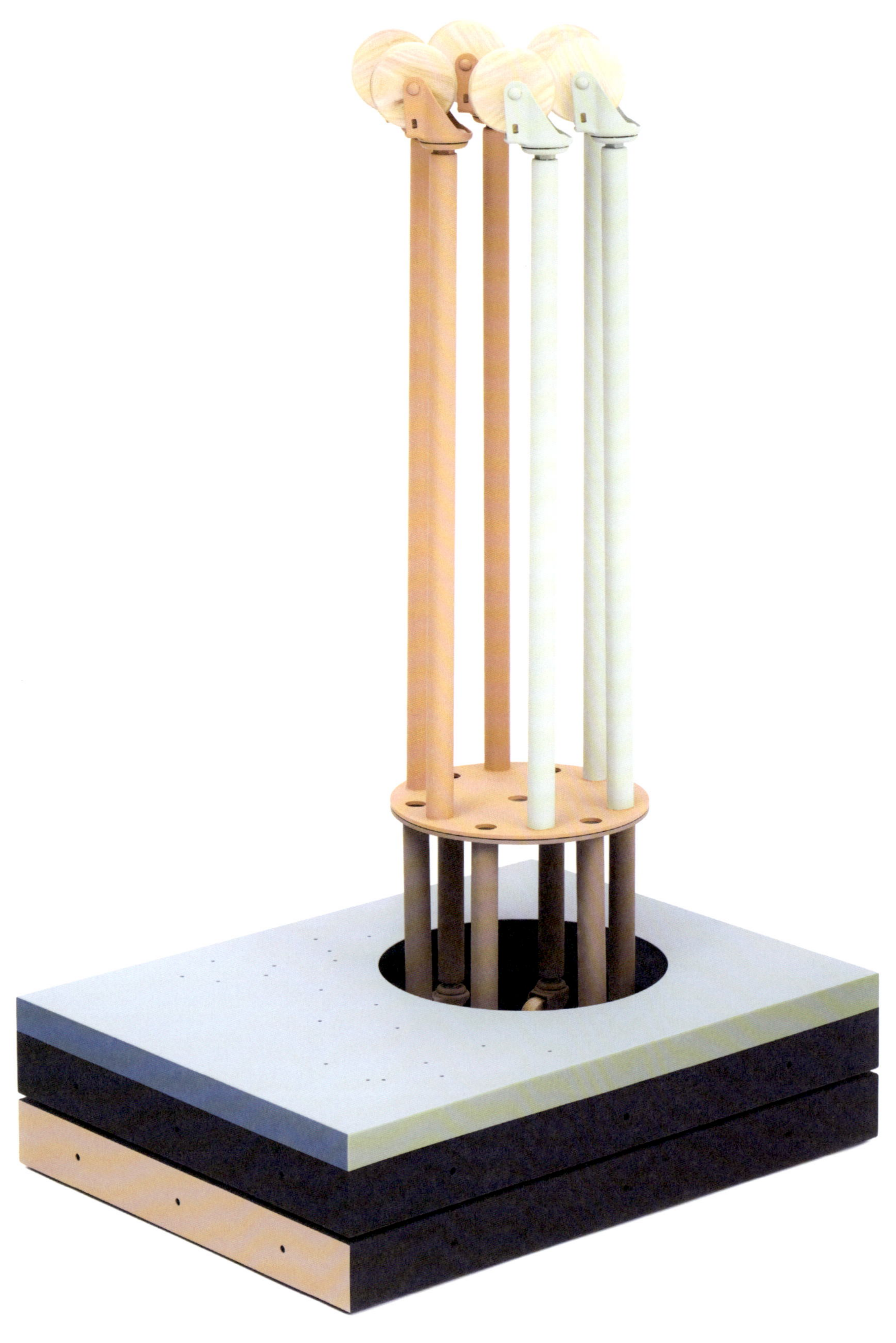

 〈발과 검은자리〉, 2016–2018년   *Legs on the Black Mat*, 2016–2018

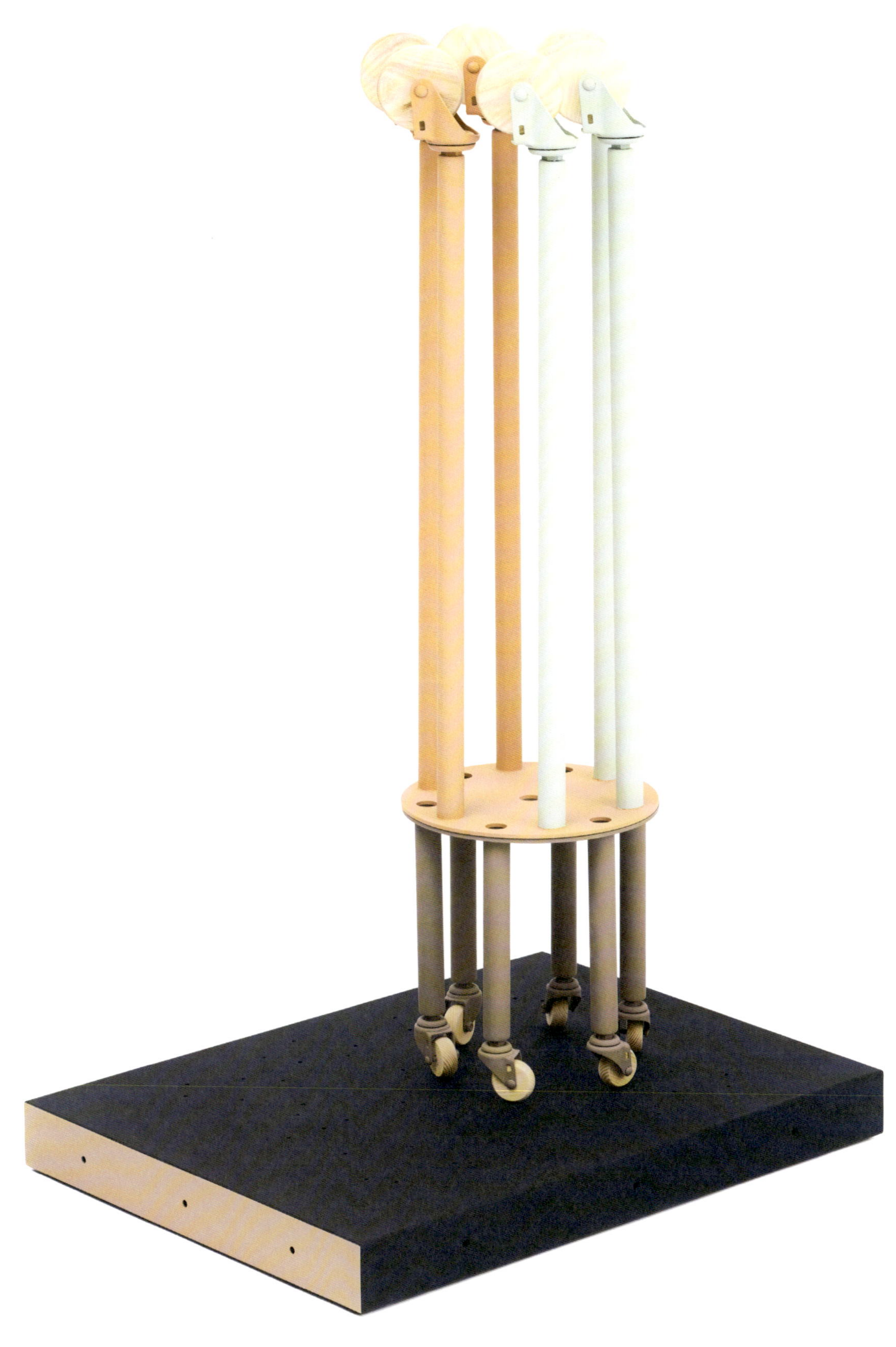

〈발과 검은자리〉, 2016-2018년   *Legs on the Black Mat*, 2016-2018

<짧은 여섯 개의 발 #17-04>, 2014–2017년
<짧은 여섯 개의 발 #18-01>, 2018년

Six Legs – short #17-04, 2014–2017
Six Legs – short #18-01, 2018

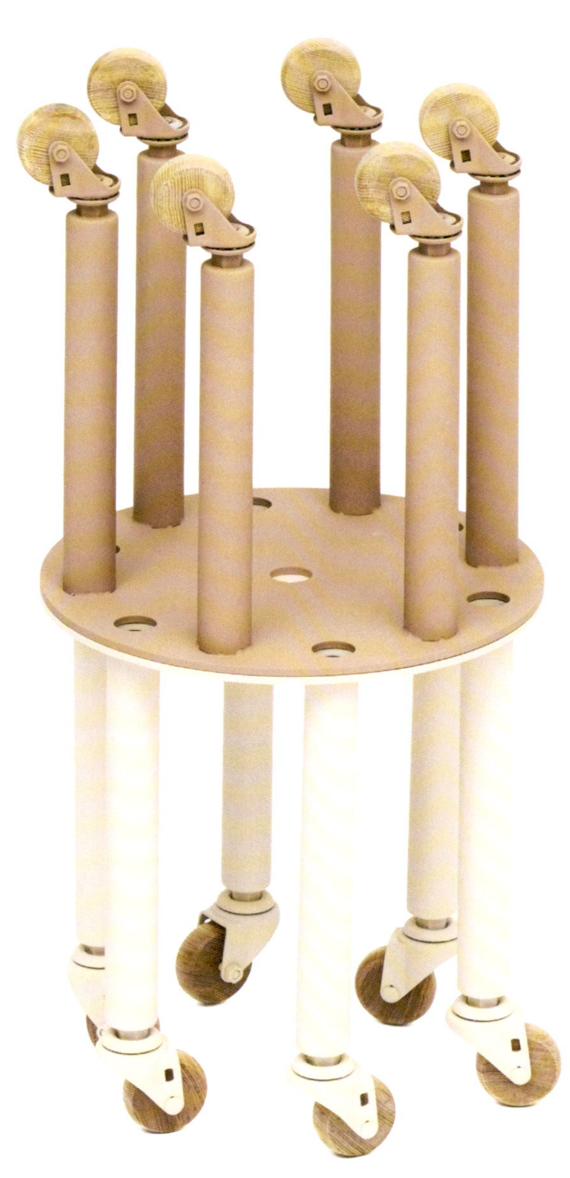

<‹짧은 여섯 개의 발 #17-03›, 2011–2017년
<‹짧은 한 개의 발 #17-01›, 2014–2017년
<‹짧은 여섯 개의 발 #18-02›, 2018년

Six Legs – short #17-03, 2011–2017
One Foot – short #17-01, 2014–2017
Six Legs – short #18-02, 2018

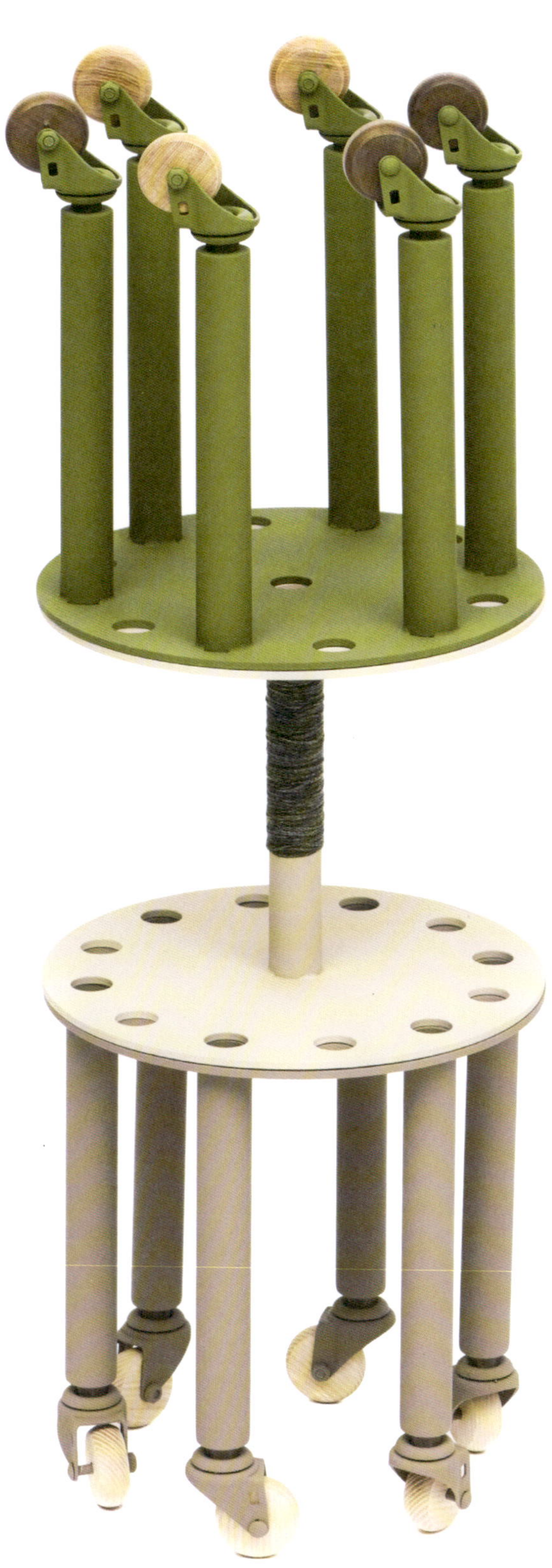

<둥근 무게 340 #16-01>, 2016년
<둥근 무게 340 – 세 개의 팔>, 2016년

Heavy Round 340 #16-01, 2016
Heavy Round 340 – three hands, 2016

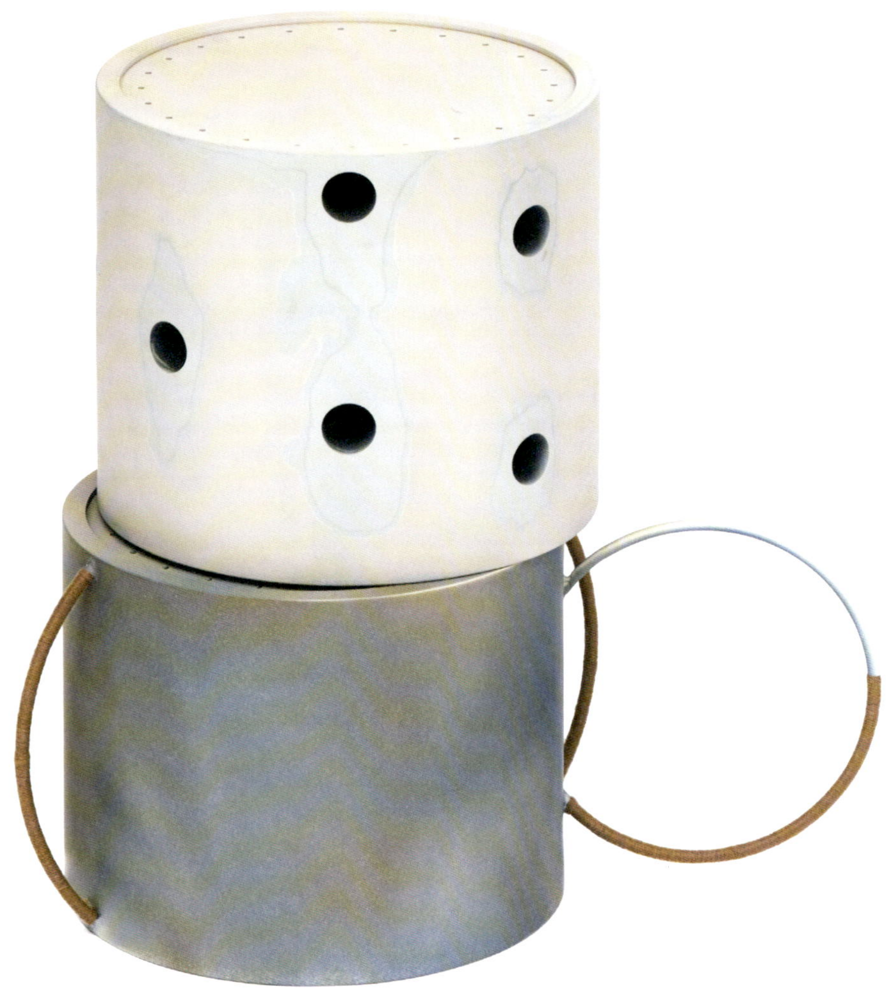

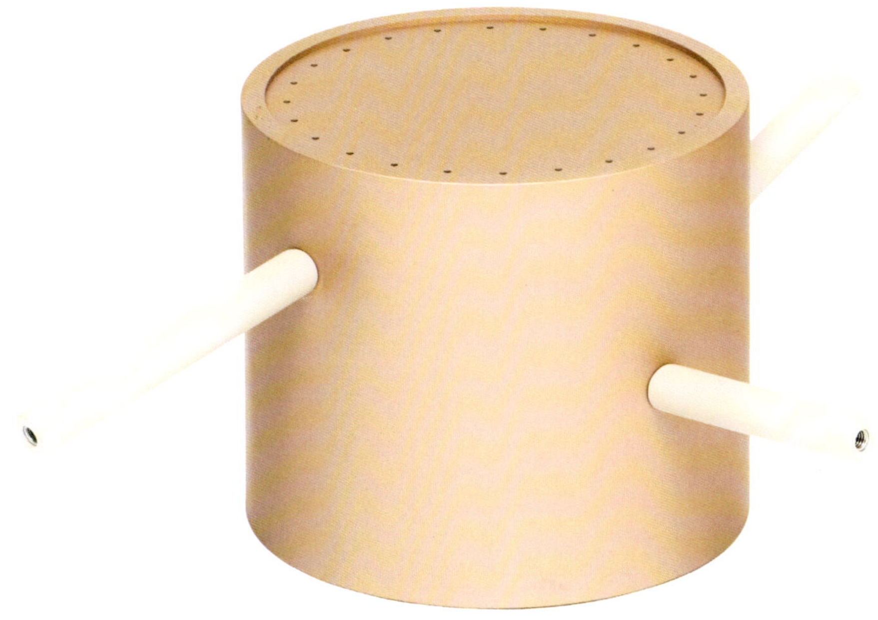

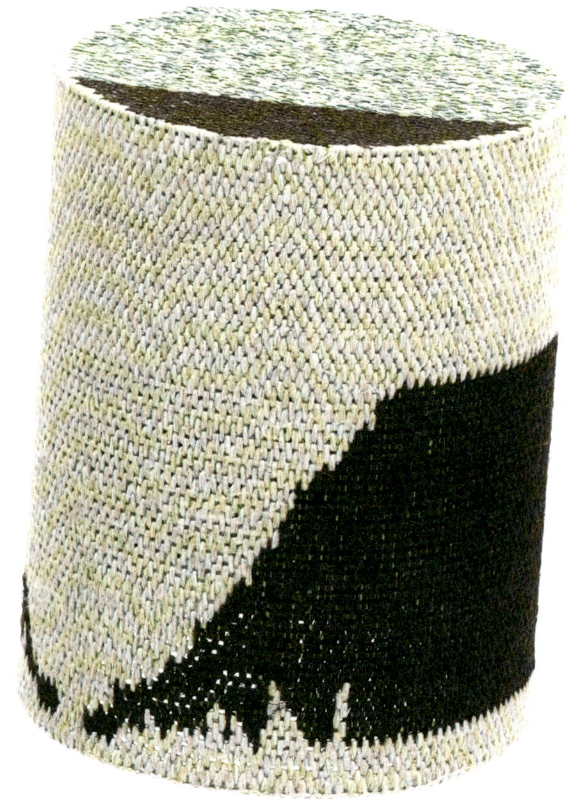

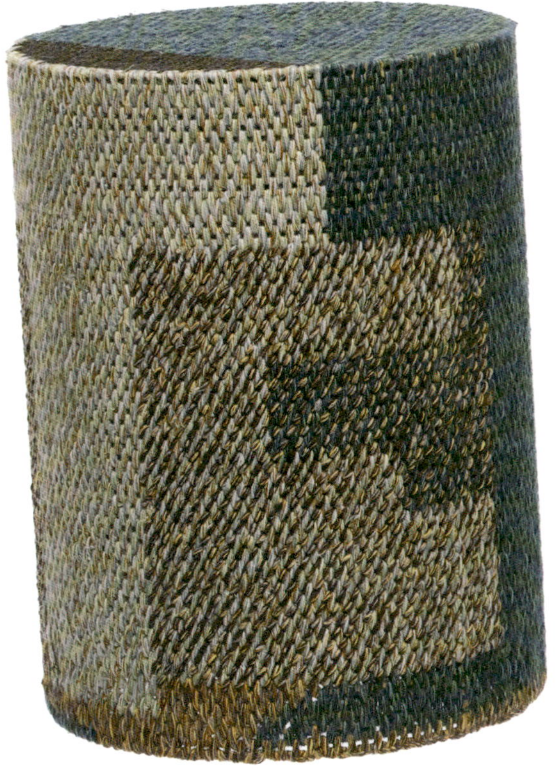

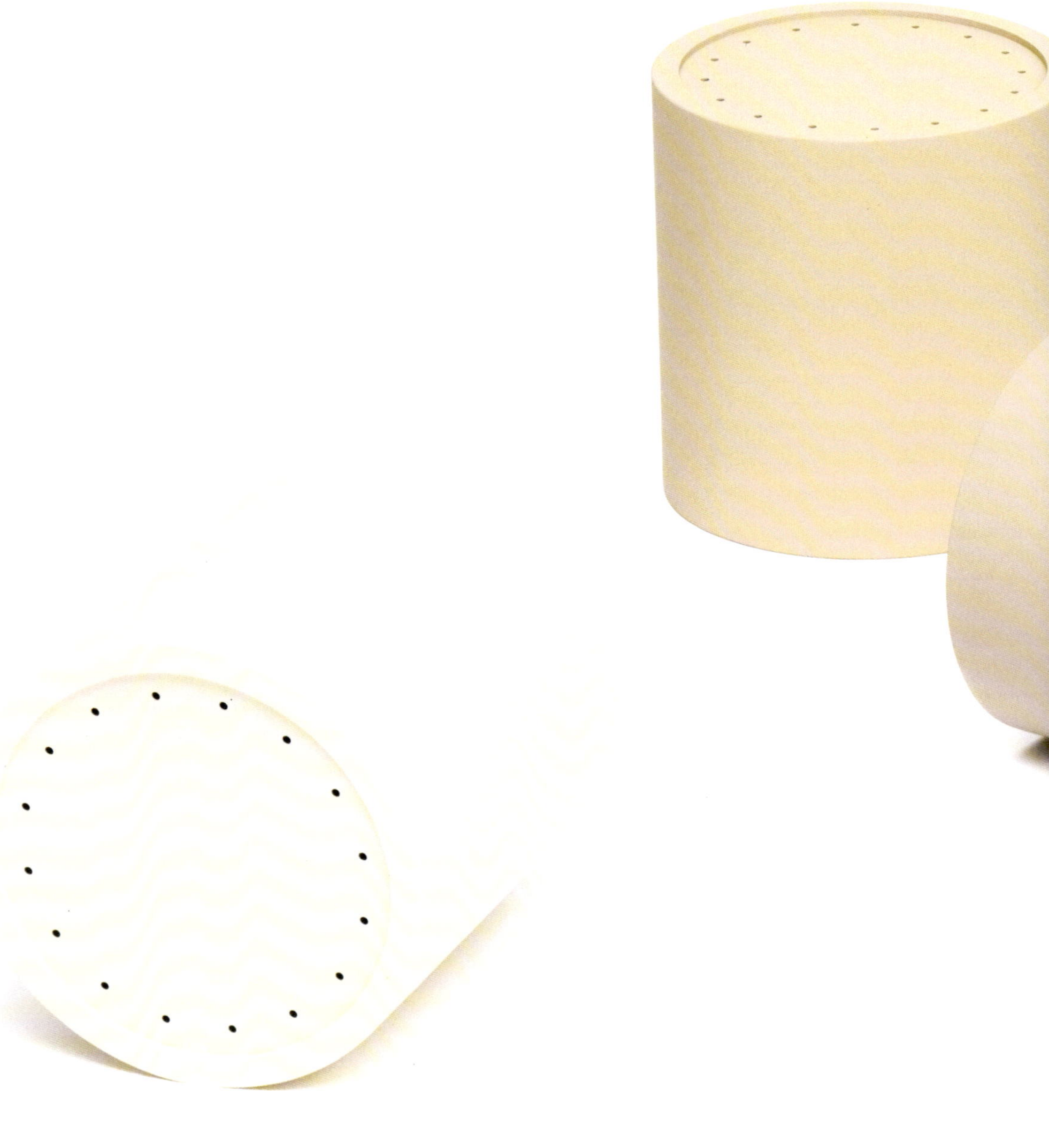

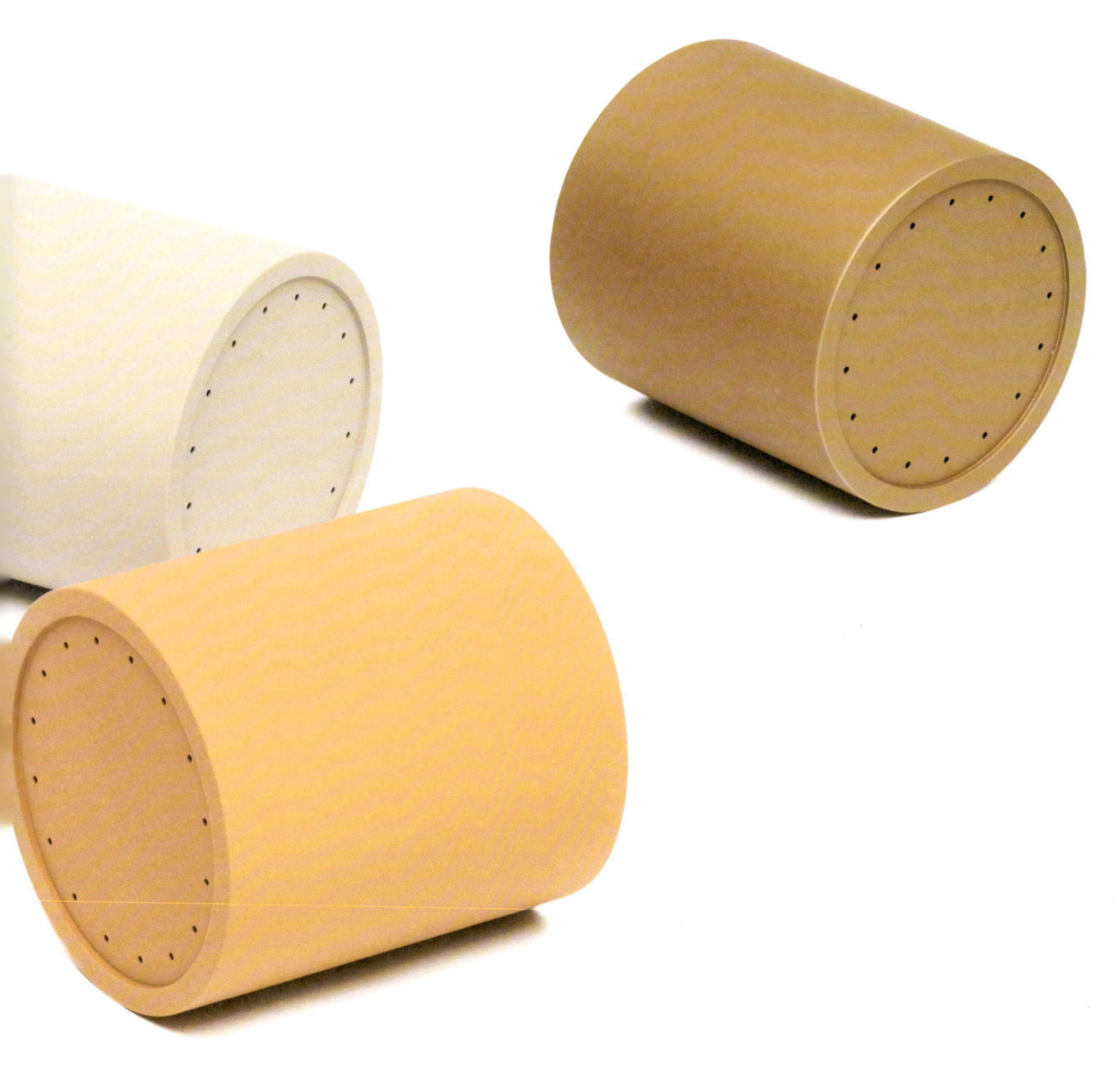

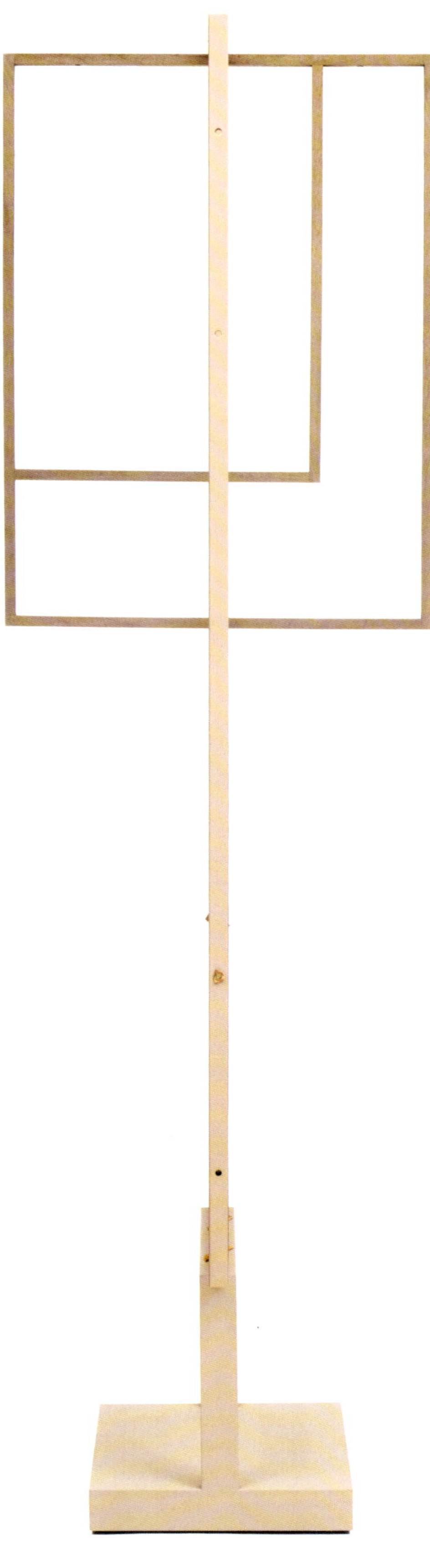

〈정 井〉, 2016년   *Jeong*, 2016

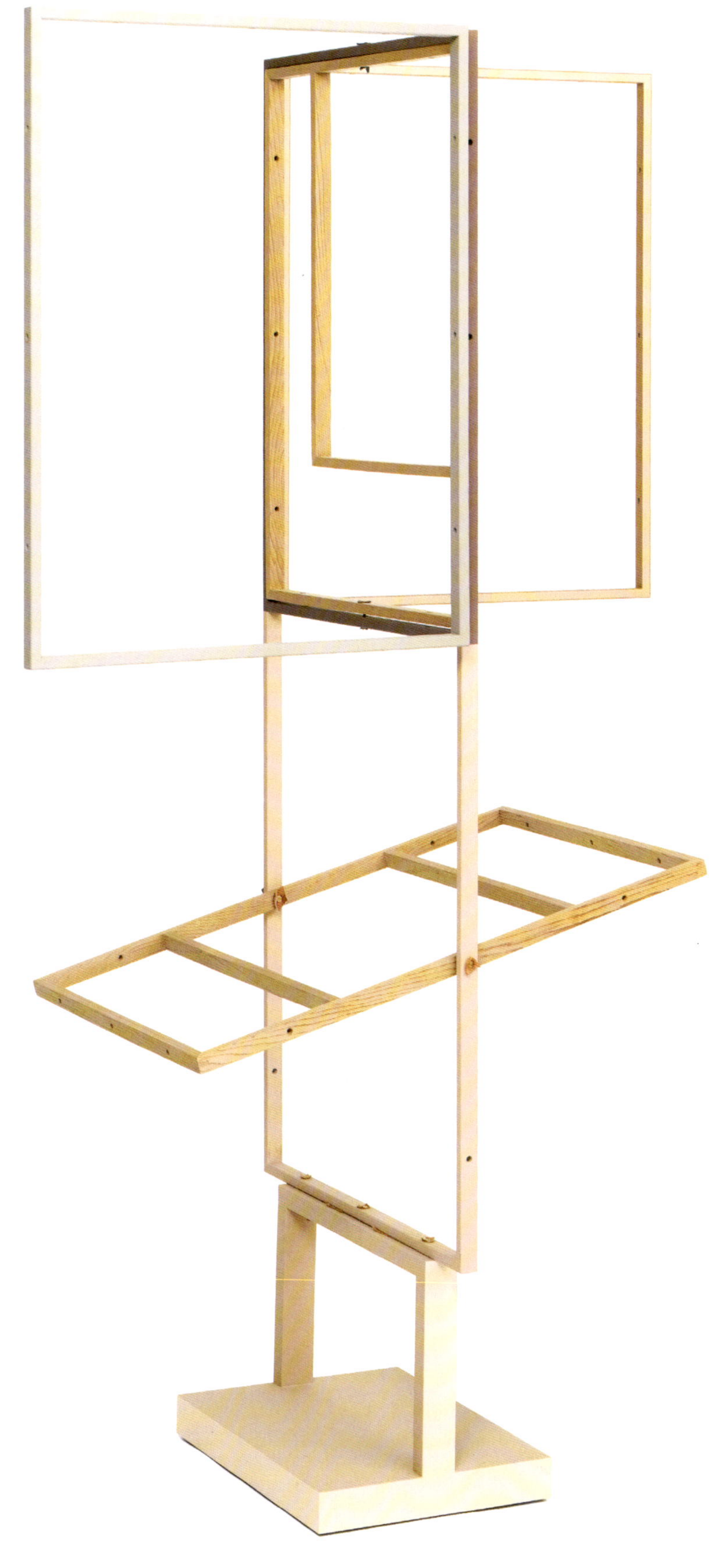

〈정 井－날개〉, 2016년   *Jeong－Feather*, 2016

<정 井 – 자리 #18-03>, 2018년   *Jeong-mat #18-03*, 2018

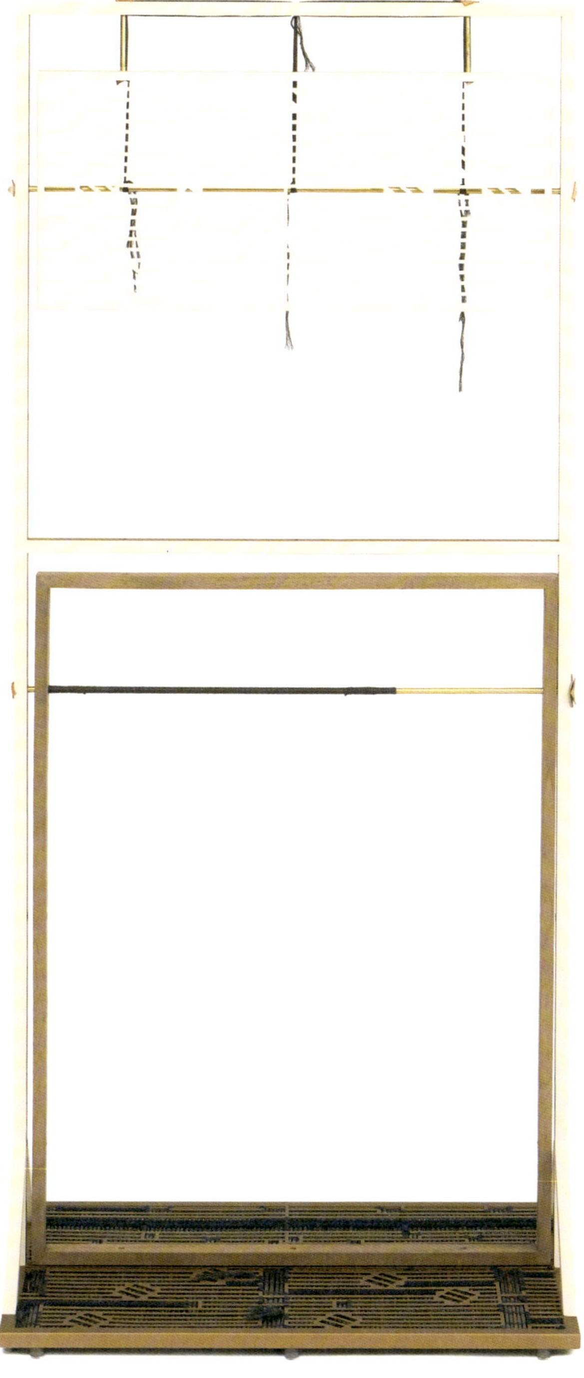

237   <정 井 – 자리 #18-02>, 2018년   *Jeong–mat #18-02*, 2018

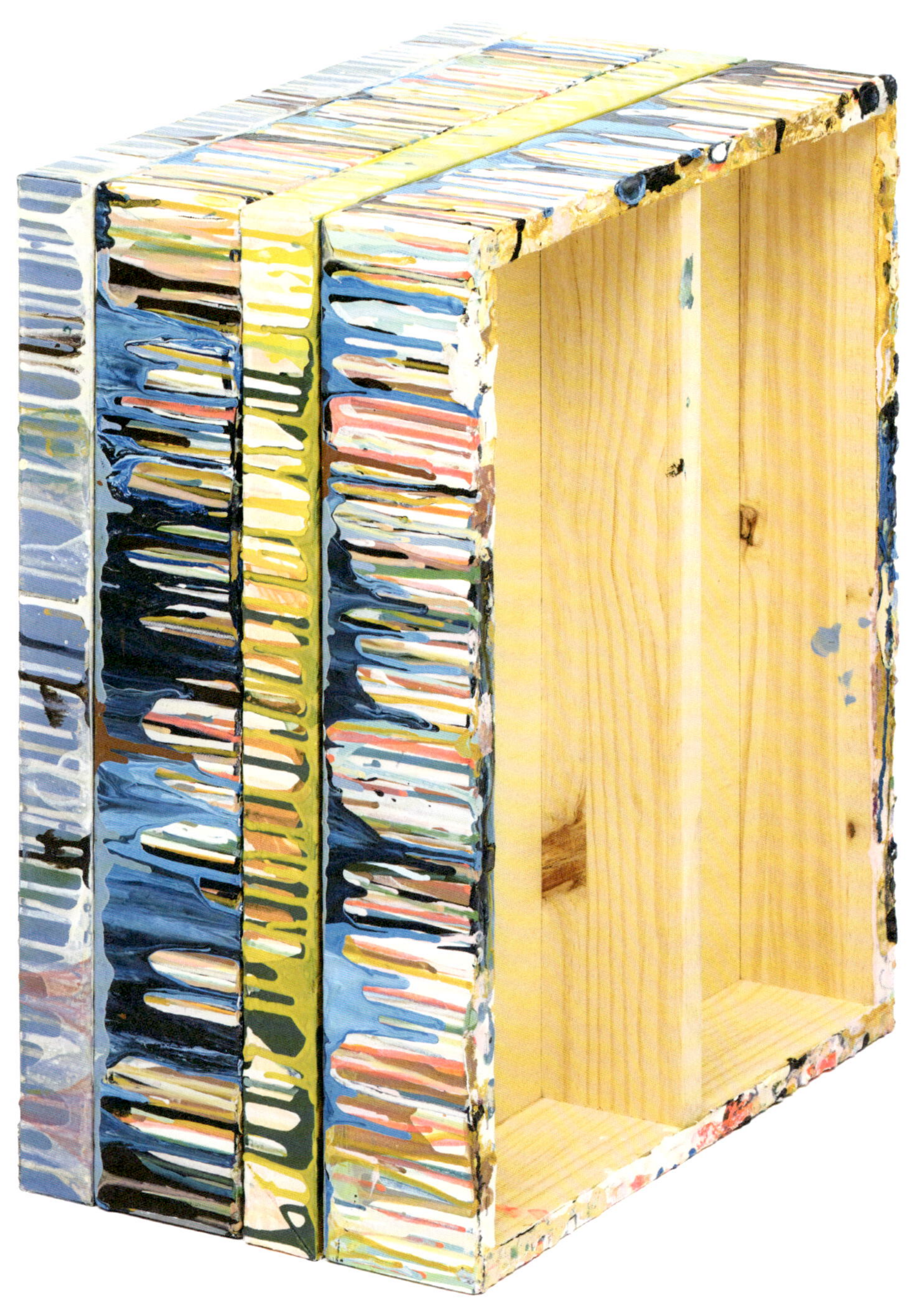

〈모라들〉, 2015-2018년   *Moras*, 2015-2018

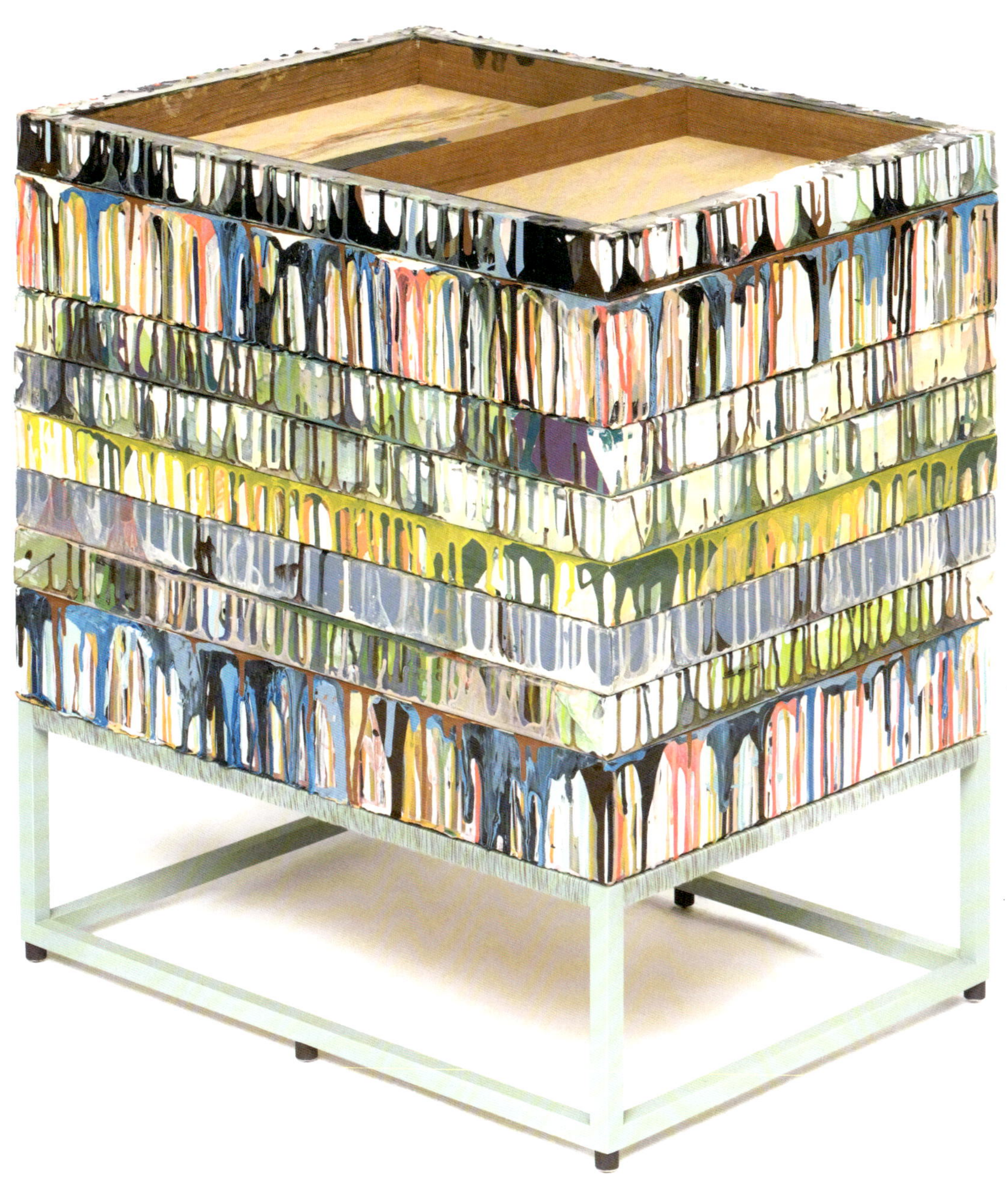

<모라들>, 2015–2018년   *Moras*, 2015–2018

This book is published on the
occasion of the exhibition
*Suki Seokyeong Kang: Black Mat
Oriole* curated by Alex Klein and
Kate Kraczon, and organized and
presented by the Institute of
Contemporary Art, University of
Pennsylvania, April 27–August 12,
2018.

Design: Sulki and Min
Copy Editor: Kristi McGuire
Korean Translation: Jaeyong Park
Korean Copy Editor: Hanbum Lee
Photography: Heeseung Chung,
Jeremy Haik, Kyungtae Kim,
Sangtae Kim, Constance Mensh,
Myungrae Park
Image Rights: Laurel McLaughlin
Typefaces: Letter Gothic,
HG Inmun Gothic

Printed by Top Process, Seoul

First Edition
Edition of 2,000

Roma Publication 359
ISBN 978-9-492811-54-7

Institute of Contemporary Art
University of Pennsylvania
118 S. 36th Street
Philadelphia, PA 19104-3289
www.icaphila.org

Roma Publications
Nieuwe Herengracht 11
NL-1011 RK Amsterdam
www.romapublications.org

Support for this exhibition has
been provided by Barbara B. &
Theodore R. Aronson, Pamela
Toub Berkman & David J. Berkman,
Julie & Larry Bernstein, Tina
Kim Gallery, Kirk Kirkpatrick,
Norma & Lawrence Reichlin, Lori
& John Reinsberg, Allison & Neil
Rubler, B.Z. & Michael H.
Schwartz, Brett & Daniel Sund-
heim, and Susan Weiler. Addi-
tional support was generously
provided by Ewha Womans Univer-
sity, the Arts Council Korea,
Kukje Gallery, and Top Process.

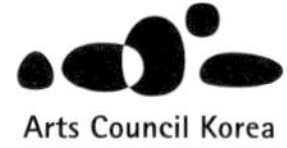

ICA is always Free. For All.
Free admission is courtesy of
Amanda and Glenn Fuhrman.
ICA acknowledges the generous
sponsorship of Barbara B. &
Theodore R. Aronson for exhibi-
tion catalogues. Programming at
ICA has been made possible in
part by the Emily and Jerry
Spiegel Fund to Support Contem-
porary Culture and Visual Arts
and the Lise Spiegel Wilks and
Jeffrey Wilks Family Founda-
tion, and by Hilarie L. & Mitch-
ell Morgan. Marketing is sup-
ported by Pamela Toub Berkman &
David J. Berkman and by Lisa A. &
Steven A. Tananbaum. Public
Engagement is supported by the
Bernstein Public Engagement
Fund. Additional funding has
been provided by the Horace W.
Goldsmith Foundation, the
Overseers Board for the Insti-
tute of Contemporary Art,
friends and members of ICA, and
the University of Pennsylvania.
General operating support is
provided, in part, by the Phila-
delphia Cultural Fund. ICA
receives state arts funding
support through a grant from
the Pennsylvania Council on the
Arts, a state agency funded by
the Commonwealth of Pennsylva-
nia and the National Endowment
for the Arts, a federal agency.
ICA acknowledges Le Méridien
Philadelphia as our official
Unlock Art™ partner hotel.

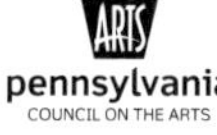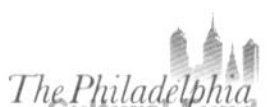